史记

二

原著◎西汉·司马迁

文白对照版

主编◎赖咏

中国书店

607

周	甲寅
周	六 匡王崩。
鲁	二
齐	二 王子成父败长翟。[472]
晋	十四 赵穿杀灵公,[473]赵盾使穿迎公子黑臀于周,[474]立之。赵氏赐公族。[475]
秦	二
楚	七
宋	四 华元以羊羹故陷于郑。[476]
卫	二十八
陈	七
蔡	五
曹	十一
郑	二十一 与宋师战,获华元。
燕	十一
吴	

606　　　　　　　　　　　　　605

定王[477]元年	二
三	四
三	四
晋成公黑臀元年　伐郑。	二
三	四
八 伐陆浑,[478]至雒,[479]问鼎轻重。[480]	九 若敖氏为乱,[482]灭之。伐郑。
五 赎华元,亡归。[481]围曹。	六
二十九	三十
八	九
六	七
十二 宋围我。	十三
二十二 华元亡归。	郑灵公夷[483]元年　公子归生以鼋故杀灵公。[484]
十二	十三

	604	603	602
周	三	四	五
鲁	五	六	七
齐	五	六	七
晋	三 中行桓子荀林父救郑,〔485〕伐陈。	四 与卫侵陈。	五
秦	五〔486〕	秦桓公〔488〕元年	二
楚	十	十一	十二
宋	七	八	九
卫	三十一	三十二 与晋侵陈。	三十三
陈	十 楚伐郑,与我平。晋中行桓子距楚,救郑,伐我。	十一 晋、卫侵我。	十二
蔡	八	九	十
曹	十四	十五	十六
郑	郑襄公坚〔487〕元年　灵公庶弟。楚伐我,晋来救。	二	三
燕	十四	十五	十六
吴			

601	600
六	七
八 七月,日蚀。〔489〕	九
八	九
六 与鲁伐秦,〔490〕获秦谍,〔491〕杀之绛市,六日而苏。〔492〕	七 使桓子伐楚,〔494〕以诸侯师伐陈救郑。〔495〕成公薨。
三 晋伐我,获谍。	四
十三 伐陈,灭舒蓼。〔43〕	十四 伐郑,晋郤缺救郑,〔496〕败我。〔497〕
十	十一
三十四	三十五
十三 楚伐我。	十四
十一	十二
十七	十八
四	五 楚伐我,晋来救,败楚师。
燕宣公元年	二

	599	598
周	八	九
鲁	十 四月,日蚀。[498]	十一
齐	十 公卒。崔杼有宠,[499]高、国逐之,[500]奔卫。	齐顷公无野[506]元年
晋	晋景公据[501]元年 与宋伐郑。[502]	二
秦	五	六
楚	十五	十六 率诸侯诛陈夏征舒,立陈灵公子午。
宋	十二	十三
卫	卫穆公遫[503]元年 齐崔杼来奔。	二
陈	十五 夏征舒以其母辱,[504]杀灵公。	陈成公午元年 灵公太子。
蔡	十三	十四
曹	十九	二十
郑	六 晋、宋、楚伐我。[505]	七
燕	三	四
吴		

597	596	595
甲子		
十	十一	十二
十二	十三	十四
二	三	四
三 救郑，为楚所败河上。[507]	四	五 伐郑。
七	八	九
十七 围郑，郑伯肉袒谢，释之。	十八	十九 围宋，为杀使者。[509]
十四 伐陈。	十五	十六 杀楚使者，楚围我。
三	四	五
二	三	四
十五	十六	十七
二十一	二十二	二十三 文公甍。
八 楚围我，我卑辞以解。[508]	九	十 晋伐我。
五	六	七

	594	593	592	591
周	十三	十四	十五	十六
鲁	十五 初税亩。〔510〕	十六	十七 日蚀。〔517〕	十八 宣公薨。
齐	五	六	七 晋使郤克来齐,〔518〕妇人笑之,〔519〕克怒,归去。〔520〕	八 晋伐败我。〔521〕
晋	六 救宋,执解扬,〔511〕有使节。〔512〕秦伐我。	七 随会灭赤翟。〔516〕	八 使郤克使齐,妇人笑之,克怒归。	九 伐齐,质子强,〔522〕兵罢。
秦	十	十一	十二	十三
楚	二十 围宋。五月,华元告子反以诚,〔513〕楚罢。〔514〕	二十一	二十二	二十三 庄王薨。
宋	十七 华元告楚,楚去。	十八	十九	二十
卫	六	七	八	九
陈	五	六	七	八
蔡	十八	十九	二十 文侯薨。	蔡景侯固〔523〕元年
曹	曹宣公庐〔515〕元年	二	三	四
郑	十一 佐楚伐宋,执解扬。	十二	十三	十四
燕	八	九	十	十一
吴				

590	589	588
十七	十八	十九
鲁成公黑肱〔524〕元年春,齐取我隆。〔525〕	二 与晋伐齐,齐归我汶阳,〔527〕窃与楚盟。	三 会晋、宋、卫、曹伐郑。
九	十 晋郤克败公于鞍,〔528〕虏逢丑父。〔529〕	十一 顷公如晋,欲王晋,〔534〕晋不敢受。
十	十一 与鲁、曹败齐。〔530〕	十二 始置六卿。〔535〕率诸侯伐郑。
十四	十五	十六
楚共王审〔526〕元年	二 秋,申公巫臣窃征舒母奔晋,〔531〕以为邢大夫。〔532〕冬,伐卫、鲁,救齐。	三
二十一	二十二	宋共公瑕〔536〕元年
十	十一 穆公薨。与诸侯败齐,反侵地。〔533〕楚伐我。	卫定公臧〔537〕元年
九	十	十一
二	三	四
五	六	七 伐郑。
十五	十六	十七 晋率诸侯伐我。
十二	十三	十四

卷十四 《《 史 记

	587	586
周	二十	二十一 定王崩。
鲁	四 公如晋,晋不敬,公欲倍晋合于楚。	五
齐	十二	十三
晋	十三 鲁公来,不敬。	十四 梁山崩。〔540〕伯宗隐其人而用其言。〔541〕
秦	十七	十八
楚	四 子反救郑。〔538〕	五 伐郑,〔542〕倍我故也。郑悼公来讼。〔543〕
宋	二	三
卫	二	三
陈	十二	十三
蔡	五	六
曹	八	九
郑	十八 晋栾书取我氾。〔539〕襄公薨。	郑悼公费〔544〕元年　公如楚讼。
燕	十五	燕昭公元年
吴		

431

585	584
简王[545]元年	二
六	七
十四	十五
十五 使栾书救郑,遂侵蔡。	十六 以巫臣始通于吴而谋楚。[547]
十九	二十
六	七 伐郑。
四	五
四	五
十四	十五
七 晋侵我。	八
十	十一
二 悼公麃。楚伐我,晋使栾书来救。	郑成公睔[548]元年 悼公弟也。楚伐我。
二	三
吴寿梦[546]元年	二 巫臣来,谋伐楚。

	583	582	581
周	三	四	五
鲁	八	九	十 公如晋送葬,讳之。[551]
齐	十六	十七 顷公薨。	齐灵公环[552]元年
晋	十七 复赵武田邑。[549]侵蔡。	十八 执郑成公,伐郑。秦伐我。	十九
秦	二十一	二十二 伐晋。	二十三
楚	八	九 救郑。冬,与晋成。[550]	十
宋	六	七	八
卫	六	七	八
陈	十六	十七	十八
蔡	九 晋伐我。	十	十一
曹	十二	十三	十四
郑	二	三 与楚盟。公如晋,执公伐我。	四 晋率诸侯伐我。[553]
燕	四	五	六
吴	三	四	五

中华典籍 >> 史 记

580	579	578
六	七	八
十一	十二	十三 会晋伐秦。
二	三	四 伐秦。
晋厉公寿曼[554]元年	二	三 伐秦至泾,[557]败之,获其将成差。
二十四 与晋侯夹河盟,[555]归,倍盟。[556]	二十五	二十六 晋率诸侯伐我。
十一	十二	十三
九	十	十一 晋率我伐秦。
九	十	十一
十九	二十	二十一
十二	十三	十四
十五	十六	十七 晋率我伐秦。
五	六	七 晋率我伐秦。
七	八	九
六	七	八

	577	576
	甲申	
周	九	十
鲁	十四	十五 始与吴通,会钟离。[560]
齐	五	六
晋	四	五 三郤谗伯宗,[561]杀之,伯宗好直谏。
秦	二十七[558]	秦景公[562]元年
楚	十四	十五 许畏郑,请徙叶。[563]
宋	十二	十三 华元奔晋,复还。
卫	十二 定公薨。	卫献公衎[564]元年
陈	二十二	二十三
蔡	十五	十六
曹	曹成公负刍[559]元年	二 晋执我公以归。[565]
郑	八	九
燕	十	十一
吴	九	十 与鲁会钟离。

中华典籍 ➤➤➤ 史 记

575

574

十一	十二
十六 宣伯告晋,〔566〕欲杀季文子,〔567〕文子得以义脱。〔568〕	十七
七	八
六 败楚鄢陵。〔569〕	七
二	三
十六 救郑,不利。子反醉,军败,杀子反,归。	十七
宋平公成〔570〕元年	二
二	三
二十四	二十五
十七	十八
三	四
十 倍晋盟楚,晋伐我,楚来救。	十一
十二	十三 昭公薨。
十一	十二

573

周	十三
鲁	十八 成公黑。
齐	九
晋	八〔571〕 栾书、中行偃杀厉公,〔572〕,立襄公曾孙,为悼公。
秦	四
楚	十八 为鱼石伐宋彭城。〔573〕
宋	三 楚伐彭城,封鱼石。〔574〕
卫	四
陈	二十六
蔡	十九
曹	五
郑	十二 与楚伐宋。
燕	燕武公元年
吴	十三

中华典籍　➤➤　史　记

572	571
十四 简王崩。	灵王〔583〕元年　生有髭。〔584〕
鲁襄公午〔575〕元年　围宋彭城。	二 会晋城虎牢。〔585〕
十 晋伐我,〔576〕使太子光质于晋。〔577〕	十一
晋悼公〔578〕元年　围宋彭城。	二 率诸侯伐郑,〔586〕城虎牢。
五	六
十九 侵宋,救郑。	二十
四 楚侵我,取犬丘。〔579〕晋诛鱼石,〔580〕归我彭城。	五
五 围宋彭城。〔581〕	六
二十七	二十八
二十	二十一
六	七
十三 晋伐败我,兵次洧上,〔582〕楚来救。	十四 成公麇。晋率诸侯伐我。
二	三
十四	十五

	570	569
周	二	三
鲁	三	四 公如晋。
齐	十二	十三
晋	三 魏绛辱杨干。〔587〕	四 魏绛说和戎狄,〔592〕狄朝晋。
秦	七	八
楚	二十一 使子重伐吴,〔588〕至衡山。〔589〕使何忌侵陈。〔590〕	二十二 伐陈。
宋	六	七
卫	七	八
陈	二十九 倍楚盟,楚侵我。	三十 楚伐我。成公薨。
蔡	二十二	二十三
曹	八	九
郑	郑釐公恽〔591〕元年	二
燕	四	五
吴	十六 楚伐我。	十七

568	567	566	565
	甲午		
四	五	六	七
五 季文子卒。	六	七	八 公如晋。
十四	十五	十六	十七
五	六	七	八
九	十	十一	十二
二十三 伐陈。	二十四	二十五 围陈。	二十六 伐郑。〔596〕
八	九	十	十一
九	十	十一	十二
陈哀公弱〔593〕元年	二	三 楚围我，为公亡归。〔594〕	四
二十四	二十五	二十六	二十七 郑侵我。
十	十一	十二	十三
三	四	五 子驷使贼夜杀釐公，〔595〕诈以病卒赴诸侯。	郑简公嘉〔597〕元年 釐公子。
六	七	八	九
十八	十九	二十	二十一

	564	563
周	八	九 王叔奔晋。〔604〕
鲁	九 与晋伐郑，会河上，问公年，十二，可冠。〔598〕 冠于卫。〔599〕	十 楚、郑侵我西鄙。〔605〕
齐	十八 与晋伐郑。	十九 令太子光、高厚会诸侯钟离。〔606〕
晋	九 率齐、鲁、宋、卫、曹伐郑。〔600〕秦伐我。	十 率诸侯伐郑。〔607〕荀蒂伐秦。〔608〕
秦	十三 伐晋，楚为我援。	十四 晋伐我。
楚	二十七 伐郑，师于武城，〔601〕为秦。	二十八 使子囊救郑。〔609〕
宋	十二 晋率我伐郑。	十三 郑伐我，卫来救。
卫	十三 晋率我伐郑。师曹鞭公幸妾。〔602〕	十四 救宋。
陈	五	六
蔡	二十八	二十九
曹	十四 晋率我伐郑。	十五
郑	二 诛子驷。〔603〕晋率诸侯伐我，我与盟。楚怒，伐我。	三 晋率诸侯伐我，楚来救。子孔作乱，〔610〕子产攻之。〔611〕
燕	十	十一
吴	二十二	二十三

562

十
十一 三桓分为三军,〔612〕各将军。〔613〕
二十
十一 率诸侯伐郑。〔614〕秦败我栎。〔615〕公曰:"吾用魏绛,九合诸侯。"〔616〕赐之乐。〔617〕
十五 我使庶长鲍伐晋救郑,〔618〕败之栎。
二十九 与郑伐宋。
十四 楚、郑伐我。
十五 伐郑。
七
三十
十六
四 与楚伐宋,晋率诸侯伐我,秦来救。
十二
二十四

	561	560	559
周	十一	十二	十三
鲁	十二 公如晋。	十三	十四 日蚀。〔621〕
齐	二十一	二十二	二十三 卫献公来奔。
晋	十二	十三	十四 率诸侯大夫伐秦,〔622〕败械林。〔623〕
秦	十六	十七	十八 晋诸侯大夫伐我,败械林。
楚	三十	三十一 吴伐我,败之。〔619〕共王薨。	楚康王昭〔624〕元年　共王太子出奔吴。〔625〕
宋	十五	十六	十七
卫	十六	十七	十八 孙文子攻公,〔626〕公奔齐,立定公弟狄。〔627〕
陈	八	九	十
蔡	三十一	三十二	三十三
曹	十七	十八	十九
郑	五	六	七
燕	十三	十四	十五
吴	二十五 寿梦卒。	吴诸樊〔620〕元年　楚败我。	二 季子让位。〔628〕楚伐我。

558	557	556	555
	甲辰		
十四	十五	十六	十七
十五 日蚀。〔629〕齐伐我。	十六 齐伐我。地震。齐复伐我北鄙。	十七 齐伐我北鄙。	十八 与晋伐齐。
二十四 伐鲁。	二十五 伐鲁。	二十六 伐鲁。	二十七 晋围临淄。〔632〕晏婴。〔633〕
十五 悼公蔑。	晋平公彪〔630〕元年 我败楚于湛坂。〔631〕	二	三 率鲁、宋、郑、卫围齐,〔634〕大破之。
十九	二十	二十一	二十二
二	三 晋伐我,败湛坂。	四	五 伐郑。
十八	十九	二十 伐陈。	二十一 晋率我伐齐。
卫殇公狄元年 定 公弟。	二	三 伐曹。	四
十一	十二	十三 宋伐我。	十四
三十四	三十五	三十六	三十七
二十	二十一	二十二 卫伐我。	二十三 成公薨。
八	九	十	十一 晋率我围齐。楚伐我。
十六	十七	十八	十九 武公薨。
三	四	五	六

	554	553
周	十八	十九
鲁	十九	二十 日蚀。〔638〕
齐	十八 废光,立子牙为太子。〔635〕光与崔杼杀牙自立。〔636〕晋、卫伐我。	齐庄公元年
晋	四 与卫伐齐。	五
秦	二十三	二十四
楚	六	七
宋	二十二	二十三
卫	五 晋率我伐齐。	六
陈	十五	十六
蔡	三十八	三十九
曹	曹武公胜〔637〕元年	二
郑	十二 子产为卿。	十三
燕	燕文公元年	二
吴	七	八

552	551
二十	二十一
二十一 公如晋。日再蚀。〔639〕	二十二 孔子生。〔641〕
二	三 晋栾逞来奔,〔642〕晏婴曰不如归之。〔643〕
六 鲁襄公来。杀羊舌虎。〔640〕	七 栾逞奔齐。
二十五	二十六
八	九
二十四	二十五
七	八
十七	十八
四十	四十一
三	四
十四	十五
三	四
九	十

	550	549
周	二十二	二十三
鲁	二十三	二十四 侵齐。日再蚀。〔645〕
齐	四 欲遣栾逞入曲沃伐晋,取朝歌。〔644〕	五 畏晋通楚,晏子谋。
晋	八	九
秦	二十七	二十八
楚	十	十一 与齐通。率陈、蔡伐郑救齐。〔646〕
宋	二十六	二十七
卫	九 齐伐我。	十
陈	十九	二十 楚率我伐郑。
蔡	四十二	四十三 楚率我伐郑。
曹	五	六
郑	十六	十七 范宣子为政。〔647〕我请伐陈。
燕	五	六
吴	十一	十二

548

二十四
二十五 齐伐我北鄙,以报孝伯之师。〔648〕
六 晋伐我,报朝歌。〔649〕崔杼以庄公通其妻,杀之,立其弟,为景公。
十 伐齐至高唐,〔650〕报太行之役。〔651〕
二十九 公如晋,〔652〕盟不结。
十二 吴伐我,以报舟师之役,〔653〕射杀吴王。
二十八
十一
二十一 郑伐我。
四十四
七
十八 伐陈,入陈。
燕懿公元年
十三 诸樊伐楚,追巢门,〔654〕伤射以薨。

	547	546
	甲寅	
周	二十五	二十六
鲁	二十六	二十七 日蚀。[658]
齐	齐景公杵臼元年　如晋,[655]请归卫献公。	二 庆封欲专,[659]诛崔氏,杼自杀。
晋	十一 诛卫殇公,复入献公。[656]	十二
秦	三十	三十一
楚	十三 率陈、蔡伐郑。	十四
宋	二十九	三十
卫	十二 齐、晋杀殇公,复内献公。	卫献公衎后元年
陈	二十二 楚率我伐郑。	二十三
蔡	四十五	四十六
曹	八	九
郑	十九 楚率陈、蔡伐我。	二十
燕	二	三
吴	吴余祭[657]元年	二

中华典籍 ➤➤ 史 记

二十七
二十八 公如楚。葬康王。
三 冬,鲍、高、栾氏谋庆封,〔660〕发兵攻庆封,庆封奔吴。
十三
三十二
十五 康王薨。
三十一
二
二十四
四十七
十
二十一
四 懿公薨。
三 齐庆封来奔。

544

周	景王[661]元年
鲁	二十九 吴季札来观周乐,[662]尽知乐所为。[663]
齐	四 吴季札来使,与晏婴欢。
晋	十四 吴季札来,曰:"晋政卒归韩、魏、赵。"[664]
秦	三十三
楚	楚熊郏敖[665]元年
宋	三十二
卫	三
陈	二十五
蔡	四十八
曹	十一
郑	二十二 吴季札谓子产曰:"政将归子,子以礼,幸脱于厄矣。"[666]
燕	燕惠公[667]元年　齐高止来奔。[668]
吴	四 守门阍杀余祭。[669]季札使诸侯。

543	542
二	三
三十	三十一 襄公薨。
五	六
十五	十六
三十四	三十五
二	三 王季父围为令尹。[674]
三十三	三十四
卫襄公恶[670]元年	二
二十六	二十七
四十九 为太子取楚女,[671]公通焉,太子杀公自立。	蔡灵侯班[675]元年
十二	十三
二十三 诸公子争宠相杀,又欲杀子产,子成止之。[672]	二十四
二	三
五[673]	六

	541	540
周	四	五
鲁	鲁昭公稠[676]元年　昭公年十九,有童心。[677]	二 公如晋,至河,晋谢还之。[679]
齐	七	八 田无宇送女。[680]
晋	十七 秦后子来奔。[678]	十八 齐田无宇来送女。
秦	三十六 公弟后子奔晋,车千乘。	三十七
楚	四 令尹围杀郏敖,自立为灵王。	楚灵王围元年　共王子,肘玉。[681]
宋	三十五	三十六
卫	三	四
陈	二十八	二十九
蔡	二	三
曹	十四	十五
郑	二十五	二十六
燕	四	五
吴	七	八

539

六
三
九 晏婴使晋，见叔向，[682]曰："齐政归田氏。"[683]叔向曰："晋公室卑。"[684]
十九
三十八
二
三十七
五
三十
四
十六
二十七 夏，如晋。冬，如楚。
六 公欲杀公卿立幸臣，[685]公卿诛幸臣，公恐，出奔齐。
九

538

周	七
鲁	四 称病不会楚。〔686〕
齐	十
晋	二十
秦	三十九
楚	三 夏,合诸侯宋地,〔687〕盟。伐吴朱方,〔688〕诛庆封。冬,报我,取三城。〔689〕
宋	三十八
卫	六 称病不会楚。
陈	三十一
蔡	五
曹	十七 称病不会楚。〔690〕
郑	二十八 子产曰:"三国不会。"〔691〕
燕	七
吴	十 楚诛庆封。

537	536	535
甲子		
八	九	十
五	六	七 季武子卒。[696]日蚀。[697]
十一	十二 公如晋,[693]请伐燕,入其君。	十三 入燕君。[698]
二十一 秦后子归秦。	二十二 齐景公来,请伐燕,入其君。	二十三 入燕君。[699]
四十 公卒。后子自晋归。	秦哀公[694]元年	二
四 率诸侯伐吴。[692]	五 伐吴,次乾溪。[695]	六 执芋尹,[700]亡人入章华。[701]
三十九	四十	四十一
七	八	九 夫人姜氏无子。[702]
三十二	三十三	三十四
六	七	八
十八	十九	二十
二十九	三十	三十一
八	九 齐伐我。	燕悼公元年　惠公归至卒。[703]
十一 楚率诸侯伐我。	十二 楚伐我,次乾溪。	十三

	534	533
周	十一	十二
鲁	八 公如楚,楚留之。贺章华台。[704]	九
齐	十四	十五
晋	二十四	二十五
秦	三	四
楚	七 就章华台,[705]内亡人实之。灭陈。	八 弟弃疾将兵定陈。[708]
宋	四十二	四十三
卫	卫灵公[706]元年	二
陈	三十五 弟招作乱,[707]哀公自杀。	陈惠公吴[709]元年　哀公孙也。楚来定我。
蔡	九	十
曹	二十一	二十二
郑	三十二	三十三
燕	二	三
吴	十四	十五

532	431
十三	十四
十	十一
十六	十七
二十六 春,有星出婺女。[710]七月,公薨。	晋昭公夷[711]元年
五	六
九	十 醉杀蔡侯,[712]使弃疾围之。[713]弃疾居之,为蔡侯。[714]
四十四 平公薨。	宋元公佐[715]元年
三	四
二	三
十一	十二 灵侯如楚,楚杀之,使弃疾居之,为蔡侯。
二十三	二十四
三十四	三十五
四	五
十六	十七

	530	529
周	十五	十六
鲁	十二 朝晋至河,晋谢之归。	十三
齐	十八 公如晋。	十九
晋	二	三
秦	七	八
楚	十一 王伐徐以恐吴。[716]次乾溪。民罢于役,怨王。	十二 弃疾作乱自立,灵王自杀。复陈、蔡。[724]
宋	二	三
卫	五 公如晋,朝嗣君。[717]	六
陈	四	五 楚平王复陈,立惠公。
蔡	蔡侯庐[718]元年[719]　景侯子。[720]	二 楚平王复我,立景侯子庐。
曹	二十五	二十六
郑	三十六 公如晋。[721]	郑定公宁[725]元年
燕	六	七
吴	吴余眛[722]元年[723]	二

	甲戌
十七	十八 后、太子卒。〔728〕
十四	十五 日蚀。〔729〕公如晋，晋留之葬，〔730〕公耻之。
二十	二十一
四	五
九	十
楚平王居〔726〕元年　共王子,抱玉。〔727〕	二 王为太子取秦女,〔731〕好,〔732〕自取之。〔733〕
四	五
七	八
六	七
三	四
二十七	曹平公须〔734〕元年
二	三
燕共公元年	二
三	四

	526	525	524
周	十九	二十	二十一
鲁	十六	十七 五月朔,日蚀。〔735〕彗星见辰。〔738〕	十八
齐	二十二	二十三	二十四
晋	六 公卒。六卿强,〔735〕公室卑矣。	晋顷公去疾〔739〕元年	二
秦	十一	十二	十三
楚	三	四 与吴战。	五
宋	六	七	八 火。
卫	九	十	十一 火。
陈	八	九	十 火。
蔡	五	六	七
曹	二	三	四 平公薨。
郑	四	五 火,欲禳之,〔740〕子产曰:"不如修德。"〔741〕	六 火。
燕	三	四	五 共公薨。
吴	吴僚〔736〕元年	二 与楚战。	三

二十二	二十三
十九 地震。〔742〕	二十 齐景公与晏子狩，入鲁问礼。
二十五	二十六 猎鲁界，因入鲁。
三	四
十四	十五
六	七 诛伍奢、尚，〔744〕太子建奔宋，伍胥奔吴。〔745〕
九	十 公毋信。〔746〕诈杀诸公子。〔747〕楚太子建来奔，见乱，之郑。〔748〕
十二	十三
十一	十二
八	九 平侯薨。灵侯孙东国杀平侯子而自立。〔749〕
曹悼公午〔743〕元年	二
七	八 楚太子建从宋来奔。
燕平公元年	二
四	五 伍员来奔。

卷十四 << 史 记

	521	520
周	二十四	二十五
鲁	二十一 公如晋至河,晋谢之,归。[750]日蚀。[751]	二十二 日蚀。[755]
齐	二十七	二十八
晋	五	六 周室乱,[756]公平乱,立敬王。[757]
秦	十六	十七
楚	八 蔡侯来奔。[752]	九
宋	十一	十二
卫	十四	十五
陈	十三	十四
蔡	蔡悼侯东国元年[753]　奔楚。[754]	二
曹	三	四
郑	九	十
燕	三	四
吴	六	七

463

519	518
敬王元年	二
二十三 地震。〔758〕	二十四 鸜鸽来巢。〔763〕
二十九	三十
七	八
十八	十九
十 吴伐败我。	十一 吴卑梁人争桑,〔764〕伐取我钟离。〔765〕
十三	十四
十六	十七
十五 吴败我兵,取胡、沈。〔759〕	十六
三	蔡昭侯申元年　悼侯弟。
五	六
十一 楚建作乱,〔760〕杀之。〔761〕	十二 公如晋,请内王。
五	六
八 公子光败楚。〔762〕	九

517   516

周	三	四
鲁	二十五 公欲诛季氏，三桓氏攻公，公出居郓。[766]	二十六 齐取我郓以处公。
齐	三十一	三十二 彗星见。晏子曰:[767]"田氏有德于齐,可畏。"
晋	九	十 知栎、[768]赵鞅内王于王城。[769]
秦	二十	二十一
楚	十二	十三 欲立子西,[770]子西不肯。秦女子立,为昭王。
宋	十五	宋景公头曼[771]元年
卫	十八	十九
陈	十七	十八
蔡	二	三
曹	七	八
郑	十三	十四
燕	七	八
吴	十	十一

甲申

五	六
二十七	二十八 公如晋,求入,晋弗听,处之乾侯。〔775〕
三十三	三十四
十一	十二 六卿诛公族,〔776〕分其邑,各使其子为大夫。〔777〕
二十二	二十三
楚昭王珍〔772〕元年　诛无忌以说众。〔773〕	二
二	三
二十	二十一
十九	二十
四	五
九	曹襄公〔778〕元年
十五	十六
九	十
十二 公子光使专诸杀僚,〔774〕自立。	吴阖闾〔779〕元年

513

周	七
鲁	二十九 公自乾侯如郓。齐侯曰"主君",〔780〕公耻之,复之乾侯。
齐	三十五
晋	十三
秦	二十四
楚	三
宋	四
卫	二十二
陈	二十一
蔡	六
曹	二
郑	郑献公虿〔781〕元年
燕	十一
吴	二

512	511	510
八	九	十 晋使诸侯为我筑城。[787]
三十	三十一 日蚀。[784]	三十二 公卒乾侯。
三十六	三十七	三十八
十四 顷公麋。	晋定公午[785]元年	二 率诸侯为周筑城。
二十五	二十六	二十七
四 吴三公子来奔,[782]封以扞吴。[783]	五 吴伐我六、潜。[786]	六
五	六	七
二十三	二十四	二十五
二十二	二十三	二十四
七	八	九
三	四	五 平公弟通杀襄公自立。
二	三	四
十二	十三	十四
三 三公子奔楚。	四 伐楚六、潜。	五

	509	508	507
			甲午
周	十一	十二	十三
鲁	鲁定公宋〔788〕元年　昭公丧自乾侯至。	二	三
齐	三十九	四十	四十一
晋	三	四	五
秦	二十八	二十九	三十
楚	七 襄瓦伐吴,〔789〕败我豫章。〔790〕蔡侯来朝。	八	九 蔡昭侯留三岁,得裘,〔792〕故归。
宋	八	九	十
卫	二十六	二十七	二十八
陈	二十五	二十六	二十七
蔡	十 朝楚,以裘故留。〔791〕	十一	十二 与子常裘,得归,如晋,请伐楚。
曹	曹隐公元年	二	三
郑	五	六	七
燕	十五	十六	十七
吴	六 楚伐我,迎击,败之,取楚之居巢。	七	八

十四 与晋率诸侯侵楚。〔793〕	十五
四	五 阳虎执季桓子,〔796〕与盟,释之。日蚀。〔797〕
四十二	四十三
六 周与我率诸侯侵楚。	七
三十一 楚包胥请救。〔794〕	三十二
十 吴、蔡伐我,入郢,昭王亡。伍子胥鞭平王墓。	十一 秦救至,吴去,昭王复入。
十一	十二
二十九 与蔡争长。〔795〕	三十
二十八	陈怀公柳〔798〕元年
十三 与卫争长。楚侵我,吴与我伐楚,入郢。	十四
四	曹靖公路〔799〕元年
八	九
十八	十九
九 与蔡伐楚,入郢。	十

	504	503
周	十六 王子朝之徒作乱故,〔800〕王奔晋。〔801〕	十七 刘子迎王,〔804〕晋入王。〔805〕
鲁	六	七 齐伐我。
齐	四十四	四十五 侵卫。伐鲁。
晋	八	九 入周敬王。
秦	三十三	三十四
楚	十二 吴伐我番,〔802〕楚恐,徙都。〔803〕	十三
宋	十三	十四
卫	三十一	三十二 齐侵我。
陈	二	三
蔡	十五	十六
曹	二	三
郑	十 鲁侵我。	十一
燕	燕简公元年	二
吴	十一 伐楚取番。	十二

502	501
十八	十九
八 阳虎欲伐三桓,三桓攻阳虎,虎奔阳关。[806]	九 伐阳虎,虎奔齐。
四十六 鲁伐我。我伐鲁。	四十七 囚阳虎,虎奔晋。
十 伐卫。	十一 阳虎来奔。
三十五	三十六 哀公薨。
十四 子西为民泣,民亦泣,蔡昭侯恐。[807]	十五
十五	十六 阳虎来奔。
三十三 晋、鲁侵伐我。	三十四
四 公如吴,吴留之,因死吴。[808]	陈湣公越[809]元年
十七	十八
四 靖公薨。	曹伯阳[810]元年
十二	十三 献公薨。
三	四
十三 陈怀公来,留之,死于吴。	十四

500

周	二十
鲁	十 公会齐侯于夹谷。[811]孔子相。[812]齐归我地。
齐	四十八
晋	十二
秦	秦惠公[813]元年 彗星见。
楚	十六
宋	十七
卫	三十五
陈	二
蔡	十九
曹	二
郑	郑声公胜[814]元年 郑益弱。
燕	五
吴	十五

499

二十一
十一
四十九
十三
二 生躁公、怀公、简公。〔815〕
十七
十八
三十六
三
二十
三 国人有梦众君子立社宫,〔816〕谋亡曹,振铎请待公孙强,〔817〕许之。
二
六
十六

	498	497
		甲辰
周	二十二	二十三
鲁	十二 齐来归女乐,[818]季桓子受之,孔子行。[819]	十三
齐	五十 遗鲁女乐[820]。	五十一
晋	十四	十五 赵鞅伐范、中行。[821]
秦	三	四
楚	十八	十九
宋	十九	二十
卫	三十七 伐曹。	三十八 孔子来,[822]禄之如鲁。[823]
陈	四	五
蔡	二十一	二十二
曹	四 卫伐我。	五
郑	三	四
燕	七	八
吴	十七	十八

二十四	二十五
十四	十五 定公薨。日蚀。〔830〕
五十二	五十三
十六	十七
五	六
二十	二十一 灭胡。以吴败,我倍之。
二十一	二十二 郑伐我。
三十九 太子蒯聩出奔。〔824〕	四十
六 孔子来。〔825〕	七
二十三	二十四
六 公孙强好射,献雁,君使为司城,〔826〕梦者子行。〔827〕	七
五 子产卒。〔828〕	六 伐宋。
九	十
十九 伐越,败我,伤阖闾指,〔829〕以死。	吴王夫差〔831〕元年

	494	493
周	二十六	二十七
鲁	鲁哀公将[832]元年	二
齐	五十四 伐晋。	五十五 输范、中行氏粟。[834]
晋	十八 赵鞅围范、中行朝歌。齐、卫伐我。	十九 赵鞅围范、中行，郑来救，我败之。
秦	七	八
楚	二十二 率诸侯围蔡。[833]	二十三
宋	二十三	二十四
卫	四十一 伐晋。	四十二 灵公薨。蒯聩子辄立。晋纳太子蒯聩于戚。[835]
陈	八 吴伐我。	九
蔡	二十五 楚伐我，以吴怨故。	二十六 畏楚，私召吴人，乞迁于州来，[836]州来近吴。
曹	八	九
郑	七	八 救范、中行氏，与赵鞅战于铁，[837]败我师。
燕	十一	十二
吴	二 伐越。	三

492   491

二十八	二十九
三 地震。〔838〕	四
五十六	五十七 乞救范氏。〔842〕
二十	二十一 赵鞅拔邯郸、柏人,〔843〕有之。
九	十 惠公薨。〔844〕
二十四	二十五
二十五 孔子过宋,〔839〕桓魋恶之。〔840〕	二十六
卫出公辄元年	二
十	十一
二十七	二十八 大夫共诛昭侯。
十 宋伐我。	十一
九	十
燕献公〔841〕元年	二
四	五

	490	489
周	三十	三十一
鲁	五	六
齐	五十八 景公薨。立嬖姬子为太子。[845]	齐晏孺子[849]元年 田乞诈立阳生,[850] 杀孺子。
晋	二十二 赵鞅败范、中行,中行奔齐。[846]伐卫。	二十三
秦	秦悼公[847]元年	二
楚	二十六	二十七 救陈,王死城父。[851]
宋	二十七	二十八 伐曹。
卫	三 晋伐我,救范氏故。	四
陈	十二	十三 吴伐我,楚来救。
蔡	蔡成侯朔[848]元年	二
曹	十二	十三 宋伐我。
郑	十一	十二
燕	三	四
吴	六	七 伐陈。

488

三十二
七 公会吴王于缯。〔852〕吴征百牢，〔853〕季康子使子贡谢之。〔854〕
齐悼公阳生元年
二十四 侵卫。
三
楚惠王章〔855〕元年
二十九 侵郑，围曹。
五 晋侵我。
十四
三
十四 宋围我，郑救我。
十三
五
八 鲁会我缯。

	487	486
	甲寅	
周	三十三	三十四
鲁	八 吴为邾伐我,〔856〕至城下,盟而去。齐取我三邑。〔857〕	九
齐	二 伐鲁,取三邑。	三
晋	二十五	二十六
秦	四	五
楚	二 子西召建子胜于吴,〔858〕为白公。〔859〕	三 伐陈,陈与吴故。
宋	三十 曹倍我,我灭之。	三十一 郑围我,败之于雍丘。〔861〕
卫	六	七
陈	十五	十六 倍楚,与吴成。
蔡	四	五
曹	十五 宋灭曹,虏伯阳。〔860〕	
郑	十四	十五 围宋,败我师雍丘,伐我。
燕	六	七
吴	九 伐鲁。	十

| 三十五 |
| 十
与吴伐齐。 |
| 四
吴、鲁伐我。鲍子杀悼公,[862]齐人立其子壬为简公。[863] |
| 二十七
使赵鞅伐齐。 |
| 六 |
| 四
伐陈。 |
| 三十二
伐郑。 |
| 八
孔子自陈来。[864] |
| 十七 |
| 六 |
| |
| 十六 |
| 八 |
| 十一
与鲁伐齐救陈。诛五员。[865] |

	484	483
周	三十六	三十七
鲁	十一 齐伐我。冉有言,〔866〕故迎孔子,孔子归。	十二 与吴会橐皋。〔867〕用田赋。〔868〕
齐	齐简公元年　鲁与吴败我。	二
晋	二十八	二十九
秦	七	八
楚	五	六 白公胜数请子西伐郑,以父怨故。〔869〕
宋	三十三	三十四
卫	九 孔子归鲁。	十 公如晋,〔870〕与吴会橐皋。〔871〕
陈	十八	十九
蔡	七	八
曹		
郑	十七	十八 宋伐我。
燕	九	十
吴	十二 与鲁败齐。	十三 与鲁会橐皋。

三十八	三十九
十三 与吴会黄池。[872]	十四 西狩获麟。卫出公来奔。[873]
三	四 田常杀简公,立其弟骜,[874]为平公,常相之,专国权。
三十 与吴会黄池,争长。	三十一
九	十
七 伐陈。	八
三十五 郑败我师。	三十六
十一	十二 父蒯聩入,辄出亡。[875]
二十	二十一
九	十
十九 败宋师。	二十
十一	十二
十四 与晋会黄池。	十五

480

周	四十
鲁	十五 子服景伯使齐,〔876〕子贡为介,〔877〕齐归我侵地。〔878〕
齐	齐平公骜元年　景公孙也。齐自是称田氏。〔879〕
晋	三十二
秦	十一
楚	九
宋	三十七 荧惑守心,〔880〕子韦曰:〔881〕"善。"〔882〕
卫	卫庄公蒯聩元年〔883〕
陈	二十二
蔡	十一
曹	
郑	二十一
燕	十三
吴	十六

479

四十一
十六 孔子卒。
二
三十三
十二
十 白公胜杀令尹子西，攻惠王。叶公攻白公，[884]白公自杀。惠王复国。
三十八
二
二十三 楚灭陈，杀湣公。[885]
十二
二十二
十四
十七

		甲子
周	四十二	四十三 敬王崩。〔888〕
鲁	十七	十八 二十七卒。
齐	三	四 二十五卒。
晋	三十四	三十五 三十七卒。
秦	十三	十四〔889〕 卒,子厉共公立。
楚	十一	十二 五十七卒。
宋	三十九	四十 六十四卒。〔890〕
卫	三 庄公辱戎州人,〔886〕戎州人与赵简子攻庄公,〔887〕出奔。	卫君起〔891〕元年　石傅逐起出,〔892〕辄复入。
陈		
蔡	十三	十四 十九卒。
曹		
郑	二十三	二十四 三十八卒。
燕	十五	十六 二十八卒。
吴	十八 越败我。	十九 二十三卒。

【注释】〔1〕"宋",国名,或称商、殷,子姓,始封君为商纣王庶兄微子启,西周初周公平定武庚叛乱后所封,领有商旧都周围地区,约为今河南东南部及其与山东、江苏、安徽间地,建都商丘(今河南商丘县南)。公元前二八六年被齐国所灭。〔2〕"卫",国名,姬姓,始封君为周武王弟康叔,西周初周公平定武庚叛乱后所封,领有商旧都周围地区,约为今河南东北部及其与山东、河北间地,建都朝歌(今河南淇县)。公元前六六〇年迁都楚丘(今河南滑县),后又迁都帝丘(今河南濮阳县)。公元前二五四年被魏国所灭。后在秦国支持下复国,迁都野王(今河南沁阳县),成为秦国附庸。公元前二〇九年被秦国所灭。〔3〕"陈",国名,妫姓,相传是舜的后裔,开国君主胡公满,周武王灭商后所封,有今河南东部和安徽西北部,建都宛丘(今河南淮阳县)。公元前四七九年被楚国所灭。〔4〕"蔡",国名,姬姓,始封君为周武王弟叔度,因随同武庚反叛而被周公放逐,后改封其子蔡仲胡,建都上蔡(今河南上蔡县西南)。春秋时屡受楚国侵逼,蔡平侯迁都新蔡(今河南新蔡县),蔡昭侯迁都州来(亦称下蔡,在今安徽寿县)。公元前四四七年被楚国所灭。〔5〕"曹",国名,姬姓,始封君为周武王弟叔振铎,建都陶丘(今山东定陶县西南),有今山东西部。公元前四八七年被宋国所灭。〔6〕"郑",国名,姬姓,始封君为周宣王弟友(即郑桓公),公元前八〇六年封于郑(今陕西华县东,或谓今陕西凤翔县东南)。周幽王时郑桓公将部分国人和财物转移到今河南新郑的东虢、郐国一带,其子郑武公随周东迁,攻灭东虢、郐国,建都新郑。公元前三七五年被韩国所灭。〔7〕"燕",国名,金文作"匽"、"郾",亦称北燕,姬姓,始封君为周召公奭,周武王灭商后所封,有今北京、河北北部和辽宁西部,建都蓟(今北京城西南隅)。战国时成为七雄之一,以武阳(今河北易县南)为下都。公元前二二二年被秦国所灭。〔8〕"吴",国名,亦称"句吴"、"攻吴",姬姓,始祖为周太王子太伯、仲雍,二人为让国于弟季历,出奔荆蛮,被当地居民拥立为君,约有今江苏、上海大部及浙江、安徽一部,都于吴(今江苏苏州市)。春秋晚期曾一度称霸。公元前四七三年被越国所灭。〔9〕"庚申",按钱大昕据本书其它各表皆不记干支,谓此"庚申"当同于《六国年表》周元王元年徐广《注》"乙丑"、《秦楚之际月表》秦二世元年徐广《注》"壬辰",系徐广《注》,而非《史记》正文;又谓本表每十年书"甲子"、"甲戌"、"甲申"、"甲午"、"甲辰"、"甲寅",既非《史记》文,亦不合徐广《注》例,系后人羼入(详《十驾斋养新录》卷六)。似为有理,可备一

说。〔10〕"召公",亦称邵公,召公奭之后,周王室卿士。《国语·周语上》韦昭《注》:"邵公,邵康公之孙穆公虎也。""宫",房舍,居室。〔11〕"宣王",名静,一作"靖"。〔12〕"真公",按司马贞《史记索隐》引《世本》及邹诞本,《汉书·古今人表》作"慎公",《左传》文公十六年孔颖达《疏》、《经典释文》引《世家》作"顺公",《诗谱序》孔颖达《疏》作"贞公"。"濞",音 bì,《史记索隐》引《世本》作"挚",《史记索隐》引邹诞本、《汉书·律历志》作"嚊",《汉书·律历志》或作"埶",《史记索隐》引别本作"鼻",《诗·鲁颂》孔颖达《疏》引《世家》作"儦"。"真公濞",鲁始封君伯禽玄孙。〔13〕"一云十四年",按梁玉绳《史纪志疑》、泷川资言《史记会注考证》谓此五字系后人附注而羼入正文。当是。〔14〕"武公寿",齐始封君吕尚五代孙。〔15〕"靖侯宜臼",晋始封君唐叔虞五代孙。〔16〕"秦仲",秦始封君非子曾孙。〔17〕"熊勇",楚始封君熊绎七代孙。《史记索隐》谓十一代孙。〔18〕"釐",亦作"僖"。"釐公",名举。按本书《三代世表》为宋始封君微子启玄孙,据本书《宋微子世家》则为五代孙,《史记索隐》又谓六代孙。〔19〕"釐侯",卫始封君康叔八代孙。《史记索隐》谓七代孙。〔20〕"幽公宁",陈始封君胡公满五代孙。〔21〕"武侯",蔡始封君叔度五代孙。〔22〕"夷伯",名喜。曹始封君叔振铎五代孙。《史记索隐》谓六代孙。〔23〕"惠侯",燕始封君召公奭九代孙。〔24〕"晋釐侯司徒",晋靖侯子。〔25〕"楚熊严",本书《楚世家》谓熊勇之弟。《汉书·古今人表》谓熊勇之子。〔26〕"蔡夷侯",蔡武侯子。〔27〕"曹幽伯彊",本书《管蔡世家》谓曹夷伯之弟。《汉书·古今人表》谓曹夷伯之子。〔28〕"陈釐公孝",陈幽公子。〔29〕"覸",音 xián。"宋惠公覸",宋釐公子。〔30〕"熊霜",熊严长子,亦称伯霜。〔31〕"庄",《史记索隐》:"徐广云一无'庄'字。案燕失年纪及名。此言'庄'者,衍字也。""燕釐侯庄",燕惠侯子。〔32〕"鲁武公敖",鲁真公弟。〔33〕"鲜",本书《管蔡世家》作"苏"。"曹戴伯鲜",本书《管蔡世家》谓曹幽伯弟。《汉书·古今人表》谓曹幽伯子。〔34〕"齐厉公无忌",齐武公子。〔35〕"籍",《史记索隐》:"《世本》及谯周皆作'苏'。""晋献侯籍",晋釐侯子。〔36〕"庄",或作"严",系避东汉明帝刘庄讳所改。"其",《史记索隐》:"其,名也。案秦之先公并不记名,恐'其'非名。""秦庄公其",秦仲子。〔37〕"楚熊徇",熊严少子,熊霜弟。亦称季徇,见本书《楚世家》;又称季纣,见《国语·郑语》。《汉书·古今人表》谓熊严弟。〔38〕"戏",《汉书·律历志》或谓名被。

"鲁懿公戏",鲁武公少子。 〔39〕"齐文公赤",本书《齐太公世家》谓齐厉公子。《汉书·古今人表》谓齐厉公弟。 〔40〕"卫武公和",卫釐侯子。 〔41〕"穆",或作"缪"。"弗生",本书《晋世家》、《诗·唐风》孔颖达《疏》作"费王";《史记索隐》云《世家》名费生,或作'溃生',又云"或作'溃王'"。"穆侯弗生",晋献侯子。 〔42〕"蔡釐侯所事",蔡夷侯子。《史记索隐》本无"事"字。 〔43〕"取",通"娶"。"齐女",生太子仇(即晋文侯)和成师(即晋殇叔)。 〔44〕"鲁孝公称",本书《鲁周公世家》、《汉书·律历志》谓鲁懿公弟。《汉书·古今人表》谓鲁懿公子。"元年",按下十一年云:"周宣王诛伯御,立其弟称,是为孝公。"本书《鲁周公世家》、《汉书·律历志》皆谓伯御在位十一年,孝公在位二十七年。本表将伯御在位年数并入孝公,故云"鲁孝公称元年",鲁孝公在位年数成三十八年。是年实为伯御之"元年"。 〔45〕"伯御",《汉书·律历志》作"柏御"。"伯御,武公孙",本书《鲁周公世家》及《汉书·古今人表·律历志》均以伯御为鲁懿公兄括之子,即武公孙,与此相合。考本表十一年以伯御为孝公之兄,《国语·周语上》韦昭《注》谓括即伯御,则又以伯御为武公子。伯御与孝公关系,依前说为侄叔,依后说则为兄弟。 〔46〕"友",《水经·洧水注》引《竹书纪年》作"多"。"郑桓公友",本书《郑世家》谓周厉王少子,《史通·杂说上》谓周宣王子。为周幽王司徒。 〔47〕"母弟",本书《郑世家》作"庶弟"。 〔48〕"条",条戎,古部族名,活动于今山西运城县中条山鸣条岗一带。"太子仇",晋师此役失利,穆侯深致怨恨,故为当时所生太子取名仇。 〔49〕"说",本书《齐太公世家》作"脱"。"齐成公说",齐文公子。 〔50〕"千亩",晋国地名,在今山西介休县南,或谓在今山西安泽县北。 〔51〕"成师",千亩之役晋军获胜,师出有成,故穆侯为当时所生子取名成师。 〔52〕"二子名反",指晋穆侯为二子所取之名含义相反;且太子名义恶而少子名义善。 〔53〕"君子",据本书《晋世家》和《左传》桓公二年,系指晋国大夫师服。 〔54〕"宋惠公薨",本书《宋微子世家》云:"三十年,惠公卒,子哀公立。哀公元年卒,子戴公立。"则"宋惠公薨"四字当移上年,此应作宋哀公元年。 〔55〕"鄂",《史记索隐》本作"噩",《汉书·古今人表》作"咢"。"楚熊鄂",熊徇子。 〔56〕"宋戴公",宋惠公孙,宋哀公子。《汉书·古今人表》谓宋惠公子。《新唐书·宰相世系表》七十五下谓名白。"立",按表文例,似是衍文。 〔57〕"陈武公灵",陈釐公子。 〔58〕"雄",本书《管蔡世家》作"兕",《史记集解》引孙检云或作"弟"、"弟兕"。"曹惠伯雄",曹戴伯子。

〔59〕"赎",本书《齐太公世家》,《史记索隐》引《世本》,《吕氏春秋·安死》《贵卒》高诱《注》,《国语·郑语》韦昭《注》作"购"。"齐庄公赎",齐成公子。 〔60〕"楚若敖",熊鄂子,名仪,亦称熊仪。"若敖"为其称号。楚君之称常有以"敖"前冠以葬地名者,如后霄敖、堵敖、郏敖等。 〔61〕"燕顷侯",燕釐侯子。 〔62〕"幽王",名宫涅,周宣王子。 〔63〕"三川",指泾水、洛水、渭水。此泛指宗周王畿之地。"三川震",本书《周本纪》和《国语·周语上》云:"幽王二年,西周三川皆震。""是岁也,三川竭,岐山崩。" 〔64〕"晋文侯仇",字义和,见《尚书·文侯之命》。 〔65〕"陈夷公说",陈武公子。 〔66〕"褒",音 bāo,国名,姒姓,在今陕西勉县东。"褒姒",褒国之女,受周幽王宠幸,被立为后,故亦称褒后。 〔67〕"秦襄公",秦庄公子。 〔68〕"陈平公燮",陈夷公弟。 〔69〕"犬戎",古部族名,为戎的一枝,活动于宗周西北的泾、渭流域,约今陕西彬县、岐山县一带。 〔70〕"始列为诸侯",秦襄公因援救西周王室并护送王室东迁,被周平王正式策封为诸侯。 〔71〕"平王",名宜臼,周幽王子。 〔72〕"雒邑",即成周,西周初营建,为西周东都,在今河南洛阳市洛水北岸。平王元年,周室东迁,雒邑遂成东周都城。 〔73〕"畤",音 zhì,祭祀天地五帝的固定场所。"西畤",祭祀西方白帝之处。当在西垂之郊,西垂即西犬丘,在今甘肃天水市西南。本书《封禅书》云:"秦襄公既侯,居西垂,自以为主少暤之神,作西畤,祠白帝。" 〔74〕"白帝",即少暤,西方之神,为秦人所主。 〔75〕"滑突",本书《郑世家》、《史记索隐》作"掘突"。"郑武公滑突",郑桓公子,继父职任周王室司徒。 〔76〕"弗湟",本书《鲁周公世家》作"弗湟",《史记索隐》引《世本》作"弗皇",《汉书·律历志》作"皇",《经典释文》作"不皇"。"鲁惠公弗湟",鲁孝公子。 〔77〕"岐",山名,在今陕西岐山县东北。或谓都邑名,古公亶父时所建,即今陕西岐山、扶风两县境的周原遗址。 〔78〕"燕哀侯",燕顷侯子。 〔79〕"秦文公",秦襄公子。 〔80〕"宋武公司空",宋戴公子。 〔81〕"燕郑侯",燕哀侯子。 〔82〕"霄敖",《汉书·古今人表》、《史记索隐》本作"宵敖",名坎(或作"钦"、"菌"),若敖子。 〔83〕"蔡共侯兴",蔡釐侯子。 〔84〕"申",国名,姜姓,相传为伯夷后裔,在今陕西、山西间。周宣王时封申伯于谢(今河南南阳市),建立申国,亦称南申。春秋初被楚国所灭。 〔85〕"蔡戴侯",蔡共侯子。 〔86〕"穆",或作"缪"。"曹穆公",名武,曹惠伯子。 〔87〕"蚡",音 fén。"蚡冒",《战国策·楚策一》作"棼冒";《史记索隐》引古本作"粉冒",引邹氏云作"粉

冒"。名昫,谥厉(见《韩非子·和氏》《外储说左上》),霄敖子。 〔88〕"杨",本书《卫康叔世家》作"扬"。"卫庄公杨",卫武公子。 〔89〕"鄜",音fū。"鄜畤",秦文公祭白帝之处。为雍四畤之一,在今陕西凤翔县南三畤原。或谓在今陕西洛川县东南,不足信。"作鄜畤",按本书《封禅书》云:"文公梦黄蛇自天下属地,其口止于鄜衍。文公问史敦,敦曰:'此上帝之征,君其祠之。'于是作鄜畤,用三牲郊祭白帝焉。" 〔90〕"终生",《史记集解》:"孙检云:'一作"终涅"。'""曹桓公终生",曹穆公子。 〔91〕"陈文公圉",陈平公子。 〔92〕"厉公",按《春秋》《左传》,名跃,系桓公鲍子,母蔡女。"他",《春秋》《左传》又作"佗",亦称五父,系文公子,桓公弟。"厉公他",厉公名跃,他为厉公叔父之名。本书将二人混而为一,误。 〔93〕"大叔段",亦称共叔段、京城大叔(见《左传》),又称公子圣(见《春秋啖赵集传纂例》卷一所引《竹书纪年》)。 〔94〕"楷论",本书《管蔡世家》作"措父",《春秋》隐公八年作"考父"。"蔡宣公楷论",蔡戴侯子。 〔95〕"鲁桓公母",即仲子。《左传》云:"仲子生而有文在其手,曰为鲁夫人,故仲子归于我。生桓公而惠公薨。" 〔96〕"陈宝",神名。实为降落在陈仓(今陕西宝鸡市东)的陨石,被当作神灵加以祭祀。本书《封禅书》云:"作鄜畤后九年,文公获若石云,于陈仓北阪城祠之。其神或岁不至,或岁数来,来也常以夜,光辉若流星,从东南来集于祠城,则若雄鸡,其声殷云,野鸡夜雊。以一牢祠,命曰陈宝。" 〔97〕"宋宣公力",宋武公子。 〔98〕"晋昭侯",名伯(见本书《晋世家》),晋文侯子。 〔99〕"季父",叔父。"成师",被封曲沃后,号称桓叔,亦称曲沃桓叔。是为晋公族曲沃一枝的始祖,至其孙曲沃武公取代公室。"曲沃",亦称下国、新城,晋都邑,成侯时曾迁都于此,穆侯时又迁回绛(今山西翼城县南),为晋别都,城郭规模大于国都绛,在今山西闻喜县东北。 〔100〕"君子",据《左传》桓公二年,指晋国大夫师服。 〔101〕"祭仲",名足,亦称祭仲足、祭足,原为祭邑(今河南中牟县)封人,后得郑庄公宠信,任卿,祭遂为其食邑,因以为氏。"祭",音zhài。 〔102〕"好",音hào,喜好,喜爱。按此条本书《卫康叔世家》系于卫庄公十八年,在《左传》则为隐公二年追述之辞。 〔103〕"武王",其名本书《楚世家》作"熊通",《左传》《汉书地理志》等作"熊达"。本书《楚世家》及《汉书·古今人表》谓蚡冒弟,《左传》文公十六年杜预《注》谓蚡冒子。楚君始称王者。 〔104〕"潘父",晋国大夫。本书《晋世家》谓其因事败而死于此年。 〔105〕"孝侯",名平,见本书《晋世家》和

《左传》桓公二年。按本书《晋世家》以此年为晋昭侯七年,本表则以为孝公元年,故本表以下晋孝侯世记事系年均较《世家》推后一年,孝侯在位年数也多出一年。当以《世家》为是。 〔106〕"夫人",亦称庄姜,齐庄公女。 〔107〕"桓公",卫庄公子,母戴妫。因夫人庄姜没有生育,被夫人收养为子,得立太子而继位。 〔108〕"桓",于此不词。按水泽利忠《史记会注考证校补》引别本作"完",当是。"黜",音chù,贬斥,废黜。 〔109〕"子代立",《史记志疑》云:"依后文'庄伯卒,子称立,为武公'之例,则此'子代立'当作'子鲜立'。"按庄伯之名,本书《晋世家》作"鲜",与"代"音近,则此"代"或为"鲜"之通假。 〔110〕"禄父",本书《齐太公世家》、《春秋》桓公十四年作"禄甫"。"齐釐公禄父",齐庄公子。 〔111〕"毋",或作"无"、"亡"。 〔112〕"燕穆侯",燕郑侯子。 〔113〕"郤",本书《晋世家》、《史记索隐》引《世本》作"郗"。本书《晋世家》、《汉书·古今人表》谓孝侯子,与此合;《左传》桓公二年则谓孝公弟。"鄂侯",《左传》隐公五年、六年亦称翼侯。因遭曲沃庄伯进攻而出奔,旋被大夫嘉父接纳安顿于晋邑鄂(今山西乡宁县),故称鄂侯。 〔114〕"曲沃强于晋",指晋国公族曲沃一枝的势力强于国君公室。 〔115〕"息姑",本书《鲁周公世家》、《汉书·律历志》作"息"。考《诗·鲁颂》孔颖达《疏》、《左传》文公十六年孔颖达《疏》和《经典释文》、《谷梁传》杨士勋《疏》等引《世家》皆作"息姑",又《史记索隐》引《世本》亦作"息姑"。"鲁隐公息姑",鲁惠公庶子。 〔116〕"声子",宋女,鲁惠公妾。本书《鲁周公世家》谓鲁惠公贱妾,《左传》谓惠公继室。 〔117〕"段作乱,奔",大叔段在其母纵容支持下发动叛乱,结果兵败,被迫出奔共国(今河南辉县)。 〔118〕"公悔,思母不见,穿地相见",此条文字缩略过甚,难以卒读。本书《郑世家》云:段事败出奔,"于是庄公迁其母武姜于城颍,誓言曰:'不至黄泉,毋相见也。'居岁余,已悔思母。颍谷之封人考叔有献于公……庄公曰:'我甚思母,恶负盟,奈何?'考叔曰:'穿地至黄泉,则相见矣。'于是遂从之,见母"。《左传》隐公元年言之更详。 〔119〕"日蚀",按《春秋》隐公三年云:"春王二月己巳,日有食之。"今人推算此为公元前七二〇年二月二十二日之日食。 〔120〕"属",音zhǔ,通"嘱",托付,请托。"孔父",名嘉,字孔父,亦称孔父嘉,宋国公族,任大司马,孔丘祖先。"殇公",宋宣公子,宋穆公侄。 〔121〕"冯",宋穆公子,亦称公子冯。 〔122〕"侵周,取禾",按《左传》隐公三年云:"四月,郑祭足帅师取温之麦。秋,又取成周之禾。"即此所云。 〔123〕"石碏",卫国

大夫。"磲",音 què。 〔124〕"故执州吁",本书《卫康叔世家》和《左传》隐公四年载,州吁弑君自立后,石碏设计诱其至陈,同时派人对陈君陈述州吁罪状,请求乘机处置。陈桓公应石碏之请扣留了州吁。 〔125〕"虢",国名,姬姓,亦称北虢,有今河南三门峡市、山西平陆县一带地,都上阳(今河南陕县东南李家窑)。"虢公",名忌父,亦称虢公忌父,虢国国君,周王室卿士。 〔126〕"鱼",通"渔",本书《鲁周公世家》作"渔",捕鱼。"棠",亦称唐,鲁国邑名,在今山东鱼台县西北。 〔127〕"君子",据《左传》隐公五年,指鲁国大夫臧僖伯。 〔128〕"鄂侯卒",本书《晋世家》亦谓鄂侯卒于六年。按《左传》隐公五年,鄂侯于六年因曲沃庄伯攻伐而奔随,次年被大夫嘉父接至鄂,则鄂侯之卒不在六年,当在其后。 〔129〕"卫宣公晋",本书《卫康叔世家》谓卫桓公弟。《汉书·古今人表》谓卫桓公子,似不足信。 〔130〕"共立之",按《春秋》三《传》皆谓宣公之立由"众",则此"共"亦即"众"义。 〔131〕"讨州吁",即诛州吁。按本书《卫康叔世家》和《左传》隐公四年,州吁之诛在卫桓公十六年,则此条应移上年。 〔132〕"渝",改变,更换。"平",和平,讲和。"渝平",指捐弃前嫌,修结新好。 〔133〕"王不礼",周桓王对郑庄公前来朝觐不以礼相待。据本书《郑世家》,"王不礼"是因为以前郑人侵周取禾之故。 〔134〕"易",交易,交换。"许田",邑名,周成王营东都时赏赐给周公,作为鲁君朝觐天子的朝宿之邑,在今河南许昌市东南。本书《周本纪》云:"许田,天子之用事太山田也。"误。 〔135〕"君子讥之",此采《谷梁》义。详见《谷梁传》隐公八年、桓公元年。 〔136〕"宁",《史记集解》云一作"曼"。本书《秦始皇本纪》后附《秦纪》、《汉书·古今人表》和陕西宝鸡市太公庙村出土秦公钟、秦公镈铭文均作"宪"。《秦会要》《注》云:"徐广曰'宁'一作'曼',而《始皇本纪》作宪公。"按《谥法》博文多能曰宪,无谥'宁'与'曼'者,则作"宪"为是。"秦宁公",秦文公孙,秦竫公子。《汉书·古今人表》谓文公子,误。 〔137〕"祊",音 bēng,或作邴,邑名,周王赏予郑国祭祀泰山的汤沐之邑,在今山东费县东南。 〔138〕"三月",按《春秋》隐公九年作"三月癸酉"。 〔139〕"雨",音 yù,下雨,此指下冰雹。 〔140〕"电",雷电,闪电。 〔141〕"蔡桓侯封人",蔡宣侯子。 〔142〕"诸侯败我",据《左传》隐公十年,指鲁、齐、郑三国之军败宋军于菅(今山东单县北)。 〔143〕"翬",音 huī,或作"挥",字羽父,鲁国公族,亦称公子翬。 〔144〕"相",时鲁国无相职,据《左传》隐公十一年,指大宰,为执政之卿。 〔145〕"允",

《左传》桓公元年孔颖达《疏》引《世本》、《汉书·律历志》作"轨",《史记索隐》云"一作'兀',……徐广云一作'轨'"。"鲁桓公允",鲁惠公子,鲁隐公异母弟。 〔146〕"宋武公女",即仲子。 〔147〕"文",通"纹",纹路,此指手掌纹路。或谓"文"即字。"手文为鲁夫人",《左传》卷首孔颖达《疏》云:"《石经》古文……'鲁'作'𢐴',手文容或似之。"如是,则谓手掌纹路似"鲁"字之形。 〔148〕"以璧加鲁,易许田",本书《鲁周公世家》云:"郑以璧易天子之许田。"《史记集解》:"臣瓒曰:'郑以祊不足当许田,故复加璧。'"而《春秋》桓公元年云:"郑伯以璧假许田。"按郑之祊四年前已予鲁,而鲁之许田至此才入郑。 〔149〕"宋赂以鼎",按《左传》桓公二年,宋太宰华督杀司马孔父嘉和殇公而立庄公,为取得诸侯支持,对齐、陈、郑、鲁等国皆有馈赠贿赂,给鲁国的是郜大鼎。 〔150〕"太庙",祖庙,此指鲁国始祖周公之庙。 〔151〕"君子",据《左传》桓公二年,指鲁国大夫臧哀伯。 〔152〕"华督",名督,字华父,亦称华父督。宋戴公孙,好父说子。任宋太宰,又称太宰督。于公元前六八二年被宋大夫南宫万所杀。 〔153〕"宋公冯",即宋庄公冯。依文例,似脱一"庄"字。"元年",据本书《宋微子世家》和《左传》桓公二年,当作宋殇公十年,而庄公元年实在下年。本表宋庄公世纪年皆提前一年。 〔154〕"燕宣侯",燕穆侯子。 〔155〕"君子讥之",按《春秋》桓公三年《左传》、《谷梁传》、《公羊传》,皆谓诸侯无亲自送嫁女之礼,以齐釐公送女为非礼。 〔156〕"晋小子",本书《晋世家》和《左传》桓公七年皆作"晋小子侯",此似脱一"侯"字。晋哀侯子。 〔157〕"元年",按本书《晋世家》和《左传》桓公三年,此年实为晋哀侯九年,晋小子侯元年应是下年。本表晋小子侯世纪年皆提前一年。 〔158〕"伐郑",据本书《郑世家》和《左传》桓公五年,指周桓王因郑庄公不前来朝见而率陈、蔡、虢、卫四国军伐郑。 〔159〕"再赴",指陈国两次遣使赴告陈桓公之死。《春秋》桓公五年云:"春正月甲戌、己丑,陈侯鲍卒。"《左传》云:"再赴也。" 〔160〕"伐周",据本书《周本纪》、《郑世家》和《左传》,实为周伐郑而郑进行抵御。《史记志疑》谓当作"拒周",可备一说。 〔161〕"伤王",指郑将祝聸用箭射伤周桓王手臂。详本书《郑世家》和《左传》桓公五年。 〔162〕"山戎",亦称北戎,古部族名,活动于今河北北部、辽宁西南部一带。 〔163〕"曲沃武公杀小子",据本书《晋世家》和《左传》桓公七年,此事在晋小子侯四年。本表误将晋小子侯纪年误前一年,此年实为晋小子侯三年,此条应移至下一年。 〔164〕"周伐曲沃",本书《晋世家》亦以周伐曲沃与立晋侯湣为一年事。考《左传》，周伐曲沃在鲁桓公九年，即晋侯湣二年；而立晋侯湣在前一年。〔165〕"湣"，本书《晋世家》和《左传》桓公八年皆作"缗"。"立晋哀侯弟湣为晋侯"，据《左传》，事当在曲沃武公杀晋小子侯之次年，应移至下二年。〔166〕"晋侯湣元年"，是年应为晋小子侯三年。晋小子侯被杀于下年。晋小子侯有四年，则晋侯湣元年实在下二年，本表晋侯湣世纪年皆提前二年。〔167〕"随"，国名，姬姓，相传为西周初年所封诸侯国，在今湖北随州市。〔168〕"陈厉公他"，当作"陈厉公跃"。据《春秋》桓公六年，他于此年被蔡人所杀。〔169〕"太子忽"，即郑昭公。〔170〕"妻"，音qì，以女嫁人。〔171〕"敬仲完"，名完，谥敬仲，氏陈（亦作"田"。"陈"、"田"古音通假），故又称陈完、陈敬仲、田完、田敬仲，后入仕于齐，为战国田齐始祖，详本书《田敬仲完世家》。〔172〕"史"，官名，职掌文书典册、传达王命、卜筮祭祀等。本书《陈杞世家》、《田敬仲完世家》作"太史"。"卜"，占卜，龟卜，亦可泛指用蓍草演卦的筮法。据本书《陈杞世家》、《田敬仲完世家》和《左传》庄公二十二年，实为周史用《周易》给敬仲完算卦。"王"，音wàng，君临一国，为国君。〔173〕"但"，仅，只。〔174〕"秦出子"，秦宁公子。〔175〕"执祭仲"，此年郑庄公去世，祭仲原准备拥立太子忽为君，但宋庄公要立郑庄公妾宋雍氏女所生子突（即郑厉公）继位，便诱执祭仲进行胁迫。详见本书《郑世家》和《左传》桓公十一年。按事当从本书《宋微子世家》和《左传》系于宋庄公九年。然此年实为庄公九年，故此条不必移前。〔176〕"伋"，音jí，《左传》桓公十六年作"急"。"太子伋"，母夷姜。"寿"，太子伋异母弟，母宣姜。事详本书《卫康叔世家》和《左传》桓公十六年。〔177〕"射"，本书《管蔡世家》作"夕"，《谷梁传》桓公九年《经典释文》谓麋氏本作"亦"。"曹庄公射姑"，曹桓公子。〔178〕"公淫蔡，蔡杀公"，事详本书《陈杞世家》。然所记大误。考《左传》，陈厉公本自蔡出，并无淫蔡而被杀之事。究其致误原因，在于本书错合陈厉公与他为一人。他，据《春秋》桓公六年，被蔡人所杀，《公羊传》、《谷梁传》有其淫蔡而被杀之说。司马迁既以他为厉公，又采《公羊》、《谷梁》说，遂成此误。〔179〕"郑厉公突"，郑庄公子，母宋女雍姞，字子元。〔180〕"秩"，秩禄，俸禄。"服"，服饰，舆服。"秩服"，此指品级，地位。"太子"，指太子诸儿，即齐襄公。〔181〕"卫惠公朔"，卫宣公子，母宣姜，寿弟。〔182〕"陈庄公林"，陈厉公弟。〔183〕"三父"，秦国大夫，任大庶长。〔184〕"武公"，原为太子，后

被大夫三父等人所废黜。〔185〕"诸侯伐我"，据《春秋》桓公十四年，指宋和齐、蔡、卫、陈等国攻伐郑国。〔186〕"报宋故"，对郑国于前年联合鲁国伐宋进行报复。郑、鲁伐宋详见《春秋》、《左传》桓公十二年。〔187〕"天王求车"，指周桓王派大夫家父向鲁国索求马车。〔188〕"非礼"，《左传》桓公十五年云："诸侯不贡车服，天子不私求财。"周桓王向鲁国求车，故言"非礼"。〔189〕"彭"，即彭戏氏，见本书《秦本纪》，戎部族名，活动于今陕西华阴县、潼关县一带。〔190〕"华山"，即今陕西东部华山，主峰在今陕西华阴县南。〔191〕"黔牟"，本书《卫康叔世家》谓太子伋弟。又称公子留，见《公羊传》庄公三年何休《注》。"朔奔齐，立黔牟"，本书《卫康叔世家》和《左传》桓公十六年，皆系于卫惠公四年，则此条应移下年。〔192〕"栎"，音lì，郑国邑名，在今河南禹县。〔193〕"燕桓侯"，燕宣侯子。《史记索隐》："谯周曰：'《世本》谓燕自宣侯已上皆父子相传无及，故《世家》桓侯已下并不言属，以其难明故也。'"《史记集解》："徐广曰：'《古史考》曰《世家》自宣侯已下不说其属，以其难明故也。'"可知燕君世系自宣侯以下早已不能弄清。〔194〕"庄王"，名佗（或作"它"、"他"），周桓王子。〔195〕"子颓"，亦称王子颓，周庄王宠妾王姚所生。〔196〕"公会曹，谋伐郑"，据本书《鲁周公世家》和《春秋》、《左传》桓公十六年，是年春正月鲁桓公与宋庄公、蔡桓侯、卫惠公相会于曹谋划伐郑，而曹未与会。〔197〕"卫黔牟元年"，据本书《卫康叔世家》和《左传》桓公十六年，卫惠公出奔和黔牟之立皆在此年，依逾年改元常例，此年应是卫惠公四年，卫黔牟元年当在下年。本表卫黔牟世纪年皆提前一年。〔198〕"邓"，国名，曼姓，在今湖北襄樊市北，或谓疆域达于今河南邓县。〔199〕"祭仲取之"，指祭仲以卿的身份为郑庄公到邓国迎亲。详本书《郑世家》和《左传》桓公十一年。〔200〕"克"，字子仪，亦称王子克。〔201〕"日食，不书日，官失之"，《春秋》桓公十七年载："冬十月朔，日有食之。"没有记日食那天的干支。《左传》云："天子有日官，诸侯有日御。日官居卿以底日，礼也。日御不失日，以授百官于朝。"则此干支失书，系有关司历官员失职。据后人推算，其日干支庚午，即公元前六九五年十月十日。〔202〕"弥"，本书《秦本纪》作"眯"。"渠弥"，即高渠弥，氏高，亦称高伯，郑国大夫。〔203〕"夫人"，即文姜，齐襄公妹。"如"，往，去。〔204〕"通"，私通，通奸。〔205〕"彭生"，亦称公子彭生，齐国公族，有勇力。〔206〕"舞"，《春秋》庄公十年《谷梁》经文作"武"。

"蔡哀侯献舞",蔡桓侯弟。〔207〕"亹",音 wěi。《韩非子·难四》作"亶"。〔208〕"周公",名黑肩,亦称周公黑肩,周王室卿士。〔209〕"鲁庄公同",鲁桓公子。〔210〕"郑子婴",《左传》庄公十四年作子仪,《汉书·古今人表》作郑子婴齐。〔211〕"十九",按本书《宋微子世家》亦云庄公卒于十九年,皆误。当从《左传》,庄公在位十八年。本表庄公世纪年皆提前一年,此年实为十八年,即庄公卒年。〔212〕"杵臼",《公羊传》僖公十一年作"处臼"。〔213〕"湣",或作"闵"、"愍"。"捷",《春秋》庄公十二年《公羊》经文作"接"。"宋湣公捷",宋庄公子。〔214〕"纪",国名,金文作"己",姜姓,在今山东寿光县南纪台村。〔215〕"去",离去,离开。"去其都邑",指纪君离其国都。详本书《齐太公世家》和《左传》庄公四年。〔216〕"夫人",指楚武王夫人邓曼。"动",《左传》庄公四年作"荡"。"心动",心跳,心悸。〔217〕"卒",死。〔218〕"燕庄公";燕桓侯子。〔219〕"与齐伐卫",按《春秋》庄公五年云:"冬,公会齐人、宋人、陈人、蔡人伐卫。"可知同伐卫者还有宋、陈、蔡三国。〔220〕"惠公",指卫惠公朔,时正流亡在齐,齐为其母国。〔221〕"赀",音 zī,《淮南子·说山》高诱《注》作"庀",《淮南子·主术》高诱《注》作"庇"。"楚文王赀",楚武王子。〔222〕"郢",在今湖北江陵市西北纪南城郢都遗址。《左传》桓公二年孔颖达《疏》引《世本》谓楚武王已都郢。〔223〕"邓甥",据《左传》庄公六年,指雅甥、聃甥、养甥三邓国大夫,杜预《注》云"皆邓甥仕于舅氏也"。〔224〕"邓侯",指邓祁侯。或谓即《春秋》桓公七年之邓侯吾离。〔225〕"陨",音 yǔn,陨落,坠落。《春秋》庄公七年云:"夏四月辛卯,夜,恒星不见。夜中,星陨如雨。"据陈遵妫《中国古代天文学简史》所述,法国天文学家俾俄(Jean Baptiste,1774—1862)《中国流星》推算为公元前六八七年三月十六日所发生的天琴座流星雨,是世界上关于天琴座流星雨最早的记载。〔226〕"齐立惠公,黔牟奔周",本书《卫康叔世家》和《左传》庄公六年皆系此事于黔牟八年,是正确的。本表卫黔牟纪年皆误前一年,此条应移上年。又据《世家》和《左传》,黔牟在位仅八年,既无九年,更无十年,此纪年"十"应改为卫惠公朔十三年。〔227〕"子纠",即公子纠,齐釐公子,母鲁女,齐襄公弟,齐桓公庶兄。〔228〕"管仲",即管子,名夷吾,字仲,氏管,谥敬,亦称管夷吾、管敬仲,颍水(今河南颍河)之畔人,时随从公子纠至鲁,后辅佐齐桓公,任为卿,尊称仲父,改革齐政,建立霸业。有《管子》一书传世,实多系战国齐人之作,或有若干汉人

作品。详见本书《管晏列传》。〔229〕"卫惠公朔复入",据本书《卫康叔世家》和《春秋》、《左传》庄公六年,此与上年"齐立惠公,黔牟奔周"同为黔牟八年之事,当移前二年。〔230〕"与",助,帮助。〔231〕"后",迟,晚。"小白",亦称公子小白,即齐桓公,齐釐公子,母卫女,齐襄公庶弟。〔232〕"距",通"拒",抗拒,抵御,阻击。〔233〕"生",活。"致",致送,得到。事详本书《齐太公世家》、《鲁周公世家》和《左传》庄公九年。〔234〕"齐杀毋知",本书《齐太公世家》谓齐雍林人杀毋知,本书《秦本纪》和《左传》庄公九年、《管子·大匡》则谓齐大夫雍廪杀死毋知。当以后说为是。〔235〕"息",或作"郎",国名,姬姓,西周所封诸侯国,在今河南息县西南。公元前六八〇年被楚国所灭。"息夫人",亦称息妫,息侯夫人。〔236〕"楚伐蔡,获哀侯以归",事详本书《管蔡世家》、《楚世家》和《左传》庄公十年。《管蔡世家》谓蔡哀侯被俘后留楚九年而死,《楚世家》则谓蔡哀侯被俘后旋即获释。〔237〕"臧文仲",名辰,氏臧,谥文,故亦称臧孙、臧孙辰,鲁国大夫,历事鲁庄、闵、僖、文四代,死于公元前六一七年。《左传》庄公十一年云:"秋,宋大水,公使吊焉。"并未言使者为何人,但后有臧文仲之言。考臧文仲之死距此六十六年,前人或谓司马迁误读《左传》之文而以臧文仲实之。"吊",慰问,对遭受不幸表示同情和安慰。〔238〕"自罪",罪己,归罪于己。事详见本书《宋微子世家》和《左传》庄公十一年。〔239〕"万",即南宫长万,名万,字长,氏南宫,宋国大夫,亦称南宫万、长万、宋万。万杀君后因力量不敌而出奔陈,旋即被引渡回宋遭戮。〔240〕"仇牧",宋国大夫。"仇牧有义",指仇牧有君臣之义。按本书《宋微子世家》云:"大夫仇牧闻之,以兵造公门。万搏牧,牧齿著门阖死。"考《左传》庄公十二年云:"宋万弑闵公于蒙泽。遇仇牧于门,批而杀之。"《公羊传》庄公十二年云:"仇牧闻君弑,趋而至,遇之于门,手剑而叱之。万臂揉仇牧,碎其首,齿著门阖死。"则此司马迁取《公羊传》为说。〔241〕"釐王",名胡齐,周庄王子。〔242〕"曹沫",或作"曹昧"、"曹刿"、"曹翙",鲁人,庄公之臣。详见本书《刺客列传》。"曹沫劫桓公",事又见本书《齐太公世家》、《鲁周公世家》、《鲁仲连邹阳列传》、《刺客列传》及《太史公自序》。考《左传》不载此事,且所记曹刿言行与本书曹沫截然不同;而《公羊传》、《谷梁传》和《战国策》、《管子》、《荀子》、《鹖冠子》、《吕氏春秋》等皆言此事。则曹沫劫桓公事似系战国时人杜撰,而被司马迁所入。〔243〕"反",通"返",归返,归还。〔244〕"柯",齐国邑名,在今

山东阳谷县东北。 〔245〕"御"，《公羊》、《谷梁》僖公九年《经》文及《汉书·古今人表》作"禦"。"宋桓公御说"，宋湣公弟。 〔246〕"鄄"，音juàn，卫国邑名，在今山东鄄城县北旧城。"会诸侯于鄄"，《春秋》庄公十五年云："齐侯、宋公、陈侯、卫侯、郑伯会于鄄。" 〔247〕"二十八"，本表晋湣侯世纪年皆提前二年，此年应是晋湣侯二十六年。晋湣侯在位止于此年。 〔248〕"周命武公为晋君"，《左传》庄公十六年载此事于下年。 〔249〕"郑厉公元年"，依本表卫献公、卫出公之例，当于"公"后"元"前有"后"字。本书《郑世家》正作"厉公突后元年"。 〔250〕"雍"，秦国都邑名，秦德公元年迁都于此，在今陕西凤翔县东南。"葬雍"，本书《秦本纪》谓秦武公"葬雍平阳"。 〔251〕"从死"，指用活人殉葬。本书《秦纪》云："从死者六十六人。" 〔252〕"诸侯伐我"，《春秋》庄公十六年云："夏，宋人、齐人、卫人伐郑。" 〔253〕"诡"，《左传》僖公九年经文作"佹"。 〔254〕"惠王"，名阆（或作"毋凉"），周釐王子。 〔255〕"取陈后"，娶陈国之女为后。按《左传》庄公十八年云："虢公、晋侯、郑伯使原庄公逆王后于陈。陈妫归于京师，实惠后。" 〔256〕"伏"，节令名。农历夏至后第三庚日为初伏，第四庚日为二伏，立秋后第一天庚日为末伏，合称三伏。此指三伏中祭祀的一天，后亦称"伏日"。 〔257〕"磔"，音zhé，分裂牲体以祭神。本书《秦纪》云："初伏，以狗御蛊。"《封禅书》云："作伏祠，磔狗邑四门，以御蛊灾。" 〔258〕"堵"，本书《楚世家》作"庄"，《汉书·古今人表》、《史记索隐》本作"杜"。"囏"，音jiān。《史记集解》："徐广曰一作'动'。""楚堵敖囏"，楚文王子，母息妫。 〔259〕"元年"，本书《楚世家》谓楚文王在位十三年，与本表合。考《左传》庄公十九年明载文王卒于夏六月庚申，则实在位十五年。此年应为文王十四年，下年为文王十五年，再下年方是楚堵敖囏元年。本表楚堵敖世纪年皆提前二年。 〔260〕"燕"，本书《燕召公世家》载此事，则以为北燕，《左传》庄公十九年杜预《注》云南燕；《史记集解》："谯周曰：'按《春秋传》，燕与子颓逐周惠王者，乃南燕姞姓也。《世家》以为北燕，失之。'"从地理道路考虑，当是南燕。南燕，姞姓，始封郡伯儵，相传为黄帝后裔，在今河南延津县东北。本书《卫康叔世家》云："惠公怨周之容舍黔牟，与燕伐周。"则卫伐惠王是报周助黔牟之怨。 〔261〕"温"，亦称苏，周灭商后所封国，始封君为司寇苏忿生，在今河南温县西南。"王奔温"，本书《周本纪》、《卫康叔世家》、《燕召公世家》、《郑世家》皆云王奔温，同此。据《左传》庄公十九年，奔温者非惠王，乃作乱之五

大夫和子颓。 〔262〕"秦宣公"，秦德公子。 〔263〕"弟"，女弟，妹。 〔264〕"伐王，王奔温，立子颓"，伐周王之燕乃南燕，非北燕，此条不当系此。 〔265〕"蔡穆侯肸"，蔡哀侯子。 〔266〕"仲父"，本书《燕召公世家》作"燕仲父"，皆以为北燕之臣，不可信。按《左传》庄公二十年孔颖达《疏》引服虔云南燕伯爵，杜预《注》本之谓南燕伯，是正确的。则"郑执我仲父"亦不当系此。 〔267〕"太子"，即周襄王郑。"太子母早死"，本书《周本纪》亦云"襄王母蚤死"，且云"后母曰惠后"，不可信。按《左传》僖公二十四记襄王语曰："不谷不德，得罪于母弟之宠子带。"又云："天子无出，书曰'天王出居于郑'，避母弟之难也。"则襄王与带同母，惠后乃襄王生母，非后母。 〔268〕"叔带"，亦称太叔带、太叔、王子带，食邑于甘（今河南洛阳市南），谥昭，故又称甘公、甘昭公，甚得惠后宠爱。 〔269〕"田常"，亦称陈恒。氏陈，亦称"田"，名恒，"常"系汉人避文帝刘恒讳所改。谥成，又称田成子、陈成子。陈完五世孙，为齐国执政之卿，公元前四八一年杀死国君齐简公而立齐平公，公开独揽国政，为田氏取齐跨出决定性的一步。详见本书《田敬仲完世家》。 〔270〕"骊戎"，古部族名，戎人的一枝，姬姓，活动于今山西析城山、王屋山一带。旧谓在今陕西临潼县一带，不可信。"伐骊戎"，此次攻伐，晋国灭亡骊戎。 〔271〕"得姬"，指此役俘获骊戎首领之女骊姬及妹。晋献公以为己妾。 〔272〕"密畤"，秦宣公在雍郊渭水南岸所建祭祀青帝之处。青帝即太皞，相传为风姓始祖。太皞在上古帝系排列中，与秦人所奉始祖少皞的关系最近，所以在首先建立祭白帝少皞的鄜畤后，紧接着作密畤来祭太皞。 〔273〕"五"，当作"三"。楚堵敖囏实在位三年。 〔274〕"恽"，音yùn，《左传》文公元年《经》文作"頵"，《公羊》、《谷梁传》《经》文作"髡"。即楚成王。 〔275〕"捷"，本书《郑世家》作"踕"，《公羊》僖公三十二年《经》文作"楱"，《汉书·古今人表》作"接"。"郑文公捷"，郑厉公子。 〔276〕"社"，土地神，此指祭祀社神的集会。《墨子·明鬼下》云："燕之有祖，当齐之有社稷，宋之有桑林，楚之有云梦也，此男女之所属而观也。" 〔277〕"夷"，《春秋》庄公二十四年作"赤"。"曹釐公夷"，曹庄公子。 〔278〕"尽杀故晋侯群公子"，亦见本书《晋世家》。考《左传》庄公二十三年云："晋桓、庄之族逼，献公患之。"僖公五年云："桓、庄之族何罪？而以为戮，不唯逼乎？"则此"故晋侯群公子"，乃指曲沃桓叔、曲沃庄伯之后子孙，皆为晋国公族。 〔279〕"绛"，亦称翼，晋穆侯从曲沃迁都于此，在今山西翼城县东。自晋景侯

徙都新田后,称新田为绛,而此则称故绛。"始城绛都",晋国于此之前早已都绛。《左传》庄公二十六年云:"士蒍城绛,以深其宫。""始"当系衍文。〔280〕"卫懿公赤",卫惠公子。〔281〕"赐齐侯命",本书《周本纪》云:"赐齐桓公为伯。"则赐齐侯为侯伯,即诸侯之长。〔282〕"重耳",即晋文公,母大戎狐季姬。"蒲城",晋国邑名,在今山西隰县西北。〔283〕"夷吾",即晋惠公,母小戎子。"屈",晋国邑名,在今山西吉县北。〔284〕"骊姬故",将太子申生、公子重耳、公子夷吾作如此按排,皆因骊姬希图立己所生奚齐为国君继承人之故。详本书《晋世家》和《左传》庄公二十八年。此事《晋世家》系于晋献公十二年,《左传》载于晋献公十一年,当以《左传》为是。〔285〕"为燕也",因为山戎攻伐燕国。此燕为北燕。事详本书《齐太公世家》、《燕召公世家》和《左传》庄公三十年。按此事系年,《齐太公世家》同此,而《燕召公世家》和《左传》则早一年,当以《左传》为是。〔286〕"秦成公",秦德公次子,秦宣公弟。〔287〕"叔牙",名牙,排行叔,谥僖,亦称公子牙、僖叔,其子立为叔孙氏,是为鲁叔孙氏始祖。"鸩",音zhèn,鸟名,羽毛有毒,浸羽毛于酒中可制成毒酒。此用作动词,以毒酒杀人。"庄公弟叔牙鸩死",指庄公弟叔牙饮毒酒而死。事详本书《鲁周公世家》和《左传》庄公三十二年。〔288〕"庆父",名庆父,排行仲,谥共,亦称公子庆父、仲庆父、共仲。本书《鲁周公世家》、《公羊传》、《国语》韦昭《注》等谓鲁庄公母弟,《左传》杜预《注》则谓庄公庶兄。其后被立为仲孙氏,亦称孟孙氏。"般",本书《鲁周公世家》作"斑",《马王堆汉墓帛书(叁)·春秋事语》作"烦"。鲁庄公太子,母党氏女孟任。〔289〕"友",《马王堆汉墓帛书(叁)·春秋事语》作"侑"。"季友",名友,排行季,谥成,亦称公子季友、公子友、季子、成季、成季友。本书《鲁周公世家》和《公羊传》谓鲁庄公母弟。其后立为季孙氏。〔290〕"湣",或作"闵"、"愍"。"湣公",鲁庄公庶子,夫人哀姜娣叔姜所生。〔291〕"开",《史记索隐》:"《世本》名启,今此作'开',避汉景帝讳耳。"《汉书·古今人表》亦称"启"。《马王堆汉墓帛书(叁)·春秋事语》、《左传》闵公元年杜预《注》、孔颖达《疏》引《世本》作"启方"。〔292〕"魏",国名,姬姓,西周初所封诸侯国,在今山西芮城县北。〔293〕"耿",国名,姬姓,或谓嬴姓,始封不详,在今山西河津县南汾水南岸。〔294〕"霍",国名,姬姓,始封君为周文王之子处叔,在今山西霍县西南。〔295〕"赵夙",晋国大夫。与秦同祖,嬴姓。先祖造父受周穆王所赐赵城(今山西洪洞北),因以为氏。其五世祖

叔带始仕于晋,逐渐衍为晋国强宗,即三家分晋之赵氏。详本书《赵世家》。〔296〕"毕万",晋国大夫。毕公高(据《左传》为周文王子)后裔,姬姓。毕系其封地,在今陕西咸阳市东北,因以为氏。毕万受魏为魏大夫,其后因以氏魏,亦衍为晋国强宗,即三家分晋之魏氏。详本书《魏世家》。〔297〕"曹昭公",曹釐公子。其名本书《管蔡世家》和《左传》、《谷梁传》僖公七年《经》文作"班",《公羊传》僖公七年《经》文作"般"。〔298〕"申",即鲁釐公,鲁庄公与其妾成风所生子。本书《鲁周公世家》谓鲁湣公弟,《汉书·五行志》谓鲁湣公庶兄。〔299〕"釐",亦作"僖"。〔300〕"将",音jiàng,领兵,率军。〔301〕"废",废黜。此指申生的太子地位被废黜。"君子知其废",详见《左传》闵公二年。〔302〕"翟",或作"狄",此指活动于卫、齐、鲁诸国间的赤狄。〔303〕"黔牟弟",此记载有误。据本书《卫康叔世家》和《左传》闵公二年,更立者卫戴公应是黔牟弟昭伯顽之子。《史记志疑》谓"黔牟弟"下当补"子申"二字,考《卫康叔世家》云"更立黔牟之弟昭伯顽之子申",可能是正确的。〔304〕"卫戴公",名申。立未逾年即去世。〔305〕"元年",据逾年改元之例,此当作卫懿公九年。〔306〕"哀姜",鲁庄公夫人。〔307〕"杀女弟鲁庄公夫人,淫故",按本书《齐太公世家》云:"哀姜,桓公女弟也。哀姜淫于鲁公子庆父,庆父弑湣公,哀姜欲立庆父,鲁人更立釐公。桓公召哀姜,杀之。"考本书《鲁周公世家》和《左传》闵公二年,哀姜被杀实在上年。〔308〕"穆",或作"缪"。"秦穆公任好",秦德公少子,秦成公弟。〔309〕"卫文公燬",据《韩非子·外储说右下》、《新书·审微》,初名辟疆。卫宣公子昭伯顽与宣姜所生之子。〔310〕"楚丘",卫国国都,卫于此年迁都至此,在今河南滑县东。〔311〕"荀息",亦称原黯,盖名黯,字息,先氏原,后因受封邑于荀(或作"郇",在今山西新绛县),又以荀为氏。晋国大夫。"币",币帛,此泛指馈赠的礼物。"假道",借道,借路,指军队通过别国领土。"虞",国名,姬姓,始封君为太王之子虞仲的后代,周灭商后所封,在今山西平陆县北。"虢",即北虢。〔312〕"下阳",或作"夏阳",虢国都邑名,为虢君宗庙所在,在今山西平陆县北。〔313〕"燕襄公",燕庄公子。〔314〕"包茅",亦作"苞茅",祭祀时用的菁茅草,束缚成捆,可以滤去酒渣,为楚国依例向周王室进纳的贡品。〔315〕"迎妇于晋",所迎之妇,为晋献公与曲沃武公妾齐姜所生之女,本书《秦本纪》谓太子申生姊,《晋世家》则谓太子申生女弟,即秦穆公夫人,亦称穆姬。〔316〕"陉",音xíng,本书《楚世家》

作"陉山",楚地名,在今河南郾城县东。或谓在今湖北应山县北。 〔317〕"屈完",楚国大夫,楚公族。 〔318〕"狄",或作"翟",此指狐氏,亦称大戎,狄人的一枝,姬姓,活动于今山西离石、汾阳、隰县一带。狐氏为重耳舅氏,故重耳奔之。 〔319〕"率诸侯伐郑",《春秋》僖公六年云:"公会齐侯、宋公、陈侯、卫侯、曹伯伐郑,围新城。"《左传》云:"诸侯伐郑,以其逃首止之盟故也。" 〔320〕"梁",国名,与秦同祖,嬴姓,在今陕西韩城县南。夷吾奔梁原委,详见本书《晋世家》、《左传》僖公六年、《国语·晋语二》。 〔321〕"许",或作"邘",国名,姜姓,始封君文叔,西周初所封诸侯国,在今河南许昌市东。 〔322〕"许君",指许僖公,亦称许男。"肉袒",脱衣露体,表示认罪投降,听候处置。"谢",谢罪,告罪。 〔323〕"从",乾隆四年武英殿本作"释"。按本书《楚世家》云:"伐许,许君肉袒谢,乃释之。"与殿本合。"从之",按《左传》僖公六年,楚成王问如何处置许君,大夫逢伯委婉劝谏效法周武王对待微子启的做法恢复其国,楚王听从其言。 〔324〕"二十五",《左传》僖公七年云:"闰月,惠王崩。"则惠王已于上年去世,不当有二十五年。《史记集解》引徐广曰:"皇甫谧云二十四年惠王崩。"此年应为周襄王元年。本表周襄王世纪年皆误后一年。 〔325〕"太叔",即叔带,襄王母弟。 〔326〕"伐翟,以重耳故",《左传》僖公八年载此役,但系追述,且有虢射"期年狄必至"之语和当年"夏,狄伐晋,报采桑之役也。复期月"的记载,则应系上年。 〔327〕"太子兹父",或作"太子兹甫",即宋襄公。"目夷",字子鱼,太子兹父庶兄,其后为鱼氏。 〔328〕"曹共公",名襄,曹昭公子。 〔329〕"诸侯立王",《春秋》僖公八年云:"春王正月,公会王人、齐侯、宋公、卫侯、许男、曹伯、陈世子款盟于洮。"《左传》云:"盟于洮,谋王室也。""襄王定位而发丧。"即此。当系上年。 〔330〕"齐率我伐晋乱",《左传》僖公九年云:"齐侯以诸侯之师伐晋,及高梁而还,讨晋乱也。令不及鲁,故不书。"则鲁未与其役,此记有误。 〔331〕"高梁",晋国邑名,在今山西临汾市东北。 〔332〕"葵丘",宋国邑名,在今河南兰考县东。 〔333〕"宰孔",名孔,任周王室太宰,周公之后,亦称宰周公。或谓即周公忌父,或谓周公忌父弟。"胙",音 zuò,宗庙祭祀用的肉。 〔334〕"奚齐",晋献公与骊姬所生之子。 〔335〕"里克",亦称里子,晋国中大夫。反对晋献公废嫡立庶。献公死后,原想迎立公子重耳,因受贿赂许诺,改立公子夷吾。 〔336〕"卓子",或作"悼子",亦称公子卓,晋献公与骊姬娣所生之子。 〔337〕"郤芮",名芮,字子公,

氏郤。后受食邑于冀(在今山西河津县),故以冀为氏,亦称冀芮。晋国大夫。时随公子夷吾流亡梁国。"赂",贿赂,此指贿赂秦国。 〔338〕"薨",音 hōng,诸侯之死的专称。 〔339〕"隰朋",齐国公族,齐桓公重臣。 〔340〕"倍",通"背",背弃。"倍秦约",本书《晋世家》云:"使邳郑谢秦曰:'始夷吾以河西地许君,今幸得入立。大臣曰:"地者,先君之地,君亡在外,何以得擅许秦者?"寡人争之弗能得,故谢秦。'"《左传》僖公十五年云:"赂秦伯以河外列城五,东尽虢略,南及华山,内及解梁城,既而不与。" 〔341〕"丕",或作"邳"、"㕻"。"丕郑",名郑,氏丕,亦称丕郑父,晋国大夫,为里克同党。"丕郑子豹亡来",丕郑于此年被晋惠公所杀,故其子丕豹逃亡来秦。 〔342〕"目夷相",本书《宋微子世家》云:"以其庶兄目夷为相。"考《左传》僖公九年云:"宋襄公即位,以公子目夷为仁,使为左师以听政。" 〔343〕"戎伐我",《左传》僖公十一年云:"扬、拒、泉、皋、伊、雒之戎同伐京师。"伐周之戎各部约在今河南洛阳市西南一带。按"戎伐我"为襄王四年事。 〔344〕"叔带奔齐",据《左传》,叔带奔齐在鲁僖公十二年,即周襄王五年。 〔345〕"黄",国名,嬴姓,在今河南潢川县西。 〔346〕"妾",郑文公妾,南燕女,亦称燕姞。"天",《左传》宣公三年作"天使",当是正确的。指天帝的使者。 〔347〕"生穆公兰",事详见本书《郑世家》和《左传》宣公三年。 〔348〕"受下卿",指接受下卿之礼。按齐有国、高二氏,受命于天子,世为上卿。管仲虽为卿,但位次国、高之后,未受命于天子。《礼记·王制》云:"次国三卿,二卿命于天子,一卿命于君。"事详本书《周本纪》和《左传》僖公十二年。 〔349〕"仲孙",名湫,亦称仲孙湫,齐国大夫。"请",请求,指为叔带说情。 〔350〕"王怒",本书《齐太公世家》亦谓仲孙言叔带事而襄王发怒。《左传》僖公十三年则谓仲孙因周王怒而未言叔带事。 〔351〕"饥",饥荒。 〔352〕"陈穆公款",陈宣公子。 〔353〕"晋",按表文例,当作"我"。"倍之",指背弃秦国去年输粟的恩惠。 〔354〕"六",音 lù,国名,偃姓,相传为皋陶后裔,在今安徽六安县东北。按本表下楚穆王四年又云"灭六",考本书《楚世家》和《春秋》、《左传》文公五年亦皆谓六灭于穆王四年。此系楚成王二十六年有误。 〔355〕"英",亦称英氏,国名,偃姓,相传为皋陶后裔,在今安徽金寨县东南。按《春秋》、《左传》僖公十七年皆载齐、徐伐英氏之事,则此后三年英尚存未灭。此记有误。《史记正义》云:"英国在淮南,盖蓼国也,不知改名时也。"《史记索隐》云:"蓼、六,本或作英、六。"皆以"英"即蓼,可备一说。 〔356〕

"五月,日有食之",据今人推算,此年无中原可见之日食,所记有误。 〔357〕"不书",指不书日食之月朔干支。《春秋》僖公十五年云:"夏五月,日有食之。"《左传》云:"不书朔与日,官失之也。" 〔358〕"善马",良马,好马。"以盗食善马士得破晋",事详本书《秦本纪》,又见《吕氏春秋·爱士》、《韩诗外传》卷十、《淮南子·汜论》,但不见《左传》、《国语》、《公羊传》、《穀梁传》亦无载,当系司马迁採用战国秦汉间传说。 〔359〕"蔡庄侯甲午",蔡穆侯子。〔360〕"戎",即本表周襄王三年伐周之戎。 〔361〕"征",征召,征令。"戍",卫戍,守卫。 〔362〕"管仲死",据本书《齐太公世家》,管仲死于去年。〔363〕"去翟之齐",事详本书《晋世家》和《国语·晋语四》,不见《左传》。 〔364〕"河东",地区名,相当于今山西西南部,黄河在此由原来的自北向南折而东流。"官司",政府管理机构。 〔365〕"鷾",音yì,或作"鸡",鸟名,一种类似鸬鹚的水鸟,能高飞。"退飞",后退着飞,因迎面风力过大所致。 〔366〕"齐孝公昭",齐桓公子,母郑姬。 〔367〕"罢",音pí,通"疲"。 〔368〕"故亡",此条记事详见本书《晋世家》和《左传》僖公十八年、十九年。 〔369〕"太子圉",即晋怀公,晋惠公与梁嬴所生子。"质",人质。此用作动词,当人质。 〔370〕"泓",水名,故道在今河南柘城西北,为古涣水支流。 〔371〕"妻之女",秦穆公将秦公室之女五人嫁给重耳。事详本书《晋世家》和《左传》僖公二十三年。 〔372〕"泓战",《史记会注考证校补》引别本于"战"后有"故"字,于义较长。 〔373〕"重耳从齐过",《国语·晋语四》谓重耳先至齐,后过卫,与此合。本书《晋世家》和《左传》僖公二十三年则谓先过卫,后至齐,与此相反。又重耳过卫时间,本书《卫康叔世家》谓卫文公十六年;《国语·晋语四》韦昭《注》云鲁僖公十八年,即卫文公十八年,皆与此异。以十六年说近是。 〔374〕"重耳过",重耳过曹之事,本书《管蔡世家》虽系于曹共公十六年,然有一"初"字,系追述之辞;《左传》见于鲁僖公二十三年,更明属追述,不能定为此年。考本书《宋微子世家》谓重耳过宋在宋襄公十三年,《晋世家》谓重耳过宋,"宋襄公新困兵于楚,伤于泓",泓之战在宋襄公十三年,两者吻合,则过宋可定在宋襄公十三年,即曹共公十五年。而重耳流亡历程,各书皆谓先曹后宋,则过曹时间当在曹共公十五年或更早,此系十六年有误。 〔375〕"僖负羁",亦作"釐负羁",曹国大夫。 〔376〕"叔詹",亦作"叔瞻",郑国执政大臣,本书《郑世家》谓郑文公弟。"叔詹谏",叔詹劝谏郑文公,对公子重耳应以礼相待,不然就杀死他。详见本书

《晋世家》、《郑世家》和《国语·晋语四》。《左传》僖公二十三年仅载谏以礼遇。 〔377〕"汜",郑国邑名,在今河南襄城县。 〔378〕"晋文公",依表文例,似脱"重耳"二字。 〔379〕"魏武子",名犨,氏魏,谥武,亦称魏犨,毕万之子(或谓孙),晋国大夫,曾追随公子重耳在外流亡十九年。详见本书《魏世家》。 〔380〕"赵衰",名衰,字子余,谥成,排行季,亦称赵成季、赵成子,赵凤之子(或谓弟,或谓孙),晋国大夫,故又称原季。详见本书《赵世家》。"原",晋国邑名,本系姬姓封国,始封君为周文王子,被晋所吞灭,在今河南济源县西北。"赵衰为原大夫",本书《晋世家》谓晋文公四年"以原封赵衰";《左传》僖公二十五年和《国语·晋语四》则谓晋灭原而封赵衰为原大夫在晋文公二年,均与此系年有异。当以《左传》、《国语》为是。 〔381〕"咎犯",亦作"臼犯"、"舅犯",名偃,字子犯,氏狐,又称狐偃;晋文公之舅,故称舅犯,"臼"、"咎"皆"舅"之同音通假字。晋国大夫,追随公子重耳在外流亡十九年,后为辅佐晋文公创建霸业重臣。本书误将臼季(即司空季子,名胥臣)与咎犯混为一人。 〔382〕"内",通"纳",送纳。"内王",指护送周襄王进入京都成周。按此语本书《晋世家》谓赵衰所言;《左传》僖公二十五年和《国语·晋语四》谓咎犯所言,同此。又此语本书《晋世家》和《左传》皆系于晋文公二年;《国语》系于晋文公元年,同此。 〔383〕"王",《穀梁传》文公七年《经》文作"壬"。"宋成公王臣",宋襄公子。 〔384〕"河上",黄河边上。 〔385〕"卫成公郑",卫文公子。 〔386〕"卫公子开方",或作"卫公子启方",原为卫国公子,后仕齐,任大夫,受齐桓公宠幸。 〔387〕"报曹、卫耻",指攻伐曹、卫,对两国当初在公子重耳流亡所至时不以礼遇的耻辱进行报复。据本书《晋世家》和《左传》僖公二十八年,报曹、卫耻事皆系文公五年,当是。 〔388〕"子玉",名得臣,字子玉,氏成,亦称成得臣,楚国公族,时任令尹。 〔389〕"狩",音shòu,打猎,特指天子、诸侯冬天打猎。或说通"守",指巡守。"河阳",晋国邑名,在今河南孟县西。按此"王狩河阳",实乃晋文公为假借王命盟会诸侯而召周襄王至河阳。本书《周本纪》云:"晋文公召襄王,襄王会之河阳、践土,诸侯毕朝,书讳曰:'天王狩于河阳。'"本书《晋世家》、《孔子世家》和《左传》僖公二十八年皆有说,可参看。 〔390〕"践土",郑国邑名,在今河南原阳县西南。 〔391〕"五鹿",卫国邑名,在今河南清丰县西北,或说在今河北大名县东。 〔392〕"周命赐公土地",据本书《晋世家》和《左传》,是年周王赐命晋文公为伯,并赏予车马、弓矢、秬鬯、珪瓒、虎

贡,没有赐地;赐地乃晋文公二年事。此记有误。〔393〕"城濮",卫国邑名,在今山东鄄城县西南临濮集一带,或说在今河南开封市陈留附近。〔394〕"公子瑕",名瑕,字子适,亦称卫君瑕。据《左传》僖公二十八年,卫成公出奔后叔武摄政;公子瑕之立,在卫成公复归卫国后因争讼被拘留成周时。此记有误。〔395〕"会晋伐楚",《春秋》僖公二十八年云:"晋侯、齐师、宋师、秦师及楚人战于城濮。"《左传》亦云:"晋侯、宋公、齐国归父、崔夭、秦小子憗次于城濮。"则陈并未会晋伐楚。〔396〕"会晋伐楚",据《春秋》、《左传》,蔡并未会晋伐楚。〔397〕"晋以卫与宋",晋国将卫国之田分给宋国。此事本书《卫康叔世家》、《晋世家》和《左传》僖公二十八年皆系卫成公三年,此误后一年。〔398〕"陈共公朔",陈穆公子。〔399〕"听周归卫成公",据《左传》僖公三十年和《国语·鲁语上》,卫成公之获释归国,实因鲁僖公为之说情并向周襄王和晋文公各送玉十对。〔400〕"有言即去",本书《郑世家》云:"郑人患之,乃使人私于秦曰:'破郑益晋,非秦之利也。'秦兵罢。"《左传》僖公三十年言之较详,且指明前往说秦者为郑大夫烛之武。〔401〕"秦、晋围我,以晋故",本书《郑世家》云:"晋文公与秦穆公共围郑,讨其助楚攻晋者,及文公过时之无礼也。"参《左传》僖公三十年。〔402〕"蹇叔",秦国大夫。〔403〕"晋襄公骧",晋文公子,母偪姞。〔404〕"殽",音yáo,或作"崤",山名,又称嵚崟山,系秦岭东段支脉,在今河南洛宁县西北,西抵陕县,东至渑县,分东、西两殽。〔405〕"弦高",郑国商人。〔406〕"鲁文公兴",鲁僖公子,母声姜。〔407〕"败殽将",指殽之战吃败仗的秦将孟明视、西乞秫、白乙丙。〔408〕"败殽将亡归,公复其官",据本书《秦本纪》、《晋世家》和《左传》僖公三十三年,此事当在上一年。〔409〕"太子",指太子商臣,即后来的楚穆王。"职",亦称王子职,太子商臣庶弟。〔410〕"傅",《左传》文公元年作"师",负责教育辅导太子之官。"潘崇",亦称师崇,楚国公族。〔411〕"蹯",音fán,野兽脚掌。"王欲食熊蹯死",楚成王请求吃熊掌后再死。熊掌难熟,成王之请意在拖延时间,以求脱身。〔412〕"汪"秦国邑名,在今陕西澄城县西南。本书《秦本纪》云:"缪公于是复使孟明视等将兵伐晋,战于彭衙。秦不利,引兵归。"《春秋》文公二年云:"晋侯及秦师战于彭衙,秦师败绩。"则此"汪"乃"彭衙"之误。下栏"败我于汪",之"汪"亦为"彭衙"之误。彭衙为秦邑,在今陕西澄城县西北。〔413〕"太子宅",本书《楚世家》作"太子宫",《左传》文公元年作"太子室"。"宫"、"宅"古意

同,指房舍;"室"则可泛指家产,包括田土、臣妾等。《左传》"室"字义胜。〔414〕"为相",本书《楚世家》云:"为太师。"《左传》文公元年云:"为太师,且掌环列之尹。"〔415〕"王官",晋国邑名,在今山西闻喜县南。〔416〕"邧",音yuán,一作"刓",秦国邑名,在今陕西澄城县南。〔417〕"新城",秦国邑名,在今陕西澄城县东北。〔418〕"江",国名,嬴姓,在今河南正阳县南。〔419〕"赵成子",即赵衰,时任晋中军佐。〔420〕"栾贞子",名枝,氏栾,谥贞,亦称栾枝。晋国公族,栾宾之孙,栾共叔成之子,时任晋下军帅。〔421〕"霍伯",名且居,氏先,亦称先且居。先轸之子。霍为其食邑,在今山西霍县西南,因以为氏,又称霍伯,伯当系排行。时任晋中军帅,执掌国政。〔422〕"臼季",名臣,氏胥,亦称胥臣;季为排行,曾任司空,又称司空季子。食邑于臼(亦称臼衰,在今山西临猗县南。),又氏臼,故称臼季。时任晋下军佐。本书《晋世家》作"咎季子犯",误,系司马迁混臼季与咎犯为一人所致。〔423〕"蓼",音liǎo,国名,姬姓,相传是庭坚之后,在今河南固始县东北蓼城岗。〔424〕"赵盾",名盾,氏赵,排行孟,谥宣,故亦称赵孟、宣孟、赵宣子。赵衰子,母廧咎如之女叔隗。原出生于狄,赵衰随晋文公返国后,旋被接回,立为赵氏嫡子。时任晋中军帅,执掌国政。详见本书《赵世家》。"太子",即后之晋灵公,时年幼,尚在襁褓中。母穆嬴。〔425〕"恐诛,遂立太子,为灵公",事详本书《晋世家》和《左传》文公七年。按《世家》和《左传》皆系此事于晋灵公元年,当是。〔426〕"从死者百七十人",本书《秦本纪》作"从死者百七十七人"。〔427〕"夷皋",《公羊传》宣公二年《经》文作"夷獔",《史记索隐》本作"蜴"。〔428〕"秦康公罃",秦穆公子。〔429〕"公孙固",名固,氏公孙,宋国公族。任大司马,故亦称大司马固。"公孙固杀成公",本书《宋微子世家》云:"成公卒。成公弟御杀太子及大司马公孙固而自立为君。"《左传》文公七年云:"宋成公卒。……昭公将去群公子……穆、襄之族率国人以攻公,杀公孙固、公孙郑于公宫。"皆无公孙固杀成公之事。此记有误。〔430〕"卫",即毛伯卫,周王室卿士。"金",此泛指财物,以供丧葬之用。据《左传》文公九年,此事当系下年。〔431〕"武城",晋国邑名,在今陕西华县东北。〔432〕"令狐",晋国邑名,在今山西临猗县西南。"令狐之役",在上一年,此役晋军击败秦军。〔433〕"杵臼",《公羊传》文公十六年《经》文作"处臼"。〔434〕"襄公之子",本书《宋微子世家》和《史记正义》、《史记集解》、《史记索隐》所引徐广《音义》皆谓

成公少子。考《左传》文公十七年成公称襄夫人为君祖母，《汉书·古今人表》亦谓昭公"成公子"，足证宋昭公乃宋成公子、宋襄公之孙，此谓"襄公之子"误。〔435〕"顷王"，名王臣（或作"壬臣"），周襄王子。〔436〕"少梁"，秦国邑名，即原梁国之地，在今陕西韩城县南。〔437〕"北徵"，晋国邑名，在今陕西澄城县西南。〔438〕"曹文公寿"，曹共公子。〔439〕"燕桓公"，《史记索隐》："谯周云《世家》襄伯生宣伯，无桓公。"史料有阙，难以考辨。〔440〕"长翟"，或作"长狄"，狄之一部，亦称鄋瞒，在今山东博兴县、邹平县一带。"咸"，鲁国邑名，或谓即咸丘，在今山东巨野县东南。或谓在今山东曹县。〔441〕"得长翟"，指捕获杀死长翟首领长翟乔如。详本书《鲁周公世家》和《左传》文公十一年。〔442〕"长丘"，宋国邑名，在今河南封丘县西南。"败长翟长丘"，本书《鲁周公世家》和《左传》文公十一年谓此役在宋武公之世。本表和《宋微子世家》将此役系昭公四年，盖司马迁不辨《左传》文公十一年因记败长翟于咸而追叙当年武公败长翟于长丘之文，而误二役为一时之事。〔443〕"羁马"，晋国邑名，在今山西永济县南。〔444〕"河曲"，晋地，黄河至此由原来自北向南折而东流，故称河曲，在今山西永济县南、芮城县西。〔445〕"怒"，本书《晋世家》谓晋君怒，《左传》文公十二年谓晋将赵穿因追击秦军不及而发怒。当以《左传》可信。〔446〕"随会"，名会，排行季，谥武，氏士，士蒍之子；食邑于随（在今山西介休县东南），又氏随；后更受邑范（在今山东范山县西北），又氏范，故又称士会、范会、士季、随季、随武子、范武子、季武子。于晋襄公七年奉命出使秦国迎公子雍，旋因国内改立晋灵公而滞留于秦。晋人在此年设计赚其回国。历任上军将、中军元帅、太傅等职，执掌国政。〔447〕"公卿争权"，指周王室大臣周公阅同王孙苏争权。详《左传》文公十四年。〔448〕"彗星"，古亦称"妖星"、"欃枪"，俗称"扫帚星"，是绕太阳运行的一种天体。形状特别，远离太阳时为一发光的云雾状斑点，接近太阳时呈扫帚状。古人常将彗星的出现看作灾祸的预兆。"北斗"，即北斗七星，亦可省称斗。"彗星入北斗"，《春秋》文公十四年云："秋七月，有星孛入于北斗。"据近代天文学家推算，这是世界上有关哈雷彗星的最早记录。〔449〕"周史"，指周王室内史叔服。详《左传》文公十四年。〔450〕"七年"，《左传》文公十四年作"不出七年"，则此"七年"为七年内之意。〔451〕"太子"，昭公太子，名舍，亦称太子舍。昭公去世即继立为君。〔452〕"乘"，音 shèng，春秋时代以战车为核心的军队编制

单位。一乘有一车四马，车上甲士三人，车下徒卒十人（或谓七十二人）。"捷菑"，邾文公与次妃晋姬所生之子，晋为其母国。"赵盾以八百乘纳捷菑"，《左传》文公十四年云："晋赵盾以诸侯之师八百乘纳捷菑于邾。"本书《晋世家》误作："晋使赵盾以车八百乘平周乱而立匡王。"〔453〕"平王室"，指调解平息周王室大臣周公阅同王孙苏的争讼。〔454〕"侣"，《左传》、《公羊传》宣公十八年《经》文作"旅"，《穀梁传》宣公十八年《经》文作"吕"。"楚庄王侣"，楚穆王子。〔455〕"陈灵公平国"，陈共公子。〔456〕"匡王"，名班，周顷王子。〔457〕"六月辛丑，日蚀"，据后人推算，为公元前六一二年四月二十八日之日食。〔458〕"郛"，音 fú，城郭，外城。〔459〕"庸"，国名，周武王灭商之盟国，在今湖北竹山县西南。〔460〕"襄夫人"，宋襄公夫人，周襄王姊，亦称王姬。"卫伯"，《左传》文公十六年作"帅甸"。或谓卫伯系帅甸之名号，或谓卫伯系帅甸之别称。〔461〕"鲍"，本书《宋微子世家》作"鲍革"。亦称公子鲍，宋昭公庶弟。〔462〕"蔡文侯申"，蔡庄侯子。〔463〕"率诸侯宋"，《春秋》文公十七年云："晋人、卫人、陈人、郑人伐宋。"《左传》云："晋荀林父、卫孔达、陈公孙宁、郑石楚伐宋。"〔464〕"襄仲"，名遂，排行仲，谥襄，氏东门，鲁庄公之子，亦称仲遂、东门遂、东门襄仲、公子遂。鲁大夫。"杀嫡"，指杀死鲁文公长妃哀姜所生之子恶和视。〔465〕"宣公"，鲁文公次妃敬嬴所生之子，故称庶子。〔466〕"刖"，音 yuè，断足，为古代的一种肉刑。"邴歜"，音 bǐng chù，本书《齐太公世家》作"丙戎"，齐臣，时为齐懿公仆，掌驾车。"刖邴歜父"，齐懿公因旧怨而在即位后掘邴歜父之尸体并施刖刑。"阎职"，本书《齐太公世家》作"庸职"，齐臣，时为齐懿公骖乘，即车右陪乘。"夺阎职妻"，齐懿公因阎职妻美而夺之。〔467〕"惠公"，名元，齐桓公妾少卫姬所生，齐懿公异母弟。〔468〕"倭"，或作"倭"、"接"。〔469〕"公室卑"，指公室衰微，大权旁落。本书《鲁周公世家》云："鲁由此公室卑，三桓强。"《左传》昭公三十二年云："鲁文公薨，而东门遂杀嫡立庶，鲁君于是乎失国，政在季氏。"〔470〕"济西之田"，济水之西田地，原属曹，后入鲁，此年鲁用以贿赂齐国，为齐所取，约在今山东东平县、郓城县一带。《左传》宣公元年云："齐人取济西之田，为立公故，以赂齐也。"〔471〕"和"，《春秋》宣公四年作"稻"，《史记索隐》谓名"貑"。"秦共公和"，秦康公子。〔472〕"王子成父"，或作"王子城父"、"王子成甫"，齐国大夫。或谓即齐国著名军事家王子。〔473〕"赵穿"，谥武，赵夙庶

孙,赵盾从父昆弟,晋襄公女婿,晋卿。〔474〕"公子黑臀",晋文公庶子,母周女,晋襄公之弟,晋灵公叔父。〔475〕"公族",国君同族。此指公族大夫,职掌国君同族子弟的管理教育。此职因骊姬之乱曾一度撤销,至晋成公即位恢复,管教对象变为卿大夫子弟。"赵氏赐公族",赵氏被赐予担任公族大夫之职。以前公族大夫皆由国君同姓担任,至此始授异姓。据《左传》,具体由赵括任职。按本书《晋世家》事系于晋成公元年。考《左传》宣公二年,当在灵公十四年,此记不误。〔476〕"华元",华督之子,宋六卿之一,时任右师。"羊羹",或作"羊斟",亦称叔牂,时任华元之御,掌驾车。或谓"羊羹"非人名,指羊肉羹,似不足信。事详见本书《宋微子世家》、《郑世家》和《左传》宣公二年。〔477〕"定王",名瑜(或作"榆"、"揄"),周匡王弟。〔478〕"陆浑",即陆浑之戎,亦称允姓之戎,为戎人一枝,原居瓜州(今陕西宝鸡市、眉县一带),公元前六三八年被秦、晋诱迫迁至伊川,即今河南伊河流域。〔479〕"雒",即雒邑,东周国都成周。〔480〕"鼎",即九鼎,传世国宝,被视作天子统治天下权力的象征。传说为夏禹所铸,夏灭,商汤王迁于商邑;商灭,周武王迁于雒邑。〔481〕"赎华元,亡归",本书《宋微子世家》云:"宋以兵车百乘、文马四百匹赎华元。未尽入,华元亡归于宋。"系于宋文公四年。据本书《郑世家》和《左传》宣公二年,事皆系上一年,则此误后一年。〔482〕"若敖氏",若敖之族。若敖子为鬪伯比,故亦称鬪氏。"若敖氏为乱",指鬪伯比孙鬪椒发动叛乱。〔483〕"郑灵公夷",字子貉,郑穆公与少妃姚子所生之子。〔484〕"公子归生",字子家,郑国公族,郑大夫。"鼋",音 yuán,大鳖,俗称甲鱼、团鱼。事详本书《郑世家》和《左传》宣公四年。〔485〕"中行桓子荀林父",名林父,排行伯,谥桓,晋大夫逝敖子,食邑于荀(今山西稷山县东),因以为氏;公元前六三二年晋国步卒由原来的二行扩建为三行,荀林父为中行之将,又以官为氏,氏中行。故亦称荀伯、桓伯、中行伯。后任中军帅,执掌国政。"救郑",因郑国受楚军侵伐而出兵救援。事详本书《晋世家》、《郑世家》和《左传》宣公五年。〔486〕"五",按《春秋》宣公四年云:"秦伯稻卒。"则秦共公已死于去年,在位四年,不得有五年。此年应是秦桓公元年。本表秦桓公世纪年皆误后一年。〔487〕"坚",《公羊传》宣公四年何休《注》云或作"臤",徐彦《疏》引《穀梁传》作"贤"。"郑灵公坚",《史记集解》引徐广曰:"《年表》云灵公庶兄。"则徐广所见本与今本有异。〔488〕"秦桓公",名荣,秦共公子。〔489〕"七月,日蚀",《春秋》宣公八年云:"秋七月甲子,日有食之,既。"《汉书·五行志下》云:"刘歆以为十月二日楚、郑分。"据后人推算,七月无日食,十月有日食,则此"七"乃"十"之误。今人推算为公元前六〇一年九月二十日之日全食。〔490〕"与鲁伐秦",《春秋》宣公八年云:"晋师、白狄伐秦。"《左传》云:"白狄及晋平。夏,会晋伐秦。"则与晋伐秦者系白狄,而非鲁。〔491〕"谍",间谍,侦探。〔492〕"苏",苏醒,死而复生。〔493〕"舒蓼",国名,为群舒之一,偃姓,在今安徽舒城县南。〔494〕"使桓子伐楚",《春秋》宣公九年云:"晋荀林父帅师伐陈。"并无伐楚之事。疑此"楚"系"陈"之误。〔495〕"以诸侯师伐陈救郑",据《春秋》宣公九年,伐陈与救郑无涉,别为二役;且主将亦不同,伐陈为荀林父,救郑为郤缺。〔496〕"郤缺",名缺,谥成,氏郤,晋大夫郤芮之子,食邑于冀(今山西河津县),故亦称郤成子、冀缺,晋卿。〔497〕"败我",《左传》宣公九年云:"郑伯败楚师于柳棼。"则败楚者为郑。〔498〕"四月,日蚀",《春秋》宣公十年云:"夏四月丙辰,日有食之。"据今人推算,为公元前五九九年三月六日之日环食。〔499〕"崔杼",名杼,氏崔,谥武,亦称崔武子,齐国公族,崔夭之子,任大夫,得齐惠公宠幸。〔500〕"高、国",即高氏、国氏,受周王赐命,世为齐国上卿。当时二氏任卿者为高固、国佐。〔501〕"据",《春秋》成公十年作"獳"。"晋景公据",晋成公子。〔502〕"与宋伐郑",《春秋》宣公十年云:"晋人、宋人、卫人、曹人伐郑。"则晋所与伐郑者尚有卫、曹。〔503〕"遫",《春秋》成公二年作"速"。"卫穆公遫",卫成公子。〔504〕"夏征舒",名征舒,字南,氏夏,亦称夏南,陈国公族,陈大夫。"其母辱",指陈灵公与夏征舒母淫乱且当众羞辱他。〔505〕"晋、宋、楚伐我",按《春秋》宣公十年,晋、宋伐郑在先,楚伐郑在后,别为二役。〔506〕"齐顷公无野",齐惠公子。〔507〕"河上",指今河南荥阳县北之黄河南岸。〔508〕"我卑辞以解",郑襄公用谦卑之辞获得楚庄王宽恕。语详本书《郑世家》和《左传》宣公十二年。〔509〕"杀使者",指宋国杀死楚国出使齐国的使者申舟(亦称文之无畏)。事详《左传》宣公十四年。〔510〕"初税亩",开始按照田亩数量征税。在此之前,鲁国实行藉法。《左传》宣公十六年云:"谷出不过藉,以丰财也。"《国语·鲁语下》云:"先王制土,藉田以力。"初税亩,表示鲁国征收农业税的方式从劳役地租转变为实物地租。〔511〕"解扬",或作解阳,食邑于解(在今山西运城县),因以为氏,晋国大夫。本书《郑世家》谓其字子虎,霍人,盖司马迁别有所本。"执解扬",解扬奉命出使宋国,被郑人拘执而献给楚国。〔512〕"有使节",具有使者不辱君命的节操。详本书《郑世家》和《左传》宣公十五年。 〔513〕"子反",名侧,字子反,楚国公族,亦称公子侧;任楚司马,又称司马子反。"诚",真实,实情。 〔514〕"罢",罢兵,收兵。事详本书《宋微子世家》和《左传》宣公十五年。 〔515〕"曹宣公庐",曹文公子。〔516〕"灭赤翟",据《左传》,荀林父于上年率师灭赤狄潞氏,此年随会率师灭赤狄甲氏、留吁、铎辰。所灭赤狄各部,活动于今山西长治、潞城、屯留诸县一带。 〔517〕"日蚀",《春秋》宣公十七年云:"六月癸卯,日有食之。"后人推算,此年无日食,所记有误。王韬《春秋历学三种》据鲁宣公七年六月癸卯(即公元前六〇三年五月八日)有日食,谓此为七年日食记载错简,可备一说。 〔518〕"郤克",谥献,亦称郤献子。郤缺之子,晋卿。此年伐随会任中军帅,执掌国政。 〔519〕"妇人笑之",指齐顷公母萧桐侄子嘲笑郤克。 〔520〕"归去",此条记事详本书《齐太公世家》、《晋世家》和《左传》宣公十七年,《穀梁传》成公元年、《公羊传》成公二年。 〔521〕"晋伐败我",本书《齐太公世家》、《晋世家》和《左传》宣公十八年均无言及败齐,盖司马迁别有所本,或误记。 〔522〕"子强",即公子强,齐顷公庶子。〔523〕"蔡景侯固",蔡文侯子。 〔524〕"肱",音gōng,《史记集解》云:"徐广曰:'肱,一作'股'。'""鲁成公黑肱",鲁宣公子。〔525〕"隆",或作"龙",鲁国邑名,在今山东泰安市东南。"春,齐取我隆",本书《鲁周公世家》、《晋世家》和《左传》成公二年均将此事系二年,则此条应移下年。 〔526〕"共",《国语》作"恭",《吕氏春秋·权勋》作"龚"。"审",《国语·楚语上》作"葴"。"楚共王审",楚庄王子。〔527〕"汶阳",鲁地名,指汶水以北,约在今山东泰安市西北、大汶河以北。 〔528〕"鞍",齐国地名,在今山东济南市西北。 〔529〕"逢丑父",齐国大夫,时为齐顷公车右,因掩护齐顷公而被晋军俘虏。〔530〕"与鲁、曹败齐",据《春秋》成公二年,晋所与败齐者尚有卫。 〔531〕"申公巫臣",字子灵,氏屈,亦称屈巫。楚大夫。任申县(今河南南阳市北)县尹,故称申公。"征舒母",陈大夫夏征舒母夏姬,郑穆公之女。 〔532〕"邢",晋国邑名,即邢丘,在今河南温县东北。事详本书《晋世家》和《左传》成公二年。 〔533〕"反",通"返"。 〔534〕"欲王晋",本书《齐太公世家》、《晋世家》亦有齐顷公欲尊晋景公为王之说。按《左传》成公三年云:"齐侯朝于晋,将授玉。郤克趋进曰:'此行也,君为妇人之笑辱也,寡君未之敢任。'"并无尊王之事。核之当时情

势,亦无尊王之理。前人谓司马迁读"玉"为"王",因误解"授玉"为尊王,盖是。 〔535〕"始置六卿",本书《晋世家》、《齐世家》亦云此年晋始置六卿。按晋国各军将、佐皆为卿,则设三军即有六卿,则不得谓六卿之置始于此年。考《左传》成公三年云:"晋作六军。韩厥、赵括、巩朔、韩穿、荀骓、赵旃皆为卿。"此年增设新上、中、下三军,韩厥等六人即新三军将、佐;加上原来三军,则成六军。似当云"始置六军","卿"或系"军"之误。 〔536〕"瑕",《春秋》成公十五年作"固"。"宋共公瑕",宋文公子。〔537〕"卫定公臧",卫穆公子。 〔538〕"子反救郑",因晋军攻伐郑国,故子反率楚军前往救援。详《左传》成公四年。 〔539〕"栾书",谥武,故亦称栾武子。赵盾之子,晋卿。时任中军帅,执掌国政。"氾",郑国邑名,在今河南巩县东北。据《左传》成公四年,晋所取郑地尚有祭。 〔540〕"梁山",故梁国名山,后人晋成为晋望,在今陕西韩城县西北。〔541〕"伯宗",名宗,字尊,氏伯,故亦称伯尊。孙伯纠(一作"孙伯起")之子,晋大夫。"伯宗隐其人而用其言",晋景公因梁山崩而征召伯宗,伯宗路遇绛县车夫,车夫告以应对之辞,伯宗採用其言而隐没其人。司马迁似採《穀梁》说。详《穀梁传》成公五年和《韩诗外传》卷八。 〔542〕"伐郑",据本书《郑世家》和《左传》成公六年,楚伐郑当在下年。此误前一年。 〔543〕"郑悼公来讼",指郑悼公与许灵公因土地争执而前来楚国争讼。事详《左传》成公四年、五年。 〔544〕"费",本书《郑世家》作"溃"。《史记索隐》云:"邹本一作'沸',一作'弗'。""郑悼公费",郑襄公子。 〔545〕"简王",名夷,周定王子。 〔546〕"吴寿梦",名乘,或谓寿梦为其号,或谓寿梦系乘之缓言。据《史记索隐》引《世本》,亦称孰姑。开国君主太伯十九代孙。 〔547〕"以巫臣始通于吴而谋楚",晋国利用巫臣开始打通与吴国的关系而谋划伐楚。据本书《吴太伯世家》、《晋世家》和《左传》成公七年,巫臣因留楚家族遭杀戮而欲复仇,得到晋君允许,出使吴国,沟通邦交,教以中原车战阵法,并让其子为吴国行人,谋伐楚国。〔548〕"眈",音gǔn,《汉书·古今人表》作"纶"。"郑成公眈",郑悼公弟。 〔549〕"赵武",排行孟,谥文,故亦称赵孟、赵文子。赵盾之孙,赵朔之子,母庄姬,晋景公外甥。后为晋卿,晋悼公、平公时执掌国政。详本书《赵世家》。"复赵武田邑",此年赵氏家族被灭,赵武因从母在公宫而幸免于难。由于韩厥的劝谏,晋景公恢复赵氏,立赵武为后,归还没收田邑。事详本书《晋世家》、《赵世家》和《左传》成公八年。 〔550〕"成",媾和,和解。 〔551〕"公如晋

送葬,讳之",《春秋》成公十年不载此事。《左传》云:"冬,葬晋景公。公送葬,诸侯莫在。鲁人辱之,故不书,讳之也。" 〔552〕"环",《公羊传》襄公十九年《经》文作"瑗"。"齐灵公环",齐顷公子。〔553〕"晋率诸侯伐我",《春秋》成公十年云:"公会晋侯、齐侯、宋公、卫侯、曹伯伐郑。"则晋所率诸侯伐郑者有齐、鲁、宋、卫、曹。 〔554〕"寿曼",《春秋》成公十八年、《左传》成公十年作"州蒲",《左传》成公十年孔颖达《疏》引应劭《旧君讳义》、《经典释文》引别本作"州满"。"晋厉公寿曼",晋景公子。〔555〕"与晋侯夹河盟",与晋侯隔着黄河结盟。《左传》成公十一年云:"秦、晋为成,将会于令狐。晋侯先至焉。秦伯不肯涉河,次于王城,使史颗盟晋侯于河东。晋郤犫盟秦伯于河西。" 〔556〕"归,倍盟",本书《秦本纪》《晋世家》和《左传》成公十三年皆谓秦桓公归而背盟,召狄人伐晋。 〔557〕"泾",水名,渭河支流,源出今宁夏六盘山东麓,东南流经甘肃,至陕西高陵县入渭河。 〔558〕"二十七",当作"二十八"。秦桓公实在位二十八年。 〔559〕"曹成公负刍",曹宣公庶子(据《左传》成公十三年杜预《注》)。本书《管蔡世家》及《汉书·古今人表》谓曹宣公弟,不足信。 〔560〕"钟离",吴国邑名,在今安徽凤阳县东。 〔561〕"三郤",指晋国大夫郤锜、郤犫、郤至。 〔562〕"秦景公",秦桓公子。〔563〕"叶",楚国邑名,在今河南叶县西南。〔564〕"卫献公衎",卫定公子,母敬姒。 〔565〕"晋执我公以归",按《左传》成公十五年云:"执而归诸京师。"则晋执鲁成公送至成周。〔566〕"宣伯",名侨如,排行伯,谥宣,氏叔孙,亦称叔孙侨如、叔孙宣伯。叔孙得臣之子,鲁国大夫。 〔567〕"季文子",名行父,谥文,氏季孙,亦称季孙行父。成季友之孙,鲁国大夫,时执掌国政。 〔568〕"文子得以义脱",《左传》成公十六年云:"范文子谓栾武子曰:'季孙于鲁,相二君矣。妾不衣帛,马不食粟,可不谓忠乎?信谗慝而弃忠良,若诸侯何?……'乃许鲁平,赦季氏。"即此所本。 〔560〕"鄢陵",郑国邑名,在今河南鄢陵县西北。 〔590〕"成",《公羊传》成公十五年《经》文作"戌"。"宋平公成",宋共公子。 〔571〕"八",本书《晋世家》云:"悼公元年正月庚申,栾书、中行偃弑厉公。"实本于《春秋》《左传》,事在鲁成公十八年正月庚申。考《春秋》成公十八年建子,用的是鲁历,即周历,换算成晋所行夏历,厉公之杀属上一年,即晋厉公七年,则厉公在位只有七年。此年当为晋悼公元年。钱绮《左传札记》有详考,可参看。本表晋悼公世纪年皆误后一年。 〔572〕"中行偃",名偃,字伯游,谥献,氏荀,

又氏中行,故亦称荀偃、中行献子、中行伯。荀林父之孙,荀庚之子。晋卿,后取代荀罃为中军帅,执掌国政。"栾书、中行偃杀厉公",按晋历,事实在上年,即晋厉公七年。 〔573〕"鱼石",宋襄公庶兄公子目夷曾孙,袭先人职,为宋国左师。宋共公去世时,因避内乱出奔楚国。"彭城",宋国邑名,在今江苏徐州市。 〔574〕"封鱼石",楚军攻克彭城,将彭城封给鱼石。详本书《宋微子世家》和《左传》成公十八年。 〔575〕"鲁襄公午",鲁成公子,母定姒。据本书《鲁周公世家》和《左传》襄公九年,鲁襄公此年四岁。 〔576〕"晋伐我",《左传》襄公元年云:"齐人不会彭城,晋人以为讨。" 〔577〕"太子光",即齐庄公,齐灵公与姜戎声姬所生子。本书《齐太公世家》叙此事作"公子光",因其后九年才被立为太子。 〔578〕"晋悼公",名周,《史记集解》云:"徐广曰:'一作纠。'"晋襄公少子桓叔捷之孙,惠伯谈子,亦称孙周、公子周。 〔579〕"犬丘",宋国邑名,在今河南永城县西北。"取犬丘",《左传》襄公元年云:"楚子辛救郑,侵宋吕、留。郑子然侵宋,取犬丘。"则取犬丘者为郑。 〔580〕"晋诛鱼石",本书《宋微子世家》云:"诸侯共诛鱼石,而归彭城于宋。"同此。然《左传》襄公元年云:"彭城降晋,晋人以宋五大夫在彭城者归,置诸瓠丘。"襄公二十六年云"楚师宵溃,晋降彭城而归诸宋,以鱼石归。"似未杀鱼石。 〔581〕"围宋彭城",《春秋》襄公元年云:"仲孙蔑会晋栾黡、宋华元、卫宁殖、曹人、莒人、邾人、滕人、薛人围宋彭城。" 〔582〕"洧",音 wěi,水名,上游即今河南双洧河,源出河南登封县东北阳城山,东南流经密县、新郑县,自长葛县以下,故道原经鄢陵、扶沟两县南,至西华县西入颍水。"洧上",指洧水之滨近郑都新郑之处。 〔583〕"灵王",名泄心,周简王子。 〔584〕"髭",音 zī,同"頾",嘴上须。《左传》昭公二十六年云:"至于灵王,生而有頾。"即此所本。故灵王亦称頾王。 〔585〕"虎牢",郑国邑名,亦称制,此时已为晋所占领,在今河南荥阳县汜水镇。"会晋城虎牢",《春秋》襄公二年云:"仲孙蔑会晋荀罃、齐崔杼、宋华元、卫孙林父、曹人、邾人、滕人、薛人、小邾人于戚,遂城虎牢。" 〔586〕"率诸侯伐郑",《春秋》襄公二年云:"晋师、宋师、卫宁殖侵郑。" 〔587〕"绛",《礼记·乐记》孔颖达《疏》引《世本》作"降"。"魏绛",本书《魏世家》和《史记索隐》所引《世本·居篇》谓谥昭,故亦称魏昭子;《左传》《国语》和《礼记·乐记》孔颖达《疏》《史记索隐》《史记集解》所引《世本》谓谥庄,故亦称魏庄子。魏犫之子,或谓孙。时任中军司马,主管军队法纪。后为卿,历任新军佐、下

军佐、下军将。详本书《魏世家》。"杨干",或作"扬干",晋悼公之弟。"魏绛辱杨干",本书《晋世家》云:"悼公弟杨干乱行,魏绛戮其仆。"即此之谓。

〔588〕"子重",名婴齐,字子重,楚庄王之弟,曾任左尹,时为令尹,亦称公子婴齐、令尹子重、左尹子重等。 〔589〕"衡山",山名,在吴境,今安徽当涂县东北。 〔590〕"何忌",楚国公族,亦称公子何忌,时任司马。 〔591〕"恽",音 yùn,《左传》《经》《传》作"髡顽",《公羊经》《谷梁经》作"髡原"。"郑釐公恽",郑成公子。 〔592〕"说",音 shuì,劝说。"魏绛说和戎狄",据《左传》襄公四年,山戎部无终国君派使者至晋,通过魏绛进纳虎豹之皮,代表诸戎请和。魏绛进言劝说晋悼公和亲山戎各部,为晋君采纳。 〔593〕"弱",《春秋》昭公八年作"溺"。"陈哀公弱",陈成公子。 〔594〕"楚围我,为公亡归",据《左传》襄公七年,楚军围陈在先,乃因陈背楚从晋;陈哀公从晋所主盟会之地亡归在后,乃因楚围之故。与此大异,疑此有误。 〔595〕"子驷",名骈(或作"斐"),郑穆公之子,亦称公子驷,为郑执政大臣。死于公元前六五三年内乱。 〔596〕"伐郑",《春秋》襄公八年云:"冬,楚公子贞帅师伐郑。"《左传》云:"讨其侵蔡也。" 〔597〕"郑简公嘉",郑釐公子。 〔598〕"冠",冠礼,表示男子取得成人资格的加冠之礼。此用作动词,举行冠礼。"问公年,十二,可冠",据《左传》襄公九年,问者为晋悼公,言可冠者亦晋悼公。晋悼公云:"十二年矣,是谓一终,一星终也。国君十五而生子,冠而生子,礼也。君可以冠矣。" 〔599〕"冠于卫",在卫国举行冠礼。据《左传》襄公九年,鲁襄公在卫成公之庙行冠礼。 〔600〕"率齐、鲁、宋、卫、曹伐郑",据《春秋》襄公九年,晋所率伐郑者尚有莒、邾、滕、薛、杞、小邾等国。 〔601〕"武城",楚国邑名,在今河南南阳市北。 〔602〕"师曹",卫国乐师,名曹。"师曹鞭公之幸妾",《左传》襄公十四年云:"初,公有嬖妾,使师曹诲之琴,师曹鞭之。" 〔603〕"诛子驷",据本书《郑世家》和《春秋》襄公十年,杀子驷当为下年事。 〔604〕"王叔",即王叔陈生,周王室卿士。"王叔奔晋",据《左传》襄公十年,王叔因与卿士伯舆争权,而周灵王又支持伯舆,乃出奔晋国。 〔605〕"鄙",郊野。 〔606〕"高厚",齐上卿,时为太子光赴会之副手。"钟离",在今安徽凤阳县东北。 〔607〕"率诸侯伐郑",据《春秋》襄公十年,晋所率伐郑者有鲁、宋、卫、曹、莒、邾、齐、滕、薛、杞、小邾等国。 〔608〕"荀䓨",名䓨,字子羽,谥武,氏荀,又氏智(或作"知",为荀氏食邑,在今山西永济县北),荀首之子,荀林父之从子,故亦称智䓨、智武子、智伯。时任中军帅,执掌国政。 〔609〕"子囊",名贞,楚庄王之子,亦称公子贞,时任令尹。 〔610〕"子孔",名嘉,郑穆公之子,亦称公子嘉、公子子孔,时任郑司徒,后当国执政。"子孔作乱",据《左传》襄公二十年,作乱者为士蔿止等人,子孔因闻知作乱事而幸免于难。此与本书《郑世家》皆谓子孔作乱,似误。 〔611〕"子产",名侨(或作"乔"),字子产,一字子美,谥成,郑穆公之孙,司马子国之子,亦称公孙侨、公孙成子。时为郑大夫,后任少正、卿。"子产攻之",本书《郑世家》和《左传》襄公十年皆无子产攻子孔之事。《左传》云子产攻蔿止等乱党,当是正确的。 〔612〕"三桓",指当时控制国政的鲁大夫季孙氏、孟孙氏、叔孙氏,因皆为鲁桓公之后,故称三桓。"军",军队编制的最高一级单位。《周礼·夏官》序官云:"凡制军,万有二千五百人为军。王六军,大国三军,次国二军,小国一军。""三桓分为三军",指三桓瓜分公室武装力量建立三军。 〔613〕"各将军",指三桓各统领一军。事详《左传》襄公十一年。 〔614〕"率诸侯伐郑",据《左传》襄公十一年,此年夏、秋晋先后两次伐郑,所率诸侯有鲁、宋、卫、曹、齐、莒、邾、滕、薛、杞、小邾。 〔615〕"栎",音 lì,晋国邑名,在今山西永济县西南。 〔616〕"九合诸侯",《左传》孔颖达《疏》谓指公元前五六八年会于戚,同年又会于城棣,公元前五六六年会于邬,公元前五六五年会于邢丘,公元前五六四年会于戏,公元前五六三年会于柤,同年又会诸侯成郑虎牢,公元前五六二年盟于亳城,同年又会于萧鱼。或谓"九"为虚泛之词,形容其多。 〔617〕"赐之乐",据《左传》襄公十一年和《国语·晋语七》,晋悼公赏赐魏绛女乐八人,歌钟一肆。 〔618〕"庶长",秦国官名,后衍为爵名。商鞅设置秦爵二十级,其中第十级为左庶长,第十一级为右庶长,第十七级为驷车庶长,第十八级为大庶长。《续汉书·百官志五》刘昭《注》引刘劭《爵制》云:"自左庶长已上至大庶长,皆卿大夫,皆军将也。" 〔619〕"败之",指击败吴军。 〔620〕"吴诸樊",名遏(或作"谒"),诸樊疑为其号,吴王寿梦长子。 〔621〕"日蚀",《春秋》襄公十四年云:"二月乙未朔,日有食之。"后人推算为公元前五五九年一月十四日之日环食。 〔622〕"率诸侯大夫伐秦",《春秋》襄公十四年云:"夏四月,叔孙豹会晋荀偃、齐人、宋人、卫北宫括、郑公孙虿、曹人、莒人、邾人、滕人、薛人、杞人、小邾人伐秦。" 〔623〕"棫",音 yù。"棫林",秦国地名,在今陕西泾阳县泾水西南。 〔624〕"昭",本书《楚世家》作"招",《史记索隐》本作"略"。"楚康王昭",楚共王子。 〔625〕"共王太子出奔吴",共王太子即康王

昭,据史书记载,并无康王出奔吴之事,此记有误。《史记志疑》云:"考《春秋传》,是年楚伐吴,为吴所败,获楚公子宜穀。史公必因此而误以宜穀为太子,以见获为出奔也。"可备一说。 〔626〕"孙文子",名林父,谥文,氏孙,亦称孙林父、文子。孙良夫之子,卫国大夫。 〔627〕"狄",本书《卫康叔世家》作"秋",《春秋》作"剽",《汉书·古今人表》作"焱",《水经注·淄水》作"获"。"定公弟狄",狄即卫殇公。考狄之父为黑背,黑背系定公之弟,则狄乃定公从子。此记有误。或"弟"后脱一"子"字。 〔628〕"季子",名札,吴王寿梦少子,亦称公子札、季札。封于延陵(今江苏常州市),又称延陵季子;后封州来(今安徽凤台县),又称延州来季子。详见本书《吴太伯世家》。"季子让位",吴王寿梦死后,诸樊以长子依次继位,但诸樊待除丧后准备立季札,季札坚辞不就。详本书《吴太伯世家》和《左传》襄公十四年。 〔629〕"日蚀",《春秋》襄公十五年云:"秋八月丁巳,日有食之。"今人推算为公元前五五八年五月三十一日之日偏食。 〔630〕"晋平公彪",晋悼公子,母杞女。 〔631〕"湛坂",许国地名,在今河南平顶山市北。 〔632〕"临淄",齐国都城,在今山东淄博市东北,以临淄水得名。 〔633〕"晏婴",名婴,字平仲,氏晏(晏为其食邑,在今山东齐河县西北),亦称晏子、晏平仲。晏弱之子,夷维(今山东高密县)人,齐卿。有《晏子春秋》一书传世,系战国齐人假托之作。详见本书《管晏列传》。按此独存"晏婴"二字,疑后有脱文,或为错简、衍文。 〔634〕"率鲁、宋、郑、卫围齐",《春秋》襄公十八年云:"冬十月,公会晋侯、宋公、卫侯、郑伯、曹伯、莒子、邾子、滕子、薛伯、杞伯、小邾子同围齐。" 〔635〕"牙",齐灵公与姜仲子所生之子,亦称公子牙。"废光,立子牙为太子",仲子将公子牙托付于齐灵公宠姬戎子,戎子请求灵公废黜太子光而立牙,得到应许。按事当在以前,此系追叙。 〔636〕"光与崔杼杀牙自立",据本书《齐太公世家》和《左传》襄公十九年,崔杼乘齐灵公病危之机,迎立光为太子,杀死牙。 〔637〕"胜",《春秋》昭公十四年作"滕"。"曹武公胜",曹成公子。 〔638〕"日蚀",《春秋》襄公二十年云:"冬十月丙辰朔,日有食之。"今人推算为公元前五五三年八月三十一日之日环食。然曲阜不能见到。 〔639〕"日再蚀",《春秋》襄公二十一年云:"九月庚戌朔,日有食之。冬十月庚辰朔,日有食之。"即此之谓。今人推算前者为公元前五五二年八月二十日之日食。后者系误记,在同一地点不可能观察到两月连食。 〔640〕"羊舌虎",亦称叔虎,羊舌职子,叔向异母弟,晋大夫。

"杀羊舌虎",据《左传》襄公二十一年,晋卿范宣子因隙逐杀栾逞及其同党,羊舌虎为栾氏同党而被杀。 〔641〕"孔子生",《公羊传》、《穀梁传》谓孔子生于鲁襄公二十一年;本书《孔子世家》谓生于鲁襄公二十二年,当以本书所记为是。 〔642〕"栾逞",亦作栾盈,谥怀,又称栾怀子。栾书之孙,栾黡之子。曾任公族大夫、下军佐。"晋栾逞来奔",栾逞因受其母栾祁和范宣子诬诿迫害而于上年出奔楚国,此年又从楚奔齐。 〔643〕"晏婴曰不如归之",栾逞至齐,晏婴劝谏齐庄公不要接纳。详《左传》襄公二十二年。 〔644〕"朝歌",晋国邑名,在今河南淇县。 〔645〕"日再蚀",《春秋》襄公二十四年云:"秋七月甲子朔,日有食之,既。""八月癸巳朔,日有食之。"即此之谓。今人推算前者为公元前五四九年六月十九日之日全食。后者系误记,在同一地点不可能观察到两月连食。 〔646〕"率陈、蔡伐郑救齐",《春秋》襄公二十四年云:"冬,楚子、蔡侯、陈侯、许男伐郑。"《左传》云:"冬,楚子伐郑以救齐。" 〔647〕"范宣子",名匄,谥宣,氏范,又氏士,亦称士匄、范匄。士会之孙,士燮之子。晋卿,时任中军帅,执掌国政。 〔648〕"孝伯",名羯,谥孝,排行伯,氏仲孙(亦作"孟孙"),又称仲孙羯。仲孙速庶子,鲁国公族,鲁大夫。"孝伯之师",指上年孝伯率鲁军伐齐。 〔649〕"报朝歌",指对两年前齐军攻取晋邑朝歌进行报复。 〔650〕"高唐",齐国别都,在今山东高唐县东北。 〔652〕"太行",太行陉,为太行山八陉之一,在今河南沁阳县西北。"太行之役",指两年前齐军伐晋之役,齐军于其役曾登上太行陉。"报太行之役",与上栏"报朝歌"为同一事。 〔652〕"公如晋",本书《秦本纪》系此事于秦景公二十七年。考《左传》襄公二十五年云:"会于夷仪之岁……其五月,秦、晋为成,晋韩起如秦莅盟,秦伯车如晋莅盟。成而不结。"即此所本。"会于夷仪之岁"即鲁襄公二十四年,亦即秦景公二十八年,系年当以《左传》为是。"如晋"者为景公弟伯车,而非景公本人。盖司马迁读《左传》未察而致人物、时间皆误。 〔653〕"舟师",船队,水军。"舟师之役",指上年楚以水军伐吴之役。 〔654〕"巢",国名,偃姓,为群舒之一,在今安徽巢县。时为楚国附庸。"巢门",指巢国都城门。 〔655〕"如晋",据《左传》襄公二十六年,前往晋国为卫献公说情者还有郑简公。 〔656〕"诛卫殇公,复入献公",本书《卫康叔世家》云:"晋为伐卫,诱与盟。卫殇公会晋平公,平公执殇公与甯喜而复入卫献公。"与此皆谓诛殇公、入献公系晋所为。据《左传》襄公二十六年,晋未与其事,实由卫大夫甯喜所为;且卫献公复国后前往晋国,被晋扣押,得齐、郑之请才获释回国。盖司马迁读《左传》不察而致讹。 〔657〕"余祭",《马王堆汉墓帛书(叁)·春秋事语》作"余蔡"。"吴余祭",亦称戴吴。吴王寿梦次子,吴诸樊弟。 〔658〕"日蚀",《春秋》襄公二十七年云:"冬十有二月乙亥朔,日有食之。"《左传》云:"十一月乙亥朔,日有食之。"今人推算为公元前五四六年十月十三日之日全食。 〔659〕"庆封",名封,字子家,氏庆,亦称庆季。庆克之子,齐国大夫。 〔660〕"鲍、高、栾氏",鲍氏指齐大夫鲍国之族,高氏指齐惠公孙、公子栾坚子子尾之族,栾氏指齐惠公孙、公子祈高子子雅之族。"鲍、高、栾氏谋庆封",据本书《齐太公世家》和《左传》襄公二十八年,谋伐庆封者还有陈氏,即齐大夫陈须无之族。 〔661〕"景王",名贵,周灵王子。 〔662〕"周乐",周王室的音乐舞蹈。本书《鲁周公世家》云:"鲁有天子礼乐者,以襃周公之德也。"可知鲁国有周乐,故季札能观之。 〔663〕"尽知乐所为",全部知晓乐舞的名称、国别、时代、特点和所表达的意义。详本书《吴太伯世家》和《左传》襄公二十九年。 〔664〕"韩、赵、魏",指晋国的卿大夫韩氏、赵氏和魏氏。 〔665〕"郏",本书《吴太伯世家》和《汉书·古今人表》作"夹",地名,在今河南郏县,系楚熊郏敖葬地。"楚熊郏敖",楚康王子。其名本书《楚世家》作"员",《左传》昭公元年《经》文、昭公四年作"麇",《史记索隐》引《左传》作"麏",《公羊传》、《穀梁传》昭公元年《经》文作"卷"。 〔666〕"厄",音è,窘困,困境。 〔667〕"燕惠公",本书《燕召公世家》谓燕懿公子。 〔668〕"高止",名止,字子容,氏高,亦称高子容。"齐高止来奔",据《左传》襄公二十九年,高止因好事喜功、独断专行被放逐而至北燕。 〔669〕"阍",音hūn,守门人。据《左传》襄公二十九年和《马王堆汉墓帛书(叁)·春秋事语》,此守门人系受肉刑之越国战俘。古代有以刑残之人作门卫的惯例。《周礼·秋官·掌戮》云:"墨者使守门,劓者使守关,刖者使守囿。" 〔670〕"卫襄公恶",卫献公子。 〔671〕"太子",名班,亦称太子班,即蔡灵侯。 〔672〕"子成",此人名仅此一见,于史无征。本书《郑世家》云:"诸公子争宠相杀,又欲杀子产,公子或谏曰……乃止。"此"子成"似系误"或"为"成"而来。考《左传》襄公三十年,劝阻群公子杀子产者为子皮,则此"子成"或系"子皮"之讹。 〔673〕"五",按上年明言"守门阍杀余祭",与《左传》襄公二十九年所载相合,则余祭在位止于上年,而此年当为继位之余眜元年。本表与《吴太伯世家》均谓余祭在位十七年、余眜在位四年,误,盖司马迁不察,互易余祭、余眜在位年数。本表自

此年至吴余眜四年,当依次为余眜元年至十七年。 〔674〕"季父",叔父。"围",《史记集解》云:"徐广曰:'《史记》多作"回"。'"名虔,字围。或谓围系原名,虔为即位后所改之名。亦称公子围、王子围、令尹围,即位后称楚灵王。"王季父围为令尹",《左传》襄公二十九年云:"夏四月,葬楚康王……楚郏敖即位,王子围为令尹。"则此条当系郏敖元年。 〔675〕"班",《春秋》襄公三十年作"般"。 〔676〕"裯",本书《鲁周公世家》和《左传》襄公三十一年、昭公二十五年作"禂",《史记集解》、《史记索隐》引徐广云一作"祒"。鲁襄公与妾敬归之娣齐归所生之子。 〔677〕"有童心",有孩童性格。本书《鲁周公世家》和《左传》襄公三十一年均谓昭公在安葬襄公时,孝服不时弄脏,以致连换三次。 〔678〕"秦后子",名针,字伯车,秦桓公子,秦景公母弟。 〔679〕"公如晋,至河,晋谢还之",此年晋平公宠妾少姜去世,鲁昭公前去吊丧,到达黄河边时,因晋人谢绝而返回。事详《左传》昭公二年。 〔680〕"田无宇",亦作"陈无宇",田文子须无之子,齐国上大夫。详见本书《田敬仲完世家》。"送女",指送齐君女少姜出嫁到晋国。 〔681〕"肘玉",当初楚共王因无嫡子,便从所宠幸的五位庶子中挑选继位者,事先在祖庙正堂地下埋放玉璧,让五人依次入内。结果楚灵王的肘压在玉璧上,即此所谓"肘玉"。详见本书《楚世家》和《左传》昭公十三年。 〔682〕"叔向",名肸,字叔向,氏羊舌,因食邑于杨(今山西洪洞县东南),又氏杨,亦称羊舌肸、杨肸。晋大夫羊舌职之子。晋国公族,晋靖侯(或谓晋武侯)之后。时任晋太傅。 〔683〕"齐政归田氏",预言齐国政权将转归大臣田氏家族。 〔684〕"晋公室卑",言晋公室大权旁落,地位日益卑微。晏婴、叔向对话详见本书《齐太公世家》、《晋世家》、《田敬仲完世家》和《左传》昭公三年。 〔685〕"公欲杀公卿立幸臣",本书《燕召公世家》云:"惠公多宠姬,公欲去诸大夫而立宠姬宋。"言所立者为"宠姬宋",与此异。按《左传》昭公三年云:"燕简公多嬖宠,欲去诸大夫而立其宠人。"所言立者为"宠人",与此"幸臣"合。然《左传》以燕君为简公,即《春秋》所云北燕伯款,而本书作惠公,当以《左传》、《春秋》为是。本书所述燕君世系讹讹甚多,难以凭信。 〔686〕"称病不会楚",本书《鲁周公世家》云:"昭公称病不往。"同此。按《左传》昭公四年云:"公辞以时祭。"与此有异。 〔687〕"合诸侯宋地",按本书《楚世家》和《春秋》昭公四年皆云会诸侯于申(今河南南阳市北),属楚,非宋地。 〔688〕"朱方",吴国邑名,公元前五四五年齐大夫庆封奔吴,吴王余祭将朱方赐

庆封,在今江苏镇江市丹徒镇南。 〔689〕"取三城",吴军攻取楚三邑。据《左传》昭公四年,具体指棘(今河南永城县南)、栎(今河南新蔡县北)、麻(今安徽砀山县东北)。 〔690〕"称病不会楚",《左传》昭公四年云:"曹、邾辞以难。"与此有异。 〔691〕"三国不会",《左传》昭公四年记子产云:"不来者,其鲁、卫、曹、邾乎!"则为四国不会。 〔692〕"率诸侯伐吴",《春秋》昭公五年云:"冬,楚子、蔡侯、陈侯、许男、顿子、沈子、徐人、越人伐吴。" 〔693〕"公如晋",本书《燕召公世家》云:"齐高偃如晋,请共伐燕。"以如晋者为高偃,与此异。本书《齐太公世家》和《左传》昭公六年皆谓齐景公如晋,同此,可证此记不误。 〔694〕"哀公",本书《秦始皇本纪》所附《秦纪》作"毕公",《史记索隐》云:"《始皇本纪》作'㻫公'。"《吴越春秋·阖闾内传》作"柏公"。秦景公子。 〔695〕"次",停留,驻扎。"乾溪",楚国邑名,在今安徽亳县东南。 〔696〕"季武子",名宿(或作"夙"),谥武,氏季孙,亦称季孙宿。季文子(即季孙行父)之子,袭父职为大夫。自鲁襄公十二年起为鲁国执政大臣。 〔697〕"日蚀",《春秋》昭公七年云:"夏四月甲辰朔,日有食之。"今人推算为公元前五三五年三月十八日之日食。 〔698〕"入燕君",本书《燕召公世家》同此。按《左传》昭公七年云"不克而还",则谓未入燕君,异此。 〔699〕"入燕君",本书《晋世家》、《燕召公世家》亦谓晋与入燕君之役。据《左传》昭公六年、七年,伐燕入燕君仅齐所为,晋未与其役,与《史记》异。 〔700〕"芋尹",楚国官名,陈国亦有,为国君田猎时负责驱赶禽兽之官。此指楚芋尹申无宇 〔701〕"亡人",逃亡之人。"章华",楚灵王所建宫名,据考古发掘,即今湖北潜江县龙湾镇马场湖村放鹰台遗址。或谓在今湖北监利县西北。"执芋尹,亡人入章华",《左传》昭公七年云:"及即位,为章华之宫,纳亡人以实之。无宇之阍入焉。无宇执之,有司弗与……执而谒诸王。"即此所谓。 〔702〕"姜氏",亦称宣姜。 〔703〕"惠公归至卒",《左传》昭公七年云"不克而还",燕君未入燕,且所言燕君为简公,与此大异。 〔704〕"公如楚,楚留之。贺章华台",据《左传》昭公七年,此条及下栏"就章华台,内亡人实之"皆当系上一年。 〔705〕"就",成,建成。 〔706〕"卫灵公",名元,卫襄公与姜婤始所生子。 〔707〕"招",亦称公子招,任陈司徒,又称司徒招。 〔708〕"弃疾",本书《楚世家》谓即位后改名熊居,或谓居与弃疾系名、字关系。亦称公子弃疾、蔡公、陈公。为王后即为楚平王。"弟弃疾将兵定陈",指弃疾率师灭陈。据本书《楚世家》、《陈杞世家》和《左传》昭公八

年,事在上一年。则此条与下栏"楚来定我"皆当移置上年。 〔709〕"陈惠公吴",其父太子偃师,因内乱死于上年。陈惠公即位实在陈灭后第五年。本书《陈杞世家》云:"楚灵王灭陈五岁,楚公子弃疾弑灵王代立,是为平王。平王初立,欲得和诸侯,乃求故陈悼太子师之子吴,立为陈侯,是为惠公。惠公立,探续哀公卒年而为元,空籍五岁矣。" 〔710〕"星",指客星,天空中新出现的星。"婺女",星宿名,即女宿,二十八宿之一,玄武七宿的第三宿,有星四颗,即宝瓶座 ε、μ、4、3 四星。婺,音 wù。 〔711〕"晋昭公夷",晋平公子。 〔712〕"醉杀蔡侯",《左传》昭公十一年云:"三月丙申,楚子伏甲而飨蔡侯于申,醉而执之。夏四月丁巳,杀之。" 〔713〕"围之",指围攻蔡国。 〔714〕"蔡侯",当依本书《管蔡世家》、《楚世家》和《左传》昭公十一年作"蔡公"。下栏"蔡侯"亦当作"蔡公"。 〔715〕"宋元公佐",宋平公子。 〔716〕"徐",国名,嬴姓,相传为伯益之后,在今江苏泗洪县南。《左传》昭公四年云:"徐子,吴出也。"则徐、吴为甥舅之国,关系甚密。 〔717〕"嗣君",继立的国君,此指晋昭公。 〔718〕"庐",《春秋》昭公二十年《经典释文》引别本作"卢",《史记集解》引徐广别本作"虚"。"蔡侯庐",谥平,依表文例当作"蔡平侯庐"。 〔719〕"元年",蔡之复国在下年,蔡平侯元年亦当在下年。 〔720〕"景侯子",据《左传》昭公十一年、十三年,蔡平侯系隐太子有之子,蔡灵侯之孙,即蔡景侯曾孙。《史记集解》引《世本》云:"平侯者,灵侯般之孙,太子友之子。"亦可证蔡平侯乃蔡景侯曾孙。此与下年及《管蔡世家》谓景侯子实大误。 〔721〕"公如晋",本书《郑世家》云:"秋,定公朝晋昭公。"据《春秋》、《左传》昭公十二年,郑简公已于三月去世。 〔722〕"余昧",《左传》、《穀梁传》昭公十五年《经》文作"夷末",本书《刺客列传》作"夷昧",《公羊传》昭公十五年《经》文作"夷昧"。"吴余昧",吴王寿梦三子,余祭之弟。 〔723〕"元年",此年当为吴余昧十四年。 〔724〕"复陈、蔡",指楚平王弃疾即位后恢复陈、蔡二国。 〔725〕"郑定公宁",郑简公子。 〔726〕"楚平王居",楚灵王弟。 〔727〕"抱玉",当初楚共王选立继位者时,平王年幼而被人抱入祖庙,行跪拜礼时正好压在事先埋好的玉璧之上。 〔728〕"后",即穆后,周景王后。"太子",周景王太子,其名本书《周本纪》作"圣",《左传》昭公十五年、二十六年作"寿"。 〔729〕"日蚀",《春秋》昭公十五年云:"六月丁巳朔,日有食之。"今人推算为公元前五二七年四月十八日之日食。 〔730〕"晋留之葬",本书《鲁周公世家》云:"晋留之葬晋昭公。"据

《左传》，鲁昭公于十五年冬至晋，十六年夏返鲁，而晋昭公卒于十六年秋八月，至十月葬，并无留鲁昭公参加葬礼之事，盖司马迁误记。且晋昭公之卒在下年，按常例，"晋留之葬"也不当系此。"公如晋晋留之葬公耻之"十字，别本多在下年。〔731〕"太子"，名建，字子木，楚平王与蔡郧阳封人之女所生。〔732〕"好"，美。〔733〕"王为太子取秦女，好，自取之"，本书《秦本纪》系于秦哀公十一年，即楚平王三年；《左传》在鲁昭公十九年，即楚平王六年。当以《左传》为是。〔734〕"曹平公须"，曹武公子。〔735〕"六卿"，指晋国的韩氏、赵氏、魏氏、范氏、中行氏、知氏等六家世卿。〔736〕"僚"，号州于。本书《吴太伯世家》、《刺客列传》谓余昧之子；《公羊传》襄公二十九年、《左传》昭公二十七年孔颖达《疏》和《史记索隐》所引《世本》、《新序·节士》皆谓吴王寿梦庶子，似以后说近是。〔737〕"五月朔，日蚀"，《春秋》昭公二十七年云："夏六月甲戌朔，日有食之。"后人推算此年日食当在周正十月癸酉朔（公元前五二五年八月二十一日），此记有误。〔738〕"辰"，星宿名，即心宿，二十八宿之一，青龙七宿的第五宿，有星三颗，即天蝎座 σ、α、τ 三星。其主星亦称商星、鹑火、大火、大辰。本书《天官书》云："宋、郑之疆，候在岁星，占于房、心。"则辰为宋、郑之分野。〔739〕"晋顷公去疾"，晋昭公子。〔740〕"禳"，音 ráng，举行祭祀祈求消灾免祸。〔741〕"火，欲禳之，子产曰:'不如修德'"，按《左传》昭公十七年云："郑裨灶言于子产曰:'宋、卫、陈、郑将同日火。若我用瓘斝玉瓒，郑必不火。'子产不与。"即此所本。〔742〕"地震"，《春秋》昭公十九年云："（夏五月）己卯，地震。"〔743〕"曹悼公午"，曹平公子。〔744〕"伍奢"，楚大夫伍举之子，曾任连尹，时为太子建太傅。"尚"，即伍尚，伍奢长子，任楚棠邑（今河南遂平县西北）长，亦称棠君尚、棠尹尚。时从棠邑被召回而与伍奢一齐遇害。〔745〕"伍子胥"，名员，字子胥，亦称伍员、伍子胥，伍奢次子，伍尚之弟。与兄同在棠邑，拒绝回都，出奔吴国，任吴大夫。详见本书《伍子胥列传》。〔746〕"毋"，通"无"。〔747〕"诈杀诸公子"，指宋国大夫华亥等设计诱杀宋元公诸公子。按《左传》昭公二十年云："宋元公无信多私，而恶华、向。华定、华亥与向宁谋曰:'亡愈于死，先诸?'华亥伪有疾，以诱群公子。公子问之，则执之。夏六月丙申，杀公子寅、公子御戎、公子朱、公子固、公孙援、公孙丁。"〔748〕"之"，前往，去到。〔749〕"东国"，即蔡悼公。父隐太子友，系蔡灵侯太子。"平侯子"，名朱，亦称太子朱、蔡侯朱。"灵侯孙东国杀平侯子

而自立"，本书《管蔡世家》仅云："平侯卒而隐太子之子东国攻平侯子而代立。"据《左传》昭公二十一年，平侯子于下年三月葬蔡平侯后即位，是为蔡侯朱，至冬被逐奔楚，东国方因之即位。则平侯子并未被杀，且东国之立在下年。〔750〕"晋谢之，归"，《左传》昭公二十一年云："鼓叛晋，晋将伐鲜虞，故辞公。"〔751〕"日蚀"，《春秋》昭公二十一年云："秋七月壬午朔，日有食之。"今人推算为公元前五二一年六月十日之日食。〔752〕"蔡侯"，指蔡侯朱，即平侯子。《穀梁传》以为东国，误。〔753〕"蔡悼侯东国元年"，据《左传》，蔡侯朱此年已即位，依表常例，此应作"蔡侯朱元年"，蔡悼侯元年当在下年。〔754〕"奔楚"，指蔡侯朱奔楚。〔755〕"日蚀"，《春秋》昭公二十二年云："十有二月癸酉朔，日有食之。"今人推算为公元前五二〇年十一月二十三日之日食。〔756〕"周室乱"，此年周景王去世，景王诸子与大臣因继位事发生内乱。详本书《周本纪》和《左传》昭公二十二年。〔757〕"敬王"，名丐，周景王子。因曾在内乱中出居泽（即狄泉，今河南洛阳市东隅），地处成周之东，亦称东王。"公平乱，立敬王"，按这次周室内乱持续数年，此即谓"平乱"，不确；又时晋公室衰微，平乱之事皆卿大夫所为，故本书《晋世家》云"晋六卿平王室乱，立敬王"，较为确切。〔758〕"地震"，《春秋》昭公二十三年云："八月乙未，地震。"《左传》云："八月丁酉，南宫极震。"杜预《注》云《经》书乙未地动，鲁地也。丁酉南宫极震，周地亦震也，为屋所压而死。"〔759〕"胡"，国名，妫姓，在今安徽阜阳市。"沈"，亦作"聃"，国名，姬姓，始封君为周文王子季载，在今河南平舆县北。"取胡、沈"，指俘获胡、沈两国之君。《春秋》昭公二十三年云："胡子髡、沈子逞灭。"《左传》云："获胡、沈之君。"〔760〕"楚建"，即楚太子建。〔761〕"楚建作乱，杀之"，本书《郑世家》系于郑定公十年，较此早一年。《左传》哀公十六年云："子木暴虐于其私邑，邑人诉之。郑人省之，得晋谍焉，遂杀子木。"子木即此楚建。〔762〕"公子光"，即吴王阖闾。本书《吴太伯世家》、《刺客列传》谓诸樊之子，《左传》昭公二十七年孔颖达《疏》、《史记集解》、《史记索隐》引《世本》谓余昧之子。〔763〕"鸜鹆"，音 qú yù，亦写作"鸲鹆"，鸟名，即八哥。"巢"，鸟巢，此用作动词，作巢，作窝。"鸜鹆来巢"，《春秋》昭公二十五年云："有鸜鹆来巢。"《左传》云："书所无也。"并引鲁大夫师己之言以为鲁昭公出走之先兆。本书《鲁周公世家》和《左传》昭公二十五年皆系此事在下一年，此误前一年。〔764〕"卑梁"，吴国邑名，在今安徽凤阳县东南。"吴卑梁

人争桑",本书《楚世家》云:"吴之边邑卑梁与楚边邑锺离小童争桑。"事亦见本书《吴太伯世家》《伍子胥列传》和《吕氏春秋·察微》。〔765〕"钟离",此时已为楚国之邑,在今安徽凤阳县东北。〔766〕"郓",音 yùn,鲁国邑名,鲁有二郓,此为西郓,在今山东郓城县东。"公出居郓",《春秋》昭公二十五年云:"九月己亥,公逊于齐,次于阳州。"又本表下年和《鲁周公世家》皆云昭公于二十六年齐攻取郓后方居郓。此记不确。〔767〕"晏子",即晏婴。〔768〕"知栎",或作"知跞",谥文,亦称知文子。知荤之孙,知盈之子。知氏系荀氏别枝,故又称荀栎。晋卿。〔769〕"赵鞅",名鞅,一名志父,谥简,亦称赵简子,又称赵孟。赵文子武之孙,赵景叔成之子。晋卿,后任中军帅,执掌国政。详见本书《赵世家》。"王城",成周内城,为周室宗庙宫殿所在,故址即战国时之河南城,在今河南洛阳市王城公园一带。〔770〕"子西",名申,字子西,亦称公子申。楚平王之子,楚昭王庶兄。后任楚令尹。〔771〕"头曼",《左传》作"栾",《汉书·古今人表》作"兜栾"。"宋景公头曼",宋元公子。〔772〕"珍",本书《伍子胥列传》和《春秋》哀公六年作"轸",《左传》昭公二十六年作"壬"。〔773〕"无忌",氏费,即费无忌,《左传》作"费无极",《汉书·古今人表》作"费亡极",楚大夫。"说",解说,指向众人解说。或谓通"悦",喜悦,指使众人喜悦。〔774〕"专诸",《左传》作"专设诸",吴国堂邑(今江苏六合县西北)人。详见本书《刺客列传》。〔775〕"乾侯",晋国邑名,在今河北成安县东南。〔776〕"六卿诛公族",指晋国杀死大夫祁盈、杨食我,并诛灭祁氏、羊舌氏两族。祁氏系晋献公后裔,羊舌氏系晋靖侯(或谓晋武公)后裔,均为公族。〔777〕"分其邑,各使其子为大夫",《左传》昭公二十八年云:"分祁氏之田以为七县,分羊舌氏之田以为三县。司马弥牟为邬大夫,贾辛为祁大夫,司马乌为平陵大夫,魏戊为梗阳大夫,知徐吾为涂水大夫,韩固为马首大夫,孟丙为盂大夫,乐霄为铜鞮大夫,赵朝为平阳大夫,僚安为杨氏大夫。"十大夫中除知徐吾、赵朝、韩固、魏戊外,均非六卿子弟,司马迁所云"各使其子为大夫"不确。〔778〕"曹襄公",《史记集解》云:"徐广曰:'一作声。'"本书《管蔡世家》正作"声公",谓名野。按《春秋》昭公二十七年云:"曹伯午卒。"昭公二十八年云:"葬曹悼公。"直至定公八年云:"曹伯露卒。""葬曹靖公。"其间并不见有本表之曹襄公、曹隐公或本书《管蔡世家》之曹声公、曹隐公,似悼公后直接靖公。《史记索隐》云:"今检《世本》及《春秋》,悼伯卒,弟露立,谥靖公,实无声公、隐公。"如

此,则此"曹襄公"当作"曹靖公",且曹靖公在位年数应合本表襄公五年、隐公四年、靖公四年,为十三年。〔779〕"阖闾",或作"阖庐"。〔780〕"主君",春秋时代对卿大夫的称呼。《国语·晋语八》云:"三世仕家,君之;再世以下,主之。"《周礼·天官·大宰》"主以利得民",郑玄《注》:"郑司农云主谓公卿大夫。""齐侯曰'主君'",齐景公称鲁昭公为"主君",即以卿大夫视之。〔781〕"蚤",音 chài,《公羊传》定公九年《经》文作"哑",《汉书·古今人表》作"禹"。"郑献公蚤",郑定公子。〔782〕"吴三公子来奔",据《左传》昭公三十年,实为吴公子掩余、公子烛庸奔楚,则"三"当作"二"。下栏"三"亦当作"二"。〔783〕"封以扦吴",楚封二公子于养(今河南沈丘县东南),并增拨城父(今安徽亳县东南)、胡(今安徽阜阳市)之田,用以抵御吴国来犯。详《左传》昭公三十年。〔784〕"日蚀",《春秋》昭公三十一年云:"十有二月辛亥朔,日有食之。"今人推算为公元前五一一年十一月十四日之日蚀。〔785〕"晋定公午",晋顷公子。〔786〕"潜",楚国邑名,在今安徽霍山县东北。〔787〕"晋使诸侯为我筑城",《春秋》昭公三十二年云:"冬,仲孙何忌会晋韩不信、齐高张、宋仲几、卫世叔申、郑国参、曹人、莒人、薛人、杞人、小邾人城成周。"详《左传》。〔788〕"鲁定公宋",鲁昭公弟。〔789〕"囊瓦",名瓦,字子常,令尹子囊之孙,郏尹光唐之子,时任楚令尹。〔790〕"豫章",地区名,约辖有今淮水以南、长江以北、汉水以东地区。此当指吴西部边境,约在今安徽舒城、桐城两县一带。"囊瓦伐吴,败我豫章",此役《左传》载于鲁定公二年,即楚昭王八年。〔791〕"以裘故留",蔡昭侯朝楚,携皮衣两件,一献楚王,一留自用。楚令尹子常欲得不果,便设法扣留蔡侯。详本书《管蔡世家》和《左传》定公元年。〔792〕"得裘",指楚令尹子常得到蔡昭侯的另一件皮衣。〔793〕"与晋率诸侯侵楚",《春秋》定公四年云:"三月,公会刘子、晋侯、宋公、蔡侯、卫侯、陈子、郑伯、许男、曹伯、莒子、邾子、顿子、胡子、滕子、薛伯、杞伯、小邾子、齐国夏于召陵,侵楚。"事详《左传》。〔794〕"包胥",即申包胥,亦称王孙包胥、棼冒勃苏,楚公族,为楚大夫。〔795〕"与蔡争长",指召陵之会在举行歃盟仪式时,卫灵公与蔡昭侯争位次,结果卫侯获胜。详《左传》定公四年。〔796〕"阳虎",或作"阳货",或谓名虎字货,氏阳,季孙氏家臣。"季桓子",名斯,谥桓,氏季孙,亦称季孙斯。季平子意如之子,鲁大夫,继父职执掌国政。〔797〕"日蚀",《春秋》定公五年云:"春三月辛亥朔,日有食之。"今人推算为公元前五〇五年二月十六

日之日食。〔798〕"陈怀公柳"，陈惠公子。〔799〕"路"，本书《管蔡世家》和《春秋》定公八年作"露"。〔800〕"王子朝"，或作"王子量"，周景王之长庶子，周敬王庶兄，亦称西王。〔801〕"王奔晋"，本书《周本纪》同。《左传》定公六年则云周敬王避乱出居周邑姑莸，并无奔晋之事。〔802〕"番"，楚国邑名，在今江西波阳县东。"吴伐我番"，本书《楚世家》、《吴太伯世家》、《伍子胥列传》同。《左传》无吴伐楚番记载。然定公六年云："吴太子终累败楚舟师，获潘子臣、小惟子及大夫七人。"似司马迁以获潘子臣为伐番。定公六年又云："子期又以陵师败于繁扬。"或谓"番"与"繁"音同通假，即繁扬（或作"繁阳"，在今河南新蔡县北），以为指繁阳之役。〔803〕"郢"，音 ruò，亦称上郢，楚国都邑名，在今湖北宜城县东南。〔804〕"刘子"，即刘桓公，周王室卿士。"刘子迎王"，《左传》定公七年云："冬十一月戊午，单子、刘子逆王于庆氏。"则迎王者尚有单子，即王室卿士单武公。〔805〕"晋入王"，《左传》定公七年云："晋籍秦送王。"即此所本。〔806〕"阳关"，鲁国邑名，在今山东泰安市南汶水东。〔807〕"子西为民泣，民亦泣，蔡昭侯恐"，本书《管蔡世家》云："十六年，楚令尹为其民泣以谋蔡，蔡昭侯惧。"时间较此提前一年。〔808〕"公如吴，吴留之，因死吴"，详本书《陈杞世家》。《春秋》定公八年仅云："秋七月戊辰，陈侯柳卒。""九月，葬陈怀公。"《左传》亦无说。《史记志疑》谓陈怀公未尝往吴，以此为凿空无据之辞。〔809〕"越"，《史记索隐》云："按《左传》，湣公名周，是史官记不同。"然不见今《左传》。考《孟子·万章上》有陈侯周，赵岐《注》云："陈侯周，陈怀公子也。"则又名周。"陈湣公越"，陈怀公子，陈国末代君。〔810〕"曹伯阳"，曹靖公子，曹国末代君。〔811〕"夹谷"，亦称祝其，齐国地名，在今山东莱芜县东南夹谷峪。〔812〕"相"，音 xiàng，助佐。"孔子相"，指孔子在会见时担任鲁哀公的助手。〔813〕"秦惠公"，秦哀公孙，其父太子夷公早死未立。〔814〕"郑声公胜"，郑献公子。〔815〕"躁公"，据本书《秦本纪》及《秦始皇本纪》附《秦纪》，当为秦惠公曾孙。"怀公"，据本书《秦本纪》及《秦始皇本纪》附《秦纪》，当为秦惠公曾孙，躁公弟。"简公"，据本书《秦本纪》和《六国年表》，当为秦怀公子，秦惠公玄孙。本书《秦始皇本纪》附《秦纪》则谓秦怀公孙灵公之子，系秦惠公六代，不可信。亦称悼子。"生躁公、怀公、简公"，依表文例，谓惠公生躁公、怀公、简公，则躁、怀、简皆为惠公之子。核之史载，大谬。当系讹误窜乱。〔816〕"国人"，国中之人，即居住于国都之

人。"社宫"，国社的室屋。或谓国社围墙。〔817〕"振铎"，即曹叔振铎，周文王子，周武王弟，曹国始封君。"公孙强"，曹国郊野人，后向曹伯阳陈说霸道，获得重用。事详本书《管蔡世家》和《左传》哀公七年。〔818〕"归"，通"馈"，赠送。"女乐"，歌舞伎。〔819〕"齐来归女乐，季桓子受之，孔子行"，本书《孔子世家》系此事于鲁定公十四年。〔820〕"遗"，音 wèi，赠予，送致。〔821〕"范、中行氏"，此指晋卿范吉射、中行寅。"赵鞅伐范、中行"，本书《晋世家》和《左传》定公十三年皆谓赵鞅为范氏、中行氏所攻伐而出奔晋阳。此记有误。〔822〕"孔子来"，本书《孔子世家》系此事于鲁定公十四年之后。〔823〕"禄"，俸禄。当时以粮食作为俸禄。"禄之如鲁"，给孔子的俸禄同鲁国的一样。本书《孔子世家》云："卫灵公问孔子：'居鲁得禄几何？'对曰：'奉粟六万。'卫人亦致粟六万。"〔824〕"太子蒯聩"，本书《仲尼弟子列传》作"太子蒉聩"，即卫庄公。〔825〕"孔子来"，本书《陈杞世家》同。《孔子世家》则系于陈湣公七年，后此一年。〔826〕"司城"，官名，即司空，金文作"司空"，职掌土木建筑工程。〔827〕"梦者"，即本表曹伯阳三年所云"国人有梦……"者。详本书《管蔡世家》和《左传》哀公七年。〔828〕"子产卒"，本书《郑世家》同。《左传》记子产之卒在鲁昭公二十年，即郑定公八年，早此二十六年。〔829〕"指"，《左传》定公十四年作"将指"，指脚拇指。〔830〕"日蚀"，《春秋》定公十五年云："八月庚辰朔，日有食之。"今人推算为公元前四九五年七月二十二日之日食。〔831〕"吴王夫差"，吴王阖闾子，吴国末代君。〔832〕"将"，《史记索隐》引《世本》、《汉书·律历志》等作"蒋"。"鲁哀公将"，鲁定公子，母定姒。〔833〕"率诸侯围蔡"，《春秋》哀公元年云："楚子、陈侯、随侯、许男围蔡。"〔834〕"输范、中行氏粟"，本书《齐太公世家》、《田敬仲完世家》同。《左传》定公二年云："齐人输范氏粟。"则未言及中行氏。〔835〕"戚"，亦称宿，卫国邑名，在今河南濮阳县东北。〔836〕"州来"，原为国，被吴所灭，成吴国之邑，以后迭为吴、楚所有，蔡迁此后又称下蔡，在今安徽凤台县。〔837〕"铁"，亦称栗，卫国邑名，在今河南濮阳县西北。〔838〕"地震"，《春秋》哀公三年云："夏四月甲午，地震。"〔839〕"孔子过宋"，本书《宋微子世家》同。《孔子世家》则系于鲁定公十五年，即宋景公二十二年，前此三年。〔840〕"魋"，音 tuí。"桓魋"，名魋，氏桓，宋国公族，系宋桓公之后。向戌之孙，亦称向魋。任宋司马，又称桓司马。〔841〕"燕献公"，《史记索隐》云："王劭按《纪年》，简

公后次孝公,无献公。"本书燕世系舛误极甚,当以《纪年》较为可信。〔842〕"乞",名乞,谥僖,氏陈(或作"田"),亦称陈乞、陈僖子。陈桓子无宇之子,齐国大夫。详见本书《田敬仲完世家》。〔843〕"邯郸",晋国邑名,在今河北邯郸市。"柏人",晋国邑名,在今河北隆尧县西南尧城镇。据《左传》哀公五年,赵鞅攻占柏人在下一年。〔844〕"惠公薨",《春秋》哀公三年云:"冬十月癸卯,秦伯卒。"则秦惠公实卒于上年,在位止于九年。此条当移上年,且此惠公十年当作秦悼公元年。本表以下秦悼公世纪年皆误后一年。〔845〕"嬖姬子",指晏孺子荼,齐景公所宠幸姬妾的儿子。本书《齐太公世家》谓景公宠妾芮姬所生之子,《左传》哀公五年谓景公宠妾鬻姒所生之子,《晏子春秋·内篇·谏上》谓淳于人进纳女子所生之子,未详孰是。〔846〕"中行奔齐",本书《晋世家》和《左传》哀公五年皆谓奔齐者为中行寅、范吉射两人。〔847〕"秦悼公",秦惠公子。〔848〕"蔡成侯朔",蔡昭侯子。〔849〕"晏孺子",《左传》哀公六年作"安孺子",杜预《注》:"安,号也。"名荼(见《左传》哀公五年,《左传》、《谷梁传》哀公六年《经》文),或作"舍"(见《公羊传》哀公六年《经》文)。〔850〕"阳生",即齐悼公,齐景公庶子,亦称公子阳生。〔851〕"城父",楚国邑名,在今河南平顶山市西北。〔852〕"缯",或作"鄫",鲁国邑名,在今山东苍山县西北。〔853〕"征",征求,索取。"牢",祭祀用的牺牲。此指太牢,牛、羊、豕各一为一太牢。〔854〕"季康子",名肥,谥康,氏季孙,亦称季孙肥。季桓子之子,鲁国执政大臣。"子贡",或作"子赣",名赐,字子贡,氏端木,亦称端木赐。卫国人,孔子弟子,擅于言辞,经商有道,亦曾参政。详见本书《仲尼弟子列传》。"吴征百牢,季康子使子贡谢之",本书《吴太伯世家》、《鲁周公世家》皆以季康子使子贡所谢者为吴百牢之征。《孔子世家》则析为二事:吴征百牢为一事;季康子使子贡所谢者为吴太宰嚭之召季康子,系另一事。《左传》哀公七年亦谓二事,且云辞吴百牢之征者系鲁大夫子服景伯。〔855〕"楚惠王章",楚昭王子,母越王勾践女。〔856〕"邾",亦作"邹",国名,曹姓,相传由颛顼后裔挟所建立,有今山东费县、邹县、滕县、济宁县、金乡县一带地,建都于邾(今山东曲阜市东南南陬村),公元前六一四年迁都于绎(今山东邹县东南纪王城)。"为邾故",因为去年鲁攻伐邾的缘故。〔857〕"齐取我三邑",本书《鲁周公世家》亦谓齐取鲁三邑。《齐太公世家》和《春秋》哀公八年则谓齐取鲁之谨(今山东宁阳县北)、阐(今山东宁阳县西北),仅二邑。

〔858〕"胜",楚平王之孙,亦称王孙胜。〔859〕"白",楚国邑名,在今河南息县东。"白公",即白大夫。楚称县大夫为公或尹。胜为白大夫,故称白公,亦称白公胜。〔860〕"伯阳",即曹伯阳。按"伯"为爵,"阳"为名,不当有"伯阳"之称。本书《管蔡世家》与此皆"伯阳"连举,以为其名,误。〔861〕"雍丘",宋国邑名,在今河南杞县。〔862〕"鲍子",本书《田敬仲完世家》谓即鲍牧,鲍文子国之孙,齐大夫。然考《左传》,鲍牧已于此前二年被悼公所杀,则不可能再有本年鲍牧杀悼公之事。按本书《秦本纪》和《左传》哀公十年云"齐人杀悼公",《史记志疑》据《晏子春秋·内篇·谏上》"田氏杀阳生",指为陈恒,可备一说。〔863〕"齐人立其子壬为简公",《史记集解》云:"徐广曰:'《年表》云简公壬者,景公之子也。'"似徐广所见本与此有异,也可能徐广理解有误,未可遽定。〔864〕"孔子自陈来",本书《卫康叔世家》同。然考《孔子世家》,孔子于鲁哀公六年,即卫出公四年自陈来卫,至此年已在卫五年。未详孰是。〔865〕"五员",即伍员。"诛五员",据《左传》哀公十一年,吴王杀五员当为下年之事。〔866〕"冉有",名求,字子有,氏冉,亦称冉求、冉子、有子。孔子学生,时为季孙氏家臣。详见本书《仲尼弟子列传》。"冉有言",据本书《孔子世家》,季康子召回孔子乃因冉有之言。〔867〕"橐皋",吴国邑名,在今安徽巢县西北拓皋镇。〔868〕"用田赋",按照田亩数量征收军赋。〔869〕"以父怨故",白公胜因其父被郑人所杀的缘故。〔870〕"公如晋",据《左传》,此年卫君无如晋之行。疑"晋"系"吴"之误。〔871〕"与吴会橐皋",《左传》哀公十二年云:"吴征会于卫。……秋,卫侯会吴于郧。"则会所在郧。此谓橐皋,似因吴、鲁有橐皋之会而讹。〔872〕"黄池",宋国邑名,在今河南封丘县西南。〔873〕"卫出公来奔",《左传》哀公十五年云:"闰月……奉卫侯辄来奔。"则事在下年,此误前一年。〔874〕"鹜",音 ào。〔875〕"父蒯聩入,辄出亡",据《左传》哀公十五年,事在下年,此误前一年。〔876〕"子服景伯",名何,谥景,氏子服,亦称子服何。鲁仲孙氏之后,子服昭伯子,鲁国大夫。〔877〕"介",出国使者的副手。〔878〕"齐归我侵地",据《左传》哀公十五年,指齐归还鲁成(在今山东宁阳县东北)。成因原邑宰公孙宿叛鲁而属齐。〔879〕"齐自是称田氏",齐国国君姜姓,而大臣田常杀立国君,恣其所为,君权国政实落田氏之手,故云。〔880〕"荧惑",即火星。古人多以荧惑所在,预示该星野所对应的地域发生灾祸。"心",星宿名,亦称辰。本书《宋微子世家》云:"心,

宋之分野也。"〔881〕"子韦",宋国大夫。本书《宋微子世家》谓其官司星。《吕氏春秋·制乐》高诱《注》云:"子韦,宋之太史,能占宿度者。"〔882〕"荧惑守心,子韦曰:'善。'",事见本书《宋微子世家》。《吕氏春秋·制乐》云:"宋景公之时,荧惑在心。公惧,召子韦而问焉,曰:'荧惑在心,何也?'子韦曰:'荧惑者,天罚也;心者,宋之分野也,祸当于君。虽然,可移于宰相。'公曰:'宰相,所与治国家也,而移死焉,不祥。'子韦曰:'可移于民。'公曰:'民死,寡人将谁为君乎?宁独死。'子韦曰:'可移于岁。'公曰:'岁害则民饥,民饥必死。为人君而杀其民以自活也,其谁以我为君乎?是寡人之命固尽已。子无复言矣。'子韦还走,北面载拜曰:'臣敢贺君,天之处高而听卑,君有至德之言三,天必三赏君。……'"言之甚详,当为司马迁所本。又见《淮南子·道应》。〔883〕"卫庄公蒯聩元年",据《左传》哀公十五年,卫出公辄出奔和蒯聩入卫皆在此年,则此年当为卫出公十三年,卫庄公蒯聩元年应在下年,本表以下卫庄公世纪年误前一年。〔884〕"叶公",名诸梁,字子高,氏沈,食邑于叶(在今河南叶县西南),故称叶公,亦称沈诸梁、叶公诸梁、叶公子高。楚公族,楚庄王之后,楚左司马沈尹戌子,曾兼任令尹、司马之职。〔885〕"楚灭陈,杀滑公",《左传》哀公十七年云:"秋七月己卯,楚公孙朝师师灭陈。"本书《陈杞世家》云:"二十四年,楚惠

王复国,以兵北伐,杀陈滑公,遂灭陈而有之。"则事实在下年,陈滑公在位应止于二十四年。〔886〕"戎州",戎人聚居之处,在卫国都附近。"庄公辱戎州人",本书《卫康叔世家》云:"庄公上城,见戎州,曰:'戎虏何为是?'戎州病之。"《左传》哀公十七年云:"初,公自城上见己氏之妻发美,使髡之,以为吕姜髢。"己氏系戎人。即此之谓。〔887〕"戎州人与赵简子攻庄公",据《左传》哀公十七年,攻庄公仅赵简子,无戎州人。〔888〕"敬王崩",《左传》哀公十九年云:"冬,叔青如京师,敬王崩故也。"则敬王崩实在下年,且敬王在位止于四十四年。《史记集解》引皇甫谧、《太平御览》卷八五引《史记》及《今本竹书纪年》皆谓周敬王卒于四十四年,可为佐证。本书《周本纪》谓敬王卒于四十二年,自相牴牾。〔889〕"十四",本表秦悼公世纪年误后一年,则此年实为秦悼公十五年。秦悼公在位应止于十五年。本书《秦始皇本纪》附《秦纪》云"悼公享国十五年",当是。〔890〕"六十四卒",本书《宋微子世家》同。《六国年表》于齐宣公五年记宋景公卒,则在位六十六年。《左传》哀公二十六年记宋景公卒,则在位四十八年。当以《左传》为可信。〔891〕"卫君起",卫灵公子,卫庄公弟,卫出公叔父。〔892〕"石傅",本书《卫康叔世家》作"石曼专",《左传》及《汉书·古今人表》作"石圃",《史记索隐》谓或作"石专"、"石塼"、"石甹"。卫国大夫。

史记卷十五

六国年表第三

太史公读《秦记》,[1]至犬戎败幽王,[2]周东徙洛邑,[3]秦襄公始封为诸侯,[4]作西畤用事上帝,[5]僭端见矣。《礼》曰:"天子祭天地,诸侯祭其域内名山大川。"[6]今秦杂戎翟之俗,[7]先暴戾,后仁义,位在藩臣而胪于郊祀,[8]君子惧焉。及文公逾陇,[9]攘夷狄,尊陈宝,[10]营岐雍之间,[11]而穆公修政,[12]东竟至河,[13]则与齐桓、晋文中国侯伯侔矣。[14]是后陪臣执政,[15]大夫世禄,六卿擅晋权,[16]征伐会盟,威重于诸侯。及田常杀简公而相齐国,[17]诸侯晏然弗讨,海内争于战功矣。三国终之卒分晋,[18]田和亦灭齐而有之,[19]六国之盛自此始。务在强兵并敌,谋诈用而从衡短长之说起。矫称蜂出,誓盟不信,虽置质剖符犹不能约束也。[20]秦始小国僻远,诸夏宾之,[21]比于戎翟,至献公之后常雄诸侯。[22]论秦之德义不如鲁、卫之暴戾者,[23]量秦之兵不如三晋之强也,[24]然卒并天下,非必险固便形埶利也,[25]盖若天所助焉。

【注释】[1]"《秦记》",秦国的编年体史书。[2]"犬戎",西戎部落之一。"幽王",公元前七八一年至前七七一年在位,名宫涅,西周末代君主。公元前七七一年,犬戎发兵攻周,在骊山杀死幽王,西周亡。[3]"洛邑",今河南洛阳市。[4]"秦襄公",公元前七七七年至前七六六年在位,秦庄公之子。犬戎攻周,他率兵救周,作战有功。周室东迁洛邑,他带兵护送周平王。平王封他为诸侯,把岐山以西的土地赐给他,秦襄公于是建立秦国。[5]"西畤",神祠。秦襄公居西垂(今甘肃天水市西

南),自以为主少皞之神,作西畤,祠白帝。祭祀时,用骝驹、黄牛、羝羊各一。[6]"天子祭天地"二句,见《礼记·曲礼》。[7]"戎翟",泛指中国西部经济文化落后的少数民族。"翟",通"狄"。[8]"胪于郊祀",陈列天子祭天的器物。"胪",音 lú,陈列。"郊",祭名,祭上帝。按礼制规定,只有天子才能祭天。[9]"文公",秦文公(公元前七六五年至前七一六年在位),秦襄公之子。"陇",大陇山,在今甘肃东部。[10]"陈宝",秦文公十六年(公元前七五〇年),在陈仓(今陕西宝鸡市东)得到了一块陨石,被认作雄鸡之神。秦文公用牛祭它,命名为陈宝。[11]"岐",指岐山,在今陕西岐山县东北。"雍",秦邑,在今陕西凤翔南。[12]"穆公",秦穆公(公元前六五九年至前六二一年在位),名任好,成公弟,德公少子。他灭掉了许多西戎部落,称霸西戎。[13]"竟",通"境"。"河",指黄河。[14]"齐桓",齐桓公(公元前六八五年至前六四三年在位),名小白。在北方,他曾救卫、迁邢,挡住了狄人的侵犯;在南方,他率领各国,挡住了楚国的北上。他在管仲辅佐下,改革内政,多次召集诸侯会盟,成为春秋时期首创霸业的国君。"晋文",晋文公(公元前六三六年至前六二八年在位),名重耳,晋献公之子,他在晋国内乱时,周游各国达十九年,后由秦返国即位,打败了楚国,成为中原霸主。"中国",指中原地区。"侔",相等。[15]"陪臣",诸侯的大夫。对天子来说,称为陪臣。[16]"六卿",指春秋时期掌握晋国大权的韩氏、赵氏、魏氏、智氏、范氏、中行氏等六家大臣。[17]"田常",一作"陈恒",田乞之子,齐简公之相。他以小恩小惠拉拢人民,取得支持,在和另一大臣监止争权时,杀掉监了止和齐简公。"简公",齐简公(公元前四八四年至前四八一年在位),名壬,齐悼公之子。[18]"三国",指韩、赵、魏三国。[19]"田和",田庄子之子。他相齐宣公,控制齐国大权。公元前三

八六年,他得到周天子承认,列为诸侯,建立田氏的齐国政权,号为齐太公。〔20〕"质",人质。"置质",指国君把自己的子弟派到别国作人质。"符",古代传达命令或调兵的凭证,用竹、木或铜、玉等制成,上有文字,剖为两半,双方各执其一,用时合符以为征信。〔21〕"诸夏",指中原地区经济和文化比较先进的一些国家。"宾",通"摈",排斥。〔22〕"献公",秦献公(公元前三八四年至前三六二年在位),名师隰,一名连,秦灵公太子。灵公死,由于内争,他未能即位。庶长菌改把他从河西迎回即位。〔23〕"鲁",国名。姬姓。有今山东西南部,建都曲阜(今属山东),开国君主是周公旦之子伯禽。"卫",国名。姬姓。建都朝歌(今河南淇县),后国都屡次迁徙,成为小国。战国时沦为魏的附庸。始封之君是周武王弟康叔封。〔24〕"三晋",晋国的韩氏、赵氏、魏氏三家大臣分割晋国,各自建立政权,合称三晋。〔25〕"埶",同"势"。

【译文】太史公阅览《秦记》,读到犬戎败幽王,周王室东迁洛邑,秦襄公(由于护驾有功)开始被封为诸侯,作西畤来祭祀上帝,越礼的苗头就表现出来了。《礼》书上说:"天子祭祀天地,诸侯祭祀他国境内的名山大川。"秦国夹杂戎狄的风俗,飞扬跋扈,不把仁义放在眼里,处在藩臣的位置,竟然采用天子郊祀祭天的礼节,有识之士为此感到担忧。到秦文公越过陇山,攻打夷狄,尊奉陈宝神,经营岐、雍一带。秦穆公整顿内政,东边的疆域扩展到黄河之滨,国力可以和齐桓公、晋文公等中原的霸主并驾齐驱了。此后,诸侯的国政落入大夫之手,大夫的禄位世代相承,晋国的六卿专权,操纵晋国的军事和外交,权势超过国君。到了田常杀掉简公而担任齐的相国,诸侯熟视无睹,不加讨伐,从此海内争相用战争来达到自己的目标了。韩、赵、魏三家终于瓜分了晋国,田和也灭掉齐国,夺取了政权,六国的强大从此开端。各国都努力谋求加强兵力和吞并敌人,于是诈计盛行,而外交上的纵横捭阖之术也从此兴起。盗用名义的事件层出不穷,立下的盟约也不肯遵守,纵然是交换人质,剖符为信,仍然起不到约束作用。秦开初是个偏僻的小国,中原各国排斥它,把它当成落后的戎狄看待。到秦献公以后,国力常常比其它国家强大。谈到秦国的德义,连鲁、卫两国中残暴凶恶的君主都不如,估量它的兵力,也不如三晋强大,但它终于吞并天下,并不一定是因为它的形势险要,对它有利,好像是上天有意在暗中帮助着它啊!

或曰:"东方物所始生,西方物之成孰。"夫作事者必于东南,收功实者常于西北。故禹兴于西羌,〔1〕汤起于亳,〔2〕周之王也以丰、镐伐殷,〔3〕秦之帝用雍州兴,〔4〕汉之兴自蜀汉。〔5〕

【注释】〔1〕"禹",夏王朝的奠定者,他破坏原始社会末期的推选制,传位给自己的儿子启,建立夏朝。"西羌",中国西部的民族,经济上兼有粗放的农业和畜牧业,主要分布于今四川西北部。相传禹生于石纽(今四川汶山县境),所以此处说"禹兴于西羌"。〔2〕"汤",又称"成汤",商王朝的建立者。"亳",此指西亳(在今河南偃师西),相传汤灭夏后,建都于此。〔3〕"丰镐",都是西周的国都。丰在今陕西长安西南沣河之西。周文王伐崇后,自岐迁此。镐是周武王的国都,故址在今陕西西安市西。"殷",指殷商王朝。自盘庚迁殷(今河南安阳小屯村)后遂连称殷商,或殷、商互称。〔4〕"雍州",古代九州之一,大致当今陕西及甘肃东部一带。〔5〕"蜀汉",今四川及陕南汉中地区。

【译文】有人说:"东方是万物开始生长的地方,西方是万物成熟的地方。"大的历史事件一定是在东南发端,但取得成功的往往在西北。所以禹从西羌地区兴起,汤从亳地创业;周室的君临天下,从丰、镐出兵伐殷开始;秦朝的称帝,是凭借雍州作为基地;汉朝的兴盛,从蜀汉地区起来。

秦既得意,烧天下《诗》《书》,诸侯史记尤甚,为其有所刺讥也。《诗》《书》所以复见者,多藏人家,而史记独藏周室,以故灭。惜哉,惜哉!独有《秦记》,又不载日月,其文略不具。然战国之权变亦有可颇采者,何必上古。秦取天下多暴,然世异变,成功大。〔1〕传曰"法后王",何也?〔2〕以其近己而俗变相类,议卑而易行也。〔3〕学者牵于所闻,见秦在帝位日浅,不察其终始,因举而笑之,〔4〕不敢道,此与以耳食无异。〔5〕悲夫!

【注释】〔1〕"世异变,成功大",意谓随着时代的改变而改革政治,取得的成就巨大。〔2〕"后王",指近代之王。〔3〕"以其近己而俗变相类,议卑而易行也",此句意谓因后王和我们时代相近,风

俗的变化相去无几，议论切实而易于实行。〔4〕
"举而笑之"，拿来作为笑柄。〔5〕"耳食"，用耳来
吃，比喻不知滋味。

【译文】秦国如愿以偿（指吞并六国）之后，烧
毁天下的《诗》《书》，对各国诸侯的历史记载尤其不
肯放过，因为其中有许多嘲讽秦国的地方。后来
《诗》《书》之所以能再现人世，这是由于民间收藏的
很多，而各国的历史记载仅仅藏在周室，因而都遭
到毁灭，可惜啊！可惜啊！只剩下了《秦记》，上面
又不记载日月，文辞也简略不完备。但战国的权谋
机变也尽有可以采取的地方，何必定要到上古去找
依据呢？秦国取得天下，虽说多采用暴力手段，但
政治能随着时代发展而变化，它取得的成效也很
大。古书上说"要效法后王"，为什么呢？因为后王
和我们时代相近，风俗的变化相去无几，议论切实
而易于实行啊！一般的学者受到见闻的限制，只看
到秦朝统治的时间很短，不去考查它的来龙去脉，
因此都对秦朝加以讥笑，不去认真研究，这和用耳
朵吃饭不知道滋味没有什么两样。可悲啊！

余于是因《秦记》，踵《春秋》之后，〔1〕起
周元王，表六国时事，讫二世，凡二百七十
年，著诸所闻兴坏之端。后有君子，以览观
焉。

【注释】〔1〕"春秋"，鲁国的编年史，上起鲁
隐公元年（公元前七二二年），下讫鲁哀公十四年
（公元前四八一年）。

【译文】我于是根据《秦记》，紧接《春秋》之
后，列表排比六国时代的事迹，从周元王开始，到秦
二世为止，共二百七十年，把我所知道的各国兴衰
事迹记载下来，让后代的君子可以翻检阅览。

	公元前 476	475	474	473	472
周	周元王元年[1]	二	三	四	五
秦	秦厉共公元年[2]	二 蜀人来赂。[11]	三	四	五 楚人来赂。[16]
魏	魏献子[3] 卫出公辄后元年。[4]	晋定公卒。[12]	晋出公错元年。[14]		
韩	韩宣子[5]				
赵	赵简子[6]	四十三	四十四	四十五	四十六
楚	楚惠王章十三年[7] 吴伐我。[8]	十四 越围吴，[13]吴怨。	十五	十六 越灭吴。	十七 蔡景侯卒。[17]
燕	燕献公十七年[9]	十八	十九	二十	二十一
齐	齐平公骜五年[10]	六	七 越人始来。[15]	八	九 晋知伯瑶来伐我。[18]

471	470	469	468	467
六	七	八	定王元年〔26〕	二
六 义渠来赂。〔19〕绵诸乞援。〔20〕	七 彗星见。〔22〕	八	九	十 庶长将兵拔魏城。〔27〕彗星见。
	卫出公饮,大夫不解袜,〔23〕公怒,即攻公,公奔宋。〔24〕			
四十七	四十八	四十九	五十	五十一
十八 蔡声侯元年。〔21〕	十九 王子英奔秦。〔25〕	二十	二十一	二十二 鲁哀公卒。〔28〕
二十二	二十三	二十四	二十五	二十六
十	十一	十二	十三	十四

	466	465	464	463	462
周	三	四	五	六	七
秦	十一	十二	十三	十四 晋人、楚人来 略。	十五
魏					
韩			智伯伐郑,[31]驷桓 子如齐求救。[32]	郑声公 卒。[38]	郑哀公元 年。[39]
赵	五十二	五十三	五十四 知伯谓简子,欲废太子 襄子,[33]襄子怨知 伯。[34]	五十五	五十六
楚	二十三 鲁悼公元年。[29]三桓 胜,[30]鲁如小侯。	二十四	二十五	二十六	二十七
燕	二十七	二十八	燕孝公元年[35]	二	三
齐	十五	十六	十七 救郑,晋师去。[36]中行 文子谓田常:[37]"乃今 知所以亡。"	十八	十九

461	460	459	458	457	456	455
八	九	十	十一	十二	十三	十四
十六 堲阿旁。[40]伐大荔。[41]补庞戏城。[42]	十七	十八	十九	二十 公将师与绵诸战。	二十一	二十二
				晋哀公忌元年。		卫悼公黔元年。[49]
五十七	五十八	五十九	六十	襄子元年 未除服,登夏屋,[43]诱代王,[44]以金斗杀代王。[45]封伯鲁子周为代成君。[47]	二	三
二十八	二十九	三十	三十一	三十二 蔡声侯卒。	三十三 蔡元侯元年。[48]	三十四
四	五	六	七	八	九	十
二十	二十一	二十二	二十三	二十四	二十五	齐宣公就匝元年[50]

	454	453	452	451	450	449
周	十五	十六	十七	十八	十九	二十
秦	二十三	二十四	二十五 晋大夫智开率其邑来奔。[55]	二十六 左庶长城南郑。[56]	二十七	二十八 越人来迎女。
魏		魏桓子败智伯于晋阳。[52]			卫敬公元年。[58]	
韩		韩康子败智伯于晋阳。[53]				
赵	四 与智伯分范、中行地。[51]	五 襄子败智伯晋阳，与魏、韩三分其地。[54]	六	七	八	九
楚	三十五	三十六	三十七	三十八	三十九 蔡侯齐元年。[59]	四十
燕	十一	十二	十三	十四	十五	燕成公元年[61]
齐	二	三	四	五 宋景公卒。[57]	六 宋昭公元年。[60]	七

448	447	446	445	444	443
二十一	二十二	二十三	二十四	二十五	二十六
二十九 晋大夫智宽率其邑人来奔。〔62〕	三十	三十一	三十二	三十三 伐义渠,虏其王。	三十四 日蚀,昼晦。星见。
十	十一	十二	十三	十四	十五
四十一	四十二 楚灭蔡。〔63〕	四十三	四十四 灭杞。〔64〕杞,夏之后。	四十五	四十六
二	三	四	五	六	七
八	九	十	十一	十二	十三

	442	441	440	439	438	437	436
周	二十七	二十八	考王元年〔66〕	二	三	四	五
秦	秦躁公元年〔65〕	二 南郑反。	三	四	五	六	七
魏						晋幽公柳元年。〔67〕服韩、魏。〔68〕	
韩							
赵	十六	十七	十八	十九	二十	二十一	二十二
楚	四十七	四十八	四十九	五十	五十一	五十二	五十三
燕	八	九	十	十一	十二	十三	十四
齐	十四	十五	十六	十七	十八	十九	二十

435	434	433	432	431	430
六	七	八	九	十	十一
八 六月，雨雪。日、月蚀。	九	十	十一	十二	十三 义渠伐秦，[73]侵至渭阳。[74]
				卫昭公元年。[70]	
二十三	二十四	二十五	二十六	二十七	二十八
五十四	五十五	五十六	五十七	楚简王仲元年[71] 灭莒。[72]	二
十五	十六	燕湣公元年[69]	二	三	四
二十一	二十二	二十三	二十四	二十五	二十六

	429	428	427	426	425
周	十二	十三	十四	十五	威烈王元年〔77〕
秦	十四	秦怀公元年 生灵公。〔75〕	二	三	四 庶长晁杀怀公。太子昭死，大臣立太子之子，为灵公。〔78〕
魏					卫悼公亶元年。〔79〕
韩					
赵	二十九	三十	三十一	三十二	三十三 襄子卒。
楚	三 鲁悼公卒。	四 鲁元公元年。〔76〕	五	六	七
燕	五	六	七	八	九
齐	二十七	二十八	二十九	三十	三十一

424	423	422	421	420
二	三	四	五	六
秦灵公元年 生献公。〔80〕	二	三 作上下畤。〔86〕	四	五
魏文侯斯元年〔81〕	二	三	四	五 魏诛晋幽公,立其弟 止。
韩武子元年〔82〕	二 郑幽公元年。韩杀 之。〔84〕	三 郑立幽公子,为纁 公,元年。〔87〕	四	五
赵桓子元年〔83〕	赵献侯元年〔85〕	二	三	四
八	九	十	十一	十二
十	十一	十二	十三	十四
三十二	三十三	三十四	三十五	三十六

	419	418	417	416	415
周	七	八	九	十	十一
秦	六	七 与魏战少梁。	八 城堑河濒。〔90〕初以君主妻河。〔91〕	九	十 补庞,〔92〕城籍姑。〔93〕灵公卒,立其季父悼子,是为简公。〔94〕
魏	六 晋烈公止元年。〔88〕 魏城少梁。〔89〕	七	八 复城少梁。	九	十
韩	六	七	八	九	十
赵	五	六	七	八	九
楚	十三	十四	十五	十六	十七
燕	十五	十六	十七	十八	十九
齐	三十七	三十八	三十九	四十	四十一

414	413	412
十二	十三	十四
秦简公元年	二 与晋战,败郑下。〔97〕	三
十一 卫慎公元年。〔95〕	十二	十三 公子击围繁庞,〔100〕出其民。
十一	十二	十三
十 中山武公初立。〔96〕	十一	十二
十八	十九	二十
二十	二十一	二十二
四十二	四十三 伐晋,毁黄城,〔98〕围阳狐。〔99〕	四十四 伐鲁、莒及安阳。〔101〕

	411	410	409
周	十五	十六	十七
秦	四	五 日蚀。	六 初令吏带剑。
魏	十四	十五	十六 伐秦，筑临晋、元里。〔104〕
韩	十四	十五	十六
赵	十三 城平邑。〔102〕	十四	十五
楚	二十一	二十二	二十三
燕	二十三	二十四	二十五
齐	四十五 伐鲁，取都。〔103〕	四十六	四十七

408	407	406
十八	十九	二十
七 堑洛,〔105〕城重泉。〔106〕初租禾。〔107〕	八	九
十七 击宋守中山。〔108〕伐秦至郑,还筑洛阴、合阳。〔109〕	十八 文侯受经子夏。〔115〕过段干木之闾常式。〔116〕	十九
韩景侯虔元年〔110〕 伐郑,取雍丘。〔111〕 郑城京。〔112〕	二 郑败韩于负黍。〔117〕	三
赵烈侯籍元年〔113〕 魏使太子伐中山。	二	三
二十四 简王卒。	楚声王当元年〔118〕 鲁穆公元年。〔119〕	二
二十六	二十七	二十八
四十八 取鲁郲。〔114〕	四十九 与郑会于西城。〔120〕伐卫,取毌。〔121〕	五十

	405	404	403	402
周	二十一	二十二	二十三 九鼎震。[125]	二十四
秦	十	十一	十二	十三
魏	二十 卜相,李克、翟璜争。[122]	二十一	二十二 初为侯。	二十三
韩	四	五	六 初为侯。	七
赵	四	五	六 初为侯。	七 烈侯好音,欲赐歌者田,徐越侍以仁义,乃止。[128]
楚	三	四	五 魏、韩、赵始列为诸侯。[126]	六 盗杀声王。
燕	二十九	三十	三十一	燕釐公元年[129]
齐	五十一 田会以廪丘反。[123]	齐康公贷元年[124]	二 宋悼公元年。[127]	三

401	400	399
安王元年〔130〕	二	三 王子定奔晋。〔136〕
十四 伐魏,至阳狐。〔131〕	十五	秦惠公元年〔137〕
二十四 秦伐我,至阳狐。	二十五 太子带生。〔133〕	二十六 虢山崩,壅河。〔138〕
八	九 郑围阳翟。〔134〕	韩烈侯元年〔139〕
八	九	赵武公元年〔140〕
楚悼王类元年〔132〕	二 三晋来伐我,至乘丘。〔135〕	三 归榆关于郑。〔141〕
二	三	四
四	五	六

	398	397	396	395
周	四	五	六	七
秦	二	三 日蚀。	四	五 伐绵诸。
魏	二十七	二十八	二十九	三十
韩	二 郑杀其相驷子阳。[142]	三 三月，盗杀韩相侠累。[143]	四 郑相子阳之徒杀其君缙公。	五 郑康公元年。[144]
赵	二	三	四	五
楚	四 败郑师，围郑。郑人杀子阳。	五	六	七
燕	五	六	七	八
齐	七	八	九	十 宋休公元年。[145]

394	393	392	391
八	九	十	十一
六	七	八	九 伐韩宜阳，取六邑。[150]
三十一	三十二 伐郑，城酸枣。[148]	三十三 晋孝公倾元年。[149]	三十四
六 救鲁。郑负黍反。[146]	七	八	九 秦伐宜阳，取六邑。[151]
六	七	八	九
八	九 伐韩，取负黍。	十	十一
九	十	十一	十二
十一 伐鲁，取最。[147]	十二	十三	十四

	390	389	388	387
周	十二	十三	十四	十五
秦	十 与晋战武城。〔152〕县陕。〔153〕	十一 太子生。	十二	十三 蜀取我南郑。〔158〕
魏	三十五 齐伐取襄陵。〔154〕	三十六 秦侵阴晋。〔156〕	三十七	三十八
韩	十	十一	十二	十三
赵	十	十一	十二	十三
楚	十二	十三	十四	十五
燕	十三	十四	十五	十六
齐	十五 鲁败我平陆。〔155〕	十六 与晋、卫会浊泽。〔157〕	十七	十八

386	385	384
十六	十七	十八
秦出公元年〔159〕	二 庶长改迎灵公太子,〔165〕立为献公。诛出公。	秦献公元年
魏武侯元年〔160〕 袭邯郸,败焉。〔161〕	二 城安邑、王垣。〔166〕	三
韩文侯元年〔162〕	二 伐郑,取阳城。〔167〕伐宋,到彭城,〔168〕执宋君。〔169〕	三
赵敬侯元年〔163〕 武公子朝作乱,奔魏。	二	三
十六	十七	十八
十七	十八	十九
十九 田常曾孙田和始列为诸侯。迁康公海上,〔164〕食一城。	二十 伐鲁,破之。田和卒。	二十一 田和子桓公午立。〔170〕

	383	382	381	380
周	十九	二十	二十一	二十二
秦	二 城栎阳。〔171〕	三 日蚀，昼晦。	四 孝公生。〔173〕	五
魏	四	五	六	七 伐齐，至桑丘。〔174〕
韩	四	五	六	七 伐齐，至桑丘。郑败晋。
赵	四 魏败我兔台。〔172〕	五	六	七 伐齐，至桑丘。
楚	十九	二十	二十一	楚肃王臧元年〔175〕
燕	二十	二十一	二十二	二十三
齐	二十二	二十三	二十四	二十五 伐燕，取桑丘。〔176〕

379	378	377
二十三	二十四	二十五
六 初县蒲、蓝田、善明氏。[177]	七	八
八	九 翟败我浍。[180]伐齐,至灵丘。	十 晋静公俱酒元年。[183]
八	九 伐齐,至灵丘。	十
八 袭卫,不克。	九 伐齐,至灵丘。	十
二	三	四 蜀伐我兹方。[184]
二十四	二十五	二十六
二十六 康公卒,田氏遂并齐而有之。[178]太公望之后绝祀。[179]	齐威王因元年[182] 自田常至威王,威王始以齐强天下。	二

	376	375	374	373
周	二十六	烈王元年[187]	二	三
秦	九	十 日蚀。	十一 县栎阳。	十二
魏	十一 魏、韩、赵灭晋,绝无後。	十二	十三	十四
韩	韩哀侯元年[185] 分晋国。	二 灭郑。康公二十年灭,无後。	三	四
赵	十一 分晋国。	十二	赵成侯元年[188]	二
楚	五 鲁共公元年。[186]	六	七	八
燕	二十七	二十八	二十九	三十 败齐林孤。[189]
齐	三 三晋灭其君。	四	五	六 鲁伐入阳关。[190]晋伐到鳣陵。[191]

372	371	370
四	五	六
十三	十四	十五
十五 卫声公元年〔192〕 败赵北蔺。〔193〕	十六 伐楚,取鲁阳。〔197〕	惠王元年〔199〕
五	六 韩严杀其君。〔198〕	庄侯元年〔200〕
三 伐卫,取都鄙七十三。〔194〕魏败我蔺。	四	五 伐齐于甄。〔201〕魏败我怀。〔202〕
九	十 魏取我鲁阳。	十一
燕桓公元年〔195〕	二	三
七 宋辟公元年。〔196〕	八	九 赵伐我甄。

	369	368	367	366
周	七	显王元年〔207〕	二	三
秦	十六 民大疫。日蚀。	十七 栎阳雨金,四月至八月。	十八	十九 败韩、魏洛阴。
魏	二 败韩马陵。〔203〕	三 齐伐我观。〔208〕	四	五 与韩会宅阳。〔211〕城武都。〔212〕
韩	二 魏败我马陵。	三	四	五
赵	六 败魏涿泽,〔204〕围惠王。	七 侵齐,至长城。〔209〕	八	九
楚	楚宣王良夫元年〔205〕	二	三	四
燕	四	五	六	七
齐	十 宋剔成元年。〔206〕	十一 伐魏,取观。赵侵我长城。〔210〕	十二	十三

365	364	363	362
四	五 贺秦。	六	七
二十	二十一 章蟜与晋战石门,[214]斩首六万,天子贺。	二十二	二十三 与魏战少梁,[215]虏其太子。[216]
六 伐宋,取仪台。	七	八	九 与秦战少梁,虏我太子。
六	七	八	九 魏败我于浍。大雨三月。
十	十一	十二	十三 魏败我于浍。
五	六	七	八
八	九	十	十一
十四	十五	十六	十七

	361	360	359	358
周	八	九 致胙于秦。	十	十一
秦	秦孝公元年 彗星见西方。	二 天子致胙。	三	四
魏	十 取赵皮牢。[217] 卫成侯元年。[218]	十一	十二 星昼坠，有声。	十三
韩	十	十一	十二	韩昭侯元年[221] 秦败我西山。[222]
赵	十四	十五	十六	十七
楚	九	十	十一	十二
燕	燕文公元年[219]	二	三	四
齐	十八	十九	二十	二十一 邹忌以鼓琴见威王。[223]

357	356	355
十二	十三	十四
五	六	七 与魏王会杜平。〔233〕
十四 与赵会鄗。〔224〕	十五 鲁、卫、宋、郑侯来。〔230〕	十六 与秦孝公会杜平。侵宋黄池，宋复取之。
二 宋取我黄池。〔225〕魏取我朱。〔226〕	三	四
十八 赵孟如齐。〔227〕	十九 与燕会阿。〔231〕与齐、宋会平陆。〔232〕	二十
十三 君尹黑迎女秦。〔228〕	十四	十五
五	六	七
二十二 封邹忌为成侯。〔229〕	二十三 与赵会平陆。	二十四 与魏会田于郊。

	354	353	352
周	十五	十六	十七
秦	八 与魏战元里,[234]斩首七千,取少梁。	九	十 卫公孙鞅为大良造,[237]伐安邑,降之。
魏	十七 与秦战元里,秦取我少梁。	十八 邯郸降。齐败我桂陵。[235]	十九 诸侯围我襄陵。筑长城,[238]塞固阳。[239]
韩	五	六 伐东周,取陵观、廪丘。[236]	七
赵	二十一 魏围我邯郸。	二十二 魏拔邯郸。	二十三
楚	十六	十七	十八 鲁康公元年。[240]
燕	八	九	十
齐	二十五	二十六 败魏桂陵。	二十七

351	350	349
十八	十九	二十
十一 城商塞。[241]卫鞅围固阳,降之。	十二 初聚小邑为三十一县,令。[244]为田,开阡陌。[245]	十三 初为县,有秩史。[247]
二十 归赵邯郸。	二十一 与秦遇彤。[246]	二十二
八 申不害相。[242]	九	十 韩姬弑其君悼公。[248]
二十四 魏归邯郸,与魏盟漳水上。[243]	二十五	赵肃侯元年[249]
十九	二十	二十一
十一	十二	十三
二十八	二十九	三十

	348	347	346	345	344
周	二十一	二十二	二十三	二十四	二十五 诸侯会。〔253〕
秦	十四 初为赋。〔250〕	十五	十六	十七	十八
魏	二十三	二十四	二十五	二十六	二十七 丹封名会。〔254〕丹， 魏大臣。
韩	十一 昭侯如秦。	十二	十三	十四	十五
赵	二	三 公子范袭邯 郸，〔251〕不胜， 死。	四	五	六
楚	二十二	二十三	二十四	二十五	二十六
燕	十四	十五	十六	十七	十八
齐	三十一	三十二	三十三 杀其大夫牟 辛。〔252〕	三十四	三十五 田忌袭齐，不 胜。〔255〕

343	342	341
二十六 致伯秦。〔256〕	二十七	二十八
十九 城武城。〔257〕从东方牡丘来归。〔258〕天子致伯。	二十 诸侯毕贺。会诸侯于泽。〔260〕朝天子。	二十一 马生人。〔263〕
二十八	二十九 中山君为相。〔261〕	三十 齐虏我太子申,〔264〕杀将军庞涓。〔265〕
十六	十七	十八
七	八	九
二十七 鲁景公偃元年。〔259〕	二十八	二十九
十九	二十	二十一
三十六	齐宣王辟彊元年〔262〕	二 败魏马陵。田忌、田婴、田盼将,〔266〕孙子为师。〔267〕

	340	339	338	337
周	二十九	三十	三十一	三十二
秦	二十二 封大良造商鞅。[268]	二十三 与晋战岸门。[271]	二十四 大荔围合阳。[274]孝公薨。商君反,死彤地。[275]	秦惠文王元年[277]楚、韩、赵、蜀人来。
魏	三十一 秦商君伐我,虏我公子卬。[269]	三十二 公子赫为太子。[272]	三十三 卫鞅亡归我,我恐,弗内。[276]	三十四
韩	十九	二十	二十一	二十二 申不害卒。
赵	十	十一	十二	十三
楚	三十	楚威王熊商元年[273]	二	三
燕	二十二	二十三	二十四	二十五
齐	三 与赵会,伐魏。[270]	四	五	六

336	335	334
三十三 贺秦。	三十四	三十五
二 天子贺。行钱。[278]宋太丘社亡。[279]	三 王冠。[282]拔韩宜阳。	四 天子致文武胙。[285]魏夫人来。
三十五 孟子来，[280]王问利国，对曰："君不可言利。"	三十六	魏襄王元年[286] 与诸侯会徐州，以相王。[287]
二十三	二十四 秦拔我宜阳。[283]	二十五 旱。作高门，屈宜臼曰：[288]"昭侯不出此门。"
十四	十五	十六
四	五	六
二十六	二十七	二十八 苏秦说燕。[289]
七 与魏会平阿南。[281]	八 与魏会于甄。[284]	九 与魏会徐州，诸侯相王。

	333	332	331	330
周	三十六	三十七	三十八	三十九
秦	五 阴晋人犀首为大良造。〔290〕	六 魏以阴晋为和,命曰宁秦。	七 义渠内乱,庶长操将兵定之。	八 魏入河西地于秦。〔295〕
魏	二 秦败我彫阴。〔291〕	三 伐赵。 卫平侯元年。〔292〕	四	五 与秦河西地少梁。秦围我焦、曲沃。〔296〕
韩	二十六 高门成,昭侯卒,不出此门。	韩宜惠王元年〔293〕	二	三
赵	十七	十八 齐、魏伐我,我决河水浸之。	十九	二十
楚	七 围齐于徐州。	八	九	十
燕	二十九	燕易王元年〔294〕	二	三
齐	十 楚围我徐州。	十一 与魏伐赵。	十二	十三

329	328	327	326
四十	四十一	四十二	四十三
九 度河，取汾阴、皮氏。〔297〕围焦，降之。与魏会应。〔298〕	十 张仪相。〔300〕公子桑围蒲阳，〔301〕降之。魏纳上郡。	十一 义渠君为臣。归魏焦、曲沃。	十二 初腊。〔305〕会龙门。〔306〕
六 与秦会应。秦取汾阴、皮氏。	七 入上郡于秦。〔302〕	八 秦归我焦、曲活。	九
四	五	六	七
二十一	二十二	二十三	二十四
十一 魏败我陉山。〔299〕	楚怀王槐元年〔303〕	二	三
四	五	六	七
十四	十五 宋君偃元年。〔304〕	十六	十七

	325	324	323
周	四十四	四十五	四十六
秦	十三 四月戊午,君为王。〔307〕	相张仪将兵取陕。〔311〕 初更元年	二 相张仪与齐楚会齧桑。〔313〕
魏	十	十一 卫嗣君元年。〔312〕	十二
韩	八 魏败我韩举。〔308〕	九	十 君为王。〔314〕
赵	赵武灵王元年〔309〕 魏败我赵护。〔310〕	二 城鄗。	三
楚	四	五	六 败魏襄陵。
燕	八	九	十 君为王。
齐	十八	十九	齐湣王地元年〔315〕

322	321	320	319
四十七	四十八	慎靓王元年〔319〕	二
三 张仪免相,相魏。	四	五 王北游戎地,至河上。〔320〕	六
十三 秦取曲沃。平周女化为丈夫。〔316〕	十四	十五	十六
十一	十二	十三	十四 秦来击我,取鄢。〔322〕
四 与韩会区鼠。〔317〕	五 取韩女为夫人。	六	七
七	八	九	十 城广陵。
十一	十二	燕王哙元年〔321〕	二
二	三 封田婴于薛。〔318〕	四 迎妇于秦。	五

	318	317	316
周	三	四	五
秦	七 五国共击秦,不胜而还。	八 与韩、赵战,斩首八万。张仪复相。	九 击蜀,灭之。取赵中都、西阳。〔328〕
魏	魏哀王元年〔324〕 击秦不胜。	二 齐败我观泽。〔326〕	三
韩	十五 击秦不胜。	十六 秦败我修鱼,〔327〕得将军申差。	十七
赵	八 击秦不胜。	九 与韩、魏击秦。齐败我观泽。	十 秦取我中都、西阳。
楚	十一 击秦不胜。	十二	十三
燕	三 击秦不胜。	四	五 君让其臣子之国,顾为臣。〔329〕
齐	六 宋自立为王。〔325〕	七 败魏、赵观泽。	八

315	314	313	312
六	周赧王元年〔331〕	二	三
十	十一 侵义渠,得二十五城。	十二 樗里子击蔺阳,〔334〕虏赵将。〔335〕公子繇通封蜀。〔336〕	十三 庶长章击楚,〔338〕斩首八万。
四	五 秦拔我曲沃,归其人。走犀首岸门。	六 秦来立公子政为太子。与秦王会临晋。〔337〕	七 击齐,虏声子于濮。〔339〕与秦击燕。
十八	十九	二十	二十一 我助秦攻楚,围景座。〔340〕
十一 秦败我将军英。〔330〕	十二	十三 秦拔我蔺,虏将赵庄。	十四
十四	十五 鲁平公元年。〔332〕	十六 张仪来相。	十七 秦败我将屈匄。〔341〕
六	七 君哙及太子相子之皆死。〔333〕	八	九 燕人共立公子平。〔342〕
九	十	十一	十二

	311	310	309	308	307
周	四	五	六	七	八
秦	十四 蜀相杀蜀侯。〔343〕	秦武王元年〔346〕 诛蜀相壮。〔347〕张仪、魏章皆出之魏。〔348〕	二 初置丞相,〔350〕樗里子、甘茂为丞相。〔351〕	三	四 拔宜阳城,斩首六万。涉河,城武遂。〔352〕
魏	八 围卫。	九 与秦会临晋。	十 张仪死。	十一 与秦会应。	十二 太子往朝秦。
韩	韩襄王元年〔344〕	二	三	四 与秦会临晋。秦击我宜阳。	五 秦拔我宜阳,斩首六万。
赵	十五	十六 吴广入女,〔349〕生子何,立为惠王后。	十七	十八	十九 初胡服。〔353〕
楚	十八	十九	二十	二十一	二十二
燕	燕昭王元年〔345〕	二	三	四	五
齐	十三	十四	十五	十六	十七

306	305	304	303
九	十	十一	十二
秦昭襄王元年〔354〕	二 彗 星 见。桑 君 为 乱,〔355〕诛。	三	四 彗星见。
十三 秦击皮氏,未拔而解。	十四 秦武王后来归。〔356〕	十五	十六 秦拔我蒲坂、晋阳、封陵。〔359〕
六 秦复与我武遂。	七	八	九 秦取武遂。
二十	二十一	二十二	二十三
二十三	二十四 秦来迎妇。	二十五 与秦王会黄棘,〔357〕秦复归我上庸。〔358〕	二十六 太子质秦。
六	七	八	九
十八	十九	二十	二十一

	302	301	300
周	十三	十四	十五
秦	五 魏王来朝。	六 蜀反,司马错往诛蜀守煇,〔361〕定蜀。日蚀,昼晦。〔362〕伐楚。〔363〕	七 樗里疾卒。击楚,斩首三万。魏冉为相。〔366〕
魏	十七 与秦会临晋,复归我蒲坂。	十八 与秦击楚。	十九
韩	十 太子婴与秦王会临晋,因至咸阳而归。〔360〕	十一 秦取我穰。〔364〕与秦击楚。	十二
赵	二十四	二十五 赵攻中山。惠后卒。	二十六
楚	二十七	二十八 秦、韩、魏、齐败我将军唐眛于重丘。〔365〕	二十九 秦取我襄城,〔367〕杀景缺。〔368〕
燕	十	十一	十二
齐	二十二	二十三 与秦击楚,使公子将,大有功。	二十四 秦使泾阳君来为质。〔369〕

299	298	297	296
十六	十七	十八	十九
八 楚王来，因留之。	九	十 楚怀王亡之赵，赵弗内。	十一 彗星见。复与魏封陵。
二十 与齐王会于韩。	二十一 与齐、韩共击秦于函谷。[371]河、渭绝一日。	二十二	二十三
十三 齐、魏王来。立咎为太子。	十四 与齐、魏共击秦。	十五	十六 秦与我武遂和。
二十七	赵惠文王元年[372] 以公子胜为相，[373]封平原君。	二 楚怀王亡来，弗内。	三
三十 王入秦。秦取我八城。	楚顷襄王元年[374] 秦取我十六城。[375]	二	三 怀王卒于秦，来归葬。
十三	十四	十五	十六
二十五 泾阳君复归秦。薛文入相秦。[370]	二十六 与魏、韩共击秦。孟尝君归相齐。	二十七	二十八

	295	294	293	292
周	二十	二十一	二十二	二十三
秦	十二 楼缓免。[376]穰侯魏冉为丞相。	十三 任鄙为汉中守。[382]	十四 白起击伊阙,[384]斩首二十四万。	十五 魏冉免相。
魏	魏昭王元年[377] 秦尉错来击我襄。[378]	二 与秦战,我不利。	三 佐韩击秦,秦败我兵伊阙。	四
韩	韩釐王咎元年[379]	二	三 秦败我伊阙,斩首二十四万,虏将喜。[385]	四
赵	四 围杀主父。[380]与齐、燕共灭中山。	五	六	七
楚	四 鲁文公元年。[381]	五	六	七 迎妇秦。
燕	十七	十八	十九	二十
齐	二十九 佐赵灭中山。	三十 田甲劫王,相薛文走。[383]	三十一	三十二

291	290	289	288
二十四	二十五	二十六	二十七
十六	十七 魏入河东四百里。〔387〕	十八 客卿错击魏,〔389〕至轵,〔390〕取城大小六十一。	十九 十月为帝,十二月复为王。任鄙卒。
五	六 芒卯以诈见重。〔388〕	七 秦击我。取城大小六十一。	八
五 秦拔我宛城。〔386〕	六 与秦武遂地方二百里。	七	八
八	九	十	十一 秦拔我桂阳。〔391〕
八	九	十	十一
二十一	二十二	二十三	二十四
三十三	三十四	三十五	三十六 为东帝二月,复为王。

	287	286	285
周	二十八	二十九	三十
秦	二十	二十一 魏纳安邑及河内。〔393〕	二十二 蒙武击齐。〔396〕
魏	九 秦拔我新垣、曲阳之城。〔392〕	十 宋王死我温。〔394〕	十一
韩	九	十 秦败我兵夏山。〔395〕	十一
赵	十二	十三	十四 与秦会中阳。〔397〕
楚	十二	十三	十四 与秦会宛。
燕	二十五	二十六	二十七
齐	三十七	三十八 齐灭宋。	三十九 秦拔我列城九。

284	283	282
三十一	三十二	三十三
二十三 尉斯离与韩、魏、燕、赵共击齐,〔398〕破之。	二十四 与楚会穰。	二十五
十二 与秦击齐济西。〔399〕与秦王会西周。〔400〕	十三 秦拔我安城,〔405〕兵至大梁而还。〔406〕	十四 大水。 卫怀君元年。〔408〕
十二 与秦击齐济西。与秦王会西周。	十三	十四 与秦会两周间。〔409〕
十五 取齐昔阳。〔401〕	十六	十七 秦拔我两城。〔410〕
十五 取齐淮北。〔402〕	十六 与秦王会穰。	十七
二十八 与秦、三晋击齐,燕独入至临淄,〔403〕取其宝器。	二十九	三十
四十 五国共击湣王,王走莒。〔404〕	齐襄王法章元年〔407〕	二

	281	280	279
周	三十四	三十五	三十六
秦	二十六 魏冉复为丞相。	二十七 击赵，斩首三万。地动，坏城。	二十八
魏	十五	十六	十七
韩	十五	十六	十七
赵	十八 秦拔我石城。〔411〕	十九 秦败我军，斩首三万。	二十 与秦会黾池，〔412〕蔺相如从。〔413〕
楚	十八	十九 秦击我，与秦汉北及上庸地。	二十 秦拔鄢、西陵。〔414〕
燕	三十一	三十二	三十三
齐	三	四	五 杀燕骑劫。〔415〕

278	277	276
三十七	三十八	三十九
二十九 白起击楚，拔郢，〔416〕更东至竟陵，〔417〕以为南郡。〔418〕	三十 白起封为武安君。	三十一
十八	十九	魏安釐王元年〔423〕 秦拔我两城。封弟公子无忌为信陵君。
十八	十九	二十
二十一	二十二	二十三
二十一 秦拔我郢，烧夷陵，〔419〕王亡走陈。〔420〕	二十二 秦拔我巫、黔中。〔422〕	二十三 秦所拔我江旁反秦。〔424〕
燕惠王元年〔421〕	二	三
六	七	八

	275	274	273	272
周	四十	四十一	四十二	四十三
秦	三十二	三十三	三十四 白起击魏华阳军,[427] 芒卯走,得三晋将,斩 首十五万。	三十五
魏	二 秦拔我两城,军大梁 下,韩来救,与秦温 以和。	三 秦拔我四城,斩首四 万。	四 与秦南阳以和。[428]	五 击燕。
韩	二十一 暴鸢救魏,[425]为秦 所败,走开封。[426]	二十二	二十三	韩桓惠王元年[429]
赵	二十四	二十五	二十六	二十七
楚	二十四	二十五	二十六	二十七 击燕。 鲁顷公元年[430]
燕	四	五	六	七
齐	九	十	十一	十二

271	270	269	268	267
四十四	四十五	四十六	四十七	四十八
三十六	三十七	三十八	三十九	四十 太子质于魏者死,归葬芷阳。[437]
六	七	八	九 秦拔我怀城。[436]	十
二	三 秦击我阏与城,不拔。[433]	四	五	六
二十八 蔺相如攻齐,至平邑。[431]	二十九 秦攻韩阏与。赵奢将击秦,[434]大败之,赐号曰马服。	三十	三十一	三十二
二十八	二十九	三十	三十一	三十二
燕武成王元年[432]	二	三	四	五
十三	十四 秦、楚击我刚、寿。[435]	十五	十六	十七

	266	265	264
周	四十九	五十	五十一
秦	四十一	四十二 宣太后薨。[439]安国君为太子。[440]	四十三
魏	十一 秦拔我廪丘。[438]	十二	十三
韩	七	八	九 秦拔我陉。[443]城汾旁。[444]
赵	三十三	赵孝成王元年[441] 秦拔我三城。平原君相。	二
楚	三十三	三十四	三十五
燕	六	七 齐田单拔中阳。[442]	八
齐	十八	十九	齐王建元年[445]

263	262	261	260
五十二	五十三	五十四	五十五
四十四 攻韩,取南阳。[446]	四十五 攻韩,取十城。	四十六 王之南郑。[451]	四十七 白起破赵长平,杀卒四十五万。
十四	十五	十六	十七
十 秦击我太行。[447]	十一	十二	十三
三	四	五 使廉颇拒秦于长平。[452]	六 使赵括代廉颇将。[453]白起破括四十五万。
三十六	楚考烈王元年[448] 秦取我州。[449]黄歇为相。[450]	二	三
九	十	十一	十二
二	三	四	五

	259	258	257	256
周	五十六	五十七	五十八	五十九 赧王卒。
秦	四十八	四十九	五十 王齮、郑安平围邯郸,〔454〕及齮还军,拔新中。〔455〕	五十一
魏	十八	十九	二十 公子无忌救邯郸,秦兵解去。	二十一 韩、魏、楚救赵新中,秦兵罢。
韩	十四	十五	十六	十七 秦击我阳城,〔457〕救赵新中。
赵	七	八	九 秦围我邯郸,楚、魏救我。	十
楚	四	五	六 春申君救赵。	七 救赵新中。
燕	十三	十四	燕孝王元年〔456〕	二
齐	六	七	八	九

255	254	253	252	251
五十二 取西周。王稽弃市。[458]	五十三	五十四	五十五	五十六
二十二	二十三	二十四	二十五 卫元君元年。[461]	二十六
十八	十九	二十	二十一	二十二
十一	十二	十三	十四	十五 平原君卒。
八 取鲁,鲁君封于莒。	九	十 徙于巨阳。[460]	十一	十二 柱国景伯死。[462]
三	燕王喜元年[455]	二	三	四 伐赵,赵破我军,杀栗腹。[463]
十	十一	十二	十三	十四

	250	249
周		
秦	秦孝文王元年〔464〕	秦庄襄王楚元年〔465〕 蒙骜取成皋、荥阳。〔466〕初置三川郡。〔467〕吕不韦相。〔468〕取东周。〔469〕
魏	二十七	二十八
韩	二十三	二十四 秦拔我成皋、荥阳。
赵	十六	十七
楚	十三	十四 楚灭鲁,顷公迁卞,〔470〕为家人,〔471〕绝祀。
燕	五	六
齐	十五	十六

二　蒙骜击赵榆次、新城、狼孟，得三十七城。〔472〕日蚀。	三　王齮击上党。〔474〕初置太原郡。〔475〕魏公子无忌率五国却我军河外，蒙骜解去。
二十九	三十　无忌率五国兵败秦军河外。〔476〕
二十五	二十六　秦拔我上党。
十八	十九
十五　春申君徙封于吴。〔473〕	十六
七	八
十七	十八

	246	245	244	243
秦	始皇帝元年 击取晋阳,作郑国渠。〔477〕	二	三 蒙骜击韩,取十三城。 王齮死。	四 七月,蝗蔽天下。百姓纳粟千石,拜爵一级。
魏	三十一	三十二	三十三	三十四 信陵君死。
韩	二十七	二十八	二十九 秦拔我十三城。	三十
赵	二十 秦拔我晋阳。	二十一	赵悼襄王偃元年〔478〕	二 太子从质秦归。
楚	十七	十八	十九	二十
燕	九	十	十一	十二 赵拔我武遂、方城。〔479〕
齐	十九	二十	二十一	二十二

242	241	240
五 蒙骜取魏酸枣二十城。〔480〕初置东郡。〔481〕	六 五国共击秦。〔485〕	七 彗星见北方西方。夏太后薨。〔489〕蒙骜死。
魏景湣王元年〔482〕 秦拔我二十城。	二 秦拔我朝歌。〔437〕 卫从濮阳徙野王。〔487〕	三 秦拔我汲。〔490〕
三十一	三十二	三十三
三 赵相、魏相会柯,〔483〕盟。	四	五
二十一	二十二 王东徙寿春,〔488〕命曰郢。	二十三
十三 剧辛死于赵。〔484〕	十四	十五
二十三	二十四	二十五

	239	238	237
秦	八 嫪毐（ǎi）封长信侯。[491]	九 彗星见，竟天。嫪毐为乱，迁其舍人于蜀。[492]彗星复见。	十 相国吕不韦免。齐、赵来，置酒。太后入咸阳。[496]大索。[497]
魏	四	五 秦拔我垣、蒲阳、衍。[493]	六
韩	三十四	韩王安元年[494]	二
赵	六	七	八 入秦，置酒。
楚	二十四	二十五 李园杀春申君。[495]	楚幽王悼元年[498]
燕	十六	十七	十八
齐	二十六	二十七	二十八 入秦，置酒。

236	235	234
十一 吕不韦之河南。〔499〕王翦击邺、 阏与,〔500〕取九城。	十二 发四郡兵助魏击楚。吕不韦卒。 复嫪毐舍人迁蜀者。	十三 桓齮击平阳,〔502〕杀赵扈辄,斩 首十万,因东击。赵王之河南。 彗星见。
七	八 秦助我击楚。	九
三	四	五
九 秦拔我阏与、邺,取九城。	赵王迁元年〔501〕	二 秦拔我平阳,败扈辄,斩首十万。
二	三 秦、魏击我。	四
十九	二十	二十一
二十九	三十	三十一

233   232

秦	十四 桓齮定平阳、武城、宜安。〔503〕韩使非来,〔504〕我杀非。韩王请为臣。	十五 兴军至邺。军至太原。取狼孟。
魏	十	十一
韩	六	七
赵	三 秦拔我宜安。	四 秦拔我狼孟、鄱吾,〔505〕军邺。
楚	五	六
燕	二十二	二十三 太子丹质于秦,亡来归。
齐	三十二	三十三

231	230	229
十六 置丽邑。[506]发卒受韩南阳。	十七 内史腾击得韩王安,[507]尽取其地,置颍川郡。[508]华阳太后薨。[509]	十八
十二 献城秦。	十三	十四 卫君角元年。[510]
八 秦来受地。	九 秦虏王安,秦灭韩。	七
五 地大动。	六	七
七	八	九
二十四	二十五	二十六
三十四	三十五	三十六

	228	227	226
秦	十九 王翦拔赵，房王迁邯郸。帝太后薨。	二十 燕太子使荆轲刺王，[512]觉之。王翦将击燕。	二十一 王贲击楚。[515]
魏	十五	魏王假元年[513]	二
韩			
赵	八 秦王翦房王迁邯郸。公子嘉自立为代王。[511]	代王嘉元年	二
楚	十 幽王卒，弟郝立，为哀王。三月，负刍杀哀王。	楚王负刍元年[514] 负刍，哀王庶兄。	二 秦大破我，取十城。
燕	二十七	二十八 太子丹使荆轲刺秦王，秦伐我。	二十九 秦拔我蓟，[516]得太子丹。王徙辽东。[517]
齐	三十七	三十八	三十九

225	224	223	222
二十二 王贲击魏,得其王假,尽取其地。	二十三 王翦、蒙武击破楚军,[518]杀其将项燕。	二十四 王翦、蒙武破楚,虏其王负刍。	二十五 王贲击燕,虏王喜。又击得代王嘉。五月,天下大酺。[520]
三 秦虏王假。			
三	四	五	六 秦将王贲虏王嘉,秦灭赵。
三	四 秦破我将项燕。[519]	五 秦虏王负刍,秦灭楚。	
三十	三十一	三十二	三十三 秦虏王喜,拔辽东,秦灭燕。
四十	四十一	四十二	四十三

	221	220
秦	二十六 王贲击齐,虏王建。初并天下,立为皇帝。	二十七 更命河为"德水"。为金人十二。[521]命民曰"黔首"。同天下书。[522]分为三十六郡。
魏		
韩		
赵		
楚		
燕		
齐	四十四 秦虏王建,秦灭齐。	

219	218	217
二十八 为阿房宫。[523]之衡山。[524]治驰道。[525]帝之琅邪,[526]道南郡入。为太极庙。[527]赐户三十,爵一级。[528]	二十九 郡县大索十日。[529]帝之琅邪,道上党入。[530]	三十

216	215
三十一 更命腊曰"嘉平"。赐黔首里六石米二羊,以嘉平。大索二十日。〔531〕	三十二 帝之碣石,〔532〕道上郡入。〔533〕

214	213
三十三 遣诸逋亡及贾人赘婿略取陆梁，〔534〕为桂林、南海、象郡，〔535〕以適戍。〔536〕西北取戎为三十四县。〔537〕筑长城河上，蒙恬将三十万。〔538〕	三十四 適治狱不直者筑长城。〔539〕取南方越地。〔540〕覆狱故失。〔541〕

212	211
三十五 为直道,〔542〕道九原,〔543〕通甘泉。〔544〕	三十六 徙民于北河、榆中,〔545〕耐徙三处,〔546〕拜爵一级。 石昼下东郡,〔547〕有文言"地分"。

三十七	二世元年
十月，帝之会稽、琅邪，〔548〕还至沙丘崩。〔549〕胡亥立，为二世皇帝。杀蒙恬。道九原入。复行钱。〔550〕	十月戊寅，大赦罪人。十一月，为兔园。〔551〕十二月，就阿房宫。其九月，郡县皆反。楚兵至戏，〔552〕章邯击却之。〔553〕出卫君角为庶人。〔554〕

二

将军章邯、长史司马欣、都尉董翳追楚兵至河。〔555〕诛丞相斯、去疾,〔556〕将军冯劫。

三

赵高反,〔557〕二世自杀,高立二世兄子婴。子婴立,刺杀高,夷三族。〔558〕诸侯入秦,婴降,为项羽所杀。寻诛羽,天下属汉。

【注释】〔1〕"周元王"，公元前四七六年至前四六九年在位，名仁，一说名赤，敬王子。 〔2〕"秦属共公"，公元前四七六年至前四四三年在位，名不详，悼公子。亦称厉公。 〔3〕"魏献子"，生卒年不详，名舒（一作荼），晋大夫魏绛之孙，魏嬴之子。 〔4〕"卫出公辄"，公元前四九二年至前四八一年在位，灵公孙，蒯聩子。公元前四八〇年出奔。"后元年"，指卫出公出奔后返国重新即位的元年。其第二次在位时间为公元前四七六年至前四七〇年。 〔5〕"韩宣子"，生卒年不详，名起，晋大夫韩厥之子。 〔6〕"赵简子"，公元前四七五年去世，名鞅，晋大夫景叔之子。 〔7〕"楚惠王章"，公元前四八八年至前四三二年在位，平王子。 〔8〕"吴伐我"，此时吴国将亡，无力出师伐楚，《左传》哀公十九年所载，只有越侵楚以误吴事，此疑是"越伐我"之误。"吴"，国名，又称句吴、攻吴。姬姓。有今江苏省、上海市大部和安徽、浙江的一部分，建都于吴（今江苏苏州市）。公元前四七三年为越所灭。 〔9〕"燕献公"，公元前四九二年至前四六五年在位，名不详，简公子。 〔10〕"齐平公骜"，公元前四八〇年至前四五六年在位，悼公子，简公弟。简公被大臣陈恒所杀，平公继立。 〔11〕"蜀"，国名，有今四川西部，先都郫邑（今四川郫县），后徙都成都（今四川成都市）。"赂"，以财物来献。这是秦、蜀交往之始。 〔12〕"晋定公"，公元前五一一年至前四七五年在位，名午，顷公子。 〔13〕"越"，国名，又称于越。姒姓。有今江苏北部运河以东，江苏南部、江西东部和浙江北部，建都会稽（今浙江绍兴）。公元前三〇六年为楚所灭。 〔14〕"晋出公错"，公元前四七四年至前四五七年在位。错或作凿，定公子。据考，出公在位年数为二十三，当为公元前四七四年至前四五二年。出公晚年，韩、赵、魏三家和智氏攻灭范、中行氏，出公欲借齐、鲁之兵伐四家，反为四家所攻，奔楚死（一说死于奔齐途中）。 〔15〕"越人始来"，此年当鲁哀公二十一年，《左传》书"越人始来"，指遣使至鲁，不知是否也到齐国聘问。 〔16〕"楚"，国名，芈姓。西周时立国于荆山（今湖北西部）一带，春秋、战国时，兼并小国，疆域不断扩大，有今湖南、湖北两省及河南南部、江苏、安徽、浙江的大部，兼有山东、江西、陕西、四川的一部分，号称"楚地半天下"。初建都丹阳（今湖北秭归东南），后迁郢（今湖北江陵西北）。战国晚期，因受秦国进攻，国都屡迁。公元前二二三年为秦所灭。 〔17〕"蔡景侯卒"，"景"字误，当作"成侯"。蔡成侯，公元前四九〇年至前四七二年在位，名朔，景侯子。 〔18〕"知伯瑶"，即荀瑶，又称知襄子，晋六卿之一，后为韩、赵、魏三家所败，被杀于凿台（在今山西榆次境）之下。 〔19〕"义渠"，西戎之一，分布于今甘肃庆阳及泾川一带。 〔20〕"绵诸"，西戎之一，分布于今甘肃天水一带。 〔21〕"蔡声侯"，公元前四七一年至前四五七年在位，名产，成侯子。 〔22〕"彗星见"，据英人克劳密博士推算，秦历共公七年的彗星即哈雷彗星，其运行周期为七十六年。其后秦始皇七年出现的彗星也是哈雷彗星。 〔23〕"大夫不解袜"，据《左传》哀公二十五年载，此大夫乃是褚师声子。古礼，宴饮要解袜登堂。 〔24〕"宋"，国名。子姓。有今河南东部和山东、江苏、安徽间地，建都于商丘（今河南商丘南）。公元前二八六年为齐所灭。 〔25〕"王子英"，当是楚惠王子。奔秦事，《楚世家》不载。 〔26〕"定王"，公元前四六八年至前四四一年在位，名介，元王子。 〔27〕"庶长"，秦国的掌权大臣，地位是卿，出征时担任军将。"拔魏城"，魏城秦地，不可言拔，"拔"当是"补"字之误。魏城在今山西芮城北。 〔28〕"鲁哀公"，公元前四九四年至前四六七年在位，名将（一作蒋），定公子。 〔29〕"鲁悼公"，公元前四六六年至前四二九年在位，名宁，又名曼，哀公子。 〔30〕"三桓"，指鲁国的三家执政大臣孟孙氏、叔孙氏、季孙氏，因为他们都是鲁桓公之后，故称三桓。"胜"，强。 〔31〕"知伯"，即晋卿知伯瑶，下同。"郑"，国名，姬姓。有今河南中部开封市以西至荥阳一带，建都新郑（今属河南）。公元前三七五年为韩所灭。 〔32〕"驷桓子"，郑国大夫驷宏，桓子是他的谥。《左传》记驷宏赴齐求救事在鲁哀公二十七年（当周定王元年），此与《齐表》并误。 〔33〕"襄子"，《表》载其公元前四五七年至前四二五年在位。据考，其在位年当为公元前四七四年至前四二五年。名无恤，赵鞅（赵简子）次子。 〔34〕"襄子怨知伯"，此年晋知伯瑶、赵无恤率军围郑，知伯侮辱赵无恤，说他丑而无勇，赵无恤因此怨恨知伯。这时赵简子已死十一年，《表》文记事有误。 〔35〕"燕孝公"，公元前四九七年至前四五五年在位，《表》文记载有误。其名不详。 〔36〕"晋"，国名，姬姓。有今山西大部及河北省西南部，河南省西北部，并有陕西省东端、山东省西端的一部分。初建都于唐（今山西翼城西），后迁绛（今山西翼城东南），再迁新田（今山西侯马市西）。公元前四世纪中叶，为韩、赵、魏三家所分。 〔37〕"中行文子"，即中行寅，又称荀寅，本晋六卿之一，在内争中失败，逃奔齐国。"田常"，一作陈恒，即陈成子，齐大夫陈乞之子，他杀死齐简公，掌握齐国大权。 〔38〕"郑声公"，公元前五〇〇年至前四六三年在位，名胜，献公子。 〔39〕"郑哀公"，公元前四六二年至前四五五年在位，名易，声公子，即位八年后被杀，共公丑立。〔40〕"阿"，乃"河"字之误，河，指黄河。"堙河旁"，指把黄河堤改筑为防御工事。〔41〕"大荔"，西戎之一，在今陕西大荔。〔42〕"庞戏城"，邑名，在今陕西白水县东北。〔43〕"夏屋"，山名，在今山西代县东北，《尔雅》谓之夏壶山，又名贾母山，俗称草垛山。〔44〕"代"，国名，姜姓。有今山西大同至河北宣化、涞源一带，建都于代（在今河北蔚县东南），称王在六国之前，公元前四五七年为赵襄子所灭。〔45〕"金斗"，铜质斟水器，方形，有柄。〔46〕"伯鲁"，赵简子之子，襄子之兄，本为太子，后赵简子废之而立襄子。〔47〕"晋出公"，公元前四五六年至前四三八年在位（依《表》文），名忌，晋昭公的曾孙。据考，忌是哀公之父，《表》文误以为哀公名。哀公又号哀懿公，又号敬公，在位时间应为公元前四五一年至前四三四年。〔48〕"蔡元侯"，公元前四五六年至前四五一年在位，名不详，声侯子。〔49〕"卫悼公黔"，公元前四五五年至前四五一年在位，出公叔父，灵公子。〔50〕"齐宣公就匝"，公元前四五五年至前四〇五年在位，又名积，平公子。〔51〕"范、中行"，指晋国的范氏、中行氏，这时范吉射、中行寅已出奔齐国。〔52〕"魏桓子"，名驹，晋卿魏多（一作曼多）之子。"晋阳"，晋邑，故城在今山西太原市西南。〔53〕"韩康子"，名虎，晋卿韩庄子（名庚）之子。〔54〕"与魏、韩三分其地"，赵与魏、韩三分知伯领地后，自此形成三家分晋之局。大致，赵有今山西中部及北部、河北西南部及宁夏河套之地，兼有河南、山东的一部，都晋阳。魏得山西西南部、河南东部及陕西、安徽的一部分，是原晋国的心脏地区，初都安邑（今山西夏县附近），后徙大梁（今河南开封市）。韩有今河南中部、西部，兼及陕西、山西的一部分。初都阳翟（今河南禹县），后徙新郑（今属河南），在三晋中，国势较弱。〔55〕"智开"，知伯瑶之子。〔56〕"左庶长"，秦国的执政大臣，后为秦军功爵二十级中的第十级。"南郑"，周穆王曾都此，因为在镐京之南，故称南郑。故城在今陕西华县北。〔57〕"宋景公"，公元前五一六年至前四六九年在位，名头曼，元公子。《表》文卒年有误。〔58〕"卫敬公"，公元前四五〇年至前四三二年在位，名费，悼公子。〔59〕"蔡侯齐"，公元前四五〇年至前四四七年在位，元侯子，为楚所灭。〔60〕"宋昭公"，公元前四五〇年至前四〇四年在位（依《表》文），名特，景公子。本非嫡子，杀太子而自立。据考，其在位时间当为公元前四六八年至前四二二年。〔61〕"燕成公"，公元前四四九年至前四三四年在位（依《表》文），名载，又称燕成侯。据考，其在位时间当为公元前四五四年至前四三九年。〔62〕"智宽"，智伯被灭已六年，智宽在这时才奔秦，可能是守别邑的大夫。〔63〕"蔡"，国名，姬姓。初都上蔡（今河南上蔡西南），后迁新蔡（今属河南），再迁州来（今安徽凤台），称为下蔡。〔64〕"杞"，国名，姒姓。相传是夏的后裔。初都雍丘（今河南杞县），后迁缘陵（今山东昌乐东南），再迁淳于（今山东安丘东北）。〔65〕"秦躁公"，厉共公子。〔66〕"考王"，公元前四四〇年至前四二六年在位，名嵬，定王子。考王时，封其弟揭于河南（今河南洛阳涧滨东周城），称为西周惠公，是周分裂为东周、西周两小国的开端。〔67〕"晋幽公柳"，公元前四三七至前四二〇年在位（依《表》文），懿公子。据考，他的在位年代当为公元前四三三年至前四一七年，被夫人秦嬴所杀。〔68〕"服"，顺从。〔69〕"燕湣公"，公元前四三三年至前四〇三年在位（依《表》文）。据考，燕无湣公，成公之后为文公，公元前四三八年至前四一五年在位。〔70〕"卫昭公"，公元前四三一年至前四二六年在位，名纠，敬公子。〔71〕"楚简王仲"，公元前四三一年至前四〇八年在位，惠王子。〔72〕"莒"，国名，己姓。有今山东诸城、安丘、沂水、莒、日照等县地，初都计斤（一作介根，今山东胶县西南），春秋初年迁莒（今山东莒县）。〔73〕"秦"，国名，嬴姓。初都西垂（今甘肃天水西南），后国都屡迁。战国初年，都泾阳（今陕西泾阳西北），后徙栎阳（今陕西富平东南），再迁咸阳（今陕西咸阳市东北），有今陕西大部、甘肃东部及河南省西部一小部分。〔74〕"渭阳"，秦邑，在今陕西咸阳市东北。〔75〕"秦怀公"，公元前四二八年至前四二五年在位，名不详，躁公弟，厉共公子，他被大臣所逼，自杀而死。〔76〕"鲁元公"，公元前四二八年至前四〇八年在位，名嘉，悼公子。〔77〕"威烈王"，公元前四二五年至前四〇二年在位，名午，考王子。〔78〕"灵公"，公元前四二四年至前四一五年在位，名不详，秦怀公孙，怀公太子昭子之子，昭子早死，故他继怀公而立。〔79〕"卫悼公亹"，据《卫世家》，"悼公"当是"怀公"之误。怀公，公元前四二五年至前四一五年在位，名亹，敬公弟，昭公子。〔80〕"献公"，公元前三八四年至前三六二年在位，名师隰，灵公子。〔81〕"魏文侯斯"，公元前四二四年至前三八七年在位（依《表》文），桓子孙，一说是桓子之子。据考，他在位时间当为公元前四四五年至前三九六年。他团结三晋，敬礼贤士，东败齐，南败楚，西取秦河西地，使魏成为强国。〔82〕"韩武子"，公元前四二四年至前四

○九年在位,名启章,康子之子。〔83〕"赵桓子",公元前四二四年在位,名嘉,襄子弟,简子之子。〔84〕"郑幽公",公元前四二三年在位,名已,被韩武子所杀。〔85〕"赵献侯",公元前四二三年至前四○九年在位,名浣,襄子之子。〔86〕"上下畤",秦灵公所作的神祠,在雍(今陕西凤翔南)。上畤祭黄帝,下畤祭炎帝。〔87〕"缮公",公元前四二二年至前三九六年在位,名骀,郑幽公子。〔88〕"晋烈公止",公元前四一九年至前三九三年在位(依《表》文),幽公弟,懿公子。据考,他的在位时间当为公元前四一六年至前三九○年。〔89〕"少梁",魏邑,在今陕西韩城南。〔90〕"城堑河濒",这是在黄河侧建筑防御工事,以防止魏国的进攻。〔91〕"君主妻河",君主即公主。秦君取旁人之女作为公主,投入黄河中,说是嫁给河伯(河神)。〔92〕"庞",秦邑,在今陕西韩城东南。〔93〕"籍姑",秦邑,在今陕西韩城北。〔94〕"简公",公元前四一四年至前四○○年在位,名悼子,怀公子。〔95〕"卫慎公",公元前四一四年至前三七三年在位,名颓,敬公孙,父为公子适。〔96〕"中山武公",据河北平山出土的中山王方鼎铭文所记,中山王称"皇祖文、武",武当即是《表》文的中山武公。〔97〕"郑",秦邑,在今陕西华县南。〔98〕"黄城",魏邑,在今河南内黄西。〔99〕"阳狐",魏邑,在今河北大名北。〔100〕"公子击",魏文侯太子,后嗣位为魏武侯。"繁庞",秦邑,即庞,在今陕西韩城东南。〔101〕"安阳",鲁邑,在今山东曹县东。〔102〕"平邑",赵邑,故城在今河南南乐东北七里平邑村。〔103〕"取都",《田完世家》云,"取鲁之一城"。有宗庙的邑称为都,《表》文的都当是鲁国一大邑,其地不能确指。〔104〕"临晋",邑名,今陕西大荔。"元里",邑名,今陕西澄城南。〔105〕"洛",水名,即今陕西北洛河,为渭水支流之一。"堑洛",即沿北洛河西岸至白水县的黄龙山麓修筑长城。此时秦的河西地已被魏攻取,故退守洛水。〔106〕"重泉",秦邑,在今陕西蒲城东南。〔107〕"初租禾",这是秦国开始征收实物地租。〔108〕"击",魏文侯太子之名。"中山",国名,姬姓。春秋白狄别种所建立,原称鲜虞,春秋晚期改称中山,有今河北中部石家庄、保定两地区的大部分。战国初期建都于顾(今河北定县),公元前四○六年被魏攻灭。不久复国,迁都灵寿(今河北平山东北)。公元前二九六年又被赵国所灭。〔109〕"洛阴",魏邑,在今陕西大荔南。"合阳",魏邑,在今陕西合阳东南。〔110〕"韩景侯虔",公元前四○八年至前四○○年在位,武子之子。〔111〕"雍丘",邑名,在今河南杞县北。〔112〕"京",邑名,在今河南荥阳南。〔113〕"赵烈侯籍",公元前四○八年至前四○○年在位(依《表》文),献侯子。据考,他的在位年当为公元前四○八年至前三八七年。他任用相国公仲连等,实行改革,国力增强。〔114〕"郕",音 chéng,邑名,春秋鲁孟孙氏邑,在今山东宁阳东北。〔115〕"子夏"(约公元前五○七年至前四二○年),即卜商,卫人,孔子弟子,子夏是他的字。孔子死后,子夏在西河(一说此西河在东方河、济之间,不在西方龙门、华阴之间)讲学传经。〔116〕"段干木",姓段干,名木,魏人,子夏弟子。"闾",里巷的门。"式",扶靠在车厢前的横木,俯首致敬。魏文侯受经和式闾两事,是在较长时间内进行的,不一定只在某一年。〔117〕"负黍",韩邑,在今河南登封西南。〔118〕"楚声王当",公元前四○七年至前四○二年在位,简王子。〔119〕"鲁穆公",公元前四○七年至前三七七年在位,名显,又名衍,元公子。〔120〕"西城",邑名,今地不详。〔121〕"毌",音 guàn,邑名,即贯丘,在今山东曹县南。〔122〕"李克",魏人,子夏弟子,即李悝,曾为魏文侯作尽地力之教,又曾作《法经》六篇,商鞅受之以相秦。"翟璜",魏人,曾向魏文侯举荐吴起、西门豹、乐羊子、屈侯鲋等贤才。〔123〕"田会",一作公孙会,齐国大夫。"廪丘",齐邑,在今山东郓城西北。"反",指田会叛降赵国。〔124〕"齐康公",公元前四○四年至前三七九年在位,名贷,宣公子。〔125〕"九鼎",相传为夏代所铸,是夏、商、周三代的传国重器。九鼎所在是统治权的象征。〔126〕"魏、韩、赵始列为诸侯",《资治通鉴》把这件事作为战国的开端。〔127〕"宋悼公",公元前四○三年至前三九六年在位(依《表》文),名购由,昭公子。据考,其在位时间当为公元前四二一年至前四○四年。〔128〕"烈侯好音"至"乃止",《赵世家》云,赵相国公仲连向赵烈侯推荐贤臣三人,牛畜侍烈侯以仁义,荀欣侍以选练举贤、任官使能,徐越侍以节财俭用。烈侯停止赐歌者田,任牛畜为师,荀欣为中尉,徐越为内史。《表》文有脱误。〔129〕"燕釐公",公元前四○二年至前三七三年在位(依《表》文)。据考,燕无釐公,《表》误。文公之后当为简公,燕简公在位时间为公元前四一四年至前三七○年。〔130〕"安王",公元前四○一年至前三七六年在位,名骄,威烈王子。〔131〕"阳狐",魏邑,在今山西垣曲东南。〔132〕"楚悼王类",公元前四○一年至前三八一年在位,又名疑,声王子。〔133〕"太子茶生",茶是公子击之子,不当称为太子。〔134〕"阳翟",邑名。曾为韩早期国都,在今河南禹县。〔135〕"乘丘",楚邑,在今山东兖州西北。〔136〕"王子定",当是安王之子。奔晋事,《本纪》不载。〔137〕"秦惠公",公元前三九九年至前三八七年在位,名不详,简公子。〔138〕"虢山",山名,在今河南卢氏县东北。〔139〕"韩烈侯",公元前三九九年至前三八七年在位,或作武侯,名取,景侯子。〔140〕"赵武公",公元前三九九年至前三八七年在位(依《表》文)。据考,赵无武公,《表》所列在位年数当为烈侯之年。〔141〕"榆关",地名。在今河南中牟南。〔142〕"郑杀其相驷子阳",驷子阳和楚国关系不好,郑缪公杀驷子阳是为了讨好楚国。〔143〕"侠累",韩人,名傀,相韩哀侯。侠累和严遂有矛盾,严遂聘聂政把他刺死。此事当在韩哀侯六年(当周烈王五年,公元前三七一年),《表》文误列于此。〔144〕"郑康公",公元前三九五年至前三七五年在位,名乙,共公子,为韩哀侯所灭,郑亡。〔145〕"宋休公",公元前三九五年至前三七三年在位(依《表》文),名田,悼公子。据考,其在位时间当为公元前四〇三年至前三八一年。〔146〕"郑负黍反",负黍本韩邑,为郑所取,此时叛郑复归韩国。〔147〕"最",邑名,在今山东曲阜东南。〔148〕"酸枣",即郑廪延邑,在今河南延津西南。〔149〕"晋孝公倾",公元前三九二年至前三七八年在位(依《表》文)。据考,他的在位时间当为公元前三八九年至前三六〇年。〔150〕"宜阳",韩国西陲的军事重镇。在今河南宜阳西面北洛河北岸的韩城镇。〔151〕"六邑",此指六个村庄一类的居民点。〔152〕"武城",邑名,在今陕西华县东。〔153〕"陕",秦邑,在今河南陕县。〔154〕"襄陵",魏邑,在今河南睢县。〔155〕"平陆",齐邑,在今山东汶上西北。〔156〕"阴晋",魏邑,后入秦。故城在今陕西华阴东南。〔157〕"与晋、卫会浊泽",《田完世家》载,齐康公十八年,田和与魏文侯会于浊泽",求为诸侯。魏文侯为他向周天子请求,得到了周天子的认可。《表》文误载此事于齐康公十六年。"浊泽",魏邑,在今河南禹县东北。〔158〕"南郑",邑名,在今陕西汉中市东。〔159〕"秦出公",公元前三八六年至前三八五年在位,名不详,惠公子,被大臣所杀。〔160〕"魏武侯",公元前三八六年至前三七一年在位(依《表》文),名击,文侯子。据考,其在位时间当为公元前三九五年至前三七〇年。〔161〕"邯郸",赵都,在今河北邯郸市。〔162〕"韩文侯",公元前三八六年至前三七七年在位,名不详,列侯子。〔163〕"赵敬侯",公元前三八六年至前三七五年在位,名章,烈侯子。〔164〕"迁康公海上",齐康公,

名贷,齐宣公之子。《田完世家》载,康公在十四年被迁(当周安王十一年),不与田和为侯同年,《表》文误列迁海上于十九年。〔165〕"庶长改",名菌改。〔166〕"安邑",邑名,在今山西夏县西北,时为魏都。"王垣",邑名,在今山西垣曲西。〔167〕"阳城",邑名,在今河南登封东。〔168〕"彭城",邑名,在今江苏徐州市,时为宋都。〔169〕"宋君",指宋休公。〔170〕"田和子桓公午立",《表》文于田和之后,脱去田侯剡一代。据考,田侯剡在位时间为公元前三八三年至前三七五年。田侯剡死,桓公午继立,其在位时间当为公元前三七四年至前三五七年。〔171〕"栎阳",秦邑,在今陕西临潼北渭水北岸,秦献公增筑栎阳后,徙都于此。"栎",音 yuè。〔172〕"兔台",赵邑,今地不详。〔173〕"孝公",公元前三六一年至前三三八年在位,名渠梁,秦献公子。〔174〕"桑丘",邑名,在今河北徐水县西。〔175〕"楚肃王臧",公元前三八〇年至前三七〇年在位,悼王子。〔176〕"燕",国名,姬姓。有今河北省东部、北部及辽宁南部、内蒙古南部,建都于蓟(今北京市),公元前二二二年为秦所灭。〔177〕"蒲",秦邑,在今山西隰县北。"蓝田",秦邑,在今陕西蓝田西。"善明氏",秦邑,今地不详。〔178〕"田氏遂并齐而有之",齐本姜姓国,有今山东大部及河北省东南部,建都临淄(今山东淄博市东北)。田氏代齐后,仍都临淄。〔179〕"太公望",指姜姓齐国的建立者姜尚,又称吕望。〔180〕"翟",即狄,北方游牧民族。"浍",水名,今称浍河。源出今山西翼城东,西流经曲沃、侯马市,注入汾河。〔181〕"伐齐至灵丘",灵丘,齐邑,在今山东高唐南。《魏世家》载,这次三晋伐齐的主将是吴起。〔182〕"齐威王因齐",公元前三七八年至前三四三年在位(依《表》文),桓公子。据考,他在位的时间当为公元前三五六年至前三二〇年。〔183〕"晋静公俱酒",公元前一七七年在位,次年为三晋所灭(依《表》文)。一名任伯,孝公子。《竹书纪年》作悼公。据考,其在位时间约为公元前三五九年至前三四九年,被韩姬所杀,晋灭。〔184〕"兹方",楚邑,在今湖北松滋境。〔185〕"韩哀侯",公元前三七六年至前三七一年在位(依《表》文),名不详,文侯子。据《竹书纪年》,他的在位时间只两年,为公元前三七六年至前三七五年,被大臣韩山坚所杀。〔186〕"鲁共公",公元前三七六年至前三五三年在位,名奋,穆公子。〔187〕"烈王",公元前三七五年至前三六九年在位,名喜,安王子。〔188〕"赵成侯",公元前三七四年至前三五〇年在位,名种,又名偃,敬侯子。〔189〕"林

孤"，邑名，"孤"又作"狐"，今地不详。〔190〕"阳关"，齐地，在今山东泰安南，汶水东岸。〔191〕"鄟陵"，当依《田完世家》作"博陵"，齐邑，在今山东茌平北。〔192〕"卫声公"，公元前三七二年至前三六二年在位，名训，慎公子。〔193〕"北蔺"，赵邑，在今山西离石西。又名蔺。〔194〕"伐卫，取都鄙七十三"，这时卫国境域狭小，都鄙指村落，不是城邑。〔195〕"燕桓公"，公元前三七二年至前三六二年在位（依《表》文）。据考，其在位时间当为公元前三六九年至前三六二年。〔196〕"宋辟公"，公元前三七二年至前三七〇年在位（依《表》文），名辟兵（一说名璧），休公子，即宋桓侯。据考，其在位时间当为公元前三八〇年至前三四一年。〔197〕"鲁阳"，楚邑，在今河南鲁山县。〔198〕"韩严杀其君"，韩严，即韩国严遂，号仲子，他和韩相侠累有矛盾，派聂政刺杀侠累，同时杀了韩哀侯。《表》文误于周安王五年重出。〔199〕"惠王"，魏惠王，公元前三七〇年至前三三五年在位（依《表》文），名䓨（一作莹，又作婴），武侯子。《史记》说他在位三十六年，据《竹书纪年》，他在三十六年改元，又十六年而死，其在位时间当为公元前三六九年至前三一九年。〔200〕"庄侯"，韩庄侯，公元前三七〇年至前三五九年在位（依《表》文），名若（一作若山），哀侯子。又谥共、懿。据考，他在位时间当为公元前三七四年至前三六三年。〔201〕"甄"，齐邑，在今山东鄄城北。〔202〕"怀"，魏邑，在今河南武陟西南。〔203〕"马陵"，魏地，在今河北大名东南。一说在今河南范县西南。〔204〕"涿泽"，即浊泽，魏地，在今河南禹县东北。〔205〕"楚宣王良夫"，公元前三六九年至前三四〇年在位，肃王弟，悼王子。〔206〕"宋剔成"，公元前三六九年至前三二九年在位（依《表》文），《竹书纪年》作剔成肝，或其名为肝，桓侯弟，休公子。据考，他在位时间当为公元前三四〇年至前三三八年，他废其兄桓侯而自立。〔207〕"显王"，公元前三六八年至前三二一年在位，名扁，烈王子，或以为烈王弟。〔208〕"观"，魏邑，在今山东观城。"观"，音 guàn。〔209〕"侵齐，至长城"，齐长城的西端在今山东平阴境。〔210〕"赵侵我长城"，燕国南长城在今河北易县境。〔211〕"宅阳"，一名北宅，魏邑，在今河南荥阳北。〔212〕"武都"，邑名，《魏世家》作五堵，今地不详。〔213〕"仪台"，邑名，在今河南虞城南。〔214〕"章蟜"，秦将。"晋"，指魏、赵联军。"石门"，山名，在今陕西三原西北。〔215〕"少梁"，魏邑，在今陕西韩城南，公元前三二七年改名为夏阳。〔216〕"虏其太子"，少梁之战，秦所俘虏的是魏将公孙痤，不

是太子。〔217〕"皮牢"，邑名，在今山西翼城东。〔218〕"卫成侯"，公元前三六一年至前三三三年在位，名速，又名不逝，声公子。〔219〕"燕文公"，公元前三六一年至前三三三年在位，一作成侯，名载，或以为桓公子。〔220〕"致胙于秦"，胙，祭神的肉。周王送胙肉给秦，表示对秦尊重。〔221〕"韩昭侯"，公元前三五八年至前三三三年在位（依《表》文），又作昭釐侯，名武，懿侯子。据考，他的在位时间当为公元前三六二年至前三三三年。他用申不害为相，推行法治，国力增强。〔222〕"西山"，地名，指河南熊耳山以西地区。〔223〕"邹忌"，齐人，说齐威王，三月而受相印。〔224〕"鄗"，赵邑，在今河北柏乡北。〔225〕"黄池"，地名，即黄亭，在今河南封丘西南。〔226〕"朱"，邑名，今地不详。〔227〕"赵孟"，事迹不详。或以为即赵成侯。〔228〕"君尹黑"，楚官无君尹，此疑为右尹之误，右尹，楚的贵臣。黑，右尹名。〔229〕"封邹忌为成侯"，据《田完世家》，邹忌的封邑在下邳（今江苏睢宁西北），号为成侯。〔230〕"鲁、卫、宋、郑侯来"，据《竹书纪年》，鲁恭侯、卫成侯、宋桓侯、郑釐侯（即韩昭侯）朝魏，在魏惠王十四年，与《表》文有一年之差。〔231〕"阿"，燕邑，在今河北高阳东北。〔232〕"平陆"，齐邑，在今山东汶上北。〔233〕"杜平"，秦邑，在今陕西澄城东。〔234〕"元里"，秦邑，在今陕西澄城西南。〔235〕"桂陵"，魏地，在今河南长垣西；一说在今山东菏泽东北。〔236〕"伐东周，取陵观、廪丘"，陵观，今地不详。廪丘，邑名，在今山东郓城西北。陵观、廪丘都不是东周的地方，可能《表》文有误。或谓陵观、廪丘是居民点的名称。〔237〕"公孙鞅"（约公元前三九〇年至前三三八年），卫公室旁支侧出之子。春秋之世，国君之孙皆称公孙，故鞅为公孙氏。因为出身卫国公室，又称卫鞅。后封于商（今陕西商县东南），又称商鞅。详见本书《商君列传》。"大良造"，秦爵第十六级，又称大上造。〔238〕"筑长城"，魏长城是利用北洛水的堤防扩建而成，南端起于郑（今陕西华县），越渭水和洛水，经今陕西大荔、澄城和洛川等县，沿洛水东岸的堤防北上。〔239〕"塞固阳"，在固阳修筑要塞。固阳，今地不详，旧以为即汉的固阳县，在今内蒙古乌拉特旗，似非魏境所能及。〔240〕"鲁康公"，公元前三五二年至前三四四年在位，名屯，共公子。〔241〕"商塞"，秦地，又称商，在今陕西商县东南。〔242〕"申不害"（约公元前四〇〇年至前三三七年），韩国京（今河南荥阳东南）人。相韩昭侯十五年。为法家中讲究统治之术的代表人物。详见本书《老庄申韩列传》。〔243〕

"漳水",水名。有二源,一出今山西黎城,一出今山西长子,至今河南林县会合后,东北流入河北境,注入卫河。 〔244〕"初聚小邑为三十一县,令","三十一县",《秦本纪》作"四十一县"。"令"上有脱文,当是"县置令"。令,一县的长官。 〔245〕"为田开阡陌",重新规画土地,废除旧的阡陌(田界),把原来的百步(六尺为步)为亩,改为二百四十步为亩,重新设置田界。 〔246〕"彤",秦邑,在今陕西渭南县东南。 〔247〕"秩史",县令之下有定额俸禄的小吏。 〔248〕"韩姬弑其君悼公",其事不详。韩无悼公,此句可能是误文。一说悼公不是韩君,而是晋静公的另一谥号。三晋迁晋静公于屯留,后十二年,韩取屯留,静公与庶民无异。又历十一年,当韩昭侯十年,静公乃为韩大夫韩姬所杀。 〔249〕"赵肃侯",公元前三四九年至前三三六年在位,名语,成侯子。 〔250〕"初为赋",按户按人口征收军赋,即云梦秦简中所说的"户赋",也称"口赋",是汉代"算赋"的起源。 〔251〕"公子范",赵国公子,谋夺取政权,未成。 〔252〕"大夫牟辛","大夫",一作"夫人",牟辛是其姓名。 〔253〕"诸侯会",魏惠王在逢泽(今河南开封市南)召集诸侯会盟,邀请宋、卫、邹、鲁等国的国君参加,秦也派公子少官与会,并曾共同去朝见周王。 〔254〕"丹封名会",丹,白圭之名。白圭(约公元前三七五年至前二九〇年),周人,曾先后仕于魏、秦两国。名会,指逢泽之会。此谓白圭因参与此有名的盟会而受封。 〔255〕"田忌袭齐,不胜",此记载有误。若田忌此时袭齐,怎么能于两年后在马陵之战中担任齐军主将呢? 〔256〕"致伯秦",承认秦为西方国家的领袖。伯,通"霸"。 〔257〕"武城",秦邑,在今陕西华县东。 〔258〕"从东方牡丘来归",此句难解,或"从"字为衍文。牡丘,邑名,在今山东茌平东北。 〔259〕"鲁景公偃",公元前三四三年至前三一五年在位,康公子。 〔260〕"会诸侯于泽","泽",当依《竹书纪年》作"逢泽"。逢泽,薮泽名,魏地,在今河南开封市东南。逢泽之会在公元前三四四年,此误载。 〔261〕"中山君为相",公元前四〇六年,魏文侯灭中山,把太子击封在那里。中山约在公元前三七八年复国,这时中山君入魏作相。 〔262〕"齐宣王辟彊",公元前三四二年至前三二四年在位(依《表》文),威王子。据《竹书纪年》,他的在位时间当为公元前三一九年至前三〇一年。 〔263〕"马生人",这是记异。 〔264〕"太子申",魏惠王太子。 〔265〕"庞涓",与孙膑同学兵法。涓仕魏惠王,为将军。后魏与赵攻韩,韩向齐求援,齐出军直捣大梁。庞涓闻讯,从韩撤军回魏,和齐军战于马陵,涓战

败,自刭。 〔266〕"田忌"(约公元前三八五年至前三一五年),齐国名将,马陵之战任齐军主将。"田婴",齐威王少子,封于薛(今山东滕县南),号靖郭君。马陵之战任齐军副将。"田盼",一称盼子,齐国名将。马陵之战为齐军副将。 〔267〕"孙子"(约公元前三八〇年至前三二〇年),即孙膑,齐人,孙武之后。他曾与庞涓同学兵法,庞涓仕魏后,猜忌他的才能,刖断他的双脚,他逃到齐国。马陵之战他任齐军军师。 〔268〕"封大良造商鞅",由于商鞅屡次立功,秦孝公把商于十五邑封给他,号为商君。 〔269〕"公子卬",魏惠王子。《商君列传》载,商君以诈袭破魏军,虏公子卬。 〔270〕"与赵会,伐魏",《田完世家》《集解》载徐广引《表》云"与赵会博望,伐魏",今本《表》文"会"下脱"博望"二字。博望,在今山东茌平西北。 〔271〕"与晋战岸门",此晋指的是魏。岸门,在今河南许昌市北。 〔272〕"公子赫",魏惠王子,嗣位为魏襄王。但《世本》载襄王名嗣,不知是否襄王有二名。 〔273〕"楚威王熊商",公元前三三九年至前三二九年在位,宣王子。 〔274〕"大荔",秦邑,在今陕西大荔东。 〔275〕"彤",秦邑,在今陕西华县西南。 〔276〕"卫鞅亡归我,我恐,弗内","恐"是"怨"字之误。魏人怨商鞅使用诈计袭破魏军而虏公子卬,所以不肯接纳他。内,通"纳"。 〔277〕"秦惠文王",公元前三三七年至前三一一年在位,名驷,孝公子。 〔278〕"行钱",开始普遍使用金属铸币。 〔279〕"宋太丘社亡",太丘,宋地,今地无考。社是祭地神之处。社亡,指祭坛崩塌。据说这是宋国将亡的征兆。 〔280〕"孟子",生卒年约在公元前三七二年至前二八九年,即孟轲,邹人,字子舆,一字子车,鲁公族孟孙氏的后代。孟轲至梁当在魏惠王改元后的十五年(当周慎靓王元年)。《表》文误以惠王改元后的年代作为魏襄王的年代。详见本书《孟子荀卿列传》。 〔281〕"平阿",齐邑,在今安徽怀远北。 〔282〕"冠",成年礼。古代男子二十岁举行冠礼,表示已经成人。 〔283〕"拔韩宜阳",秦派甘茂拔宜阳在秦武王四年(公元前三〇七年),此"拔"字恐是"攻"字之误。 〔284〕"甄",齐邑,在今山东鄄城北。 〔285〕"文武胙",周天子祭周文王、周武王的祭肉。 〔286〕"魏襄王",公元前三三四年至前三一九年在位(依《表》文),名嗣,又名赫,惠王子。据《竹书纪年》,《表》文所列襄王之年乃是惠王后元年数。襄王又谥哀王,他的在位时间当为公元前三一八年至前二九六年。 〔287〕"与诸侯会徐州,以相王",徐州,齐邑,在今山东滕县东南。会徐州相王,指魏惠王到徐州朝见齐威王,尊齐为王,齐也承认

魏的王号。魏惠王即因此事而改元称一年。
〔288〕"屈宜臼"，楚国大夫，此时在魏。〔289〕"苏秦"，卒于公元前二八四年，洛阳人，字季子，是纵横家的著名人物。他的主要活动在齐湣王、燕昭王时代，《史记》误把他的活动年代提早三十多年。详见本书《苏秦列传》。〔290〕"阴晋"，魏邑，在今陕西华阴东。"犀首"，即公孙衍，曾在秦国做官，和张仪关系不好。后至魏，曾主持三晋和燕、中山五国相王，佩五国相印。〔291〕"雕阴"，魏邑，在今陕西甘泉南。〔292〕"卫平侯"，公元前三三二年至前三二五年在位，名不详，成侯子。〔293〕"韩宣惠王"，公元前三三二年至前三一二年在位，名不详，昭侯子。一作韩宣王，或说即《竹书纪年》的韩威侯。〔294〕"燕易王"，公元前三三二年至前三二一年在位，名不详，文公子。〔295〕"魏入河西地于秦"，河西，地区名。指今山西、陕西两省间黄河南段之西。秦孝公时已取得河西地的一部分，至此，魏把河西地全部献给秦国。〔296〕"焦"，魏邑，在今河南三门峡市西，后入秦。"曲沃"，魏邑，在今河南灵宝东北，后入秦。〔297〕"汾阴"，魏邑，在今山西万荣西南荣河村。"皮氏"，魏邑，在今山西河津县西。〔298〕"应"，秦邑，在今河南鲁山县东。〔299〕"陉山"，山名，在今河南漯河市东。〔300〕"张仪"，卒于公元前三〇九年，魏国的没落贵族，纵横家的著名人物。初仕秦为客卿，后为相国。详见本书《张仪列传》。〔301〕"公子桑"，秦惠文王子。"蒲阳"，魏邑，在今山西隰县东北蒲子村。〔302〕"上郡"，郡名，魏文侯置。辖境包括今陕西洛河以东，黄梁河以北，东北到子长、延安一带。〔303〕"楚怀王槐"，公元前三二八年至前二九九年在位，威王子。他被秦国诱骗，入秦被拘，死在秦国。〔304〕"宋君偃"，公元前三二八年至前二八六年在位（依《表》文），休公子。他曾称王，故又号宋康王。他被齐国所灭，逃亡，死于魏国。据考，他的在位时间当为公元前三三七年至前二八六年。〔305〕"腊"，祭名。国君猎取禽兽，在年终祭祖，庆祝丰收，也让吏民在此时宴饮，称为腊。〔306〕"龙门"，地名，又名伊阙，在今河南洛阳市南二十五里。〔307〕"君为王"，指秦惠文君在这年称王。〔308〕"韩举"，韩将。〔309〕"赵武灵王"，公元前三二五年至前二九九年在位，名雍，肃侯子。他胡服骑射，屡破中山。他立十七年传国于子，自号主父。后在赵国内部矛盾中，被围饿死沙丘宫。〔310〕"赵护"，赵将。〔311〕"陕"，邑名，在今河南陕县。〔312〕"卫嗣君"，公元前三二四年至前二八三年在位，名不详，平侯子。〔313〕"釐桑"，邑

名，在今江苏沛县西南。〔314〕"君为王"，指在公孙衍主持下，三晋和燕、中山五国相王。〔315〕"齐湣王地"，公元前三二三年至前二八四年在位（依《表》文），宣王子。据考，他的在位时间当为公元前三〇〇年至前二八四年。他为燕军所破，出逃，被楚将淖齿所杀。〔316〕"平周"，邑名，在今山西介休西。"女化为丈夫"，这是记异。〔317〕"区鼠"，地名，今地不详。〔318〕"封田婴于薛"，薛，齐邑，在今山东滕县南四十里。田婴仕齐威王、宣王，和湣王不同时。据《竹书纪年》，此事发生在齐威王三十六年。〔319〕"慎靓王"，公元前三二〇年至前三一五年在位，名定，显王子。〔320〕"王北游戎地，至河上"，此戎指匈奴。"至河上"，《秦纪》作"王游至北河"，当是秦惠文王游历匈奴之地，到了陕北和内蒙古交界处的黄河之滨。〔321〕"燕王哙"，公元前三二〇年至前三一四年在位，易王子。〔322〕"鄢"，邑名，在今河南鄢陵西北。〔323〕"广陵"，楚邑，在今江苏扬州市东北。〔324〕"魏哀王"，公元前三一八年至前二九六年在位。据考，哀王即襄王，一人两谥。〔325〕"宋自立为王"，据考，宋称王在公元前三二八年，《表》文误载于此。〔326〕"观泽"，魏邑，在今河南清丰西。〔327〕"修鱼"，韩邑，在今河南原阳西南。〔328〕"中都"，当作"西都"，赵邑，在今山西平遥西南。"西阳"，当作"中阳"，赵邑，在今山西中阳东。〔329〕"君让其臣子之国，顾为臣"，君，指燕王哙。子之，燕人，为燕王哙相。顾，反。言燕王哙反作子之的臣下。《中山王方壶铭文》云："燕君子哙不顾大宜，不谋诸侯，而臣宗易位。"〔330〕"将军英"，《秦纪》作"赵将泥"，不知孰是。〔331〕"周赧王"，公元前三一四年至前二五六年在位，名延（一作诞），慎靓王子。〔332〕"鲁平公"，公元前三一四年至前二九六年在位，名旅，景公子。〔333〕"太子"，指燕王哙的太子平。〔334〕"樗里子"，卒于公元前三〇〇年，名疾，秦惠王异母弟，因住在渭南阴乡的樗里，故号樗里子。详见本书《樗里子甘茂列传》。〔335〕"赵将"，指赵庄。〔336〕"公子繇通"，《秦本纪》作"公子通"，《华阳国志》作"通国"，原蜀王之子。〔337〕"临晋"，魏邑，在今陕西大荔东朝邑旧县东南。〔338〕"庶长章"，即魏章。〔339〕"声子"，齐将。"濮"，水名，今安徽茨河上游。〔340〕"景座"，楚将。〔341〕"屈匄"，楚大将军。丹阳之战时楚军的主将。"匄"，音 gài。〔342〕"燕人共立公子平"，公子平即燕王哙的太子，已在燕国内争中死亡，此时得立的乃是公子职。《表》文有误。〔343〕"蜀相杀蜀侯"，蜀相指秦派去相蜀的

陈壮("壮"一作"庄")。他先和蜀侯一起叛秦,后又杀死蜀侯,归降秦国。 〔344〕"韩襄王",公元前三一一年至前二九六年在位,名仓,宣王子。一谥襄哀。 〔345〕"燕昭王",公元前三一一年至前二七九年在位,名职,燕王哙子。赵武灵王把他从韩国迎来,派人送回燕国即位。 〔346〕"秦武王",公元前三一〇年至前三〇七年在位,名荡,惠王子。 〔347〕"诛蜀相壮",壮,指陈壮,因他曾参加蜀侯的叛乱,后虽倒戈杀死蜀侯,秦对他仍然猜疑,故被杀。 〔348〕"魏章",秦的庶长。 〔349〕"吴广入女",吴广,赵臣,所纳之女是孟姚。入,通"纳"。 〔350〕"丞相",一称相邦,是百官之长,秦设丞相,较三晋为晚。 〔351〕"樗里子、甘茂为丞相",樗里疾为右相。甘茂,下蔡(今安徽凤台)人,为左相。详见本书《樗里子甘茂列传》。 〔352〕"武遂",邑名,在今山西临汾市西南。一说在今山西垣曲东南。 〔353〕"胡服",当时游牧民族的服装,上穿短衣,下着裤,腰束皮带,系带钩,穿皮靴。胡服的目的是发展骑兵。 〔354〕"秦昭襄王",公元前三〇六年至前二五一年在位,名稷,武王异母弟,惠王子。他任用范雎,对外实行远交近攻政策,对内扫除贵族势力,奠定秦统一基础。 〔355〕"桑君",当作"季君",秦公子,或即公元前三二八年领兵攻魏的公子桑。 〔356〕"秦武王后",本魏女,无子。 〔357〕"黄棘",楚地,在今河南新野东北。 〔358〕"上庸",楚邑,在今湖北竹山县西南。 〔359〕"蒲坂",魏邑,在今山西永济西蒲州镇东南二里。"晋阳",此"晋阳"一作"阳晋",在今山西永济县虞乡镇西南。"封陵",魏邑,即今山西风陵渡。 〔360〕"咸阳",秦都,在今陕西咸阳市东北二十里。 〔361〕"司马错",秦国名将,在惠王、武王、昭王三朝统兵达三四十年之久。"蜀守辉","守"当作"侯"。蜀侯辉是原蜀侯的子弟,不是秦人。 〔362〕"日蚀,昼晦",这当是一次日全蚀。据考,秦都咸阳所见的日蚀当在昭王七年七月二十六日,《表》文误前一年。 〔363〕"伐楚",这次伐楚,秦国领兵的是庶长奂,所攻的地方是楚国的新城(今河南襄城)。 〔364〕"穰",楚邑,后属韩,后秦置县,治所在今河南邓县。 〔365〕"唐眜",楚将,在垂沙之战中,兵败被杀。"眜",一作"蔑"。"重丘",当作"垂沙",在今河南唐河县西。据考,垂沙之战没有秦国参加,《表》文有误。 〔366〕"魏冉",秦昭王舅,后封穰侯。详见本书《穰侯列传》。 〔367〕"襄城",楚邑,在今河南襄城北。 〔368〕"景缺",楚将军。 〔369〕"泾阳君",秦昭王同母弟公子市的封号(泾阳在今陕西泾阳西北)。 〔370〕"薛文",即田婴之子田文,承袭其父

在薛(今山东滕县南)的封邑,故称薛文,又称薛公,号孟尝君。详见本书《孟尝君列传》。 〔371〕"函谷",秦关名,在今河南灵宝东北。东自崤山,西至潼津,通名函谷,号称天险。 〔372〕"赵惠文王",公元前二九八年至前二六六年在位,名何,武灵王子。 〔373〕"公子胜",即赵胜,赵惠文王弟,他初封于平原(在今山东平原南二十五里),故称平原君。 〔374〕"楚顷襄王",公元前二九八年至前二六三年在位,名横,怀王子。 〔375〕"秦取我十六城",这十六城包括析(在今河南内乡)及其他十五城。 〔376〕"楼缓",赵人,曾仕赵。后入秦事昭王。昭王十年(公元前二九七年)为相,此年免相。 〔377〕"魏昭王",公元前二九五年至前二七七年在位,名遫,又名朔,襄王子。 〔378〕"秦尉错",尉,此指秦的国尉,是高级武官。错,可能即司马错。"襄",魏邑,《魏世家》作"襄城"(今属河南)。 〔379〕"韩釐王咎",公元前二九五年至前二七三年在位,襄王子。 〔380〕"主父",即赵武灵王。 〔381〕"鲁文公",公元前二九五年至前二七三年在位,名贾,平公子。一作"湣公"。 〔382〕"任鄙",秦臣,由于魏冉的推荐而被任为汉中郡守。"汉中",郡名,治所在南郑(今陕西汉中市东)。"守",一郡的行政长官。 〔383〕"田甲劫王,相薛文走",孟尝君田文在齐专政,他指使田甲用暴力劫持齐湣王。政变失败后,他逃回封地薛,不久奔魏,任魏相。 〔384〕"白起",卒于公元前二五七年,秦国郿(今陕西眉县)人。善用兵。事秦昭王,封武安君。他与范雎不合,称病不起,被免为士伍(削职为民)。不久,又被赐死。详见本书《白起王翦列传》。"伊阙",又名龙门,在河南洛阳市南二十五里,是洛阳南面门户。伊阙之战开始于上年,共进行两年。 〔385〕"喜",韩将公孙喜。 〔386〕"秦拔我宛城",宛本楚邑,秦昭王攻楚取得,后又入韩。这时秦再次拔宛,用来封给公子市。宛在今河南南阳市。 〔387〕"河东",地区名,指今山西西南部。 〔388〕"芒卯以诈见重",芒卯,一作"孟卯"。他让秦昭王推荐他任魏国司徒。又劝魏昭王把长羊、王屋、洛林之地献给秦国。然后他率领秦、魏之兵攻齐,取地二十二县。"以诈见重",指的就是这件事。 〔389〕"客卿错",当为"左更(秦爵第十二级)错"之误。错,司马错。这次攻魏的主将是白起。 〔390〕"轵",魏邑,在今河南济源南。 〔391〕"桂阳",当为"梗阳"之误。梗阳,在今山西清徐南。 〔392〕"新垣",魏邑,地与曲阳相近。"曲阳",魏邑,在今河南济源西。 〔393〕"河内",地区名。战国时以今河南省黄河以北为河内。河内所辖甚广,秦

连年攻拔垣、轵等六十一城及新垣、曲阳后,河内的西部已大半为秦有。至此,魏把河内西部全部献给秦国。 〔394〕"温",魏邑,在今河南温县。〔395〕"夏山",韩地,今地不详。或说在今河南巩县西南。〔396〕"蒙武",当为"蒙骜"之误。骜本齐人,自齐事秦昭王,官至上卿。此年为秦将攻齐。〔397〕"中阳",本赵邑,后为秦有,在今山西中阳。〔398〕"尉斯离",此尉为郡都尉,秦的中级武官。斯离,尉名。一说,斯姓,离名。〔399〕"济西",地名,指济水之西。济水下游在今齐西北境。〔400〕"西周",周显王时,周王畿分裂为东周、西周两小国。周临亡时,西周仅有河南、缑氏、谷城三邑。〔401〕"昔阳",邑名,在今河北晋县西北。或谓此"昔阳"当作"淮北"。〔402〕"淮北",地区名,指淮水以北,齐、楚接壤之地。〔403〕"临淄",齐都,在今山东淄博市东北。〔404〕"莒",齐邑,在今山东莒县。〔405〕"安城",魏邑,在今河南原阳西。〔406〕"大梁",魏都,在今河南开封市西北。〔407〕"齐襄王法章",公元前二八三年至前二六五年在位,湣王子。〔408〕"卫怀君",公元前二八二年至前二五三年在位,卫嗣君子,名不详,立三十年,被魏国囚杀。〔409〕"两周",即由周王畿分裂而成的东周、西周两小国。〔410〕"秦拔我两城",云梦秦简《编年纪》,秦昭王二十五年,攻兹氏(赵邑,在今山西汾阳),或即此两城之一。〔411〕"石城",赵邑,在今河北石家庄市西南。〔412〕"黾池",一作"渑池",在今河南渑池县西。战国郑邑,后入韩,又入秦。〔413〕"蔺相如",赵人。曾为赵宦者令缪贤舍人,时为赵上大夫。详见本书《廉颇蔺相如列传》。〔414〕"鄢",一作"鄢",楚别都,在今湖北宜城南。"西陵",楚邑,在今湖北宜昌市北。〔415〕"骑劫",燕将。燕惠王撤换攻齐的主将乐毅,派骑劫代替他,被齐将田单所杀。〔416〕"郢",楚都,在今湖北江陵东北。〔417〕"竟陵",楚邑,在今湖北潜江西北。〔418〕"南郡",郡名,秦昭襄王置,治所在郢。辖境有今湖北武汉市以西、襄樊市以南、监利以北及四川巫山以东地区。〔419〕"夷陵",楚邑,在今湖北宜昌东南。〔420〕"陈",楚邑,在今河南淮阳。〔421〕"燕惠王",公元前二七八年至前二七二年在位,名不详,昭王子。〔422〕"巫",楚郡,郡治在巫(今四川巫山县北)。辖境包括今湖北清江上、中游和四川东部。"黔中",楚郡,辖境包括今湖南省西部及贵州东北部。楚郡治不详,秦代郡治在临沅(今湖南常德市)。〔423〕"魏安釐王",公元前二七六年至前二四三年在位,名圉,昭王子。〔424〕"江旁反秦",楚顷襄王收东地

兵得十余万,复西取失地,被秦所拔的江旁十五邑起来反秦。〔425〕"暴鸢",韩将。〔426〕"开封",魏邑,在今河南开封市与尉氏之间。〔427〕"华阳",魏邑,在今河南新郑北。〔428〕"南阳",地区名,位于伏牛山、汉水之北,包括今河南省西南部一带。〔429〕"韩桓惠王",公元前二七二年至前二三九年在位,名不详,釐王子。〔430〕"鲁顷公",公元前二七二年至前二五五年在位,名雠,文公子,为楚所灭。〔431〕"平邑",齐邑,在今河南南乐北。〔432〕"燕武成王",公元前二七一年至前二五八年在位,名不详,惠王子。〔433〕"阏与",韩邑,在今山西和顺。〔434〕"赵奢",曾为赵田部吏,后为赵将。〔435〕"刚、寿",齐邑。刚在今山东宁阳东北,寿在今山东东平南。〔436〕"怀城",魏邑,在今河南武陟西南。〔437〕"芷阳",秦邑,在今陕西西安市东北。〔438〕"廪丘",当依云梦秦简《编年记》作"邢丘"。邢丘,魏邑,在今河南温县东。〔439〕"宣太后",秦昭王母,上代是楚人,姓芈氏,号芈八子。昭王即位,芈八子号为宣太后。〔440〕"安国君",名柱,秦昭王子,后即位为孝文王。〔441〕"赵孝成王",公元前二六五年至前二四五年在位,名丹,惠文王子。〔442〕"田单",齐国王室的旁支。燕破齐,田单收余众复国,封安平君。详见本书《田单列传》。"中阳",当是"中人"之误。中人,燕邑,在今河北唐县南。〔443〕"陉",韩邑,在今山西侯马市东北。〔444〕"城汾旁",在汾水之滨修筑防御工事。〔445〕"齐王建",公元前二六四年至前二二一年在位,襄王子,后被秦军所俘,齐亡。〔446〕"南阳",地区名,属韩。包括今河南济源至获嘉一带,地在太行山南、黄河之北。〔447〕"太行",山名,指韩国太行山羊肠险塞。〔448〕"楚考烈王",公元前二六二年至前二三八年在位,名元(一作完),顷襄王子。〔449〕"州",楚邑,在今湖北武汉市西南。〔450〕"黄歇",卒于公元前二三八年。楚人。相楚二十余年,封春申君。详见本书《春申君列传》。〔451〕"南郑",秦邑,在今陕西汉中市。〔452〕"廉颇",赵国名将。赵惠文王任他为上卿,封信平君。详见本书《廉颇蔺相如列传》。"长平",赵邑,在今山西高平西北。〔453〕"赵括",赵奢之子,只能纸上谈兵,缺乏指挥才能,长平之战任赵军统帅,被秦军射死。〔454〕"王龁",秦国攻邯郸的主将。"郑安平",魏人,对范雎有恩,范雎荐他任秦的将军。〔455〕"新中",当作"宁新中"。魏邑,在今河南安阳市东南。秦攻占宁新中后,改名安阳。〔456〕"燕孝王",公元前二五七年至前二五五年在位,名不详,武成王子。

〔457〕"阳城"，韩邑，在今河南登封东南告成镇。
〔458〕"王稽"，秦臣。曾向秦昭王推荐范睢，使其得以担任秦相。后王稽任河东守，和诸侯私相往来，秦昭王坐以通敌之罪，把他杀掉。"弃市"，在市集上执行死刑，陈尸街头。 〔459〕"燕王喜"，公元前二五四年至前二二二年在位，孝王子，被秦所灭，燕亡。 〔460〕"巨阳"，楚邑，在今安徽太和东南。〔461〕"卫元君"，公元前二五二年至前二三〇年在位，名不详，嗣君子。 〔462〕"柱国"，楚国最高的武官，即大司马。 〔463〕"栗腹"，燕相，为赵将廉颇在鄗(今河北高邑东)击败，被杀。 〔464〕"秦孝文王"，公元前二五〇年在位，名庄，昭襄王子。〔465〕"秦庄襄王"，公元前二四九年至前二四七年在位，初名异人，后改名楚，一称子楚，孝文王子。〔466〕"蒙骜"，齐人，历仕秦昭襄王、庄襄王、始皇三代，屡建战功。"成皋"，韩邑，在今河南荥阳汜水镇。"荥阳"，韩邑，在今河南荥阳东北。 〔467〕"三川郡"，因有黄河、洛水、伊水三川而得名。辖境有今黄河以南，河南灵宝以东，中牟以西及北汝河上游地区。治所在洛阳。 〔468〕"吕不韦"，卒于公元前二三五年，阳翟(今河南禹县)人，时为秦相国。详见本书《吕不韦列传》。 〔469〕"东周"，由周王畿分裂出来的小国，这时只有洛阳、平阴、偃师、巩等四县。〔470〕"卞"，邑名，在今山东泗水县东。 〔471〕"家人"，平民。 〔472〕"榆次"，赵邑，在今山西榆次市。"新城"，赵邑，在今山西朔县南。"狼孟"，赵邑，在今山西太原市东北。 〔473〕"吴"，在今江苏苏州市。〔474〕"王齮"，当为"王龁"之误。"上党"，韩郡。辖境相当今山西沁水流域以东地。 〔475〕"太原郡"，辖境相当今山西五台山和管涔山以南，霍山以北地区。治所在晋阳(今太原市西)。·〔476〕"河外"，地区名。战国时，魏人称河南、河西为河外。指今陕西华阴至河南陕县一带。 〔477〕"郑国渠"，关中平原的人工灌溉渠道。秦始皇采纳韩国水利专家郑国的建议开凿。自中山西瓠口(今陕西泾阳)，引泾水东流，至今三原北会合浊水，利用浊水及石川河水道，再引流东经富平、蒲城之南，注入洛水。渠长三百里，灌溉面积相当于今二百八十万亩。 〔478〕"赵悼襄王偃"，公元前二四四年至前二三六年在位，孝成王子。〔479〕"武遂"，燕邑，在今河北徐水县西遂城。"方城"，燕邑，在今河北固安西南。 〔480〕"酸枣"，此二字当为衍文，应删。 〔481〕"东郡"，因方位得名。辖境有今山东东阿、梁山以西，定陶、武成以北，河南延津以东，清丰以南，长垣以北地区。 〔482〕"魏景湣王"，公元前二四二年至前二八年在位，名增，又名午，安釐王子。 〔483〕"柯"，即阿，又名西阿，赵邑，在今河北高阳西北五十里。 〔484〕"剧辛"，赵人。曾事燕昭王，此时率燕军攻赵，赵派庞煖迎击，败燕军，杀剧辛。 〔485〕"五国"，韩、魏、赵、卫、楚。 〔486〕"朝歌"，魏邑，在今河南淇县。 〔487〕"濮阳"，卫邑，在今河南濮阳西南。"野王"，卫邑，在今河南沁阳。 〔488〕"寿春"，楚邑，在今安徽寿县西南。 〔489〕"夏太后"，秦庄襄王生母。 〔490〕"汲"，魏邑，在今河南汲县西。 〔491〕"嫪毐"，卒于公元前二三八年，赵邯郸人，后入秦，得到秦始皇太后的宠爱，是吕不韦的政敌。嫪毐，音 lào ǎi。 〔492〕"舍人"，门客。 〔493〕"垣"，魏邑，又名王垣，在今山西垣曲东南。"蒲阳"，魏邑，在今山西隰县东北。"衍"，魏邑，在今河南郑州市北。 〔494〕"韩王安"，公元前二三八年至前二三〇年在位，桓惠王子，被秦所灭，韩亡。 〔495〕"李园"，楚臣，其妹是楚考烈王后。考烈王死，李园埋伏敢死之士，袭杀春申君。楚幽王立，李园遂主持国政。 〔496〕"太后入咸阳"，上年，秦始皇把太后迁到雍(今陕西凤翔南)。此时，采纳齐人茅焦的意见，从雍把太后迎入咸阳。 〔497〕"大索"，大搜查。因为嫪毐之乱，再加上韩水工郑国作间谍的事发觉，于是进行大搜查，驱逐外来的人。 〔498〕"楚幽王悼"，公元前二三七年至前二二八年在位，名悍("悼"字误)，考烈王子。 〔499〕"河南"，地区名。战国时的河南指今河南洛阳市迤西一带。〔500〕"王翦"，秦频阳(今陕西富平东北)东乡人，为秦始皇时名将。详见本书《白起王翦列传》。"邺"，魏邑，在今河北临漳西南。 〔501〕"赵王迁"，公元前二三五年至前二二八所在位，悼襄王子。一称幽缪王、幽愍王。〔502〕"平阳"，赵邑，在今河北临漳西二十五里。〔503〕"武城"，赵邑，在今山东武城西北。"宜安"，赵邑，在今河北石家庄市西南。 〔504〕"非"，韩非，韩公子，荀卿弟子，为法家集大成人物。秦始皇读到他的文章，大为欣赏，急攻韩，欲得韩非，故此时韩派非使秦。韩非入秦后，受到李斯的中伤，下狱死。详见本书《老庄申韩列传》。 〔505〕"鄱吾"，赵邑，在今河北磁县境。鄱，音 pó。 〔506〕"丽邑"，秦邑，在今陕西临潼东北。〔507〕"内史腾"，内史，治理首都的行政长官，相当于郡守。腾是其名，里居姓氏不详。 〔508〕"颍川郡"，治所在阳翟(今河南禹县)。辖境相当今河南登封、宝丰以东，尉氏、鄢城以西，密县以南，叶县、舞阳以北地。〔509〕"华阳太后"，楚人，秦孝文王后，秦庄襄王的养母。 〔510〕"卫君角"，公元前二二九年至前二

○九年在位,元君子。 〔511〕"公子嘉",赵悼襄王嫡子。秦破赵,他在代地自立为代王,公元前二二七年至前二二二年在位,被秦所俘,赵亡。 〔512〕"荆轲",卒于公元前二二七年,齐人。后到卫,卫人称他为庆卿。后又到燕,燕人称他为荆卿。燕太子丹派他刺杀秦王政,未遂,被杀。详见本书《刺客列传》。 〔513〕"魏王假",公元前二二七年至前二二五年在位,被秦将王翦所俘,魏亡。 〔514〕"楚王负刍",公元前二二七年至前二二三年在位,考烈王子,被秦军所俘,楚亡。 〔515〕"王贲",秦人,王翦子。秦始皇时为将。 〔516〕"蓟",燕都,在今北京市西南。 〔517〕"辽东",燕郡。治所在襄平(今辽宁辽阳市)。辖境包括今辽宁大凌河以东。〔518〕"蒙武",秦将,蒙骜子。 〔519〕"项燕",卒于公元前二二四年,楚将军,兵败,被秦将王翦所杀。〔520〕"天下大酺","酺",音 pú。"大酺",政府所特许的表示欢庆的聚会饮酒。 〔521〕"金人",铜人,秦收天下兵器销毁后所铸。 〔522〕"同天下书",废六国文字,以秦文作标准字体。 〔523〕"阿房宫",宫名,在今陕西西安市西南,作而未成。〔524〕"衡山",山名,在今湖南衡山县西。 〔525〕"驰道",供帝王出巡时行驶马车的道路,通到全国主要地区。道路宽五十步,每三丈植树一株。〔526〕"琅邪",郡名。秦灭齐后所设。辖境相当今山东沂源以南,平邑以东,临沂以北地。治所在琅邪(今山东胶南琅邪台西北)。 〔527〕"太极庙","太"字是衍文,当删,《秦始皇本纪》载,"作极庙以象天极"。 〔528〕"赐户三十,爵一级","三十"二字是衍文,当删。 〔529〕"郡县大索十日",秦始皇到东方巡游,至阳武博浪沙(在今河南原阳),受到张良所派遣力士的袭击,未捉到刺客,于是下令郡县大搜查十天。 〔530〕"上党",秦郡名。辖境相当于赵和韩两国的上党郡。有今山西太行山以西、以北,和顺、榆社以南,沁源、沁水以东地区。治所在长子(今山西长子西)。 〔531〕"大索二十日",秦始皇夜出巡游,在兰池(属咸阳)遇盗,因此在关中进行二十天大搜查。 〔532〕"碣石",山名,在今河北卢龙东南。 〔533〕"上郡",秦郡名。辖境比魏的上郡大。有今陕西黄河以西,黄陵、宜川以北,内蒙古伊金霍洛旗、乌审旗以东地区。治所在肤施(今陕西榆林东南)。 〔534〕"逋亡",有罪而逃亡的人。"贾人",商人。"赘婿",入赘女家的男子,社会地位近于奴仆。"陆梁",秦时称五岭以南为陆梁地。 〔535〕"桂林",郡名。辖境相当今广西都阳山、大明山以东,九万大山、越城岭以南地区及广东肇庆市至茂名市一带。治所在今广西桂平西南。"南海",郡名。辖境相当今广东滃江、大罗山以南,珠江三角洲及绥江流域以东。治所在番禺(今广州市)。 "象郡",郡名。一说治所在象林(今越南广南潍川县南茶荞地方),辖境约当今广西西部、越南北部和中部地区。一说治所在临尘(今广西崇左县境),辖境约当今广西西部、广东西南部和贵州南部一带。 〔536〕"以适戍",适,通"谪",指犯罪和身份卑贱的人。 〔537〕"戎",指匈奴。 〔538〕"筑长城河上,蒙恬将三十万","蒙恬"句当在"筑长城"句上。蒙恬,秦将,蒙武子,攻齐有功,拜为内史。此时率众北筑长城,公子扶苏作他的监军。详见本书《蒙恬列传》。 〔539〕"适",通"谪",罚。"治狱不直者",对诉讼不按法律公正处理的官吏。〔540〕"越地",指今福建、广东、广西等越族分布地。 〔541〕"覆狱故失",判案有意徇私。此句当在"治狱不直者"五字下。 〔542〕"直道",秦的国防交通要道。由蒙恬主持修筑。 〔543〕"九原",郡名。秦始皇三十三年取匈奴河南地后置。治所在九原(今内蒙古包头市西)。辖境相当今内蒙古后套及其以东至包头市,黄河南岸的伊克昭盟北部地。〔544〕"甘泉",宫名,秦置,故址在今陕西淳化西北的甘泉山。 〔545〕"北河",地区名,在今内蒙古乌加河一带。"榆中",地区名,在今内蒙古河套东北。〔546〕"耐徙三处",当为"三万家"之误。 〔547〕"石昼下东郡","下"字当为"陨"字之误。 〔548〕"会稽",此会稽指会稽山(在今浙江中部绍兴、嵊县、诸暨、东阳间)。主峰在嵊县西北),不是当时的会稽郡治吴县。 〔549〕"沙丘",地名,在今河北广宗西北大平台。 〔550〕"复行钱",可能秦始皇晚年曾一度废钱不用,此时又恢复钱币的使用。〔551〕"兔园",园圃名。 〔552〕"戏",邑名,在今陕西临潼东北。 〔553〕"章邯",秦将,字少荣,收赵灭韩有功。此时他率兵击破周章所率领的起义军。〔554〕"出卫君角","出"字当为"废"字之误。角,卫君名。 〔555〕"长史",郡守的副职。"都尉",郡的统兵官。 〔556〕"斯",李斯,楚上蔡(今河南上蔡西南)人,荀卿弟子,时为左丞相。详见本书《李斯列传》。"去疾",冯去疾,时为右丞相。 〔557〕"赵高",赵国没落贵族,秦的宦者。秦始皇时任中车府令(管皇帝车马)。二世时,任郎中令,后又升为中丞相,封安武侯。 〔558〕"夷三族",夷,诛。三族,指父母、兄弟、妻子。一说指父党、母党、妻党。

史记卷十六

秦楚之际月表第四[1]

太史公读秦楚之际,曰:初作难,发于陈涉;[2]虐戾灭秦,[3]自项氏;[4]拨乱诛暴,平定海内,卒践帝祚,[5]成于汉家。五年之间,[6]号令三嬗,[7]自生民以来,未始有受命若斯之亟也。[8]

【注释】〔1〕"秦楚之际",秦指秦二世胡亥;楚指西楚霸王项羽。秦楚之际指秦二世胡亥时至西楚霸王项羽灭亡这一历史时期,即公元前二〇九年至前二〇二年的八年间。"月表",即按月记事的表。表是以表格形式记事的一种体裁,为司马迁所创始。在本书中有按世记事的《世表》,有按年记事的《年表》,有按月记事的《月表》。该表按月记事,是因为秦楚之际的时间比较短促,政局多变,事情纷繁,所以司马迁以表格的形式详细地按月记载了这段时期所发生的大事。〔2〕"陈涉",即陈胜,字涉。阳城(今河南登封东南)人。秦末农民起义领袖。秦二世元年(公元前二〇九年),他被征屯戍渔阳(今北京密云西南),同吴广在蕲县大泽乡(今安徽宿县东南刘村集)发动同行戍卒九百人起义,并在陈县(今河南淮阳)建立张楚政权,他被推为王。旋即派兵攻取赵魏之地,又派周文率领主力军进攻关中。后周文战败,秦将章邯以优势兵力反扑,围攻陈县。他率领起义军英勇愤战,失利后退至下城父(今安徽涡阳东南)被叛徒庄贾杀害。事详本书《陈涉世家》。〔3〕"虐戾",暴虐,凶狠。"秦",朝代名。我国历史上第一个专制主义中央集权的封建王朝。公元前二二一年秦王政统一中原,自称始皇帝(即秦始皇),建都咸阳(今陕西咸阳东北)。但由于秦王朝实行繁重的赋税和苛暴的刑政,最后终于爆发了以陈胜、吴广为首的农民大起义。公元前二〇六年,被刘邦领导的起义军所灭。共历二世,

统治十五年。〔4〕"项氏",指项羽。名籍,字羽。下相(今江苏宿迁西南)人。秦末农民起义军领袖。秦二世元年(公元前二〇九年),从叔父项梁在吴(今江苏苏州)起义。项梁战死后,秦将章邯围赵,楚怀王任宋义为上将军,任项梁为次将,率军救赵。宋义到安阳(今河南安阳)后逗留不进,项梁杀死宋义,亲自率兵救赵,在巨鹿之战中击败秦军主力。秦亡后,他自立为西楚霸王,并大封诸侯。在楚汉战争中,他被刘邦击败,最后从垓下(今安徽灵璧南)突围到乌江(今安徽和县东北),自杀。事详本书《项羽本纪》。〔5〕"践",登。"帝祚",帝位。〔6〕"五年之间",说法不一。清人汪越《读史记十表》曰:"指汉王始封及为帝,凡五年。"即自公元前二〇七年至前二〇二年。今人阴法鲁《古文观止译注》曰:"指前二〇九年陈胜起义称王,前二〇六年项羽尊楚怀王(楚怀王孙心)为义帝,前二〇五年项羽派人杀义帝,前后历五年。"按:司马迁本《表》所序述,秦楚之际起自陈涉起义,终于刘邦即帝位,且其间"号令三嬗",凡八年,所以"五年"疑是"八年"之误。〔7〕"号令",即政令。"嬗",音 shàn,更换、变迁的意思。"三嬗",指陈胜、项羽、汉高祖的更变。〔8〕"受命",古人认为帝王乃受命于天。"亟",急疾,迅速。

【译文】太史公研读秦楚之际时的记载认为:最早发难的是陈涉,残酷暴戾地灭掉秦朝的是项羽。拨乱反正,诛除凶暴,平定天下,最终登上帝位,取得成功的是汉家。五年之间,号令变更了三次,自从有了人类以来,还不曾有帝王受命变更像这样急促的。

昔虞、夏之兴,[1]积善累功数十年,德洽百姓,[2]摄行政事,考之于天,[3]然后在

位。汤、武之王,〔4〕乃由契、后稷修仁行义十余世,〔5〕不期而会孟津八百诸侯,〔6〕犹以为未可,其后乃放弒。〔7〕秦起襄公,〔8〕章于文、缪,〔9〕献、孝之后,〔10〕稍以蚕食六国,〔11〕百有余载,至始皇乃能并冠带之伦。〔12〕以德若彼,〔13〕用力如此,〔14〕盖一统若斯之难也。

【注释】〔1〕"虞",传说中远古部落名,即有虞氏。居于蒲阪(今山西永济西蒲州镇),其首领为舜。"夏",即夏后氏,传说中远古部落名,相传禹是该部落的首领,后来禹的儿子启建立了我国历史上第一个朝代——夏。〔2〕"洽",润泽。〔3〕"考",验证。〔4〕"汤",即商汤。甲骨文称唐、大乙,又称高祖乙。商朝的建立者。原为商族领袖,与有莘氏通婚,任用伊尹执政,积蓄力量,准备灭夏。先后攻灭邻近的葛国、韦、顾、昆吾等国,成为当时的强国。最后一举灭夏,建立了商朝。"武",即周武王。西周王朝的建立者。姬姓,名发。他继承其父文王的遗志,联合庸、蜀、羌、髳、微、卢、彭、濮等族,率军东攻。牧野(今河南汲县北)之战,取得大胜,遂灭商,建立了西周王朝,建都于镐(今陕西西安西南沣水东岸)。〔5〕"契",商族始祖,居于商(今河南商丘南)。传至汤,灭夏桀,建立商王朝。从契到汤,共十四代。"后稷",周族始祖,名弃。传说他善于种植五谷,曾在尧、舜时代做农官,教民耕种。封于邰(今陕西武功西南),号后稷,别姓姬氏。〔6〕"孟津",一名盟津,也称武济。在今河南孟津县东北、孟县西南。传说殷纣王时,各邦国不约而同地叛殷,会周武王于孟津,于此渡河,共同伐纣。事见本书《周本纪》。〔7〕"放弒",至而杀之。"放",至。郑天挺主编的《史记选》认为:"此处指武王至纣所斩纣。按《索隐》解作'谓汤放桀,武王讨纣也',谓为两事,不妥。统观全段上下文,自'汤、武之王'至'行义十余世',是说汤、武王天下的原因;'不期而会……其后乃放弒',则是专指武王,不当有'汤放桀'之意。"可备一说。〔8〕"襄公",即秦襄公,嬴姓。秦秋时期秦国的开国之君。公元前七七七年至前七六六年在位。他因护送周平王东迁洛邑有功而被封为诸侯,赐以西周故地,创立秦国,从此秦日益强盛。〔9〕"章",同"彰",明显,昭著。"文",指秦襄公之子秦文公。公元前七六五年至前七一六年在位,曾领兵东略,至汧渭二水会合处营建城邑,立史官纪事,领兵驱走戎人,制定"族三族"的法令,国势渐强。"缪",同"穆",指秦穆公,名任好。公元前六五九年至前六二一年在

位。他任用百里奚、蹇叔、由余等进行改革,国力逐渐强大。灭国十二,成为春秋五霸之一。〔10〕"献",指秦献公,名师隰。公元前三八四年至前三六二年在位。曾颁布"止从死"的法令,曾两次与晋国大战,均获胜,使秦国进一步向东扩张,国力日益强大。"孝",指秦孝公,名渠梁。秦献公之子。公元前三六一年至前三三八年在位。他任用商鞅进行变法,使秦国奠定了统一中国的基础。〔11〕"蚕食",形容逐渐吞并。"六国",指楚、齐、燕、魏、赵、韩六国。〔12〕"冠带",官吏或士大夫的代称。"伦",类,指楚、齐、魏、燕、赵、韩六国诸侯。〔13〕"彼",指契、后稷、秦襄公、秦文公、秦穆公。〔14〕"用力",指使用武力。"此",《索隐》谓指商汤、周武王、秦始皇。

【译文】过去虞、夏兴起的时候,他们积善累功长达数十年,他们的恩德润泽了百姓,他们代表君主执行政事,接受上天的考验,然后才登上帝位。商汤、周武王能称王,是从契、后稷开始修行仁义,经历了十几代。(到了周武王时)没有盟约就有八百诸侯到孟津相会,(但武王)仍然认为还不可以(灭商)。在这以后才放逐了夏桀、诛杀了纣王。秦国从襄公兴起,在文公、缪公时显名,献公、孝公以后才逐渐蚕食六国。一百多年以后,到秦始皇时才兼并了六国诸侯。施行德治像虞、夏、汤、武那样,使用力量像秦国那样才告统一,统一天下是如此艰难。

秦既称帝,患兵革不休,以有诸侯也,于是无尺土之封,〔1〕堕坏名城,〔2〕销锋镝,〔3〕锄豪桀,〔4〕维万世之安。〔5〕然王迹之兴,起于闾巷,〔6〕合从讨伐,〔7〕轶于三代,〔8〕乡秦之禁,〔9〕适足以资贤者为驱除难耳。〔10〕故愤发其所为天下雄,〔11〕安在无土不王。〔12〕此乃传之所谓大圣乎?〔13〕岂非天哉,岂非天哉! 非大圣孰能当此受命而帝者乎?

【注释】〔1〕"无尺土之封",秦统一中国以前,由于诸侯割据,战乱一直不能休止。秦始皇有鉴于此,在他统一中国后,废除了周代以来封国建藩的制度,设置郡县,中央集权,他的亲族和子弟、功臣们都没有封邑。〔2〕"堕",通"隳",音 huī,毁坏。〔3〕"销锋镝",销毁武器。"销",熔化。"锋",刀刃,这里指兵器。"镝",箭头。〔4〕"锄",铲除。

〔5〕"维",希望,打算,计度。　〔6〕"闾",里。"巷",街。这里指民间。　〔7〕"合从",即"合纵"。战国时,弱国联合进攻强国为合纵。战国后期,秦国最为强大,合纵就指齐、楚、燕、赵、韩、魏等国联合抗秦。　〔8〕"轶",音 yì。本意是指后面的车超过了前面的车。这里引申为超过、超越的意思。"三代",指夏、商、周三个朝代。　〔9〕"乡",通"向",从前,过去。"禁",指当时秦国推行的一切禁令。〔10〕"资",帮助。"贤者",有才能的人。这里暗指汉高祖刘邦。　〔11〕该句指汉高祖刘邦起于闾巷而愤发成就帝业。　〔12〕"无土不王",这是当时流传的一句古语,意思是没有封地就不能做王。

〔13〕"大圣",指刘邦。

【译文】秦称帝以后,忧虑战争不能休止,是因为有诸侯存在的缘故,因此没有分封一尺土地,还毁坏了有名的城池,销毁了兵器,铲除了豪强,希望保持万世帝业的安定。然而帝王的功业起于民间,联合起来讨伐秦国,声势超过了夏、商、周三代。从前秦国的禁令,恰恰足够帮助贤能的人排除了灭秦的困难。所以(汉高祖)发愤成为天下的英雄,怎么能说没有封土就不能为王呢? 这就是传说的所谓大圣吧! 这难道不是天意吗? 难道不是天意吗? 如不是大圣谁能够承受天命而建立帝业呢?

公元前 209

秦	二世元年	七月	八月	九月楚兵至戏。[4]
楚		楚隐王陈涉起兵入秦。[1]	二 葛婴为涉徇九江，立襄彊为楚王。[2]	三 周文兵至戏，败。而葛婴闻涉王，即杀彊。[5]
项				项梁号武信君。[6]
赵			武臣始至邯郸，自立为赵王始。[3]	二
齐				齐王田儋始。儋，狄人。诸田宗强。从弟荣，荣弟横。[7]
汉				沛公初起。[8]
燕				韩广为赵略地至蓟，自立为燕王始。[9]
魏				魏王咎始。咎在陈，不得归国。[10]
韩				

208

二年十月	十一月	十二月
四 诛葛婴。〔11〕	五 周文死。〔14〕	六 陈涉死。〔17〕
二	三	四
三	四 李良杀武臣,张耳、陈余走。〔15〕	
二 儋之起,杀狄令自王。〔12〕	三	四
二 击胡陵、方与,破秦监军。〔13〕	三 杀泗水守。拔薛西。周市东略地丰沛间。〔16〕	四 雍齿叛沛公,以丰降魏。沛公还攻丰,不能下。〔18〕
二	三	四
二	三 齐、赵共立周市,市不肯,曰"必立魏咎"云。	四 咎自陈归,立。

端月〔19〕	二月	三月
楚王景驹始,秦嘉立之。〔20〕	二 嘉为上将军。	三
五 涉将召平矫拜项梁为楚柱国,急西击秦。〔21〕	六 梁渡江,陈婴、黥布皆属。〔25〕	七
赵王歇始,张耳、陈余立之。〔22〕	二	三
五 让景驹以擅自王,不请我。	六 景驹使公孙庆让齐,诛庆。〔26〕	七
五 沛公闻景驹王在留,往从,与击秦军砀西。〔23〕	六 攻下砀,收得兵六千,与故凡九千人。〔27〕	七 攻拔下邑,遂击丰,丰不拔。闻项梁兵众,往请击丰。〔28〕
五	六	七
五 章邯已破涉,围咎临济。〔24〕	六	七

四月	五月	六月	七月
四		楚怀王始,都盱台,故怀王孙,梁立之。[29]	二 陈婴为柱国。[32]
八 梁击杀景驹、秦嘉,遂入薛,兵十余万众。	九	十 梁求楚怀王孙,得之民间,立为楚王。	十一 天大雨,三月不见星。
四	五	六	七
八	九	十 儋救临济,章邯杀田儋。荣走东阿。[30]	齐立田假为王,秦急围东阿。[33]
八 沛公如薛见项梁,梁益沛公卒五千,击丰,拔之。雍齿奔魏。	九	十 沛公如薛,共立楚怀王。	沛公与项羽北救东阿,破秦军濮阳,东屠城阳。[34]
八	九	十	十一
八 临济急,周市如齐、楚请救。	九	十 咎自杀,临济降秦。	咎弟豹走东阿。
		韩王成始。[31]	二

八月	九月	后九月
三	四 徙都彭城。〔38〕	五 拜宋义为上将军。〔40〕
十二 救东阿,破秦军,乘胜至定陶,项梁有骄色。〔35〕	十三 章邯破杀项梁于定陶,项羽恐,还军彭城。	怀王封项羽于鲁,为次将,属宋义,北救赵。〔41〕
八	九	十 秦军围巨鹿,陈余出。收兵。〔42〕
楚救荣,得解归,逐田假,立儋子市为齐王始。〔36〕	二 田假走楚,楚趋齐救赵。田荣以假故,不肯,谓"楚杀假乃出兵"。项羽怒田荣。	三
十二 沛公与项羽西略地,斩三川守李由于雍丘。〔37〕	十三 沛公闻项梁死,还军,从怀王,军于砀。	十四 怀王封沛公为武安侯,将砀郡兵西,约先至咸阳王之。〔43〕
十二	十三	十四
	魏豹自立为魏王,都平阳始。〔39〕	二
三	四	五

207

三年十月	十一月	十二月	端月
六	七 拜籍上将军。	八	九
二	三 羽矫杀宋义,将其兵渡河 救巨鹿。〔48〕	四 大破秦军巨鹿下,诸侯将 皆属项羽。	五 虏秦将王离。〔51〕
十一 章邯破邯郸,徙其民于河 内。〔44〕	十二	十三 楚救至,秦围解。	十四 张耳怒陈余,弃将 印去。
四 齐将田都叛荣,往助项羽 救赵。〔45〕	五	六 故齐王建孙田安下济北, 从项羽救赵。〔49〕	七
十五 攻破东郡尉及王离军于 成武南。〔46〕	十六	十七 至栗,得皇欣、武蒲军。 与秦军战,破之。〔50〕	十八
十五 使将臧荼救赵。〔47〕	十六	十七	十八
三	四	五 豹救赵。	六
六	七	八	九

二月	三月	四月
十	十一	十二
六 攻破章邯,章邯军却。	七	八 楚急攻章邯,章邯恐,使长史欣归秦请兵,赵高让之。[54]
十五	十六	十七
八	九	十
十九 得彭越军昌邑,袭陈留。用郦食其策,军得积粟。[52]	二十 攻开封,破秦将杨熊,熊走荥阳,秦斩熊以徇。[53]	二十一 攻颍阳,略韩地,北绝河津。[55]
十九	二十	二十一
七	八	九
十	十一	十二

五月	六月	七月	八月赵高杀二世。
二年一月	二	三	四
九 赵高欲诛欣,欣恐,亡走,告章邯谋叛秦。	十 章邯与楚约降,未定,项羽许而击之。	十一 项羽与章邯期殷虚,章邯等已降,与盟,以邯为雍王。〔57〕	十二 以秦降都尉翳、长史欣为上将,将秦降军。〔59〕
十八	十九	二十	二十一 赵王歇留国。陈余亡居南皮。〔60〕
十一	十二	十三	十四
二十二	二十三 攻南阳守齮,破之阳城郭东。〔56〕	二十四 降下南阳,封其守齮。	二十五 攻武关,破之。〔61〕
二十二	二十三	二十四	二十五
十	十一	十二	十三
十三	十四	十五 申阳下河南,降楚。〔58〕	十六

206

九月子婴为王。[61]	十月[63]	十一月
五	六	七
十三	十四 项羽将诸侯兵四十余万,行略地,西至于河南。	十五 羽诈阬杀秦降卒二十万人于新安。[65]
二十二	二十三 张耳从楚西入秦。	二十四
十五	十六	十七
二十六 攻下峣及蓝田。以留侯策,不战皆降。[62]	二十七 汉元年,秦王子婴降。沛公入破咸阳,平秦,还军霸上,待诸侯约。[64]	二十八 沛公出令三章,秦民大悦。[66]
二十六	二十七	二十八
十四	十五 从项羽略地,遂入关。	十六
十七	十八	十九

十二月	九　义帝元年诸侯尊怀王为义帝。[67]
八 分楚为四。	十七　项籍自立为西楚霸王。[68]
	分为衡山。[69]
十六 至关中,诛秦王子婴,屠烧咸阳。分天下,立诸侯。	分为临江。[70]
	分为九江。[71]
二十五 分赵为代国。	二十六　更名为常山。[72]
	分为代。[73]
十八 项羽怨荣,分齐为三国。	十九　更名为临淄。[74]
	分为济北。[75]
	分为胶东。[76]
二十九 与项羽有郤,见之戏下,讲解。羽倍约,分关中为四国。	正月　分关中为汉。[77]
	分关中为雍。[78]
	分关中为塞。[79]
	分关中为翟。[80]
二十九 臧荼从入,分燕为二国。	三十　燕[81]
	分为辽东。[82]
十七 分魏为殷国。	十八　更为西魏。[83]
	分为殷。[84]
二十 分韩为河南国。	二十一　韩[85]
	分为河南。[86]

二　徙都江南郴。〔87〕	三
西楚主伯,项籍始,为天下主命,立十八王。〔88〕	二　都彭城。
王吴芮始,故番君。	二　都邾。〔89〕
王共敖始,故楚柱国。	二　都江陵。〔90〕
王英布始,故楚将。	二　都六。〔91〕
王张耳始,故楚将。	二　都襄国。〔92〕
二十七　王赵歇始,故赵王。	二十八　都代。〔93〕
王田都始,故齐将。	二　都临淄。〔94〕
王田安始,故齐将。	二　都博阳。〔95〕
二十　王田市始,故齐王。	二十一　都即墨。〔96〕
二月　汉王始,故沛公。	三月　都南郑。〔97〕
王章邯始,故秦将。	二　都废丘。〔98〕
王司马欣始,故秦将。	二　都栎阳。〔99〕
王董翳始,故秦将。	二　都高奴。〔100〕
王臧荼始,故燕将。	二　都蓟。〔101〕
三十一　王韩广始,故燕王。	三十二　都无终。〔102〕
十九　王魏豹始,故魏王。	二十　都平阳。〔103〕
王司马卬始,故赵将。	二　都朝歌。〔104〕
二十二　王韩成始,故韩将。	二十三　都阳翟。〔105〕
王申阳始,故楚将。	二　都洛阳。〔106〕

四	五	六
三　诸侯罢戏下兵,皆之国。	四	五
三	四	五
三	四	五
三	四	五
三	四	五
二十九	三十	三十一
三	四　田荣击都,都降楚。	齐王田荣始,故齐相。〔107〕
三	四	五
二十二	二十三	二十四　田荣击杀市。
四月	五月	六月
三	四	五
三	四	五
三	四	五
三	四	五
三十三	三十四	三十五
二十一	二十二	二十三
三	四	五
二十四	二十五	二十六
三	四	五

七	八
六	七
六	七
六	七
六	七
六	七
三十二	三十三
二	三
六 田荣击杀安。	属齐。
属齐。	
七月	八月
六	七 邯守废丘,汉围之。
六	七 欣降汉,国除。
六	七 翳降汉,国除。
六	七
三十六	三十七 臧荼击广无终,灭之。
二十四	二十五
六	七
二十七 项羽诛成。	韩王郑昌始,项羽立之。[108]
六	七

205

九	十　项羽灭义帝。〔109〕
八	九
八	九
八	九
八	九
八	九　耳降汉。
三十四	三十五　歇复王赵。〔110〕
四	五
九月	十月　王至陕。〔111〕
八	九
属汉,为渭南、河上郡。	
属汉,为上郡。	
八	九
属燕。	
二十六	二十七
八	九
二	三
八	九

十	十一
十	十一
十	十一
十	十一
	歇以陈余为代王,故成安君。[114]
三十六	三十七
六	七
十一月	十二月
十　汉拔我陇西。[112]	十一
十	十一
二十八	二十九
十	十一
韩王信始,汉立之。[113]	二
属汉,为河南郡。	

十二	二年一月	二
十二	二年一月	二
十二	十三	十四
十二	二年一月	二
二	三	四
三十八	三十九	四十
八 项籍击荣,走平原,平原民杀之。〔115〕	项籍立故齐王田假为齐王。	二 田荣弟横反城阳,击假,走楚,楚杀假。〔117〕
正月	二月	三月 王击殷。
十二 汉拔我北地。〔116〕	二年一月	二
十二	二年一月	二
三十	三十一	三十二 降汉。
十二	十三	十四 降汉,印废。
三	四	五

三　项羽以兵三万破汉兵五十六万。	四
三	四
十五	十六
三	四
五	六
四十一	四十二
齐王田广始。广,荣子,横立之。	二
四月　王伐楚至彭城,坏走。	五月　王走荥阳。
三	四
三	四
三十三　从汉伐楚。	三十四　豹归,叛汉。
为河内郡,属汉。〔118〕	
六　从汉伐楚。	七

五	六
五	六
十七	十八
五	六
七	八
四十三	四十四
三	四
六月　王入关,立太子。复如荥阳。[119]	七月
五　汉杀邯废丘。	属汉,为陇西、北地、中地郡。[120]
五	六
三十五	三十六
八	九

七	八	九
七	八	九
十九	二十	二十一
七	八	九
九	十	十一
四十五	四十六	四十七
五	六	七
八月	九月	后九月
七	八	九
三十七	三十八　汉将信虏豹。[121]	属汉,为河东、上党郡。[122]
十	十一	十二

204

十	十一	十二
十	十一	十二
二十二	二十三	二十四
十	十一	十二　布身降汉,地属项籍。
十二　汉将韩信斩陈余。	属汉,为太原郡。〔123〕	
四十八　汉灭歇。	属汉,为郡。	
八	九	十
三年十月	十一月	十二月
十	十一	十二
二年一月	二	三

三年一月	二	三	四	五	六
三年一月	二	三	四	五	六
二十五	二十六	二十七	二十八	二十九	三十
十一	十二	十三	十四	十五	十六
正月	二月	三月	四月　楚围王荥阳。	五月	六月
三年一月	二	三	四	五	六
四	五	六	七	八	九

203

七	八	九	十
七	八	九	十
三十一　王敖薨。	临江王骦始,敖子。	二	三
十七	十八	十九	二十
七月　王出荥阳。[124]	八月　周苛、枞公杀魏豹。[125]	九月	四年十月
七	八	九	十
十	十一	十二	三年一月

十一　汉将韩信破杀龙且。〔126〕	十二	四年一月	二	三　汉御史周苛入楚,死。
十一	十二	四年一月	二	三
四	五	六	七	八
赵王张耳始,汉立之。〔127〕	二	三	四	五
二十一　汉将韩信击杀广。	属汉,为郡。		齐王韩信始,汉立之。〔128〕	二
十一月	十二月	正月	二月　立信王齐。	三月　周苛入楚。
十一	十二	四年一月	二	三
二	三	四	五	六

四		五	六	七		八
四		五	六	七		八
九		十	十一	十二		十三
				淮南王英布始,汉立之。〔130〕		二
六		七	八	九		十
三		四	五	六		七
四月　王出荥阳。豹死。〔129〕		五月	六月	七月　立布为淮南王。		八月
四		五	六	七		八
七		八	九	十		十一

202

九	十	十一	十二　诛籍。[132]
九	十	十一	十二
十四	十五	十六	十七　汉房骊。
三	四	五	六
十一	十二	二年一月	二
八	九	十	十一
九月　太公、吕后归自楚。[131]	五年十月	十一月	十二月
九	十	十一	十二
十二	四年一月	二	三

齐王韩信徙楚王。[133]	二
十三 徙王长沙。[134]	属淮南国。
属汉,为南郡。[135]	
七 淮南国	八
三 赵国	四
十二 徙王楚,属汉,为四郡。[136]	
正月 杀项籍,天下平,诸侯臣属汉。	二月 甲午,王更号,即皇帝位于定陶。[140]
五年一月 燕国[137]	二
复置梁国。[138]	梁王彭越始。
四 韩王信徙王代,都马邑。[139]	五
分临江为长沙国。	衡山王吴芮为长沙王。

三	四	五	六	七
九	十	十一	十二	二年一月
五	六	七	八	九 耳薨,谥景王。
三月	四月	五月	六月 帝入关。	七月
三	四	五	六	七
二	三	四	五	六
六	七	八	九	十
二	三	四	五	六 薨,谥文王。

八	九 王得故项羽将钟离眜,斩之以闻。[143]	十
二	三	四
赵王张敖始,耳子。[141]	二	三
八月 帝自将诛燕。	九月	后九月
八	九 反汉,虏荼。	燕王卢绾始,汉太尉。[144]
七	八	九
十一	十二	五年一月
长沙成王臣始,芮子。[142]	二	三

【注释】〔1〕"楚隐王陈涉",陈胜,字涉,隐王是他的谥号。〔2〕"葛婴",符离(今安徽宿县东北)人,陈胜的部将。"九江",秦置九江郡,治所在寿春县(今安徽寿县)。本书《陈涉世家》云:"葛婴至东城(今安徽定远县东南),立襄彊为楚王。"〔3〕"武臣",陈(今河南淮阳县)人,陈胜的部将。"邯郸",秦县名,在今河北邯郸市西南。〔4〕"戏",指戏水,在今陕西临潼县东。源出骊山,北入渭河。〔5〕"周文",即周章,陈(今河南淮阳县)人。曾为项燕占日的人,也事奉过春申君,后为陈胜的部将。〔6〕"项梁",下相(今江苏宿迁西南)人,项燕之子。秦末农民起义军领袖。秦二世元年陈胜起义后,他与其侄儿项羽杀了秦会稽郡守殷通,在吴(今江苏苏州)起义。后任张楚上柱国。陈胜失败以后,拥立楚怀王的孙子心为王,仍称楚怀王,他自号武信君。〔7〕"田儋",齐国旧贵族,狄(秦县,治所在今山东高青县东南)人。陈胜起兵称楚王的时候,曾派遣周市去平定魏地,向北一直到了狄县。狄县坚守。田儋假装捆绑着周市的奴仆,和一伙年轻人一起到县衙来拜见县令,并斩杀奴仆。见到县令以后,田儋就击杀县令,自封为齐王。"田荣"、"田横",都是田儋的堂弟。〔8〕"沛公",即刘邦,字季,沛县(今江苏沛县)人。曾任泗水亭长。秦二世元年,陈胜起义,他起兵响应,称沛公。初属项梁,后与项羽领导的起义军同为反秦主力。事详本书《高祖本纪》。〔9〕"韩广",赵王武臣原来的上谷(秦时治所在今河北怀来县东南)卒史。后为武臣部将。"蓟",战国时为燕都所在,在今北京市西南。韩广为赵王北上攻取燕地时,燕国过去的一些豪门贵族们劝韩广说:"楚地立了王,赵地也立了王,燕国虽小,但也是万乘之国,希望将军自立为燕王。"并为韩广分析了当时的形势,韩广认为他们说得很对,于是自立为燕王。事详本书《陈涉世家》。〔10〕"魏王咎",魏国贵族的后裔。曾封于宁陵君。在狄人田儋自立为齐王后,他在齐地起兵,进攻周市,周市被打败后逃到魏地,打算立魏咎为魏王。当时魏咎在陈,不能回魏地。魏地平定以后,人们打算立周市为魏王,周市不肯。最后陈王答应立魏咎为魏王,并把他送回魏国。周市做了他的丞相。事见本书《陈涉世家》。〔11〕"诛葛婴",葛婴在东城(今安徽定远县东南)立襄彊为楚王后,听说陈胜已立为王,于是就让襄彊回去汇报,一到陈县(今河南淮阳县),陈王就诛杀了葛婴。〔12〕"儋之起,杀狄令自王",清人梁玉绳《史记志疑》卷十三:"儋自王事在二世元年九月,此误后一月。"〔13〕"胡陵",战国时楚地,在今山东鱼台县东南。

"方舆",战国时楚地,在今山东鱼台县西。"监军",古代专掌稽核军队功罪赏罚的官吏。〔14〕"周文死",陈王命令周文率军向西攻秦,秦将章邯率领郦山刑徒等打败了周文,后来周文驻扎在曹阳(今河南灵宝县东)时再次被章邯军所击败,周文又率军退守在渑池(今河南渑池县西),章邯再次发动进攻,周军败绩,周文自杀。〔15〕"李良",陈涉初起兵时,为武臣的部将。后秦将诈称二世使,送给李良一封信,说良如能反赵为秦,则赦良罪,并使他显贵,来离间李良和武臣的关系。后李良叛赵,在攻打邯郸时,杀死了武臣、邵骚,张耳、陈余逃跑。后来李良率兵投降了秦将章邯。"张耳"、"陈余",都是大梁(今河南开封市西北)人。二人曾结为生死之交。陈涉起义后,二人跟从武臣占据了赵地。武臣被杀后,二人又立旧贵族赵歇为王。后两人绝交。〔16〕"泗水",即泗水郡,秦置,治所在沛县(今江苏沛县)。"薛",即薛郡,秦置,治所在鲁县(今山东曲阜县)。"丰",治所在今江苏丰县。〔17〕"陈涉死",陈涉在陈县建立张楚政权后,秦将章邯集中优势兵力围攻陈县,他率起义军英勇奋战,失利后退至下城父(今安徽涡阳东南)被叛徒庄贾所杀。〔18〕"雍齿",与刘邦同为沛人,曾随刘邦一起起义,不久就叛背了刘邦。〔19〕"端月",二世二年正月。秦避始皇(名政)讳,改称正月为"端月"。唐韩鄂《岁华纪丽》一《元日》云:"位正元阳,气和端月。"〔20〕"景驹",楚王族后裔。是月,秦嘉等听说陈王的军队兵败逃走后就立景驹为楚王。"秦嘉",陵(《汉书·陈胜传》作"凌",秦县,治所在今江苏泗阳县西北)人。张楚政权建立以后,秦嘉率军响应起义。后被项梁击败,战死。〔21〕"召平",广陵(在今江苏扬州市西北)人。陈涉部将。是月,召平为陈王争夺广陵,结果没有能攻下来。后来他听说陈王被打败逃跑,秦军又将到来,于是就渡江假托陈王的命令,拜项梁为楚王上柱国。"柱国",官名。战国时楚国设置,原为保卫国都之官,后为楚的最高武官,也称上柱国。〔22〕"赵王歇",赵国后裔。秦将章邯在楚地击败项梁军队后便渡河击赵,这时赵歇已立为赵王,陈余为将,张耳为相。〔23〕"留",秦县,治所在今江苏沛县东南。"砀",《集解》引徐广曰:"一作'萧'。"《史记志疑》认为徐广说是,并引《高纪》"与战萧西"作证。"萧",秦县,治所在今安徽萧县西北。〔24〕"临济",在今河南封丘县东。〔25〕"陈婴",曾任东阳(今江苏盱眙县东南)令史。东阳人杀死县令后曾想推举他为首领,他推辞不肯,后在他的劝说下,率众归属项梁。"黥布",本姓英,因坐法黥面,所以又称为黥布。六(即六县,治所在今安徽六安东北)人。秦末率骊山刑徒起义,属项羽,封九江王。楚汉战争中归汉,封淮南王,从刘邦击灭项羽于垓下(今安徽灵璧南)。汉初,因彭越、韩信相继被刘邦所杀,因举兵反,战败逃往江南,后被长沙王(成王臣)诱杀。事详本书《黥布列传》。〔26〕"景驹使公孙庆让齐,诛庆",按上月云"让景驹以擅自王,不请我",《史记志疑》云:"考《陈涉世家》,景驹使公孙庆至齐,欲与俱击秦。而齐让景驹擅王不请,庆让齐,齐怒,诛庆。本一时事,不得分为两月。"〔27〕"砀",即砀郡,治所在今安徽砀山县南。按上月"击秦军砀西",徐广、梁玉绳均认为"砀"当作"萧",若是,则此月"砀"亦应作"萧"。〔28〕"下邑",秦县,治所在今安徽砀山县东。〔29〕"楚怀王",秦末项梁起义后所拥立的楚王。熊氏,名心。秦二世元年,项梁率起义军渡江西进,闻陈涉牺牲,听从范增计谋,拥立他为楚怀王,建都盱台(今江苏盱眙县东北)。〔30〕"东阿",秦县,治所在今山东阳谷县东北阿城镇。〔31〕"韩王成",即韩成。韩国王族后裔,曾封为横阳君。在项梁拥立楚怀王后,留侯张良又劝项梁说:"您已经拥立了楚王的后代,而韩国的公子中横阳君韩成很贤能,可以立为王,增建盟友。"于是项梁派张良找到韩成,并立他为韩王。〔32〕"柱国",官名,亦称"上柱国"。原为保卫国都之官,后来成为最高的武官或勋官。〔33〕"田假",齐王建的弟弟。秦将章邯率军围攻临济,魏王请求齐国援救,齐王田儋率兵救魏,结果被章邯战败,田儋在临济被杀。齐人听说田儋被杀后,就拥立田假为齐王。〔34〕"濮阳",在今河南濮阳县西南。"城阳",秦县,治所在今山东菏泽县东北。〔35〕"定陶",秦县,治所在今山东定陶县西北。〔36〕"市",即田市,田儋子。当田荣被章邯击败后就逃到东阿,在项梁的帮助下又击败了秦将章邯。田荣很恼恨齐人立田假为王,于是在击败章邯后就率兵击逐齐王田假,田假逃到了楚国,齐国相田角逃到了赵国。于是田荣就立田儋的儿子田市做了齐王,田荣辅佐田市,田横为将军,平定了齐地。事详本书《田儋列传》。〔37〕"三川",即三川郡,秦置,治所在今河南洛阳市东北。一说在今河南荥阳县东北。"李由",秦丞相李斯之子。秦时任三川郡守。在起义军击破雍丘时被杀。"雍丘",秦县,治所在今河南杞县。〔38〕"彭城",秦县,治所在今江苏徐州市。后楚徙都于此。〔39〕"魏豹自立为魏王",秦将章邯杀死周市以后,又进兵包围了临济,魏王咎自焚而死,魏咎弟魏豹逃到楚国。楚怀王拨给魏豹几千人让他再去夺取魏地。

此时项羽已经打败秦将章邯,魏豹也攻占了二十几个城邑,项羽封他为魏王。汉元年,项羽分封诸侯,自己想占有梁地,便迁魏王豹到河东,建都平阳(治所在今山西临汾市西南金殿),称为西魏王。〔40〕"拜宋义为上将军",项梁战死后,楚怀王心乘机到彭城夺取项羽、吕臣兵权,改用宋义为上将军。后来项羽杀死宋义,夺回兵权。〔41〕"鲁",秦县,治所在今山东曲阜县东古城。秦二世三年,楚怀王封项羽为长安侯,号为鲁公。此时,赵国多次请求楚军援救,楚怀王就任命宋义为上将军,项羽为次将,范增为末将,北上救赵。〔42〕"巨鹿",秦县,治所在今河北平乡县西南。〔43〕"咸阳",秦故都,在今陕西咸阳市东北聂家沟一带。秦二世三年,楚怀王任用沛公为砀郡长,封为武安侯,将砀郡兵。命令沛公向西进军关中。楚怀王和各路将领约定,谁先攻入关中,谁就做关中王。〔44〕"河内",这里专指今河南黄河以北地区。《史记·晋世家》云:"当此时晋强,西有西河,与秦接境,北边翟,东至河内。"与此处河内同指。或云指"河内郡"(治所在怀县,在今河南武陟县西南),非。"河内郡"为西汉高帝二年(公元前二〇五年)置,此时为秦二世三年(公元前二〇七年),当为地区名,非郡名。〔45〕"田都",田假的部将,曾随项羽救赵,入关后被项羽封为齐王。〔46〕"东郡",秦置,治所在今河南濮阳县西南。"王离",秦将王翦的孙子。"成武",秦县,治所即今山东成武县。〔47〕"臧荼",原为燕王韩广的部将,曾率兵救赵,随项羽入关,被项羽封为燕王,都蓟(秦县,治所在今北京市西南)。后又归附刘邦。〔48〕"羽矫杀宋义",在宋义率军去援救赵国时,项羽和宋义在如何救赵的问题上产生了分歧。项羽利用早晨进见宋义时,在帐中斩杀了宋义。随后项羽向军中发布命令说:"宋义与齐国阴谋反叛,楚王密令我杀了他。"然后率军渡河援赵。〔49〕"齐王建",齐襄王子。公元前二六五年(襄王十九年),襄王卒,子建继立。"田安",齐王建孙。"济北",地区名,相当今禹城、平原、平阴、肥城、济阴一带。秦亡后,项羽封田安济北国即在这一地区。〔50〕"栗",秦县,治所即今河南夏邑县。"皇䜣",《高祖本纪》作"皇欣",魏将。"武蒲",魏申徒(司徒)。《汉书·高帝纪》作"武满"。〔51〕《史记志疑》卷十三:"虏王离当移前一月,误在此月也。"〔52〕"彭越",字仲,昌邑(今山东金乡西北)人。秦末聚众起兵,初归属田荣,后在楚汉战争时又率兵归属刘邦,略定梁地(今河南东南部),屡断项羽粮道。不久率兵从刘邦在垓下击灭项羽。封梁王。汉朝建立后,因被告发谋反,被刘邦所杀。

"陈留",秦县,治所即今河南开封市东南陈留城。"郦食其",秦汉之际陈留高阳乡(今河南杞县)人。本为里监门吏。秦末农民战争时归刘邦,献计克陈留,封广野君。楚汉战争中,说齐王田广归汉,韩信乘机击齐,齐王以为被他出卖,把他烹死。"食其",音 yì jī。事详本书《郦生列传》。 〔53〕"开封",秦县,治所在今河南开封市南。"荥阳",秦县,治所在今河南荥阳县东北。 〔54〕"欣",即司马欣。曾为秦栎阳狱掾,后为长史。后又降项羽,因对项梁有过恩德,在项羽封王时被封为塞王。后在楚汉战争中在汜水边自刎而死。"长史",官名,职掌不详。"赵高",秦宦官。本赵国人。后在秦宫中管事二十多年。曾任中车府令,兼行符玺令事。公元前二一〇年,秦始皇死后他与李斯伪造遗诏,逼使始皇长子扶苏自杀,立胡亥为二世皇帝。他任郎中令,居中用事,控制政权。后他杀死李斯,任中丞相,不久又杀死二世立子婴为秦王。后被子婴所杀。 〔55〕"颍阳",秦县,治所在今河南许昌市西南。"河",指黄河。"津",渡口。 〔56〕"南阳",秦郡,治所在今河南南阳市。"齮",秦南阳郡守名。"阳城",秦县,治所在今河南方城县东。 〔57〕"殷虚",亦作"殷墟",商朝故都,在今河南安阳市北小屯村。 〔58〕"申阳",张耳嬖臣,降楚后封为河南王。"河南",地区名,相当今河南中部伊、洛水流域。秦亡后项羽封申阳于此,都洛阳(今河南洛阳市东北白马寺之东)。 〔59〕"翳",即董翳,曾为章邯部下都尉,后随章邯降项羽。"上将军",掌管武事的高级官吏。 〔60〕"南皮",秦县,治所在今河北南皮县东北。 〔61〕"武关",关名,在今陕西商洛县西南丹江北岸。 〔62〕"子婴",秦始皇孙,二世兄子。秦二世三年(公元前二〇七年),赵高杀二世,立子婴为秦王。后子婴设计杀死赵高,并灭其三族。子婴为秦王凡四十六日,即降于刘邦,不久被项羽所杀。 〔62〕"峣",即峣关。秦置,在今陕西商县西北。"蓝田",秦县,治所在今陕西蓝田县西灞河西岸。"留侯",即张良,字子房,传为城父(今安徽亳县东南)人。祖父与父相继为韩昭侯、宣惠王等五世之相。秦灭韩后,他图谋恢复韩国。秦末农民战争中,他聚众归刘邦,不久游说项梁立韩贵族成为韩王,他任韩司徒。后韩王成为项羽所杀,复归刘邦,为刘邦的重要谋臣。楚汉战争时。汉朝建立后封为留侯。事详本书《留侯世家》。 〔63〕"十月",《史记志疑》云:"案:此汉元年十月也,时秦已亡矣,为谁之十月乎? 此与下'十一月'、'十二月'皆当衍之。" 〔64〕"霸上",亦称霸头,在今陕西西安市东白鹿原北首。刘邦进军关中,即由此入

秦都咸阳。 〔65〕"新安",秦县,治所在今河南渑池县东。 〔66〕"三章",秦末农民战争中,刘邦占领秦都咸阳后,废除了秦朝的严刑苛法,并召集关中父老宣布了"杀人者死,伤人及盗抵罪"三条法规,称为"约法三章","三章"即指此。 〔67〕"尊怀王为义帝",项梁战死后,怀王乘机夺取项羽、吕臣兵权,改用宋义为上将军。后来项羽杀死宋义,夺回兵权。公元前二〇六年项羽自立为西楚霸王,表面上尊怀王为义帝。 〔68〕"西楚",古地区名。辖境相当于今河南东部、安徽北部和江苏西北部地区。位居全楚西北,对东楚而言故称"西"。秦亡后,项羽自立为西楚霸王,据有西楚、东楚与梁地共九郡,建都于西楚的彭城。 〔69〕"衡山",即衡山王国。秦亡后项羽封吴芮置。辖衡山郡。相当今鄂、豫、皖交界大别山脉周围一带。 〔70〕"临江",即临江王国。秦亡后项羽封共敖置。辖有南郡、长沙郡及黔中郡。相当今湖北大部、湖南全境和贵州东北地区。后传至其子共尉,为刘邦所灭。 〔71〕"九江",即九江王国。秦亡后项羽封英布置。辖有九江、庐江二郡。相当今安徽淮河以南大部与江西全境。后改名淮南王国。 〔72〕"常山",即常山王国。秦亡后项羽封张耳置。辖常山、邯郸、巨鹿三郡。相当今河北南部以及山东平原、高唐二县以西地区。 〔73〕"代",即代王国。秦亡后项羽封赵王歇置。辖有代、太原、雁门、云中四郡。相当今河北西北部、山西中部与北部、内蒙古土默特左旗和托克托县以东、阴山以南地区。 〔74〕"临淄",即临淄王国,又名齐王国。秦亡后项羽封田都置。辖临淄郡。相当今山东淄博市及昌乐、利津、寿光、高青等县一带。 〔75〕"济北",即济北王国。秦亡后项羽封田安置。辖济北郡。相当今山东济南、德州二市及禹城、平原、肥城、济阴等县一带。 〔76〕"胶东",即胶东王国。秦亡后项羽封田市置。辖胶东郡。相当今山东胶莱河以东地区。 〔77〕"汉",即汉王国。秦亡后项羽封沛公置。辖巴、蜀、汉中三郡四十一县。相当今湖北十堰市和房县以西、陕西汉中盆地、四川岷江中下游以东及长江以北地区。 〔78〕"雍",即雍王国。秦亡后项羽封秦降将章邯置。辖有秦内史西部及陇西、北地二郡。相当今陕西秦岭以北和旬邑、咸阳、户县以西,甘肃东部与宁夏西南部地区。 〔79〕"塞",即塞王国。秦亡后项羽封秦降将司马欣置。辖有秦内史东部。相当今陕西西安市以东渭河下游、丹江上游以及河南灵宝县以西地区。 〔80〕"翟",即翟王国。秦亡后项羽封秦降将董翳置。辖上郡。相当今陕西西北部地区。 〔81〕"燕",即燕王国。秦亡后项羽封臧荼

置。辖有广阳、上谷、渔阳三郡。相当今北京市及河北北部大部地区。〔82〕"辽东"，即辽东国。秦亡后项羽封韩广置。辖有右北平、辽东、辽西三郡。相当今河北东北部、辽宁大部和内蒙古赤峰市以南一带。〔83〕"西魏"，即魏王国。秦亡后项羽徙魏王豹置。辖河东、上党二郡。相当今山西南部地区。一说其国辖河东、上党、太原三郡。〔84〕"殷"，即殷王国。秦亡后项羽封司马卬置。辖河内郡。相当今河南内黄、滑县及新乡市以西，黄河以北地区。〔85〕"韩"，即韩王国。秦亡后项羽封韩王成置。辖颍川郡。相当今河南尉氏县与漯河市以西，宝丰、登封二县以东，舞阳、叶县以北，密县、新郑县以南地区。〔86〕"河南"，即河南国。秦亡后项羽封申阳置。辖三川郡。〔87〕"郴"，秦县，治所即今湖南郴县。《史记志疑》云："羽徙义帝在四月，此误书于二月也。"〔88〕"命立十八王"，即衡山王吴芮、临江王共敖、九江王英布、常山王张耳、代王赵歇、临淄王田都、济北王田安、胶东王田市、汉王沛公、雍王章邯、塞王司马欣、翟王董翳、燕王藏荼、辽东王韩广、魏王魏豹、殷王司马卬、韩王成、河南王申阳。〔89〕"邾"，在今湖北黄冈县西北。〔90〕"江陵"，在今湖北江陵县。〔91〕"六"，在今安徽六安市北。〔92〕"襄国"，秦置信都县，项羽改称襄国，在今河北邢台市。〔93〕"代"，在今河北蔚县东北代王城。〔94〕"临淄"，在今山东淄博市东北临淄城北。〔95〕"博阳"，在今山东泰安县东南。〔96〕"即墨"，在今山东平度县东南。〔97〕"南郑"，在今陕西汉中县。〔98〕"废丘"，在今陕西兴平县东南。〔99〕"栎阳"，在今陕西临潼县东北。〔100〕"高奴"，在今陕西延安市东北。〔101〕"蓟"，在今北京市城区西南部。〔102〕"无终"，在今天津市蓟县境内。〔103〕"平阳"，在今山西临汾市西南。〔104〕"朝歌"，在今河南淇县。〔105〕"阳翟"，在今河南禹县。〔106〕"洛阳"，在今河南洛阳市东北白马寺之东。〔107〕"齐王田荣始"，田荣于上月赶走田都，田都降楚，田荣自立为齐王。〔108〕"韩王郑昌始"，郑昌，曾任吴令。项羽立韩王成不久为了与刘邦抗衡，即改封郑昌为韩王。〔109〕"项羽灭义帝"，义帝被杀时间，本书《项羽本纪》及《汉书·高帝纪》在汉元年四月，而本《表》在二年十月，本书《黥布列传》又在元年八月。《史记志疑》云："义帝以元年四月自临淮盱台县徙桂阳之郴，使人趣其行，不及一月可到，英布等追而杀之，则甫及郴即被弑矣，疑'四月'为是。"〔110〕"歇复王赵"，陈余赶走张耳，重新迎立赵歇为赵王。〔111〕"陕"，秦县，治所

在今河南三门峡市西旧陕县。〔112〕"陇西"，秦郡，治所在今甘肃临洮县。《史记志疑》云："案《高纪》：陇西、北地已于汉元年八月先拔之矣，乃《表》于雍之十月书'汉拔陇西'、于雍之十二月书'汉拔北地'，俱误矣。"〔113〕"韩王信始"，项羽改封韩王郑昌，目的是为了与刘邦抗衡，结果不久韩王郑昌即被刘邦所灭。刘邦灭郑昌后即封故韩襄王之孙信为韩王。〔114〕"歇以陈余为代王"，《史记志疑》云："余为代王与歇复王赵同时，在汉二年十月，此误书于后两月也。且余继歇王代，当移下格代《表》内，乃僭居赵《表》，亦误。"〔115〕"平原"，汉县，在今山东平原县西南。〔116〕"北地"，秦郡，治所在今甘肃庆阳县西南。〔117〕"城阳"，治所在今山东菏泽县东北。〔118〕"河内郡"，汉郡，治所在今河南武陟县西南。〔119〕"太子"，指刘盈。〔120〕"中地郡"，《集解》引徐广曰："扶风。"因在京城长安辅卫之地，后与京兆尹、左冯翊合称三辅。在今陕西扶风县。〔121〕"信"，指韩信。〔122〕"河东"，即河东郡，治所在今山西夏县西北禹王城。"上党郡"，治所在今山西长子县西南。〔123〕"太原郡"，治所在今山西太原市西南古城营西古城。《史记志疑》云："赵歇灭于汉三年十月，此书属郡在汉十二月，误，宜移前一月也。但陈余之所王者代，属汉则为代郡。赵歇之所王者赵，属汉则为太原郡。《表》误列陈余居赵《表》，赵歇居代《表》，遂若余灭置太原，歇灭置代郡矣，舛甚。"〔124〕"王出荥阳"，《汉纪》王出荥阳在五月。〔125〕"枞公"，姓枞，史佚其名。《史记志疑》云："《汉记》豹之见杀在五月，与项羽杀纪信并时，此误书于八月也。"〔126〕"龙且"，齐国人，楚国骁将，当时任楚司马。〔127〕"赵王张耳始"，张耳降汉后被刘邦立为赵王，都襄国（今河北邢台市）。〔128〕"齐王韩信始"，韩信击杀田广后被刘邦封为齐王。〔129〕"王出荥阳"，《项羽本纪》作"王出成皋"。〔130〕"淮南王英布始"，英布初属项羽，被封为九江王。楚汉战争中又归属汉，被刘邦封为淮南王。都寿春（今安徽寿县）。〔131〕"太公"，指刘邦的父亲，因名字已失传，所以《史记》用对老年男子的尊称来称呼他。"吕后"，名雉，字娥姁，刘邦的妻子。太公、吕后在楚汉战争初期被项羽所俘，至此始从楚归汉。〔132〕"诛籍"，在刘邦和项羽争夺封建统治权的楚汉战争中，一开始项羽处于优势，后刘邦联合各地反项势力，逐渐壮大，最后使项羽四面受敌。公元前二〇二年，刘邦乘项羽撤兵的机会全力追击，并约韩信、彭越合围。项羽败退到垓下（今安徽灵璧南），不久在乌江（今安徽和县东北）自杀。〔133〕

"齐王韩信徙楚王",韩信配合刘邦在垓下击败项羽后,汉朝建立,刘邦又改封韩信为楚王。 〔134〕"长沙",治所在今湖南长沙市。 〔135〕"南郡",秦置,楚汉间为临江国,公元前二〇二年汉再置南郡,治所在今湖北江陵县。 〔136〕"四郡",指齐、千乘、平原、东莱。 〔137〕"燕国",刘邦仍封臧荼为燕王。 〔138〕"梁国",公元前二〇二年刘邦改秦之砀郡置,治所在睢阳(今河南商丘县南)。封彭越为梁王。 〔139〕"马邑",治所在今山西朔县。 〔140〕"定陶",治所在今山东定陶县西北。 〔141〕"赵王张敖始",张耳死后其子张敖继立。 〔142〕"长沙成王臣始",长沙王吴芮死后其子臣继立。 〔143〕"钟离眜",姓钟离,名眜。项羽部将。项羽兵败垓下后,他投靠韩信,因刘邦下令缉捕而被迫自杀。 〔144〕"卢绾",丰(今江苏丰县)人。秦末随刘邦起义于沛,入汉中,为将军。汉东击项羽时,官太尉。后从刘邦击破燕王臧荼,被刘邦封为燕王。

史记卷十七

汉兴以来诸侯王年表第五

太史公曰:殷以前尚矣。[1]周封五等:公、侯、伯、子、男。[2]然封伯禽、康叔于鲁、卫,[3]地各四百里,亲亲之义,[4]褒有德也;太公于齐,[5]兼五侯地,尊勤劳也。武王、成、康所封数百,[6]而同姓五十五,地上不过百里,下三十里,以辅卫王室。管、蔡、康叔、曹、郑,[7]或过或损。厉、幽之后,[8]王室缺,侯伯强国兴焉,[9]天子微,弗能正。非德不纯,形势弱也。

【注释】[1]"尚",久远。 [2]"公、侯、伯、子、男",古代的五等爵位。 [3]"伯禽",周公旦的儿子。姬姓。字伯禽,亦称禽父。周公东征胜利后,成王把殷民六族和旧奄国地,连同奄民分封给他,国号鲁,为鲁国的始祖。详见本书《鲁周公世家》。"康叔",周武王(姬发)少弟。名封。初封于康(今河南禹县西北),故称康叔。周公旦诛武庚后,把殷民七族和商故都周围地区封给他,国号卫。为卫国的始祖。详见本书《卫康叔世家》。"鲁",诸侯国名,在今山东西南部,都曲阜(今山东曲阜)。建于周初,姬姓,公元前二五六年为楚所灭。"卫",诸侯国名。在今河南北部,都朝歌(今河南淇县)。建于周初,姬姓,公元前二五四年为魏所灭,后在秦的支持下复国,迁都野王(今河南沁阳),作为秦的附庸。公元前二〇九年为秦所灭。 [4]"亲亲之义",谓亲其所当亲。《礼记·中庸》:"仁者人也,亲亲为大。义者宜也,尊贤为大。"《孟子·尽心上》:"亲亲,仁也,敬长,义也。"儒家言仁,由亲及疏,故以亲亲为仁之本。 [5]"太公",指吕尚。吕尚,姜姓,吕氏,名尚,一名望。一说字子牙。本居海滨,殷末入周辅佐文王,因年高德尊,有太公之称。后又辅佐武王,在兴周灭商的斗争中起了重大的作用。西周初

年官太师(武官名),也称师尚父。因功封于齐,为齐国始祖。事详见本书《齐太公世家》。"齐",诸侯国名。建于周初,姜姓,始祖吕尚。在今山东北部,都营丘(后称临淄,在今山东淄博市东)。春秋时国力强盛,为五霸之一。春秋末,姜氏被田氏取代,仍称齐。战国时为七雄之一,公元前二二一年为秦所灭。 [6]"武王",周文王子。姬姓,名发。西周王朝的建立者。他起兵伐纣,联合庸、蜀、羌、髳、微、卢、彭、濮等族东进,最后灭商,建立西周王朝。建都于镐(今陕西西安市西南沣水东岸)。事详本书《周本纪》。"成",即周成王,武王子,名诵。武王死后继位,因年幼,由叔父周公旦摄政。周公东征胜利后,大规模分封诸侯,巩固了西周王朝的统治。后周公归政于他。事详本书《周本纪》。"康",即周康王,成王子,名钊。在位时继续推行成王的政策,加强统治,即所谓"成康之治",刑措不用者四十余年。事详本书《周本纪》。 [7]"管",指管叔,名鲜。周武王之弟。武王灭商后封他于管(今河南郑州)。与蔡叔、霍叔并称三监,负有监视殷遗民之责。武王死后,成王年幼,周公旦摄政,他和蔡叔等不服,曾和武庚一起叛乱,后被周公旦平定,他被杀死(一说自杀)。事详本书《管蔡世家》。"蔡",指蔡叔,名度。周武王之弟。武王灭商后封他于蔡(今河南上蔡西南)。武王死后,成王年幼,周公旦摄政时,他和管叔、武庚一起叛乱,事败后他被放逐。事详本书《管蔡世家》。"曹",周初,武王封弟叔振铎于曹,都陶丘(今山东定陶西南)。有今山东西部。公元前四八七年为宋所灭。"郑",公元前八〇六年周宣王封弟友于郑(今陕西华县东)。周幽王时,桓公姬友见西周将亡,把财产、部族、家属等迁到雒水之东的东虢和郐之间。桓公子武公即位后,先后攻灭郐和东虢,建都新郑(今河南新郑)。公元前三七五年为韩所灭。详见本书《郑世家》。 [8]"厉",

指周厉王姬胡。他任用好利的荣夷公执政,又命令卫巫监视国人,杀死议论他的人,引起反抗。公元前八四二年"国人"发难,他逃奔彘(今山西霍县)。十四年后死于彘。事详本书《周本纪》。"幽",指周幽王姬宫湦(一作涅)。宣王子,公元前七八一年继位,他任用虢石父执政,剥削严重,再加上地震和旱灾,使人民流离失所。又进攻六济之戎,大败。因宠爱褒姒,废掉申后和太子宜臼。公元前七七一年,申侯联合曾、犬戎等攻周,他被杀于骊山下。西周灭亡。事详本书《周本纪》。〔9〕"侯伯",诸侯之长。

【译文】太史公说:殷朝以前年代久远,封爵的情况已不可考知了。周朝的封爵分为五等:公、侯、伯、子、男。封伯禽、康叔于鲁、卫,地域各为四百里,这是以亲亲之义为本,同时也是对有德之人的褒奖。太公封于齐,兼有五个侯爵的封地,这是对勤劳者的尊崇。武王、成王、康王所封的诸侯有数百个,其中与周室同姓者有五十五个,他们的封地最大不过百里,最小者只有三十里,用来辅卫王室。管叔、蔡叔、康叔和曹、郑始封之君,(他们的封地)有的超过爵位应得之数,有的则不足。厉王、幽王以后,周室衰败,争强称霸的诸侯国兴盛起来,天子的力量微弱,不能纠正。这并不是(周王)道德不纯一,而是形势衰弱的缘故。

汉兴,序二等。高祖末年,非刘氏而王者,若无功上所不置而侯者,天下共诛之。高祖子弟同姓为王者九国,〔1〕唯独长沙异姓,〔2〕而功臣侯者百有余人。自雁门、太原以东至辽阳,〔3〕为燕、代国;〔4〕常山以南,〔5〕大行左转,〔6〕度河、济,〔7〕阿、甄以东薄海,〔8〕为齐、赵国;〔9〕自陈以西,〔10〕南至九疑,〔11〕东带江、淮、谷、泗,〔12〕薄会稽,〔13〕为梁、楚、淮南、长沙国:〔14〕皆外接于胡、越。〔15〕而内地北距山以东尽诸侯地,大者或五六郡,连城数十,置百官宫观,僭于天子。汉独有三河、东郡、颍川、南阳,〔16〕自江陵以西至蜀,〔17〕北自云中至陇西,〔18〕与内史凡十五郡,〔19〕而公主列侯颇食邑其中。何者?天下初定,骨肉同姓少,故广强庶孽,以镇抚四海,用承卫天子也。

【注释】〔1〕"九国",指齐、楚、荆、淮南、燕、

赵、梁、淮阳、代。〔2〕"长沙",汉初异姓诸侯王国,始封之王为吴芮。其地域大致相当今湖南全省,都临湘,即今长沙市。〔3〕"雁门",郡名。西汉时治所在善无(今山西右玉南)。辖境相当今山西河曲、五寨、宁武等县以北,恒山以西,内蒙古黄旗海、岱海以南地。"太原",郡名。治所在晋阳(今山西太原市西南)。辖境相当今山西阳曲、交城、平遥、和顺间的晋中地区。"辽阳",县名,属辽东郡,故城在今辽宁辽阳市梁水、浑水交会之处。〔4〕"燕",诸侯王国名,汉初辖境约相当今河北北部、北京市和辽宁东部原战国时燕国地。都蓟,故地在今北京市城区西南。据《史记》、《汉书》记载,高帝五年(公元前二〇二年)七月,燕王臧荼反。九月,汉兵虏荼,刘邦改立太尉卢绾为燕王。十二年二月,又使樊哙、周勃将兵击燕王绾,立皇子建为燕王。"代",诸侯王国名。据《史记》、《汉书》记载,高帝六年,封兄喜为代王。七年,更封子如意。九年,如意徙王赵,代地属赵。十一年,分云中郡东部置定襄郡,以定襄、雁门、代、太原四郡置代国,封子恒。辖境约相当今河北西北部,山西中部、西部以及内蒙古河套地区东部。都晋阳,故地在今山西太原市西南。〔5〕"常山",山名,本名恒山,避汉文帝刘恒讳改。为五岳中的北岳,在今河北曲阳县西北。〔6〕"大行",山脉名,亦作"太行"。在今山西高原与河北平原间,东北至西南走向,北起拒马河谷,南至山西、河南边境黄河沿岸。"行",音 háng。〔7〕"河",即黄河。"济",古四渎之一。或作"沛"。据《汉书·地理志》、《水经》,其时济水自今荥阳县北分黄河东出,流经原阳县南、封丘县北,至山东定陶县西,折东北注入巨野泽,又自泽北出经梁山县东,至东阿旧治西,自此以下至济南市北泺口,略同今黄河河道,自泺口以下至海,略同今小清河河道。〔8〕"阿",音 ē。县名,即东阿。治所在今山东东阿西南。"甄",县名。治所在今山东鄄城县北旧城镇。〔9〕"齐",诸侯王国名,汉初辖境约当今山东中部、北部及胶东地区,都临淄,故地在今淄博市东临淄镇。据《史记》、《汉书》记载,高帝六年,以胶东、胶西、临淄、济北、博阳、城阳七十三县立子肥为齐王。"赵",诸侯王国名。汉初辖境约当今河北邯郸、邢台、沙河等市县和隆尧、永年二县西部地区,都邯郸,故地在今河北邯郸市西南。据《史记》、《汉书》记载,高帝四年封张耳为赵王,同年张耳死。五年,立耳子敖为赵王。九年,废张氏,徙代王刘如意王赵,兼有代地。〔10〕"陈",县名,治所在今河南淮阳。〔11〕"九疑",山名,即九疑山,"疑",或作"嶷",又名苍梧山。在今湖南宁远县南。〔12〕

"江",即长江。"淮",即淮水。源出河南桐柏山,东流经河南、安徽等省到江苏省北部入海。"谷",即谷水。古获水下游流经今安徽砀山县北,有谷水上承砀陂东北流来会,自下通称谷水,东至今江苏徐州市入泗水。"泗",即泗水。源出山东泗水县东蒙山,西流至今兖州等县,折南经济宁市南鲁镇及鱼台县东,转东南经江苏沛县东,又南至徐州市东北循洮黄河东南流至清江市西南,注入淮河。〔13〕"会稽",指会稽山。在今浙江省中部绍兴、嵊县、诸暨、东阳间。"会",音 guì。〔14〕"梁",诸侯王国。据《史记》、《汉书》记载,汉五年(公元前二〇二年)高帝许以"取睢阳以北至谷城皆以王彭越"。春正月下令曰:"魏相国建城侯彭越……其以魏故地王之,号曰梁王,都定陶。"十一年夏,"梁王彭越谋反,废迁蜀,遂夷三族。立子恢为梁王"。刘恢之梁国领东、砀二郡及魏故地。辖境相当今河南开封以东,永城以北,山东曹县、嘉祥以南,和安徽砀山、亳县等地区。治所在睢阳(今河南商丘县南)。"楚",诸侯王国。《汉书·高帝纪》记载,汉五年春,下令曰:"齐王信习楚风俗,更立为楚王,王淮北,都下邳。"《史记·荆燕世家》记载,汉六年春,"废楚王信,囚之,分其地为二国。……立刘贾以为荆王,王淮东五十二城;高帝弟刘交为楚王,王淮西三十六城"。辖境相当今安徽北部、河南东部淮河北岸一带地区。都彭城(今江苏徐州市)。"淮南",诸侯王国。据《史记·黥布列传》记载,"汉五年,布遂剖符为淮南王,都六,九江、庐江、衡山、豫章郡皆属布"。《史记·淮南王传》记载,"高祖十一年七月,淮南王黥布反,立子长为淮南王,王黥布故地,凡四郡"。又据《汉书·五行志》,知刘长都寿春。辖境均当今安徽淮河以南,巢湖、肥西以北,塘河以东,凤阳、滁县以西地区。都寿春(今安徽寿县)。"长沙",据《汉书·高帝纪》记载,"五年……诏曰:'其以长沙、豫章、象郡、桂林、南海立番君芮为长沙王。'"辖境约当今湖南东部、南部和广西全州,广东连县、阳山等地。都临湘(今湖南长沙市)。〔15〕"胡",我国古代对北方和西方各族的泛称。此处似专指匈奴。"越",古族名。秦汉以前即已广泛分布于长江中下游以南,部落众多,故又有"百越"之称。此处似专指南越。〔16〕"三河",汉人称河东、河内、河南三郡为"三河"。河东,治所在安邑(今山西夏县西北)。辖境相当今山西沁水以西、霍山以南地区。河内,治所在怀县(今河南武陟西南)。辖境相当今河南黄河以北,京汉铁路(包括汲县)以西地区。河南,治所在雒阳(今河南洛阳市东北)。辖境相当今河南黄河以南,洛水、伊水下游,双洎河、贾鲁河上

游地区及黄河以北原阳县。"东郡",郡名。治所在濮阳(今河南濮阳西南)。辖境相当今山东东阿、梁山以西,山东郓城、东明、河南范县、长垣北部以北,河南津县以东,山东茌平、冠县、河南清封、濮阳、滑县以南地区。"颍川",郡名。治所在阳翟(今河南禹县)。辖境相当今河南登丰、宝丰以东,尉氏、鄢城以西,密县以南,叶县、舞阳以北地区。"南阳",郡名。治所在宛县(今河南南阳市)。辖境相当今河南熊耳山以南叶县、内乡间和湖北大洪山以北应山、郧县间地区。〔17〕"江陵",古县名。故治在今湖北江陵荆州镇。"蜀",郡名。治所在成都(今四川成都)。辖境相当今四川松潘以南,北川、彭县、洪雅以西,峨边、石棉以北,邛崃山、大渡河以东,以及大渡河与雅砻江之间康定以南、冕宁以北地区。〔18〕"云中",郡名。治所在云中(今内蒙古托克托东北)。辖境相当今内蒙古土默特右旗以东,大青山以南,卓资县以西,黄河南岸及长城以北。"陇西",郡名。治所在狄道(今甘肃临洮南)。辖境相当今甘肃东乡以东的洮河中游,武山以西的渭河上游,礼县以北的西汉水上游及天水市东部地区。〔19〕"内史",古政区名。秦汉时,京畿附近由内史治理,即以官名为名,不称郡。治所在咸阳(今陕西咸阳市东北)。辖境相当今陕西关中平原。

【译文】汉兴以后,封爵为王、侯二等。高祖末年,不是刘氏而称王者,或没有功劳不是天子所封而称侯者,天下共同讨伐他。高祖的子弟同姓而被封为王者有九国,唯独长沙王是异姓,而有功之臣被封为侯者有一百多人。自雁门、太原以东至辽阳,为燕国和代国;常山以南,太行以东,过黄河、济水,以及阿、甄以东一直到海边,为齐国和赵国;从陈以西,南至九疑山,东含江、淮、谷、泗,直到会稽,为梁国、楚国、淮南国、长沙国,这些国的外围都和胡、越接壤。而内地北到太行山以东,都是诸侯王的封地,大的诸侯王国有五六个郡,数十个城,设置百官,建造宫观,超越本分,使用了天子的规模制度。汉朝廷只有河东、河西、河南、东郡、颍川、南阳,以及从江陵以西至蜀地,北从云中至陇西,加上内史共十五个郡,而公主列侯的食邑有不少也在其中。为什么会形成这种局面呢?因为天下初定时,骨肉同姓者较少,所以以广泛地使庶子们强大起来,用以镇抚四海,保卫天子。

汉定百年之间,亲属益疏,〔1〕诸侯或骄奢,怵邪臣计谋为淫乱,〔2〕大者叛逆,小者

不轨于法，以危其命，殒身亡国。天子观于上古，然后加惠，使诸侯得推恩分子弟国邑，〔3〕故齐分为七，〔4〕赵分为六，〔5〕梁分为五，〔6〕淮南分三，〔7〕及天子支庶子为王，〔8〕王子支庶为侯，百有余焉。吴楚时，〔9〕前后诸侯或以适削地，〔10〕是以燕、代无北边郡，吴、淮南、长沙无南边郡，齐、赵、梁、楚支郡名山陂海咸纳于汉。诸侯稍微，大国不过十余城，小侯不过数十里，上足以奉贡职，下足以供养祭祀，以蕃辅京师。〔11〕而汉郡八九十，形错诸侯间，犬牙相临，秉其陀塞地利，〔12〕强本干，弱枝叶之势，尊卑明而万事各得其所矣。

【注释】〔1〕"疏"，疏远。 〔2〕"忕"，音 shì。习惯。 〔3〕"推恩"，施恩惠于他人。 〔4〕"齐分为七"，高帝六年（公元前二〇一年）封子肥为齐王，有临淄、济北、博阳、城阳、胶东、胶西、琅邪七郡。文帝十六年（公元前一六四年），琅邪郡归汉，其余六郡分置七国：齐、淄川、胶东、胶西、城阳、济北、济南。 〔5〕"赵分为六"，指景帝二年至中元五年（公元前一五五年至前一四五年），在故赵地先后建立的六王国：广川、河间、中山、清河、常山、赵。 〔6〕"梁分为五"，《史记·孝景本纪》云：中六年四月，梁孝王薨。"立梁孝王子明为济川王，子彭离为济东王，子定为山阳王，子不识为济阴王，梁分为五。" 〔7〕"淮南分三"，《史记》、《汉书·淮南王传》云：文帝十六年（公元前一六四年），立厉王三子王淮南故地，三分其地：阜陵侯安为淮南王，安阳侯勃为衡山王，阳周侯赐为庐江王。以故淮南四郡分为三国。 〔8〕"支庶"，宗族旁出支派。 〔9〕"吴楚时"，指景帝前三年（公元前一五四年）吴楚七国之乱时。 〔10〕"适"，音 zhé。罚罪。 〔11〕"蕃辅"，屏藩与辅

佐。"蕃"，通"藩"。 〔12〕"陀塞"，险要之地。陀，音 è，同厄。

【译文】汉朝平定天下以后百年之间，诸侯王与天子的关系更加疏远，有的诸侯王骄奢起来，习惯于听从奸邪之臣的计谋去做淫乱之事，严重者谋反叛逆，轻微者不守法度，以致危及生命，丧身亡国。天子借鉴上古的办法，然后加赐恩惠，使诸侯王得以施恩惠于子弟，并分封给他们国邑。所以齐分为七国，赵分为六国，梁分为五国，淮南分为三国，连同天子的支庶子被分为王者、诸侯王的支庶子被分为侯者，共有一百多个。吴楚反叛时，有的诸侯王先后因犯罪而被削减封地，因此燕、代失去了北部的郡，吴、淮南、长沙失去了南部的郡，齐、赵、梁、楚的支郡、名山、陂海也都被朝廷收回。诸侯的势力渐渐衰弱，大国不过十余城，小侯不过数十里，对上足以完成贡职，对下足以供养祭祀，用来藩卫京师。而汉王朝直辖的郡有八九十个，交错在诸侯王国之间，犬牙相临，控制着要塞的地利，形成了本干强大、枝叶弱小的形势，使尊卑分明而万事各得其所。

臣迁谨记高祖以来至太初诸侯，〔1〕谱其下益损之时，令后世得览。形势虽强，要之以仁义为本。

【注释】〔1〕"太初"，汉武帝年号，共四年，公元前一〇四年至前一〇一年。

【译文】臣迁恭谨地记载了高祖以来至太初间的诸侯王国的情况，用列表的方式记录自始封年月以下各国兴衰损益的时间，使后世得以观览。现今朝廷形势虽强，处理好同诸侯王关系的关键在于以仁义为本。

公元前 206	205	204
高祖元年	二	三
楚	都彭城。[1]	
齐	都临淄。[2]	
荆	都吴。[3]	
淮南	都寿春。[4]	
燕	都蓟。[5]	
赵	都邯郸。[6]	
梁	都淮阳。[7]	
淮阳	都陈。[8]	
代	十一月,初王韩信元年。都马邑。[9]	二
长沙		

203	202
四	五
	齐王信徙为楚王元年。反,废。[13]
初王信元年。故相国。[10]	二 徙楚。
十月乙丑,初王英布元年。[11]	二
	后九月壬子,初王卢绾元年。[14]
初王张耳元年。薨。[12]	王敖元年。敖,耳子。
	初王彭越元年[15]
三	四 降匈奴,国除为郡。
	二月乙未,初王文王吴芮元年。薨。[16]

201	200	199
六	七	八
正月丙午,初王交元年。交,高祖弟。[17]	二	三
正月甲子,初王悼惠王肥元年。肥,高祖子。[18]	二	三
正月丙午,初王刘贾元年。[19]	二	三
三	四	五
二	三	四
二	三	四 废。[21]
二	三	四
成王臣元年[20]	二	三

九	十
四　来朝。	五　来朝。
四　来朝。	五　来朝。
四	五　来朝。
六　来朝。	七　来朝。反,诛。〔23〕
五	六　来朝。
初王隐王如意元年。如意,高祖子。〔22〕	二
五　来朝。	六　来朝。反,诛。〔24〕
	复置代,都中都。〔25〕
四	五　来朝。

196

十一
六
六
六　为英布所杀,国除为郡。[26]
十二月庚午,厉王长元年。长,高祖子。[27]
七
三
二月丙午,初王恢元年。恢,高祖子。[28]
三月丙寅,初王友元年。友,高祖子。[29]
正月丙子,初王元年。
六

195

十二	
七	楚
七	齐
更为吴国。十月辛丑,初王濞元年。[30]濞,高祖兄仲子,故沛侯。	吴
二	
二月甲午,初王灵王建元年。[31]建,高祖子。	燕
四 死。	赵
二	梁
二	淮阳
二	代
七	长沙

孝惠元年	二
八	九　来朝。
八	九　来朝。
二	三
三	四
二	三
淮阳王徙于赵,名友,元年。是为幽王。	二
三	四
为郡。	
三	四
八	哀王回元年〔32〕

192	191	190	189	188	
三	四	五	六	七	
十	十一 来朝。	十二	十三	十四 来朝。	楚
				初置鲁国。[33]	鲁
十	十一 来朝。	十二	十三 薨。	哀王襄元年[34]	齐
四	五	六 来朝。	七	八 来朝。	吴
五	六 来朝。	七	八	九 来朝。	淮南
四	五	六 来朝。	七	八 来朝。	燕
三	四 来朝。	五	六	七 来朝。	赵
				初置常山国。[35]	常山
五	六	七	八	九 来朝。	梁
				初置吕国。[36]	吕
				复置淮阳国。[37]	淮阳
五	六	七	八	九	代
二	三	四	五	六	长沙

187

| 高后元年 |
| 十五 |
| 四月初王张偃元年。〔38〕偃,高后外孙,故赵王敖子。 |
| |
| 二 |
| |
| |
| |
| |
| |
| |
| 九 |
| 十 |
| 九 |
| 八 |
| |
| |
| |
| 四月辛卯,哀王不疑元年。薨。〔39〕 |
| 十 |
| |
| |
| 四月辛卯,吕王台元年。薨。〔40〕 |
| 四月辛卯,初王怀王强元年。强,惠帝子。 |
| 十 |
| 七 |

中华典籍 >>> 史 记

186

| 二 |
| 十六 |
| 二 |
| 三 |
| |
| |
| |
| |
| 十 |
| 十一 |
| 十 |
| 九 |
| |
| |
| |
| 七月癸巳,初王义元年。哀王弟。义,孝惠子,故襄城侯,后立为帝。 |
| 十一 |
| |
| 十一月癸亥,王吕嘉元年。嘉,肃王子。 |
| 二 |
| 十一 |
| 恭王右元年〔41〕 |

185	184	183
三	四	五
十七	十八	十九
三	四	五
四 来朝。	五	六
十一	十二	十三
十二	十三	十四 来朝。
十一	十二	十三
十	十一	十二
二	五月丙辰,初王朝元年。朝,惠帝子,故轵侯。〔42〕	二
十二	十三	十四
二	三	四
三	四	五 无嗣。
十二	十三	十四
二 来朝。	三	四

六	
二十	楚
六	鲁
七	齐
初置琅邪国。[43]	琅邪
十四	吴
十五	淮南
十四	燕
十三	赵
三	常山
十五	梁
嘉废。七月丙辰,吕产元年。产,肃王弟,故洨侯。[44]	吕
初王武元年。武,孝惠帝子,故壶关侯。[45]	淮阳
十五	代
五	淮阳

181

七
二十一
七
八
王泽元年。故营陵侯。[46]
十五
十六
十五　绝。
四
徙王赵,自杀。王吕产元年。
吕产徙王梁。二月丁巳,王太元年。惠帝子。
二
十六
六

180

八
二十二
八
九
二
十六
十七
十月辛丑,初王吕通元年。肃王子,故东平侯。[47]九月诛,国除。
初王吕禄元年。吕后兄子,胡陵侯。诛,国除。
五　非子,[48]诛,国除为郡。
二　有罪,诛,为郡。
二
三　武诛,国除。
十七
七

179

孝文前元年	
二十三	楚
九 废为侯。	鲁
十 薨。	齐
初置城阳郡。[49]	城阳
初置济北。[50]	济北
三 徙燕。	琅邪
十七	吴
十八	淮南
十月庚戌,琅邪王泽徙燕元年。是为敬王。	燕
十月庚戌,赵王遂元年。幽王子。	赵
分为河间,都乐成。[51]	河间
初置太原,都晋阳。[52]	太原
复置梁国。	梁
十八 为文帝。	代
八	长沙

178	177
二	三
夷王郢元年〔53〕	二
文王则元年〔54〕	二
二月乙卯,景王章元年。章,悼惠王子,故朱虚侯。〔55〕	二
二月乙卯,王兴居元年。兴居,悼惠王子,故东牟侯。〔56〕	为郡。
国除为郡。	
十八	十九　来朝。
十九	二十　来朝。
二　薨。	康王嘉元年〔58〕
二	三
二月乙卯,初王文王辟强元年。辟强,赵幽王子。	二
二月乙卯,初王参元年。参,文帝子。	二
二月乙卯,初王怀王胜元年。胜,文帝子。〔57〕	二
	复置淮阳国。
二月乙卯,初王武元年。武,文帝子。	二　徙淮阳。
九	靖王著元年〔59〕

176

四
三
三
共王喜元年〔60〕
二十
二十一
二
四
三
三　更为代王。
三
代王武徙淮阳三年
三　太原王参更号为代王三年,〔61〕实居太原,是为孝王。
二

五	六
四　薨。	王戊元年〔62〕
四	五
二	三
二十一	二十二
二十二	二十三　王无道,迁蜀,死雍,为郡。〔63〕
三	四
五	六
四	五
四	五
四	五
四	五
三	四

173	172	171	170
七	八	九	十
二	三	四	五
六	七 来朝。	八	九
四	五	六 来朝。	七
二十三	二十四	二十五	二十六
五	六 来朝。	七	八
七 来朝。	八	九	十
六	七 来朝。	八	九
六 来朝。	七	八	九
六 来朝。	七	八 来朝。	九
六 来朝。	七	八	九
五	六	七	八 来朝。

169	168
十一	十二
六	七
十	十一　来朝。
八　徙淮南。为郡,属齐。	
二十七	二十八
	城阳王喜徙淮南元年
九	十
十一	十二　来朝。
十	十一　来朝。
十　来朝。薨,无后。	十一　淮阳王武徙梁年,是为孝王。
十　来朝。徙梁。为郡。	
十　来朝。	十一
九	十

167	166	165		
十三	十四	十五		
八　来朝。	九	十		楚
		初置衡山。〔64〕		衡山
十二	十三	十四　薨。无后。		齐
		复置城阳国。		城阳
		复置济北国。		济北
		分为济南国。〔65〕		济南
		分为淄川，都剧。〔66〕		淄川
		分为胶西，都宛。〔67〕		胶西
		分为胶东，都即墨。〔68〕		胶东
二十九	三十	三十一		吴
二	三	四　徙城阳。		淮南
十一	十二　来朝。	十三　来朝。		燕
十三	十四	十五		赵
十二	十三　薨。	哀王福元年。薨，无后，国除为郡。〔69〕		河间
		初置庐江国。〔70〕		庐江
十二	十三	十四　来朝。		梁
十二	十三	十四		代
十一	十二	十三		长沙

164

十六
十一
四月丙寅,王勃元年。淮南厉王子,故安阳侯。〔71〕
四月丙寅,孝王将闾元年。齐悼惠王子,故阳虚侯。
淮南王喜徙城阳十三年
四月丙寅,初王志元年。齐悼惠王子,故安都侯。〔72〕
四月丙寅,初王辟光元年。齐悼惠王子,故扐侯。〔73〕
四月丙寅,初王贤元年。齐悼惠王子,故武城侯。〔74〕
四月丙寅,初王卬元年。齐悼惠王子,故平昌侯。〔75〕
四月丙寅,初王雄渠元年。齐悼惠王子,故白石侯。〔76〕
三十二
四月丙寅,王安元年。淮南厉王子,故阜陵侯。〔77〕
十四
十六
四月丙寅,王赐元年。淮南厉王子,故阳周侯。〔78〕
十五
十五
十四

163	162	161
后元年	二	三
十二	十三	十四
二	三	四
二	三	四　来朝。
十四	十五	十六
二	三	四　来朝。
二	三	四　来朝。
二	三	四
二	三	四
二	三	四
三十三	三十四	三十五
二	三	四
十五	十六	十七
十七	十八	十九
二	三	四
十六	十七	十八　来朝。
十六	十七　薨。	恭王登元年〔79〕
十五	十六	十七

160	159	158
四	五	六
十五	十六　来朝。	十七
五	六	七
五	六	七
十七	十八　来朝。	十九
五　来朝。	六	七
五	六　来朝。	七
五	六	七
五	六　来朝。	七
五	六	七
三十六	三十七	三十八
五	六	七　来朝。
十八　来朝。	十九	二十
二十　来朝。	二十一	二十二
五	六	七
十九	二十	二十一　来朝。
二	三	四
十八	十九	二十　来朝。

七	孝景前元年	
十八	十九	楚
八	九	衡山
八	九	齐
二十	二十一	城阳
八	九	济北
八	九	济南
八	九	淄川
八	九	胶西
八	九	胶东
三十九	四十	吴
八	九	淮南
二十一	二十二	燕
二十三	二十四	赵
	复置河间国。[80]	河间
	初置广川,都信都。[81]	广川
八	九	庐江
二十二	二十三	梁
	初置临江,都江陵。[82]	临江
	初置汝南国。[83]	汝南
	复置淮阳国。[84]	淮阳
五	六	代
二十一　来朝。薨,无后,国除。	复置长沙国。[85]	长沙

155

二	
二十　来朝。	楚
分楚复置鲁国。[86]	鲁
十	衡山
十	齐
二十二	城阳
十　来朝。	济北
十	济南
十	淄川
十	胶西
十	胶东
四十一	吴
十	淮南
二十三	燕
二十五　来朝。	赵
三月甲寅,初王献王德元年。景帝子。	河间
三月甲寅,王彭祖元年。景帝子。	广川
初置中山,都卢奴。[87]	中山
十	庐江
二十四　来朝。	梁
三月甲寅,初王阏于元年。景帝子。	临江
三月甲寅,初王非元年。景帝子。	汝南
三月甲寅,初王余元年。景帝子。	淮南
七	代
三月甲寅,定王发元年。景帝子。	长沙

154

三
二十一　反,诛。
六月乙亥,淮阳王徙鲁元年。是为恭王。
十一
十一
二十三
十一　徙淄川。
十一　反,诛。为郡。
十一　反,诛。济北王志徙淄川十一年。是为懿王。
十一　反,诛。六月乙亥,于王端元年。景帝子。
十一　反,诛。
四十二　反,诛。
十一
二十四
二十六　反,诛。为郡。
二　来朝。
二　来朝。
六月乙亥,靖王胜元年。景帝子。
十一
二十五　来朝。
二
二
徙鲁。为郡。
八
二

153

四　四月己巳立太子	
文王礼元年。元王子,故平陆侯。	楚
二　来朝。	鲁
十二　徙济北。庐江王赐徙衡山元年。	衡山
懿王寿元年〔88〕	齐
二十四	城阳
衡山王勃徙济北十二年。是为贞王。	济北
十二	淄川
二	胶西
四月己巳,初王元年。是为孝武帝。	胶东
初置江都。〔89〕六月乙亥,汝南王非为江都王元年。是为易王。	江都
十二	淮南
二十五	燕
	赵
三	河间
三	广川
二	中山
十二　徙衡山,国除为郡。	庐江
二十六	梁
三　薨,无后,国除为郡。	临江
三　徙江都。〔90〕	汝南
九	代
三	长沙

152　　　　　　　　151

152	151
五	六
二	三　来朝。薨。[93]
三	四
二	三
二　来朝。	三
二十五	二十六
十三　薨。	武王胡元年[94]
十三	十四
三	四
二	三
二	三
十三　来朝。	十四
二十六　薨。	王定国元年[95]
广川王彭祖徙赵四年。是为敬肃王。[91]	五
四	五
四　徙赵，国除为信都郡。[92]	
三	四
二十七	二十八
	复置临江国。
十	十一
四	五　来朝。

150　　　　　　　　　　　　　　149

七　十一月乙丑太子废〔96〕	中元年
安王道元年〔97〕	二　来朝。
五	六　来朝。
四	五
四	五
二十七	二十八
二	三
十五	十六　来朝。
五	六　来朝。
四　四月丁巳,为太子。	复置胶东国。
四	五
十五	十六
二	三
六	七
六	七
	复置广川国。
五　来朝。	六
二十九　来朝。	三十
十一月乙丑,〔98〕初王闵王荣元年。景帝太子,废。	二
十二	十三
六　来朝。	七

148

二	
三	楚
七	鲁
六	衡山
六	齐
二十九　来朝。	城阳
四	济北
十七　来朝。	淄川
七	胶西
四月乙巳,初王康王寄元年。景帝子。	胶东
六	江都
十七	淮南
四	燕
八　来朝。	赵
八　来朝。	河间
四月乙巳,惠王越元年。景帝子。	广川
七	中山
初置清河,都清阳。〔99〕	清河
三十一　来朝。	梁
三	临江
十四	代
八	长沙

三	四
四	五
八	九
七　来朝。	八
七	八
三十	三十一
五	六
十八	十九
八	九
二	三
七	八
十八	十九　来朝。
五　来朝。	六
九	十
九	十
二	三
八	九　来朝。
三月丁巳，哀王乘元年。景帝子。〔100〕	二
	复置常山国。
三十二	三十三
四　坐侵庙壖垣为宫，自杀。国除为南郡。〔101〕	
十五　来朝。	十六
九	十　来朝。

145		144
五		六
六　来朝。	楚	七
十	鲁	十一
九	衡山	十
九	齐	十
三十二	城阳	三十三　薨。
七	济北	八
二十	淄川	二十一
十	胶西	十一
四　来朝。	胶东	五
九	江都	十
二十	淮南	二十一
七	燕	八
十一	赵	十二
十一	河间	十二
四	广川	五
十	中山	十一
三	清河	四
四月丁巳,初王宪王舜元年。孝景子。	常山	二
三十四	梁	三十五　来朝。薨。
分为济川国。	济川	五月丙戌,初王明元年。梁孝王子。
分为济东国。	济东	五月丙戌,初王彭离元年。梁孝王子。
分为山阳国。	山阳	五月丙戌,初王定元年。梁孝王子。
分为济阴国。	济阴	五月丙戌,初王不识元年。梁孝王子。
十七	代	十八
十一　来朝。	长沙	十二

143	142	141	140	139
后元年	二	三	孝武建元元年	二
八	九	十	十一	十二　来朝。
十二	十三	十四	十五	十六　来朝。
十一	十二	十三	十四	十五
十一	十二　来朝。	十三	十四	十五
顷王延元年〔102〕	二	三	四	五
九	十　来朝。	十一	十二	十三
二十二　来朝。	二十三	二十四	二十五	二十六
十二	十三	十四	十五	十六
六	七	八　来朝。	九	十
十一	十二	十三	十四	十五
二十二	二十三	二十四	二十五	二十六　来朝。
九　来朝。	十　来朝。	十一	十二	十三
十三　来朝。	十四	十五	十六	十七
十三　来朝。	十四	十五	十六	十七
六	七	八	九	十
十二	十三	十四	十五	十六
五	六	七	八	九　来朝。
三	四	五	六	七
恭王买元年。孝王子。	二	三	四	五
二	三	四	五	六
二	三	四	五	六
二	三	四	五	六
二　薨,无后,国除。				
十九	二十	二十一	二十二	二十三
十三	十四	十五	十六	十七

138	137
三	四
十三	十四
十七	十八
十六	十七
十六	十七
六	七
十四	十五
二十七	二十八
十七	十八
十一	十二
十六	十七　来朝。
二十七	二十八
十四	十五
十八	十九
十八	十九
十一	十二
十七　来朝。	十八
十	十一
八	九　来朝。
六	七　薨。
七　明杀中傅。废迁房陵。[103]	为郡。
七	八
七	八
二十四　来朝。	二十五
十八　来朝。	十九

五	六
十五	十六
十九	二十
十八	十九
十八	十九
八	九
十六	十七
二十九	三十
十九	二十　来朝。
十三	十四
十八	十九
二十九	三十
十六	十七
二十	二十一　来朝。
二十	二十一
缪王元年〔104〕	二
十九	二十
十二　薨,无后,国除为郡。	
十	十一
平王襄元年〔105〕	二
九	十
九　薨,无后,国除为郡。	
二十六	二十七
二十	二十一

134	133	132	131	130
元光元年	二	三	四	五
十七	十八　来朝。	十九　来朝。	二十	二十一
二十一	二十二	二十三	二十四	二十五
二十	二十一	二十二	二十三	二十四
二十	二十一	二十二　卒。	厉王次昌元年〔107〕	二
十　来朝。	十一	十二	十三	十四　来朝。
十八	十九	二十	二十一	二十二
三十一	三十二	三十三	三十四	三十五　薨。
二十一	二十二	二十三	二十四	二十五
十五　来朝。	十六	十七	十八	十九
二十	二十一	二十二	二十三	二十四
三十一	三十二	三十三	三十四	三十五
十八　来朝。	十九	二十	二十一	二十二
二十二	二十三	二十四	二十五	二十六
二十二	二十三	二十四	二十五	二十六　来朝。
三	四	五	六	七
二十一	二十二　来朝。	二十三　来朝。	二十四	二十五
十二	十三	十四	十五	十六
三	四	五	六	七
十一	十二	十三	十四　来朝。	十五
二十八	二十九	王义元年〔106〕	二	三
二十二	二十三　来朝。	二十四　来朝。	二十五	二十六

129	128	127
六	元朔元年	二
二十二　薨。	襄王注元年〔110〕	二
二十六　薨。	安王光元年〔111〕	二
二十五	二十六	二十七
三	四	五　薨,无后,国除为郡。
十五	十六	十七
二十三	二十四　来朝。	二十五
靖王建元年〔108〕	二	三
二十六	二十七	二十八　来朝。
二十	二十一	二十二
二十五	二十六	王建元年〔113〕
三十六	三十七	三十八
二十三	二十四　坐禽兽行自杀。国除为郡。	
二十七　来朝。	二十八	二十九
恭王不害元年〔109〕	二	三
八	九	十
二十六	二十七	二十八
十七	十八	十九
八	九	十　来朝。
十六	十七	十八
四	五	六
二十七	康王庸元年〔112〕	二

126	125	124
三	四	五
三	四　来朝。	五
三	四	五
二十八	二十九	三十
十八	十九	二十
二十六	二十七	二十八
四	五	六
二十九	三十	三十一
二十三	二十四	二十五　来朝。
二	三	四
三十九	四十	四十一　安有罪,削国二县。〔115〕
三十	三十一	三十二
四　薨。	刚王堪元年〔114〕	二
十一	十二	十三
二十九　来朝。	三十	三十一
二十	二十一	二十二　来朝。
十一	十二	十三
十九	二十　来朝。	二十一
七	八	九
三	四	五

123	122
六	元狩元年
六	七
六	七
三十一	三十二　反,自杀,国除。
二十一　来朝。	二十二
二十九	三十
七	八
三十二	三十三
二十六	二十七
五	六
四十二	四十三　反,自杀。
三十三	三十四　来朝。
三	四
十四　来朝。	十五
三十二	三十三
二十三	二十四
十四	十五
二十二	二十三
十	十一
六	七

121

二	
八	楚
八　来朝。	鲁
二十三	城阳
三十一	济北
九	淄川
三十四	胶西
二十八	胶东
七　反,自杀,国除为广陵郡。〔116〕	江都
置六安国,以故陈为都。〔117〕七月丙子。初王恭王庆元年。胶东王子。	六安
三十五	赵
五	河间
十六	广川
三十四	中山
二十五	常山
十六	梁
二十四	济东
十二　来朝。	代
八　来朝。	长沙

120	119	118	
三	四	五	
九	十　来朝。		楚
九	十	十一	鲁
		复置齐国。	齐
二十四	二十五	二十六　来朝。薨。	城阳
三十二　来朝。	三十三	三十四	济北
十	十一	十二　来朝。	淄川
三十五	三十六	三十七	胶西
哀王贤元年〔118〕	二	三	胶东
		更为广陵国。	广陵
二	三	四	六安
		复置燕国。	燕
三十六	三十七	三十八	赵
六	七	八	河间
十七	十八	十九	广川
三十五　来朝。	三十六	三十七	中山
二十六	二十七	二十八	常山
十七	十八	十九	梁
二十五	二十六　来朝。	二十七	济东
十三	十四	十五	代
九	十	十一	长沙

117	116
六	元鼎元年
十二	十三
十二	十三
四月乙巳,初王怀王阏元年。武帝子。	二
敬王义元年〔119〕	二
三十五	三十六
十三	十四
三十八	三十九
四	五
四月乙巳,初王胥元年。武帝子。	二
五	六
四月乙巳,初王剌王旦元年。武帝子。	二
三十九	四十
九　来朝。	十
二十	二十一　来朝。
三十八	三十九
二十九　来朝。	三十
二十	二十一
二十八	二十九　剽攻杀人,迁上庸,国为大河郡。〔120〕
十六	十七
十二	十三

115 114

二	三	
十四　薨。	节王纯元年〔121〕	楚
十四　来朝。	十五	鲁
	初置泗水,都郯。〔122〕	泗水
三	四	齐
三	四	城阳
三十七	三十八	济北
十五	十六	淄川
四十	四十一	胶西
六	七	胶东
三	四	广陵
七	八	六安
三	四	燕
四十一	四十二	赵
十一	十二　薨。	河间
二十二	二十三	广川
四十	四十一　来朝。	中山
	复置清河国。	清河
三十一	三十二　薨,子为王。	常山
二十二	二十三	梁
十八　来朝。	十九　徙清河。为太原郡。	代
十四	十五　来朝。	长沙

113

四	
二	楚
十六	鲁
思王商元年。商,常山宪王子。	泗水
五	齐
五	城阳
三十九	济北
十七	淄川
四十二	胶西
八	胶东
五	广陵
九	六安
五	燕
四十三	赵
顷王授元年〔123〕	河间
二十四	广川
四十二 薨。	中山
二十 代王义徙清河年。是为刚王。	清河
更为真定国。〔124〕顷王平元年。常山宪王子。	真定
二十四	梁
十六	长沙

112　　　　　　　　　　　　111

五	六
三	四
十七	十八
二	三
六	七
六	七
四十	四十一　来朝。
十八	十九
四十三	四十四
九	十
六	七
十	十一　来朝。
六	七
四十四	四十五
二	三
二十五　来朝。	二十六
哀王昌元年。即年薨。〔125〕	康王昆侈元年〔126〕
二十一	二十二
二	三
二十五	二十六
十七	十八

110	109	108
元封元年	二	三
五	六	七
十九	二十	二十一　来朝。
四	五	六
八　薨,无后,国除为郡。		
八　来朝。	九　薨。	慧王武元年〔128〕
四十二	四十三	四十四
二十	顷王遗元年〔127〕	二
四十五	四十六	四十七　薨,无后,国除。
十一	十二	十三
八	九	十
十二	十三	十四
八	九	十
四十六	四十七	四十八
四	五	六
二十七	二十八	二十九
二	三	四
二十三	二十四	二十五　来朝。
四　来朝。	五	六
二十七	二十八	二十九
十九	二十	二十一

107	106	105	104
四	五	六	太初元年
八	九	十	十一
二十二	二十三　朝泰山。	二十四	二十五
七	八	九	十　薨。
二	三	四	五
四十五	四十六　朝泰山。	四十七	四十八
三	四	五	六
十四	戴王通平元年〔129〕	二	三
十一	十二	十三	十四
十五	十六	十七	十八　来朝。
十一	十二	十三	十四
四十九	五十	五十一	五十二
七	八	九	十
三十	三十一	三十二	三十三
五	六	七	八
二十六	二十七	二十八	二十九
七	八	九　来朝。	十
三十	三十一	三十二	三十三
二十二	二十三	二十四	二十五

103	102	101
二	三	四
十二	十三	十四
二十六	二十七	二十八
哀王安世元年。即戴王贺元年。安世子。〔130〕	二	三
六	七	
四十九	五十	五十一
七	八	九
四	五	六
十五	十六	十七
十九	二十	二十一
十五	十六	十七
五十三	五十四	五十五
十一	十二	十三
三十四	三十五	三十六
九 来朝。	十	十一
三十	三十一	三十二
十一	十二	十三
三十四	三十五	三十六 来朝。
二十六	二十七	二十八 来朝。

【注释】〔1〕"彭城",故址在今江苏徐州市。本书《纪》《传》皆言楚王韩信都下邳(今江苏睢宁西北)。《史记志疑》云:"楚王韩信都下邳,《纪》、《传》甚明,此言彭城,误。盖信废改封刘交,始都彭城耳。"〔2〕"临淄",故址在今山东淄博市东北旧临淄。 〔3〕"吴",故址在今江苏苏州市。 〔4〕"寿春",故址在今安徽寿县。《史记志疑》云:"英布初为九江王,继为淮南王,皆都于六,《纪》、《传》甚明,而此独言都寿春,误。盖以后之王淮南者都寿春,而没其始都之地也。"〔5〕"蓟",故址在今北京市西南。 〔6〕"邯郸",故址在今河北邯郸市。〔7〕"淮阳",故址在今河南淮阳县。《史记志疑》云:"梁王彭越都定陶,此云淮阳,误。而《史诠》谓当作'睢阳',亦误。盖至孝文子梁孝王武始徙都睢阳耳。"〔8〕"陈",故址在今河南淮阳县境。 〔9〕"马邑",故址在今山西朔县。《史记志疑》云:"韩王信未尝更封代王,此《表》失列韩国,与代共在一格,故妄以韩为代耳。当改'代'作'韩'。又信都阳翟,后乃徙马邑,已辨其误于《月表》中。"〔10〕"信",即齐王韩信。汉初诸侯王。淮阴(今江苏清江西南)人。初属项羽,继归刘邦。被任为大将。在楚汉战争中,刘邦屡用其策,战功卓著,后被刘邦封为齐王。汉四年(公元前二〇三年)汉王遣张良往立信为齐王。详见本书《淮阴侯列传》。 〔11〕"英布",汉初诸侯王。六县(今安徽六安东北)人,曾坐法黥面,故又称黥布。秦末率骊山刑徒起义,属项羽。在楚汉战争中归附刘邦,并从刘邦在垓下(今安徽灵璧南)击灭项羽。汉四年(公元前二〇三年)七月,以九江、衡山、庐江、豫章四郡封英布为淮南王。详见本书《黥布列传》。《史记志疑》云:"'十月'乃'七月'之误。"甚是。 〔12〕"张耳",汉初诸侯王。大梁(今河南开封)人。秦朝末年他与陈余从武臣北定赵地,武臣为赵王,他为丞相。项羽分封诸王时他被封为常山王。后又投奔刘邦,又改立为赵王。汉四年(公元前二〇三年)十一月,以故秦之邯郸、巨鹿、常山三郡封张耳为赵王。详见本书《张耳陈余列传》、《汉书·高帝纪》。 〔13〕"齐王信徙为楚王",此《表》及本书《淮阴侯列传》皆云徙信为楚王在汉五年(公元前二〇二年)正月,《史记志疑》云:"《汉书·高帝纪》汉六年十月,人告信反,十二月执信废之。《史·本纪》以告反亦书于十二月,已属误端,而此又书反废于五年,尤误。"〔14〕"卢绾",汉初诸侯王。丰(今属江苏)人。秦末随刘邦起义于沛(今江苏沛县),入汉中,为将军。后从刘邦破燕王臧荼。后被封为燕王。本书《韩信卢绾列传》云汉五年(公元前二〇二年)八月封卢绾为燕

王。《史记志疑》云:"封绾在后九月,非九月也。《月表》、《将相表》、《汉异姓表》甚明。此及《汉书·高帝纪》言九月,与《绾传》言八月,同误。"〔15〕"彭越",汉初诸侯王。昌邑(今山东金乡西北)人。秦末聚众起兵,楚汉战争时,率兵归属刘邦,屡建战功。后又从刘邦击灭项羽于垓下(今安徽灵璧南)。后被封为梁王。事详《汉书·韩彭英卢吴传》。〔16〕"吴芮",汉初诸侯王。初为秦番阳(今江西波阳东北)令,被称为番君。秦末率越人起兵,并派部将梅鋗领兵从刘邦入关。项羽分封诸侯时被封为衡山王。汉朝建立,改封为长沙王。事详《汉书·韩彭英卢吴传》。 〔17〕"交",即刘交。高祖之弟。本书《楚元王世家》云:"汉六年,立交为楚王。王薛郡、东海、彭城三十六县。"〔18〕"肥",即刘肥。高祖之子。《汉书·高帝纪》载:汉六年(公元前二〇一年)春正月壬子,以胶东、胶西、临淄、济北、博阳、城阳七十三县立子肥为齐王。《史记志疑》云:"《汉书·纪》《表》作'正月壬子',是也。此作'甲子',误。"〔19〕"刘贾",本书《荆燕世家》云:汉六年(公元前二〇一年)春,"废楚王信,囚之,分其地为二国。……立刘贾为荆王,王淮东五十二城"。《世家》又云:"荆王刘贾者,诸刘,不知其何属初起时。"《汉书·荆燕吴传》云:"荆王刘贾,高祖从父兄也。"师古注:"父之兄弟之子,为从父兄弟也。言本同祖,从父而别。"〔20〕"成王臣",即吴臣,吴芮子。芮死,子臣嗣。详见《汉书·韩彭英卢吴传》。 〔21〕"废",《史记志疑》云:"张敖以高祖九年废,《史》、《汉》《纪》《表》《传》甚明,此与《异姓表》误在八年。"〔22〕"隐王如意",高祖之子。《史记志疑》云:"考《汉书·高帝纪》,高祖七年十二月,代王喜弃国自归,即于是月辛卯立如意为代王,至九年正月赵王张敖废,乃徙代王如意为赵王。此表于代王格内既不书如意王代,而如意之王赵亦不言自代徙,岂非疏乎?"〔23〕"(淮南王英布)反诛",高祖十年(公元前一九七年),彭越、韩信相继为刘邦所杀。因此淮南王英布亦举兵反叛。后战败逃往江南,被长沙王臣诱杀。见本书《黥布列传》。 〔24〕"(梁王彭越)反诛",高祖十年(公元前一九七年)秋,彭越太仆告发彭越与其将扈辄谋反,高祖囚之雒阳。吕后令其舍人复告彭越谋反,廷尉王恬开奏请族之。上乃可,遂夷越宗族,国除。事详见本书《魏豹彭越列传》。 〔25〕"中都",故址在今山西平遥西南。 〔26〕"国除为郡",高祖十一年(公元前一九六年)秋,淮南王英布反,东击荆,荆王刘贾与战,不胜,走富陵,为英布所杀。国除为郡。事详见本书《荆燕世家》。 〔27〕"厉王长",即刘长。此年英布反叛,战败逃往

江南,被长沙王臣诱杀。改立刘邦子刘长为淮南王。事详见本书《淮南衡山王列传》及《黥布列传》。《史记志疑》云:"案'十二月'当作'七月',英布以七月反,厉王即以七月封,《史》、《汉》《高纪》甚明,《通鉴》从之是已。此作'十二月',与《史·淮南王传》、《汉书·诸侯王表》作'十月'并误。" 〔28〕"恢",即刘恢。彭越谋反被诛后,改封高祖子刘恢为梁王。见《汉书·高五王传》。《史记志疑》云:"刘羲叟《长历》三月丙辰朔,无丙午。恢、友同封,友于三月丙寅日封,则恢之封亦必是丙寅日矣。" 〔29〕"友",即刘友。高祖十一年(公元前一九六年),赵王如意被吕太后毒死后,乃立高祖子刘友为淮阳王。事见《汉书·高五王传》。 〔30〕"更为吴国",高祖十二年(公元前一九五年),立沛侯刘濞为吴王,王故荆地。见本书《荆燕世家》、《吴王濞列传》 〔31〕"灵王建",高祖十二年(公元前一九五年),燕王卢绾亡入匈奴。立高祖子刘建为燕王。见《汉书·高五王传》。 〔32〕"哀王回",成王臣子。成王臣死,子回嗣。见《汉书·韩彭英卢吴传》。 〔33〕"初置鲁国",以故楚薛郡置鲁国。辖境约当今山东曲阜、滕县、泗水等县地。都鲁县(今山东曲阜东古城)。 〔34〕"哀王襄",齐悼惠王刘肥子,悼惠王于惠帝六年卒,子刘襄立为哀王。 〔35〕"常山国",分赵常山郡置常山国。辖境约当今河北南部及山东平原、高唐二县以西地区,都襄国(今河北邢台市)。 〔36〕"吕国",吕太后称制后,割齐之济南郡为吕王奉邑。辖境约当今山东济南市、章丘、济阳、邹平等县地,治所在东平陵(今山东章丘县西北)。《史诠》亦云"吕国由齐之济南郡分"。 〔37〕"淮阳国",高帝十一年(公元前一九六年)始封淮阳国,有陈、颍川二郡,后陈郡析南部置汝南郡。辖境约当今河南淮阳、太康、西华、鹿邑、柘城以及登封、宝丰、尉氏、叶县、舞阳等县地区。治所在陈县(今河南淮阳县)。惠帝元年(公元前一九四年),淮阳国除为淮阳、汝南、颍川三郡。此后,吕后、文、景、宣各朝又四度复置淮阳国,皆仅淮阳一郡之地。 〔38〕"张偃",张敖子。其母为吕后女,所以吕后封其为鲁王。本书《张耳陈余列传》云张偃封鲁王在高后六年(公元前一八二年),此《表》及《汉·志》皆置于元年,疑误。因为是年宣平侯张敖死,方以鲁国封其子偃,当以《张耳陈余列传》为是。 〔39〕"哀王不疑元年薨",《史记志疑》云:"不疑以二年薨,《史·吕后纪》及《汉·表》可证,此在元年误。" 〔40〕"吕王台元年薨",《史记志疑》云:"吕台之薨,《吕后纪》在二年十一月,《将相表》在二年十二月,《汉·表》亦在二年,此误书于元年也。" 〔41〕"恭王右",《汉书》作"共王右"。长沙哀王回卒。 〔42〕"轵侯",惠帝子刘朝。"轵",县名,治所在今河南济源南。 〔43〕"琅邪国",改琅邪郡为国。封营陵侯刘泽,辖境相当于今山东东南部。《汉书·刘泽传》引田生语云"裂十余县王之",可知当时琅邪国约领十余县。 〔44〕"吕产",本书《吕后本纪》云:"六年十月,太后曰吕王嘉居处骄恣,废之,以肃王台弟吕产为吕王。"《史记志疑》云:"产为吕王,《吕后纪》在十月是也,此与《惠景表》作'七月'同误。《汉·表》作'十一月'亦误。""浍",故址在今安徽固镇县东濠城。 〔45〕"壶关",县名。故址在今山西长治市北。 〔46〕"泽",即刘泽。诸刘远属。《集解》引《汉书》云:"泽,高祖从祖昆弟。"见本书《荆燕世家》。"营陵",县名。故址在今山东昌乐县东南。 〔47〕"故东平侯",吕通初封锤侯,非东平侯,见本书《惠景间侯者年表》。疑此《表》及《吕太后本纪》作"东平侯"误。 〔48〕"非子",谓非真孝惠子。 〔49〕"城阳郡",治所在莒县(今山东莒县)。辖境约当今山东莒县、沂南和蒙阴县东部地区。 〔50〕"济北",治所在卢(今山东长青县南)。辖境约当今山东济南、德州二市及禹城、平原、肥城、济阴等县一带。 〔51〕"乐城",故址在今河北献县东南。河间国辖境约当今河北献县、交河、东光、阜城、武强各一部分地。 〔52〕"晋阳",故址在今山西太原市西南。太原国辖境约当今山西晋中地区及阳曲、交城、平遥、和顺等地。 〔53〕"夷王郢",即刘郢客。刘交子。《史记志疑》云:"夷王名郢客,此与《文纪》、《元王世家》及《史》、《汉》《儒林传》并误脱'客'字,余俱作'郢客'。" 〔54〕"文王则",即刘则。哀王刘襄子。 〔55〕"朱虚",县名。治所在今山东临朐东南。 〔56〕"东牟",县名,治所在今山东牟平县。 〔57〕"怀王胜",当作"怀王揖"。《史记志疑》云:"怀王名揖,《史·文纪》及《汉·纪》《表》可据,此与《将相表》、《孝王世家》及《汉·贾谊传》作'胜',误也。景帝子中山靖王名胜,而怀王为景弟亲弟,岂有叔侄同名之理乎?" 〔58〕"康王嘉",刘泽子。 〔59〕"靖王著",恭王右子。《史记志疑》云:"'著',《汉·表》作'产',《吴芮传》作'羌',而《史诠》引《汉书》作'差',字形俱近,疑。" 〔60〕"共王喜",刘章子。 〔61〕"更号为代王",徙太原王刘参为代王,以代地尽与太原王,号曰代王。见本书《梁孝王世家》。 〔62〕"戊",即刘戊。夷王刘郢客子。 〔63〕"迁蜀死雍",厉王长因无道徙蜀郡严道(今四川荥经)。"雍",在今陕西凤翔南。 〔64〕"衡山",文帝十六年(公元前一六四年),以衡山郡置衡山国。治所在邾(今湖北黄冈西北)。辖境约当今河南信阳市、湖北红安、黄冈以东，安徽霍山、怀宁以西，南至长江，北至淮河地区。〔65〕"济南国"，文帝十六年（公元前一六四年）以济南郡置济南国。治所在东平陵（今山东章丘西）。辖境约当今山东济南市、章丘、济阳、邹平等县地。〔66〕"淄川"，文帝十六年（公元前一六四年），分临淄郡东部置淄川国。治所在剧（今山东寿光南）。辖境约当今山东淄博市以东广饶、益都、寿光等县地区。〔67〕"胶西"，文帝十六年（公元前一六四）年，以胶西郡置胶西国。辖境约当今山东胶河以西高密以北地区。"都宛"，《史记志疑》云："《齐悼惠王世家》《正义》引《表》云'都高宛'。考《水经注》二十四卷'时水又西径东高苑城中，《史记》汉文帝十五年分齐为胶西王国，都高苑，徐广《音义》曰乐安有高苑城，俗谓之东苑也'。据此，则《史·表》旧文是'高苑'，传刻脱一'高'字耳。（"宛"与"苑"同。《郡国志》作"菀"。《汉·志》高宛属千乘。《悼惠世家正义》引《括地志》谓胶西所都是西苑，误。）高宛有东西之别，故《水经注》又云'时水又西径西高苑县故城南，汉高帝六年封丙倩为侯国'。仁和沈进士景熊据《地理志》以胶西都高密，自讹'密'为'宛'，而于是混入千乘郡之高宛。余未敢以为然。宣帝改胶西为高密，安知不徙都。且胶西之都高宛，《水经注》凿凿言之，而《汉·志》据最后平帝元始为说，统西汉二百年，其间郡县之割隶移属，不可指数，安得据宣帝时之高密以概文帝时之胶西。况胶西尝为郡矣，班《志》只举大略，不能尽载，而遽谓印都高密可乎？""高宛"，在今山东博兴西南。〔68〕"胶东"，文帝十六年（公元前一六四）年，以胶东郡置胶东国。都即墨（今山东平度东南）。辖境约当今山东平度、莱阳、莱西等县及迤南一带。〔69〕"哀王福"，刘辟强子。〔70〕"庐江国"，文帝十六年（公元前一六四年），以庐江、豫章郡置庐江国。治所在舒（今安徽庐江西南）。辖境约当今安徽巢县、舒城、霍山以南，长江以北，湖北英山、广济、黄梅和河南商城等县地。〔71〕"安阳"，侯国名。治所在今河南安阳西南。〔72〕"安都"，侯国名。治所在今河北高阳境内。〔73〕"扐"，侯国名。治所在今山东商河县东北。〔74〕"武城"，侯国名。治所在今山东武城西北。〔75〕"平昌"，侯国名。治所在今山东诸城县西北。〔76〕"白石"，侯国名。治所在今甘肃临夏县。〔77〕"阜陵"，侯国名。治所在今安徽和县西。〔78〕"阳周"，侯国名。其地望，《史记志疑》说为城阳莒县之阳周乡；《史记地名考》说"此淮南阳周"。其地未详。〔79〕"恭王登"，孝文帝子。〔80〕"河间国"，文帝十五年（公元前一六五年），河间王

无后，国除为河间、广川、勃海三郡，属汉。景帝二年（公元前一五五年），以河间郡置国。此河间仅有故河间之三分之一。〔81〕"广川"，景帝二年（公元前一五五年），以广川郡置广川国。都信都（今河北冀县）。辖境约当今河北武邑、景县以南，南宫、故城以北，滏阳河西岸以东和山东德州市地区。〔82〕"临江"，景帝二年（公元前一五五年），以南郡置临江国。都江陵（今湖北江陵）。辖境约当今湖北粉青河及襄樊市以南，荆门、洪湖以西，长江和清江流域以北，西至四川巫山。〔83〕"汝南国"，汉高帝四年（公元前二〇三年）置郡，景帝二年（公元前一五五年）改为汝南郡。治所在上蔡（今河南上蔡西南）。辖境约当今河南颍河、淮河之间，京广铁路西侧一线以东，安徽茨河、西肥河以西，淮河以北。〔84〕"淮阳国"，惠帝元年（公元前一九四年），淮阳王友徙王赵，淮阳国国除为淮阳、汝南、颍川三郡。此年复置之淮阳国当仅淮阳一郡。〔85〕"长沙国"，文帝后元七年（公元前一五七年），长沙王无后，国除为长沙、武陵、桂阳三郡。景帝二年（公元前一五五年），以长沙郡复置长沙国。辖境约当今湖南东部、南部和广西全州、广东连县、阳山等地。〔86〕"分楚复置鲁国"，分楚故薛郡复置鲁国。〔87〕"中山"，汉高帝置郡。景帝改国。都卢奴（今河北定县）。辖境约当今河北狼牙山以南，保定市安国以西，唐县、新乐以东和滹沱河以北地区。〔88〕"懿王寿"，孝王将闾子。〔89〕"江都"，景帝三年（公元前一五四年）正月，吴王濞反。六月，七国之乱平，吴国除。以吴郡属汉，以东阳、鄣二郡置江都国。辖境约当今山东济南市、江苏茅山西北地区。治所在广陵（今江苏扬州市西北冈冢上）。《史记志疑》云："据《景纪》（置江都国）是三年事，六月乙亥，正与封鲁王、淄川王月日同，则此置四年非也。以后皆当移前一格。"〔90〕"徙江都"，《史记志疑》云："《汉·表》二年徙，此亦误在后一年。"〔91〕"敬肃王"，《史记志疑》云："《汉·表》彭祖徙赵六十三年薨，当太初四年。《史》讫于太初，作《史记》时彭祖未卒，安得称谥乎？"梁说甚是。〔92〕"信都郡"，治所在信都（今河北冀县）。辖境约当今河北冀县、深县、武邑、枣强、衡水、南宫、景县以及山东德州的部分地区。〔93〕"薨"，《汉书·元王传》作"四年薨"。〔94〕"武王胡"，《史记志疑》云："《汉·表》胡在位五十四年，天汉三年始薨，不应称谥，此后人妄改'今王'为'武王'也。"〔95〕"定国"，燕康王刘嘉子。〔96〕"十一月乙丑"，《史记志疑》云：'十一月'当作'三月'。"〔97〕"安王道"，楚文王刘礼子。〔98〕"十一月乙丑"，《史记志疑》

云：“‘十一月’是‘三月’之误。”〔99〕“清河”，景帝三年（公元前一五四年），赵国除，清河支郡属汉，中三年（公元前一四七年），置清河国。都清阳（今河北清河东南）。辖境约当今河北清河及枣强一带，山东临清、夏津、武城及高唐、平原各一部分地。〔100〕“三月”，《史记志疑》云：“‘三月’当作‘二月’。”〔101〕“坐侵庙墙垣为宫自杀”，《史记志疑》云：“临江王荣无四年，《表》与《五宗世家》谓荣以四年自杀，误也。知者，《史·景纪》曰‘中二年三月召临江王来，即死中尉府中’。《汉书·景纪》曰‘二年三月，临江王荣坐侵太宗庙地，征诣中尉，自杀’。《诸侯王表》曰‘荣立三年自杀’。《景十三王传》曰‘为临江王三岁，自杀’。《地理志》曰‘南郡，景帝中二年复故’。”梁说甚是。“南郡”，治所在江陵（今湖北江陵）。〔102〕“顷王延”，刘喜子。〔103〕“房陵”，县名。治所在今湖北房陵。西汉时，诸侯王有罪多徙于此。“中傅”，官名。《史记志疑》云：“《汉·表》亦作‘中傅’，《后书·清河孝王庆传》‘中傅’凡二见，注云‘官名，盖犹少傅也’。应劭《汉书·武纪》注以中傅为宦者，未知何据？果如劭说，王虽残暴，不过杀一宦竖，何至废迁乎？考《梁孝王世家》云‘济川王明七岁，坐射杀其中尉’。疑‘尉’乃‘傅’之误。但据《汉书·武纪》云‘杀太傅中傅’，徐广此处言一作‘太傅’，《史》似有缺。师傅之尊，选自帝廷，而王擅杀之，其罪宜诛，废迁房陵，犹从末减也。”〔104〕“缪王”，广川惠王刘越子。〔105〕“平王襄”，共王刘买子。〔106〕“义”，恭王刘登子。〔107〕“厉王次昌”（《齐悼惠王世家》作“次景”），懿王刘寿子。〔108〕“靖王建”，懿王刘志子。〔109〕“恭王不害”，《史记志疑》云：“恭王之名，《汉表》独作‘不周’，疑误。”献王刘德子。〔110〕“襄王注”，安王刘道子。“注”，本书《楚元王世家》作“经”，疑误。〔111〕“安王光”，共王刘余子。〔112〕“康王庸”，定王刘发子。〔113〕“建”，易王刘非子。〔114〕“刚王堪”，恭王刘不害子。“堪”，本书《五宗世家》作“基”。〔115〕“安有罪削国二县”，所削之县，《史记》、《汉书》均未明载，据周振鹤考证，云当为弋阳、期思二县。〔116〕“广陵郡”，元狩三年（公元前一二〇年），改江都国置广陵郡。治所在广陵（今江苏扬州市）。辖境相当今江苏省长江以北、射阳湖以南、仪征以东地区。〔117〕“六安国”，元狩二年（公元前一二一年），改衡山郡置六安国。“陈”，在今河南淮阳。一说分九江郡置六安国。治所在六县（今安徽六安县北）。辖境相

当今安徽淮河以南，霍丘、六安以东和河南固始县地。《史记志疑》云：“六安即衡山故地，则置六安事应在衡山国除之后，不应在淮南格中。今当于淮南补书‘国除为九江郡’，于衡山更书云‘初置六安国，都陈。七月丙子，初王庆元年。胶东康王子’。此表旧文之舛漏与后人之增改兼有之也。”〔118〕“哀王贤”，胶东康王刘寄子。〔119〕“敬王义”，城阳顷王刘延子。〔120〕“上庸”，汉县名，属汉中郡。治所在今湖北竹山县西南。“大河郡”，《史记志疑》云：“大河郡即东平国。”〔121〕“节王纯”，襄王刘注子。〔122〕“泗水”，元鼎四年（公元前一一三年），以东海郡三万户置泗水国。辖境约当今山东费县、临沂、江苏赣榆以南，山东枣庄、江苏邳县以东和江苏宿迁、灌南以北地区。“郯”，在今山东郯城北。《史记志疑》云：“‘水’下缺‘国’字。郯为东海郡治，何以为王都？疑当作‘凌’。”梁说可商。〔123〕“顷王授”，刚王刘堪（基）子。〔124〕“真定国”，元鼎四年（公元前一一三年），分常山郡置真定国。治所在真定（今河北正定南）。辖境相当今河北井陉、元氏、栾城、藁城、新乐、行唐、阜平之间地。《史记志疑》云：“‘更为真定国’五字，当书于前年，与泗水同置也。”〔125〕“哀王昌”，靖王刘胜子。〔126〕“康王昆侈”，哀王刘昌子。《史记志疑》云：“康王之‘康’，亦后人妄改，与《十三王传》同误，《汉·表》是‘糠’也。师古曰：‘糠，恶谥也，好乐怠政曰糠。’考《周书·谥法解》作‘凶年无谷曰糠’。”〔127〕“顷王遗”，靖王刘建子。〔128〕“慧王武”，敬王刘义子。“慧”，《齐悼惠王世家》作“惠”。〔129〕“戴王通平”，本书《五宗世家》云：“胶东王贤立十四年卒，谥为哀王。子庆为王。”此《表》作“通平”，不知何属。《集解》引徐广云：“他本亦作‘庆’字，惟一本作‘建’。不宜得与叔父同名，相承之误。”〔130〕“戴王贺元年，安世子”，《五宗世家》云：“泗水思王商，以元鼎四年用常山宪王子为泗水王。十一年卒，子哀王安世立。十一年卒，无子。于是上怜泗水王绝，乃立安世弟贺为泗水王。”此《表》云“贺”为“安世子”，非。《史记志疑》云：“而贺是安世之弟，《五宗世家》及《十三王传》甚明，此云‘安世子’，误已。且思王以太初元年薨，太初二年哀王安世嗣位，一年薨，无后，武帝以戴王贺绍封在太初三年，《汉·表》可据，此并书于太初二年，谓二王改元同在一年之内，不更误耶？至《索隐》谓贺是广川惠王子，以泗水而嫁于广川，以从祖孙而指为父子，尤舛。”

高祖功臣侯者年表第六

太史公曰:古者人臣功有五品,以德立宗庙定社稷曰勋,[1]以言曰劳,用力曰功,明其等曰伐,[2]积日曰阅。封爵之誓曰:[3]"使河如带,[4]泰山若厉。[5]国以永宁,爰及苗裔。"[6]始未尝不欲固其根本,[7]而枝叶稍陵夷衰微也。[8]

【注释】〔1〕"社",古代帝王、诸侯祭祀的土神。"稷",古代帝王、诸侯祭祀的谷神。"社"、"稷"连言,则用以代指国家。 〔2〕"等",等级。这里泛指各种带有等级的国家制度。 〔3〕"封爵之誓",汉高祖封侯时有约誓,欲使功臣所得爵位世代相传。誓词以丹色刻写在铁券上,即所谓"丹书铁券"。 〔4〕"河",黄河。"带",衣带。"使河如带",使黄河变成衣带一般狭小,这几乎是不可能的,以此来譬喻久远。 〔5〕"厉",磨刀石。"泰山若厉",使泰山变成磨刀石一样短小,这同"使河如带"一样,也几乎是不可能的。此句意在表示久远。〔6〕"爰",音yuán,乃,于是。"苗裔",子孙后代。"爰及苗裔",此四句誓词《困学纪闻》十二引《楚汉春秋》作"使黄河如带,太山如砺。汉有宗庙,尔无绝世"。〔7〕"根本",指汉高祖时期始受封的功臣。 〔8〕"枝叶",指功臣侯者的后裔。"陵夷",衰颓。

【译文】太史公说:古时候人臣的功劳有五种,运用道德辅佐帝王建立宗庙、安定国家的称"勋",运用言论的称"劳",使用武力的称"功",明确等级制度的称"伐",累积资历的称"阅"。封爵的誓词说:"使黄河变得狭如衣带,泰山变得小如磨刀石,(封国才能灭绝。)国家因此而永远安宁,你们的子孙后代爵位长存。"最初未尝不想巩固他们的根基,而是到了后裔就渐渐地衰败弱小了。

余读高祖侯功臣,[1]察其首封,所以失之者,曰:异哉所闻![2]《书》曰"协和万国",[3]迁于夏商,或数千岁。盖周封八百,幽厉之后,[4]见于《春秋》。《尚书》有唐虞之侯伯,[5]历三代千有余载,自全以蕃卫天子,[6]岂非笃于仁义,奉上法哉?汉兴,功臣受封者百有余人。[7]天下初定,故大城名都散亡,户口可得而数者十二三,是以大侯不过万家,小者五六百户。后数世,民咸归乡里,户益息,萧、曹、绛、灌之属或至四万,[8]小侯自倍,富厚如之。子孙骄溢,忘其先,淫嬖。至太初百年之间,[9]见侯五,[10]余皆坐法陨命亡国,耗矣。[11]罔亦少密焉,[12]然皆身无兢兢于当世之禁云。[13]

【注释】〔1〕"余",我。"读高祖侯功臣",阅读高祖对功臣进行封爵的记载。这种记载,即是当时的侯籍。 〔2〕"异哉所闻",此谓异于下文提到的《尚书》、《春秋》记载的情况,并不是异于"使河如带,泰山若厉"云云之意。 〔3〕"《书》",即《尚书》。"协和万国",语出《尚书·尧典》。《尧典》作"协和万邦"。"邦"改作"国",避汉高祖刘邦讳。在《尧典》中这句话的意思是说尧使各个邦国之间关系和协。〔4〕"幽",周幽王,周宣王之子,公元前七八一年至前七七一年在位。在位期间,为政昏乱,被杀于骊山下,西周灭亡。事迹详见本书《周本纪》。"厉",周厉王,周夷王之子。执政期间,剥削繁苛,压制舆论,公元前八四一年,国人暴动,厉王出奔彘(在今山西霍县),十四年后死于彘。事迹详见本书《周本纪》。 〔5〕"唐虞",即陶唐氏和有虞氏,皆为传说时期的远古部落,其首领前者是尧,后者是舜。

〔6〕"蕃",与"藩"字通,屏障的意思。 〔7〕"功臣受封者百有余人",据表间所列,高祖功臣侯者一百三十七人,另有王子四人,外戚二人,共一百四十三人。实际上,高祖功臣受封为侯的,本表尚有漏载者。 〔8〕"萧、曹、绛、灌",指萧何、曹参、绛侯周勃、灌婴。 〔9〕"太初",汉武帝年号,凡四年,时当公元前一〇四年至前一〇一年。 〔10〕"见",与"现"字同。"见侯五",指平阳侯曹宗、曲周侯郦终根、埠山侯仁、戴侯秘蒙、谷陵侯冯偃。 〔11〕"秏",与"耗"字同,音 máo,义为无、尽。 〔12〕"罔",与"网"字同,法网。"少",稍略,略微。 〔13〕"兢兢",小心谨慎。

【译文】我阅读高祖对功臣封侯授爵的记载,考察他们开始受封的情况,以及后来丧失封爵的原因,我说:与我所听说的情况真是大不相同!《尚书》说,"使万国关系和协",到了夏、商时代,有的国家已经建国几千年。周朝封侯八百,在幽王、厉王之后,有的还见载于《春秋》一书。《尚书》中有唐、虞时期的侯伯,经历夏、商、周三代一千多年,还能自我保全,藩卫天子,这难道不是由于他们忠实地践仁守义,尊奉天子的法规吗?汉朝兴起,功臣受封的一百多人。当时天下刚刚平定,原有的大城名都的百姓都逃亡了,可以统计上来的户口数只有十分之二三,所以大侯封邑不超过一万家,小侯封邑仅五六百户。后来过了几代,百姓都回到了故乡,封邑户数增加,萧何、曹参、绛侯周勃、灌婴之类的

封邑或达到了四万户,小侯的户数也增加了一倍,富有程度也同样提高了。子孙骄矜放纵,忘掉了先祖的艰难,邪恶放荡。到太初时,百年之间,现存的侯爵只有五人,其余的都犯法获罪,丧身亡国,泯灭无存了。法网也是稍微严密了一些,然而主要是他们自身不小心谨慎于当代的法令。

居今之世,志古之道,所以自镜也,未必尽同。帝王者各殊礼而异务,要以成功为统纪,岂可绲乎?[1]观所以得尊宠及所以废辱,亦当世得失之林也,何必旧闻?于是谨其终始,表其文,颇有所不尽本末;著其明,疑者阙之。后有君子,欲推而列之,得以览焉。

【注释】〔1〕"绲",与"混"字通。

【译文】处在今天的时代,记述古代的做事原则,是为了借鉴,不一定要与古代完全相同。做帝王的各自有不同的礼制,不同的追求,总的说来是以成功为原则,怎么可以把古今混为一谈呢?观察人臣得到尊宠和遭受废辱的原因,也是当代得失之林,何必求之于过去的事情?于是我恭谨地推究功臣受封的始末,把说明文字纳入表中,其中颇有一些不完全了解来龙去脉的;记载那些清楚明白的,疑而不能定的阙而不录。后来的君子,想要继续加以记述,可以参阅这篇表。

国名	平阳[10]
侯功[1]	以中涓从起沛,[11]至霸上,[12]侯。[13]以将军入汉,以左丞相出征齐、魏,[14]以右丞相为平阳侯,万六百户。[15]
高祖十二[2]	六年十二月甲申,懿侯曹参元年。[16] 七
孝惠七[3]	五 其二年为相国。[17] 二 六年十月,靖侯窋元年。
高后八[4]	 八
孝文二十三[5]	十九 四 后四年,简侯奇元年。
孝景十六[6]	三 十三 四年,夷侯时元年。
建元至元封六年三十六,[7]太初元年尽后元二年十八。[8]	十 十六 元光五年,[18]恭侯襄元年。 元鼎三年,[19]今侯宗元年。[20]
侯第[9]	二[21]

信武〔22〕	清阳〔28〕
以中涓从起宛朐,〔23〕,入汉,以骑都尉定三秦,〔24〕击项羽,别定江陵侯,〔25〕侯,五千三百户。以车骑将军攻黥布、陈豨。〔26〕	以中涓从起丰,〔29〕至霸上,为骑郎将,〔30〕入汉,以将军击项羽功,侯,三千一百户。〔31〕
六年十二月甲申,肃侯靳歙元年。 七	六年十二月甲申,定侯王吸元年。 七
七 五 三　六年,夷侯亭元年。	七 八
十八 后三年,侯亭坐事国人过律,〔27〕夺侯,国除。	七　元年,哀侯彊元年。 十六　八年,孝侯伉元年。
	四 十二　五年,哀侯不害元年。
	七　元光二年,侯不害薨,无后,国除。
十一	十四

汝阴[32]	阳陵[41]
以令史从降沛,[33]为太仆,[34]常奉车,[35]为滕公,[36]竟定天下,入汉中,[37]全孝惠、鲁元,[38]侯,六千九百户。常为太仆。[39]	以舍人从起横阳,[42]至霸上,为骑将,入汉,定三秦,属淮阴,[43]定齐,为齐丞相,[44]侯,二千六百户。
六年十二月甲申,文侯夏侯婴元年。	六年十二月甲申,景侯傅宽元年。
七	七
七	五 二 六年,顷侯靖元年。
八	八
八 七 九年,夷侯灶元年。 八 十六年,恭侯赐元年。	十四 九 十五年,恭侯则元年。
十六	三 十三 前四年,侯偃元年。
七 元光二年,侯颇元年。 十九 元鼎二年,侯颇坐尚公主,[40]与父御婢奸罪,自杀,国除。	十八 元狩元年,[45]偃坐与淮南王谋反,[46]国除。
八	十

广严[47]	广平[49]
以中涓从起沛,至霸上,为连敖,[48]入汉,以骑将定燕、赵,得将军,侯,二千二百户。	以舍人从起丰,至霸上,为郎中,[50]入汉,以将军击项羽、钟离眜功,[51]侯,四千五百户。
六年十二月甲申,壮侯召欧元年。 七	六年十二月甲申,敬侯薛欧元年。 七
七	七
	元年,靖侯山元年。
八	八
十九　二年,戴侯胜元年。 十三　十一年,恭侯嘉元年。至后七年嘉薨,无后,国除。	十八 五　后三年,侯泽元年。
'	八　中二年,有罪,绝。 平棘[52]　五　中五年,复封节侯泽元年。
	十五　其十年,为丞相。 三　元朔四年,[53]侯穰元年。元狩元年,穰受淮南王财物,称臣,在赦前,诏问谩罪,[54]国除。
二十八	十五

博阳[55]	曲逆[60]
以舍人从起砀,[56]以刺客将,入汉,以都尉击项羽荥阳,[57]绝甬道,[58]击杀追卒功,侯。	以故楚都尉,[61]汉王二年初从修武,[62]为都尉,迁为护军中尉;[63]出六奇计,定天下,侯,五千户。
六年十二月甲申,壮侯陈濞元年。 七	六年十二月甲申,献侯陈平元年。 七
  七	其五年,为左丞相。 七
   八	其元年,徙为右丞相;后专为丞相,相孝文二年。 八
十八 五 后三年,侯始元年。	二 二 三年,恭侯买元年。 十九 五年,简侯恬元年。
四 前五年,侯始有罪,国除。 塞[59] 二 中五年,复封始。后元年,始有罪,国除。	四 十二 五年,侯何元年。
	十 元光五年,侯何坐略人妻,[64]弃市,[65]国除。
十九	四十七

堂邑〔66〕

以自定东阳,〔67〕为将,属项梁,〔68〕为楚柱国。〔69〕四岁,项羽死,属汉,定豫章、浙江都浙自立为王壮息,〔70〕侯,千八百户。复相楚元王十一年。〔71〕

六年十二月甲申,安侯陈婴元年。

七

七

四

四　五年,恭侯禄元年。

二

二十一　三年,夷侯午元年。

十六

十一　元光六年,季须元年。

十三　元鼎元年,侯须坐母长公主卒,〔72〕未除服奸,〔73〕兄弟争财,当死,自杀,国除。

八十六

周吕[74]

以吕后兄初起以客从,入汉为侯。还定三秦,将兵先入砀。汉王之解彭城,往从之,[75]复发兵佐高祖定天下,功侯。

三　六年正月丙戌,令武侯吕泽元年。[76]

四　九年,子台封郦侯元年。[77]

七

建成〔78〕

以吕后兄初起以客从,击三秦。汉王入汉,而释之还丰沛,奉卫吕宣王、太上皇。〔79〕天下已平,封释之为建成侯。

六年正月丙戌,康侯释之元年。

七

二

五 三年,侯则元年。有罪。

胡陵〔80〕 七 元年五月丙寅,封则弟大中大夫吕禄元年。〔81〕

七年,禄为赵王,国除。追尊康侯为昭王。禄以赵王谋为不善,大臣诛禄,遂灭吕。

留〔82〕	射阳〔90〕
以厩将从起下邳,〔83〕以韩申徒下韩国,〔84〕言上张旗志,秦王恐,降,〔85〕解上与项羽之郄,〔86〕为汉王请汉中地,〔87〕常计谋平天下,侯,万户。	兵初起,与诸侯共击秦,为楚左令尹,〔91〕汉王与项羽有郄于鸿门,项伯缠解难,〔92〕以破羽缠尝有功,封射阳侯。
六年正月丙午,文成侯张良元年。	六年正月丙午,侯项缠元年。赐姓刘氏。
七	七
	二
七	三年,侯缠卒。嗣子睢有罪,国除。
二	
六　三年,不疑元年。	
四	
五年,侯不疑坐与门大夫谋杀故楚内史,〔88〕当死,赎为城旦,〔89〕国除。	
六十二	

鄘[93]

以客初起从入汉,为丞相,备守蜀及关中,[94]给军食,佐上定诸侯,为法令,立宗庙,侯,八千户。

六年正月丙午,文终侯萧何元年。元年,为丞相;九年,为相国。

七

二

五 三年,哀侯禄元年。

一

七 二年,懿侯同元年。同,禄弟。

筑阳[95] 十九 元年,同有罪,封何小子延元年。

一 后四年,炀侯遗元年。

三 后五年,侯则元年。

一 有罪。

武阳[96] 七 前二年,封炀侯弟幽侯嘉元年。

八 中二年,侯胜元年。

十 元朔二年,侯胜坐不敬,[97]绝。

三 元狩三年,封何曾孙恭侯庆元年。

鄘[98] 三 元狩六年,侯寿成元年。

十 元封四年,寿成为太常,[99]牺牲不如令,[100]国除。

一

曲周〔101〕	绛〔106〕
以将军从起岐,〔102〕攻长社以南,别定汉中及蜀,定三秦,击项羽,侯,四千八百户。〔103〕	以中涓从起沛,至霸上,为侯。定三秦,食邑,〔107〕为将军。入汉,定陇西,〔108〕击项羽,守峣关,定泗水、东海。〔109〕八千一百户。〔110〕
六年正月丙午,景侯郦商元年。 七	六年正月丙午,武侯周勃元年。 七
七	七
  八	其四年为太尉。〔111〕 八
元年,侯寄元年。 二十三	十一 元年,为右丞相;三年,免。复为丞相。 六 十二年,侯胜之元年。 条〔112〕 六 后二年,封勃子亚夫元年。
九 有罪。 缪〔104〕 七 中三年,封商他子靖侯坚元年。	十三 其三年,为太尉;七年,为丞相。有罪,国除。 平曲〔113〕 三 后元年,封勃子恭侯坚元年。
九 元光四年,康侯遂元年。 五 元朔三年,侯宗元年。 十一 元鼎二年,侯终根元年。 二十八 后元二年,侯终根坐咒诅诛,〔105〕国除。	十六 元朔五年,侯建德元年。 十二 元鼎五年,侯建德坐酎金,〔114〕国除。
六	四

舞阳〔115〕	颍阴〔121〕
以舍人起沛,从至霸上,为侯。入汉,定三秦,为将军,击项籍,再益封。从破燕,〔116〕执韩信,〔117〕侯,五千户。〔118〕	以中涓从起砀,至霸上,为昌文君。入汉,〔122〕定三秦,食邑。〔123〕以车骑将军属淮阴,〔124〕定齐、淮南及下邑,〔125〕杀项籍,侯,五千户。
六年正月丙午,武侯樊哙元年。其七年,为将军、相国三月。 七	六年正月丙午,懿侯灌婴元年。 七
六 一 七年,侯伉元年。吕须子。〔119〕	七
八 坐吕氏诛,族。	八
元年,封樊哙子荒侯市人元年。	四 其一,为太尉;三,为丞相。
二十三	十九 五年,平侯何元年。
六 七年,侯它广元年。	九
六 中六年,侯它广非市人子,国除。〔120〕	七 中三年,侯彊元年。
	六 有罪,绝。 九 元光二年,封婴孙贤为临汝侯。〔126〕侯贤元年。 元朔五年,侯贤行赇罪,〔127〕国除。
五	九

汾阴〔128〕	梁邹〔135〕
初起以职志击破秦,〔129〕入汉,出关,以内史坚守敖仓,〔130〕以御史大夫定诸侯,〔131〕比清阳侯,〔132〕二千八百户。	兵初起,以谒者从击破秦,〔136〕入汉,以将军击定诸侯功,比博阳侯,二千八百户。
六年正月丙午,悼侯周昌元年。 七	六年正月丙午,孝侯武儒元年。 七
三 建平〔133〕　四　四年,哀侯开方元年。	四 三　五年,侯最元年。
八 四　前五年,侯意元年。 十三　有罪,绝。	八 二十三
安阳〔134〕　八　中二年,封昌孙左车。	十六
建元元年,有罪,国除。	六　元光元年,顷侯婴齐元年。 三　元光四年,侯山拊元年。〔137〕 二十　元鼎五年,侯山拊坐酎金,国除。
十六	二十

成[138]	蓼[144]
兵初起,以舍人从击秦,为都尉;入汉,定三秦。出关,以将军定诸侯功,比厌次侯,[139]二千八百户。	以执盾前元年从起砀,[145]以左司马入汉,[146]为将军,三以都尉击项羽,[147]属韩信,功侯。
六年正月丙午,敬侯董渫元年。[140]	六年正月丙午,侯孔聚元年。
七	七
元年,康侯赤元年。	
七	七
八	八
	八
二十三	十五　九年,侯臧元年。
六　有罪,绝。	
节氏[141]　五　中五年,复封康侯赤元年。	十六
三　建元四年,恭侯罢军元年。 五　元光三年,侯朝元年。 十二　元狩三年,侯朝为济南太守,[142]与成阳王女通,[143]不敬,国除。	十四 元朔三年,侯臧坐为太常,南陵桥坏,[148]衣冠车不得度,国除。[149]
二十五	三十

费〔150〕	阳夏〔157〕
以舍人前元年从起砀,以左司马入汉,用都尉属韩信,击项羽有功,为将军,定会稽、浙江、湖阳,〔151〕侯。	以特将将卒五百人,〔158〕前元年从起宛朐,至霸上,为侯,以游击将军别定代,〔159〕已破臧荼,〔160〕封豨为阳夏侯。
六年正月丙午,围侯陈贺元年。〔152〕 七	五　六年正月丙午,侯陈豨元年。 十年八月,豨以赵相国将兵守代。汉使召豨,豨反,以其兵与王黄等略代,自立为王。汉杀豨灵丘。〔161〕
七	
八	
元年,共侯常元年。 二十三	
一　二年,侯偃元年。中二年,有罪,绝。 八　中六年,封贺子侯最元年。 巢〔153〕　四　后三年,最薨,〔154〕无后,〔155〕国除。	
〔156〕	

隆虑[162]	阳都[164]
以卒从起砀,以连敖入汉,以长铍都尉击项羽,[163]有功,侯。	以赵将从起邺,[165]至霸上,为楼烦将,[166]入汉,定三秦,别降翟王,[167]属悼武王,[168]杀龙且彭城,[169]为大司马;破羽军叶,拜为将军,忠臣,侯,七千八百户。
六年正月丁未,哀侯周灶元年。	六年正月戊申,敬侯丁复元年。
七	七
七	七
	五
八	三 六年,趫侯宁元年。[171]
十七	九
六 后二年,侯通元年。	十四 十年,侯安成元年。
七	一
中元年,侯通有罪,国除。	二年,侯安成有罪,国除。
三十四	十七

新阳〔172〕	东武〔173〕
以汉五年用左令尹初从,功比堂邑侯,千户。	以户卫起薛,〔174〕属悼武王,破秦军杠里,〔175〕杨熊军曲遇,〔176〕入汉为越将军,〔177〕定三秦,以都尉坚守敖仓,为将军,破籍军,功侯,二千户。〔178〕
六年正月壬子,胡侯吕清元年。 七	六年正月戊午,贞侯郭蒙元年。 七
三 四　四年,顷侯臣元年。	 七
八	五 三　六年,侯它元年。
六 二　七年,怀侯义元年。 十五　九年,惠侯它元年。	 二十三
四 五　五年,恭侯善元年。 七　中三年,侯谭元年。	五 六年,侯它弃市,国除。
二十八 元鼎五年,侯谭坐酎金,国除。	
八十一	四十一

汁方〔179〕	棘蒲〔182〕
以赵将前三年从定诸侯,侯,二千五百户,功比平定侯。〔180〕齿故沛豪,〔181〕有力,与上有郄,故晚从。	以将军前元年率将二千五百人起薛,〔183〕别救东阿,〔184〕至霸上,二岁十月入汉,击齐历下军田既,〔185〕功侯。
六年三月戊子,肃侯雍齿元年。 七	六年三月丙申,刚侯陈武元年。 七
二 五 三年,荒侯巨元年。	七
八	八
二十三	十六 后元年,侯武薨。嗣子奇反,〔186〕不得置后,国除。
二 十 三年,侯野元年。 四 中六年,终侯桓元年。	
二十八 元鼎五年,终侯桓坐酎金,国除。	
五十七	十三

都昌〔187〕	武彊〔189〕
以舍人前元年从起沛,以骑队率先降翟王,〔188〕房章邯,功侯。	以舍人从至霸上,以骑将入汉。还击项羽,属丞相宁,〔190〕功侯,用将军击黥布,侯。
六年三月庚子,庄侯朱轸元年。 七	六年三月庚子,庄侯庄不识元年。 七
七	七
元年,刚侯率元年。 八	六 二 七年,简侯婴元年。
七	十七
十六 八年,夷侯诎元年。	六 后二年,侯青翟元年。
二 元年,恭侯偃元年。 五 三年,侯辟彊元年。 中元年,辟彊薨,无后,国除。	十六
	二十五 元鼎二年,侯青翟坐为丞相与长史朱买臣等逮御史大夫汤不直,〔191〕国除。
二十三	三十三

赟[192]	海阳[196]	南安[199]
以越户将从破秦,入汉,定三秦,以都尉击项羽,千六百户,[193]功比台侯。[194]	以越队将从破秦,[197]入汉,定三秦,以都尉击项羽,侯,千八百户。[198]	以河南将军汉王三年降晋阳,[200]以亚将破臧荼,[201]侯,九百户。
二　六年三月庚子,齐侯昌元年。[195] 五　八年,恭侯方山元年。	六年三月庚子,齐信侯摇毋余元年。 七	六年三月庚子,庄侯宣虎元年。 七
七	二 五　三年,哀侯招襄元年。	七
八	四 四　五年,康侯建元年。	八
二　元年,炀侯赤元年。 十二　十二年,康侯遗元年。	二十三	八 十一　九年,共侯戎元年。 四　后四年,侯千秋元年。
十六	三　四年,哀侯省元年。 十　中六年,侯省薨,无后,国除。	七 中元年,千秋坐伤人免。
十六　元朔五年,侯倩元年。 八　元鼎元年,侯倩坐杀人弃市,国除。		
三十六	三十七	六十三

肥如〔202〕	曲城〔205〕
以魏太仆三年初从,〔203〕以车骑都尉破龙且及彭城,〔204〕侯,千户。	以曲城户将卒三十七人初从起砀,至霸上,为执珪,〔206〕为二队将,〔207〕属悼武王,入汉,定三秦,以都尉破项羽军陈下,〔208〕功侯,四千户。为将军,击燕、代,〔209〕拔之。
六年三月庚子,敬侯蔡寅元年。 七	六年三月庚子,圉侯蛊逢元年。 七
七	七
八	八
二 十四　三年,庄侯成元年。 七　后元年,侯奴元年。	八　元年,侯捷元年。有罪,绝。 五　后三年,复封恭侯捷元年。
元年,侯奴薨,无后,国除。	十三　有罪,绝。 垣〔210〕　五　中五年,复封恭侯捷元年。
	一　建元二年,侯皋柔元年。 二十五　元鼎三年,侯皋柔坐为汝南太守知民不用赤侧钱为赋,〔211〕国除。
六十六	十八

河阳〔212〕	淮阴〔216〕
以卒前元年起砀从,以二队将入汉,击项羽,身得郎将处,〔213〕功侯。以丞相定齐地。〔214〕	兵初起,以卒从项梁,梁死属项羽为郎中,至咸阳,亡从入汉,〔217〕为连敖典客,〔218〕萧何言为大将军,别定魏、齐,〔219〕为王,〔220〕徙楚,〔221〕坐擅发兵,〔222〕废为淮阴侯。
六年三月庚子,庄侯陈涓元年。 七	五　六年四月,侯韩信元年。 十一年,信谋反关中,吕后诛信,夷三族,〔223〕国除。
七	
八	
三　元年,侯信元年。 四年,侯信坐不偿人责过六月,〔215〕夺侯,国除。	
二十九	

芒[224]	故市[230]
以门尉前元年初起砀,[225]至霸上,为武定君,入汉,还定三秦,以都尉击项羽,侯。	以执盾初起,入汉,为河上守,[231]迁为假相,[232]击项羽,侯,千户,功比平定侯。
六年,侯昭元年。[226]九年,侯昭有罪,国除。 三	三　六年四月癸未,侯阎泽赤元年。 四　九年,夷侯毋害元年。
	七
	八
	十九 四　后四年,戴侯续元年。
张[227]　十一　孝景三年,昭以故芒侯将兵从太尉亚夫击吴楚有功,[228]复侯。 三　后元年三月,侯申元年。	四 十二　孝景五年,侯縠嗣。
十七 元朔六年,侯申坐尚南宫公主不敬,[229]国除。	二十八 元鼎五年,侯縠坐酎金,国除。
	五十五

柳丘〔233〕	魏其〔235〕	祁〔237〕
以连敖从起薛,以二队将入汉,定三秦,以都尉破项籍军,为将军,侯,千户。〔234〕	以舍人从沛,以郎中入汉,为周信侯,定三秦,迁为郎中骑将,破籍东城,〔236〕侯,千户。	以执盾汉王三年初起从晋阳,以连敖击项籍,汉王败走,贺方将军击楚,追骑以故不得进。汉王顾谓贺:"子留彭城,〔238〕用执圭东击羽,急绝其近壁。"侯,千四百户。
六年六月丁亥,齐侯戎赐元年。 七	六年六月丁亥,庄侯周定元年。 七	六年六月丁亥,谷侯缯贺元年。 七
七	七	七
四 四　·五年,定侯安国元年。	四 四　五年,侯间元年。	八
		十一 十二　十二年,顷侯湖元年。
二十三	二十三	十二
三　四年,敬侯嘉成元年。 十　后元年,侯角嗣,有罪,国除。	二 前三年,侯间反,国除。	五 十一　六年,侯它元年。
		八 元光二年,侯它坐从射擅罢,〔239〕不敬,国除。
二十六	四十四	五十一

平〔240〕	鲁〔242〕
兵初起,以舍人从击秦,以郎中入汉,以将军定诸侯,守洛阳,〔241〕功侯,比费侯贺,千三百户。	以舍人从起沛,至咸阳为郎中,入汉,以将军从定诸侯,侯,四千八百户,功比舞阳侯。死事,母代侯。〔243〕
六　六年六月丁亥,悼侯沛嘉元年。 一　十二年,靖侯奴元年。	六年中,母侯疵元年。〔244〕 七
七	七
八	四 五年,母侯疵薨,无后,国除。
十五 八　十六年,侯执元年。	
十一 中五年,侯执有罪,国除。	
三十二	七

故城[245]	任[248]
兵初起,以谒者从,入汉,以将军击诸侯,以右丞相备守淮阳功,[246]比厌次侯,二千户。	以骑都尉汉五年从起东垣,[249]击燕、代,属雍齿,[250]有功,侯。为车骑将军。
六年中,庄侯尹恢元年。	六年,侯张越元年。
七	七
二	
五 三年,侯开方元年。	七
二	二
三年,侯方夺侯,为关内侯。[247]	三年,侯越坐匿死罪,[251]免为庶人,[252]国除。
二十六	

棘丘[253]	阿陵[258]
以执盾队史前元年从起砀,破秦,以治粟内史入汉,[254]以上郡守击定西魏地,[255]功侯。	以连敖前元年从起单父,[259]以塞疏入汉。[260]
六年,侯襄元年。[256]	六年七月庚寅,顷侯郭亭元年。
七	七
七	七
四	
四年,侯襄夺侯,为士伍,[257]国除。	八
	二
	二十一　三年,惠侯欧元年。
	一　前二年,侯胜客元年。有罪,绝。
	八
	南[261]　四　中六年,靖侯延居元年。
	十一　元光六年,侯则元年。
	十七　元鼎五年,侯则坐酎金,国除。
	二十七

昌武〔262〕	高苑〔266〕
初起以舍人从,以郎中入汉,定三秦,以郎中将击诸侯,侯,九百八十户,〔263〕比魏其侯。〔264〕	初起以舍人从,入汉,定三秦,以中尉破籍,侯,千六百户,〔267〕比斥丘侯。〔268〕
六年七月庚寅,靖信侯单宁元年。	六年七月戊戌,制侯丙倩元年。
七	七
五	元年,简侯得元年。
二　六年,夷侯如意元年。	七
八	八
	十五
二十三	八　十六年,孝侯武元年。
十	十六
六　中四年,康侯贾成元年。	
十　元光五年,侯得元年。	二　建元元年,侯信元年。
四　元朔三年,侯得坐伤人二旬内死,弃市,〔265〕国除。	建元三年,侯信坐出入属车间,〔269〕夺侯,国除。
四十五	四十一

宣曲〔270〕	绛阳〔274〕
以卒从起留,以骑将入汉,定三秦,破籍军荥阳,〔271〕为郎骑将,破钟离眜军固陵,〔272〕侯,六百七十户。	以越将从起留,入汉,定三秦,击臧荼,侯,七百四十户。从攻马邑及布。〔275〕
六年七月戊戌,齐侯丁义元年。 七	六年七月戊戌,齐侯华无害元年。 七
七	七
八	八
十 十三　十一年,侯通元年。	三 十六　四年,恭侯勃齐元年。〔276〕 四　后四年,侯禄元年。
四　有罪,除。 发娄〔273〕　中五年,复封侯通元年。 　　　中六年,侯通有罪,国除。	三 四年,侯禄坐出界,〔277〕有罪,国除。
四十三	四十六

东茅〔278〕	斥丘〔279〕	台〔283〕
以舍人从起砀,至霸上,以二队入汉,定三秦,以都尉击项羽,破臧荼,侯。捕韩信,为将军,益邑千户。	以舍人从起丰,以左司马入汉,以亚将攻籍,克敌,为东郡都尉,〔280〕击破籍武城,〔281〕侯,为汉中尉,〔282〕击布,为斥丘侯,千户。	以舍人从起砀,用队率入汉,以都尉击籍,籍死,转击临江,〔284〕属将军贾,〔285〕功侯。以将军击燕。
六年八月丙辰,敬侯刘钊元年。	六年八月丙辰,懿侯唐厉元年。	六年八月甲子,定侯戴野元年。
七	七	七
七	七	七
八	八	八
二　三年,侯吉元年。	八	三
十三　十六年,侯吉夺爵,国除。	十三　九年,恭侯晁元年。	二十　四年,侯才元年。
	二　后六年,侯贤元年。	二
	十六	三年,侯才反,国除。
	二十五　元鼎二年,侯尊元年。	
	三　元鼎五年,侯尊坐酎金,国除。	
四十八	四十	三十五

安国〔286〕	乐成〔291〕	辟阳〔293〕
以客从起丰,以厩将别定东郡、南阳,〔287〕从至霸上。入汉,守丰。上东,因从战不利,奉孝惠、鲁元出睢水中,〔288〕及坚守丰,封雍侯,〔289〕五千户。〔290〕	以中涓骑从起砀中,为骑将,入汉,定三秦,侯。以都尉击籍,属灌婴,杀龙且,更为乐成侯,千户。	以舍人初起,侍吕后、孝惠沛三岁十月,〔294〕吕后入楚,〔295〕食其从一岁,侯。
六年八月甲子,武侯王陵元年。定侯安国。 七	六年八月甲子,节侯丁礼元年。 七	六年八月甲子,幽侯审食其元年。 七
其六年,为右丞相。 七	 七	 七
七		
一　八年,哀侯忌元年。	八	八
元年,终侯游元年。 二十三	四 十八　五年,夷侯马从元年。 一　后七年,武侯客元年。	三 二十　四年,侯平元年。
		二
十六	十六	三年,平坐反,国除。
二十　建元元年三月,安侯辟方元年。 八　元狩三年,侯定元年。元鼎五年,侯定坐酎金,国除。	二十五　元鼎二年,侯义元年。 三　元鼎五年,侯义坐言五利侯不道,〔292〕弃市,国除。	
十二	四十二	五十九

安平〔296〕	蒯成〔298〕
以谒者汉王三年初从,定诸侯,有功,秩举萧何,功侯,二千户。	以舍人从起沛,至霸上,侯。入汉,定三秦,食邑池阳。〔299〕击项羽军荥阳,绝甬道,从出,度平阴,〔300〕遇淮阴侯军襄国。〔301〕楚汉约分鸿沟,〔302〕以缲为信,战不利,不敢离上,侯,三千三百户。
六年八月甲子,敬侯谔千秋元年。 七	七 六年八月甲子,尊侯周缲元年。 十二年十月乙未,定蒯成。
二 五 孝惠三年,简侯嘉元年。	 七
七 一 八年,顷侯应元年。	 八
十三 十 十四年,炀侯寄元年。	五 缲薨,子昌代。有罪,绝,国除。
十五 一 后三年,侯但元年。	郱〔303〕 一 中元年,封缲子康侯应元年。 八 中二年,侯中居元年。〔304〕
十八 元狩元年,坐与淮南王女陵通,〔297〕遗淮南书称臣尽力,弃市,国除。	二十六 元鼎三年,居坐为太常有罪,〔305〕国除。
六十一	二十二

北平〔306〕	高胡〔316〕
以客从起阳武,〔307〕至霸上,为常山守,〔308〕得陈余,为代相,〔309〕徙赵相,〔310〕侯。为计相四岁,〔311〕淮南相十四岁。〔312〕千三百户。〔313〕	以卒从起杠里,入汉,以都尉击籍,以都尉定燕,〔317〕侯,千户。
六年八月丁丑,文侯张仓元年。 七	六年中,侯陈夫乞元年。 七
七	七
八	八
其四为丞相。五岁罢。〔314〕 二十三	四 五年,殇侯程嗣。〔318〕薨,无后,国除。
五 八 六年,康侯奉元年。 三 后元年,侯预元年。〔315〕	
四 建元五年,侯预坐临诸侯丧后,不敬,国除。	
六十五	八十二

厌次〔319〕	平皋〔322〕
以慎将前元年从起留,〔320〕入汉,以都尉守广武,功侯。	项它,汉六年以砀郡长初从,〔323〕赐姓为刘氏;功比戴侯彭祖,〔324〕五百八十户。
六年中,侯元顷元年。〔321〕 七	七年十月癸亥,炀侯刘它元年。 六
  七	四 三　五年,恭侯远元年。
    八	 八
五　元年,侯贺元年。 六年,侯贺谋反,国除。	 二十三
	元年,节侯光元年。 十六
	二十八　建元元年,侯胜元年。 元鼎五年,侯胜坐酎金,国除。
二十四	百二十一

复阳〔325〕	阳河〔326〕
以卒从起薛,以将军入汉,以右司马击项籍,侯,千户。	以中谒者从入汉,〔327〕以郎中骑从定诸侯,侯,五百户,功比高胡侯。
七年十月甲子,刚侯陈胥元年。 六	三　七年十月甲子,〔328〕齐哀侯元年。〔329〕 三　十年,侯安国元年。
七	七
八	八
十 十三　十一年,恭侯嘉元年。	二十三
五 十一　六年,康侯拾元年。	十 六　中四年,侯午元年。中绝。
十二　元朔元年,侯彊元年。 七　元狩二年,坐父拾非嘉子,国除。	二十七　元鼎四年,恭侯章元年。 埤山〔330〕　三　元封元年,侯仁元年。 二十　征和三年十月,仁与母坐祝诅,〔331〕大逆无道,国除。
四十九	八十三

朝阳〔332〕	棘阳〔333〕	涅阳〔335〕
以舍人从起薛,以连敖入汉,以都尉击项羽,后攻韩王信,侯,千户。	以卒从起胡陵,入汉,以郎将迎左丞相军以击项籍,侯,千户。〔334〕	以骑士汉王二年从出关,〔336〕以郎将击斩项羽,〔337〕侯,千五百户,比杜衍侯。
七年三月壬寅,齐侯华寄元年。 六	七年七月丙申,庄侯杜得臣元年。 六	七年中,庄侯吕胜元年。〔338〕 六
七	七	七
元年,文侯要元年。 八	八	八
十三 十 十四年,侯当元年。	五 十八 六年,质侯但元年。	四 五年,庄侯子成实非子,不当为侯,国除。
十六	十六	
十三 元朔二年,侯当坐教人上书枉法罪,国除。	九 元光四年,怀侯武元年。 七 元朔五年,侯武薨,无后,国除。	
六十九	八十一	百四

平棘	羹颉[342]
以客从起亢父,[339]斩章邯所署蜀守,用燕相,侯,千户。	以高祖兄子从军,击反韩王信,为郎中将。信母尝有罪高祖微时,太上怜之,故封为羹颉侯。
七年中,懿侯执元年。[340] 六	七年中,侯刘信元年。 六
七	七
七	元年,信有罪,削爵一级,为关内侯。
一　八年,侯辟彊元年。	
五 六年,侯辟彊有罪,为鬼薪,[341]国除。	
六十四	

深泽〔343〕	柏至〔348〕
以赵将汉王三年降,属淮阴侯,定赵、齐、楚,以击平城,〔344〕侯,七百户。	以骈怜从起昌邑,〔349〕以说卫入汉,〔350〕以中尉击籍,侯,千户。
八年十月癸丑,齐侯赵将夜元年。〔345〕 五	七年十月戊辰,靖侯许温元年。〔351〕 六
七	七
一 夺,绝。三年复封,一年绝。	一 二年,有罪,绝。 六 三年,复封温如故。
四 十四年,复封将夜元年。 六 后二年,戴侯头元年。	十四 元年,简侯禄元年。 九 十五年,哀侯昌元年。
二 七 三年,侯循元年。〔346〕罪,绝。 更〔347〕 五 中五年,封头子夷侯胡元年。	 十六
十六 元朔五年,夷侯胡薨,无后,国除。	七 元光二年,共侯安如元年。 十三 元狩三年,侯福元年。 五 元鼎二年,侯福有罪,国除。
九十八	五十八

中水〔352〕	杜衍〔359〕
以郎中骑将汉王元年从起好畤,〔353〕以司马击龙且,〔354〕复共斩项羽,侯,千五百户。	以郎中骑汉王三年从起下邳,属淮阴,从灌婴共斩项羽,侯,千七百户。
七年正月己酉,庄侯吕马童元年。	七年正月己酉,庄侯王翳元年。
六	六
七	七
八	五
	三 六年,共侯福元年。
九	四
三 十年,夷侯假元年。〔355〕	七 五年,侯市臣元年。
十一 十三年,共侯青肩元年。〔356〕	十二 十二年,侯翕元年。
	十二 有罪,绝。
十六	三 后元年,复封翳于彊侯郢人元年。
五 建元六年,靖侯德元年。	九 元光四年,侯定国元年。
一 元光元年,侯宜成元年。〔357〕	
二十三〔358〕 元鼎五年,宜成坐酎金,国除。	十二 元狩四年,侯定国有罪,国除。
百一	百二

赤泉〔360〕	栒〔363〕
以郎中骑汉王二年从起杜,〔361〕属淮阴,后从灌婴共斩项羽,侯,千九百户。	以燕将军汉王四年从曹咎军,〔364〕为燕相,告燕王荼反,侯,以燕相国定卢奴,〔365〕千九百户。
七年正月己酉,庄侯杨喜元年。 六	八年十月丙辰,顷侯温疥元年。 五
七	七
元年,夺,绝。 七　二年,复封。	八
十一 十二　十二年,定侯殷元年。〔362〕	五 十七　六年,文侯仁元年。 一　后七年,侯河元年。〔366〕
三　四年,侯无害元年。 六　有罪,绝。 临汝　五　中五年,复封侯无害元年。	十 中四年,侯河有罪,国除。
七 元光二年,侯无害有罪,国除。	
百三	九十一

武原〔367〕	磨〔368〕
汉七年,以梁将军初从击韩信、陈豨、黥布功,侯,二千八百户,功比高陵。	以赵卫将军汉王三年从起卢奴,击项羽敖仓下,为将军,攻臧荼有功,侯,千户。
八年十二月丁未,靖侯卫肤元年。 五	八年七月癸酉,简侯程黑元年。 五
三 四　四年,共侯寄元年。	七
  八	二 六　三年,孝侯釐元年。
  二十三	十六 七　后元年,侯灶元年。
三　四年,侯不害元年。 十三　后二年,不害坐葬过律,国除。	七 中元年,灶有罪,国除。
    九十三	 九十二

橐[369]	宋子[371]	猗氏[377]
高帝七年,为将军,从击代陈豨有功,侯,六百户。	以汉三年以赵羽林将初从,[372]击定诸侯,功比磨侯,五百四十户。[373]	以舍人从起丰,入汉,以都尉击项羽,侯,二千四百户。[378]
八年十二月丁未,祇侯陈错元年。[370] 五	四　八年十二月丁卯,[374]惠侯许瘛元年。[375] 一　十二年,共侯不疑元年。[376]	八年三月丙戌,敬侯陈遬元年。[379] 五
二		六
五　三年,怀侯婴元年。	七	一　七年,靖侯交元年。
八	八	八
六 十四　七年,共侯应元年。 三　后五年,侯安元年。	九 十四　十年,侯九元年。	六 二十三
十六	八　中二年,侯九坐买塞外禁物罪,国除。	二 三年,顷侯差元年。薨,无后,国除。
十二　不得,千秋父。 七　元狩二年,侯千秋元年。 九　元鼎五年,侯千秋坐酎金,国除。		
百二十四	九十九	五十

清[380]	彊[384]	彭[388]
以弩将初起,[381]从入汉,以都尉击项羽、代,[382]侯,比彭侯,千户。	以客吏初起,从入汉,以都尉击项羽、代,侯,比彭侯,[385]千户。	以卒从起薛,以弩将入汉,以都尉击项羽、代,侯,千户。
八年三月丙戌,简侯空中元年。[383] 五	三　八年三月丙戌,简侯留胜元年。[386] 二　十一年,戴侯章元年。	八年三月丙戌,简侯秦同元年。 五
元年,顷侯圣元年。 七	七	七
八	八	八
七 十六　八年,康侯鲋元年。	十二　十三年,侯服元年。[387] 二　十五年,侯服有罪,国除。	二 二十一　三年,戴侯执元年。
十六		二　三年,侯武元年。 十一　后元年,侯武有罪,国除。
二十　元狩三年,恭侯石元年。 七　元鼎四年,侯生元年。 一　元鼎五年,生坐酎金,国除。		
七十一	七十二	七十

吴房〔389〕	宁〔391〕	昌〔393〕
以郎中骑将汉王元年从起下邽，〔390〕击阳夏，以都尉斩项羽，有功，侯，七百户。	以舍人从起砀，入汉，以都尉击臧荼功，侯，千户。	以齐将汉王四年从淮阴侯起无盐，〔394〕定齐，击籍及韩王信于代，侯，千户。
八年三月辛卯，庄侯杨武元年。 五	八年四月辛酉，庄侯魏选元年。〔392〕 五	八年六月戊申，圉侯卢卿元年。 五
七	七	七
八	八	八
十二	十五	十四
十一 十三年，侯去疾元年。	八 十六年，恭侯连元年。	九 十五年，侯通元年。
十四 后元年，去疾有罪，国除。	三 元年，侯指元年。 四年，侯指坐出国界，有罪，国除。	二 三年，侯通反，国除。
九十四	七十八	百九

共〔395〕	阏氏〔397〕
以齐将汉王四年从淮阴侯起临淄,击籍及韩王信于平城,有功,侯,千二百户。	以代太尉汉王三年降,〔398〕为雁门守,〔399〕以特将平代反寇,侯,千户。
八年六月壬子,庄侯卢罢师元年。 五	四　八年六月壬子,节侯冯解敢元年。〔400〕 一　十二年,恭侯它元年。薨,无后,绝。
七	
八	
六　七年,惠侯党元年。 八　十五年,怀侯商元年。〔396〕 五　后四年,侯商薨,无后,国除。	十四　二年,封恭侯遗腹子文侯遗元年。 八　十六年,恭侯胜之元年。
	五 十一　前六年,侯平元年。
	二十八 元鼎五年,侯平坐酎金,国除。
百十四	百

安丘〔401〕	合阳〔407〕
以卒从起方与,〔402〕属魏豹,〔403〕二岁五月,以执钺入汉,〔404〕以司马击籍,以将军定代,侯,三千户。〔405〕	高祖兄。兵初起,侍太公守丰,〔408〕天下已平,以六年正月立仲为代王。高祖八年,匈奴攻代,王弃国亡,废为合阳侯。
八年七月癸酉,懿侯张说元年。 五	八年九月丙子,侯刘仲元年。 五
   七	二　仲子濞,为吴王。 以子吴王故,尊仲谥为代顷侯。
   八	
十二 十一　十三年,恭侯奴元年。	
二 一　三年,敬侯执元年。 十三　四年,康侯诉元年。	
十八　元狩元年,侯指元年。 九　元鼎四年,侯指坐入上林谋盗鹿,〔406〕国除。	
六十七	

襄平[409]	龙[410]	繁[411]
兵初起,纪成以将军从击破秦,入汉,定三秦,功比平定侯。战好畤,死事。子通袭成功,侯。	以卒从,汉王元年起霸上,以谒者击籍,斩曹咎,侯,千户。	以赵骑将从,汉三年,从击诸侯,侯,比吴房侯,千五百户。
八年后九月丙午,侯纪通元年。 五	八年后九月己未,敬侯陈署元年。 五	九年十一月壬寅,庄侯彊瞻元年。[412] 四
七	七	四 三　五年,康侯昫独元年。[413]
八	六 二　七年,侯坚元年。	八
二十三	十六 后元年,侯坚夺侯,国除。	二十三
九 七　中三年,康侯相夫元年。		三 六　四年,侯寄元年。 七　中三年,侯安国元年。
十二　元朔元年,侯夷吾元年。 十九　元封元年,夷吾薨,无后,国除。		十八 元狩元年,安国为人所杀,国除。
	八十四	九十五

陆梁[414]	高京[415]
诏以为列侯,自置吏,受令长沙王。	周苛起兵,以内史从,击破秦,为御史大夫,入汉,围取诸侯,坚守荥阳,[416]功比辟阳。苛以御史大夫死事。子成为后,袭侯。
三 九年三月丙辰,侯须毋元年。	九年四月戊寅,侯周成元年。
一 十二年,共侯桑元年。	四
七	七
八	八
十八	二十
五 后三年,康侯庆忌元年。	后五年,坐谋反,系死,国除,绝。
元年,侯冉元年。	绳[417] 中元年,封成孙应元年。
十六	侯平嗣,不得元。
二十八	
元鼎五年,侯冉坐酎金,国除。	元狩四年,平坐为太常不缮治园陵,不敬,国除。
百三十七	六十

离〔418〕	义陵〔420〕
失此侯始所起及所绝。〔419〕	以长沙柱国侯,千五百户。
九年四月戊寅,邓弱元年。	九年九月丙子,侯吴程元年。〔421〕 四
	三 四 四年,侯种元年。
	六 七年,侯种薨,无后,国除。皆失谥。
	百三十四

宣平〔422〕	东阳
兵初起,张耳诛秦,〔423〕为相,合诸侯兵巨鹿,〔424〕破秦定赵,为常山王。陈余反,袭耳,弃国,与大臣归汉,汉定赵,为王。卒,子敖嗣。其臣贯高不善,〔425〕废为侯。	高祖六年,为中大夫,〔431〕以河间守击陈豨力战功,〔432〕侯,千三百户。
九年四月,武侯张敖元年。	十一年十二月癸巳,武侯张相如元年。
四	二
七	七
六	
信平〔426〕　薨,子偃为鲁王,国除。	八
十五　元年,以故鲁王为南宫侯。〔427〕	十五
八　十六年,哀侯欧元年。	五　十六年,共侯殷元年。 三　后五年,戴侯安国元年。
九	三
七　中三年,侯生元年。〔428〕	十三　四年,哀侯彊元年。
七　罪,绝。 睢阳〔429〕　十八　元光三年,封偃孙侯广元年。〔430〕 十三　元鼎二年,侯昌元年。太初三年,侯昌为太常,乏祠,国除。	建元元年,侯彊薨,无后,国除。
三	百十八

开封〔433〕	沛
以右司马汉王五年初从,以中尉击燕,〔434〕定代,侯,比共侯,二千户。	高祖兄合阳侯刘仲子,侯。
一 十一年十二月丙辰,闵侯陶舍元年。 一 十二年,夷侯青元年。	一 十一年十二月癸巳,侯刘濞元年。 十二年十月辛丑,侯濞为吴王,国除。
七	
八	
二十三	
九 景帝时,为丞相。	
七 中三年,节侯偃元年。	
十 元光五年,侯睢元年。	
十八 元鼎五年,侯睢坐酎金,国除。	
百十五	

慎阳〔435〕	禾成〔438〕
为淮阴舍人,告淮阴侯信反,侯,二千户。	以卒汉五年初从,以郎中击代,斩陈豨,侯,千九百户。
十一年十二月甲寅,侯栾说元年。〔436〕 二	十一年正月己未,孝侯公孙耳元年。〔439〕 二
七	七
八	八
二十二	四 五年,怀侯渐元年。 九 十四年,侯渐薨,无后,国除。
十二	
四 中六年,靖侯愿之元年。	
二十二 建元元年,侯买之元年。 元狩五年,侯买之坐铸白金弃市,〔437〕国除。	
百三十一	百十七

堂阳〔440〕	祝阿〔443〕
以中涓从起沛,以郎入汉,以将军击籍,为惠侯。〔441〕坐守荥阳降楚免,后复来,以郎击籍,为上党守,〔442〕击豨,侯,八百户。	以客从起翟桑,〔444〕以上队将入汉,〔445〕以将军定魏太原,〔446〕破井陉,〔447〕属淮阴侯,以瓯度军击籍及攻豨,〔448〕侯,八百户。〔449〕
十一年正月己未,哀侯孙赤元年。 二	十一年正月己未,孝侯高邑元年。 二
七	七
元年,侯德元年。 八	八
二十三	四 五年,侯成元年。 十四 后三年,侯成坐事国人过律,国除。
十二 中六年,侯德有罪,国除。	
七十七	七十四

长修〔450〕	江邑〔458〕
以汉二年用御史初从出关,〔451〕以内史击诸侯,功比须昌侯,以廷尉死事,〔452〕千九百户。	以汉五年为御史,用奇计徙御史大夫周昌为赵相而代之,〔459〕从击陈豨,功侯,六百户。
十一年正月丙辰,平侯杜恬元年。	十一年正月辛未,侯赵尧元年。
二	二
二	
五　三年,怀侯中元年。	七
	元年,侯尧有罪,国除。
八	
四	
十九　五年,侯喜元年。〔453〕	
八　罪,绝。	
阳平〔454〕　五　中五年,复封;侯相夫元年。	
三十三 元封四年,〔455〕侯相夫坐为太常与乐令无可当郑舞人擅繇不如令,〔456〕阑出函谷关,〔457〕国除。	
百八	

营陵[460]	土军[463]	广阿[466]
以汉三年为郎中,击项羽,以将军击陈豨,得王黄,为侯。与高祖疏属刘氏,世为卫尉。[461]万二千户。[462]	高祖六年为中地守,[464]以廷尉击陈豨,侯,千二百户。[465]就国,后为燕相。	以客从起沛,为御史,守丰二岁,击籍,为上党守,陈豨反,坚守,侯,千八百户。后迁御史大夫。
十一年,侯刘泽元年。 二	十一年二月丁亥,武侯宣义元年。 二	十一年二月丁亥,懿侯任敖元年。 二
七	五 二 六年,孝侯莫如元年。	七
五 六年,侯泽为琅邪王,国除。	八	八
	二十三	二 一 三年,夷侯竟元年。 二十 四年,敬侯但元年。
	二 十四 三年,康侯平元年。	十六
	五 建元六年,侯生元年。 八 元朔二年,生坐与人妻奸罪,国除。	四 建元五年,侯越元年。 二十一 元鼎二年,侯越坐为太常庙酒酸,不敬,国除。
八十八	百二十二	八十九

须昌〔467〕	临辕〔470〕
以谒者汉王元年初起汉中,雍军塞陈,〔468〕谒上,上计欲还,衍言从他道,道通,后为河间守,陈豨反,诛都尉相如,功侯,千四百户。	初起从为郎,以都尉守蕲城,〔471〕以中尉侯,五百户。
十一年二月己酉,〔469〕贞侯赵衍元年。	十一年二月乙酉,〔472〕坚侯戚鳃元年。
二	二
	四
七	三 五年,夷侯触龙元年。
八	八
十五 四 十六年,戴侯福元年。 四 后四年,侯不害元年。	二十三
四	三
五年,侯不害有罪,国除。	十三 四年,共侯忠元年。
	三 建元四年,侯贤元年。 二十五 元鼎五年,侯贤坐酎金,国除。
百七	百十六

汲〔473〕	宁陵〔477〕
高祖六年为太仆,击代豨,有功,侯,千二百户。为赵太傅。〔474〕	以舍人从陈留,以郎入汉,〔478〕破曹咎成皋,为上解随马,〔479〕以都尉击陈豨,功侯,千户。
十一年二月己巳,〔475〕终侯公上不害元年。〔476〕 二	十一年二月辛亥,夷侯吕臣元年。 二
一 六　二年,夷侯武元年。	七
八	八
十三	十
十　十四年,康侯通元年。	十三　十一年,戴侯射元年。
十六	三　四年,惠侯始元年。 一　五年,侯始薨,无后,国除。
一 九　建元二年,侯广德元年。 元光五年,广德坐妻精大逆罪,颇连广德,弃市,国除。	
百二十三	七十三

汾阳〔480〕	戴〔484〕
以郎中骑千人前二年从起阳夏，〔481〕击项羽，以中尉破钟离眛，功侯。	以卒从起沛，以卒开沛城门，为太公仆；以中厩令击豨，〔485〕侯，千二百户。
十一年二月辛亥，侯靳彊元年。	十一年三月癸酉，敬侯彭祖元年。〔486〕
二	二
七	七
二	二
六　三年，共侯解元年。	六　三年，共侯悼元年。
二十三	七
	十六　八年，夷侯安国元年。
四	
十二　五年，康侯胡元年。绝。	十六
江邹〔482〕　十九　元鼎五年，侯石元年。 太始四年五月丁卯，侯石坐为太常，行太仆事，治啬夫可年，〔483〕益纵年，国除。	十六　元朔五年，侯安期元年。 十二　元鼎五年，侯蒙元年。 二十五　后元元年五月甲戌，坐祝诅，无道，国除。
九十六	百二十六

衍〔487〕	平州〔490〕
以汉二年为燕令,〔488〕以都尉下楚九城,坚守燕,侯,九百户。	汉王四年,以燕相从击籍,还击荼,以故二千石将为列侯,千户。
十一年七月乙巳,简侯翟盱元年。	十一年八月甲辰,共侯昭涉掉尾元年。〔491〕
二	二
七	七
三 二　四年,袛侯山元年。 三　六年,节侯嘉元年。	八
二十三	一 三　二年,戴侯福元年。 四　五年,怀侯它人元年。 十五　九年,孝侯马童元年。
十六	十四 二　后二年,侯昧元年。
二　建元三年,侯不疑元年。 十　元朔元年,不疑坐挟诏书论罪,〔489〕国除。	三十三 元狩五年,侯昧坐行驰道中更呵驰去罪,〔492〕国除。
百三十	百十一

中牟〔493〕	邔〔495〕	博阳〔499〕
以卒从起沛,入汉以郎中击布,功侯,二千三百户。始高祖微时,有急,给高祖一马,故得侯。	以故群盗长为临江将,〔496〕已而为汉击临江王及诸侯,破布,功侯,千户。	以卒从起丰,以队卒入汉,〔500〕击籍成皋,有功,为将军,布反,定吴郡,〔501〕侯,千四百户。
十二年十月乙未,共侯单父圣元年。〔494〕 一	十二年十月戊戌,庄侯黄极中元年。	十二年十月辛丑,节侯周聚元年。 一
七	七	七
八	八	八
七 五　八年,敬侯缮元年。 十一　十三年,戴侯终根元年。	十一 九　十二年,庆侯荣盛元年。〔497〕 三　后五年,共侯明元年。	八 十五　九年,侯遬元年。
十六	十六	十一 中五年,〔502〕侯遬夺爵一级,国除。
十　元光五年,侯舜元年。 十八　元鼎五年,侯舜坐酎金,国除。	十六　元朔五年,侯遂元年。 八　元鼎元年,遂坐卖宅县官故贵,〔498〕国除。	
百二十五	百十三	五十三

阳义〔503〕	下相〔507〕	德〔510〕
以荆令尹汉王五年初从,〔504〕击钟离眛及陈公利几,〔505〕破之,徙为汉大夫,〔506〕从至陈,取韩信,还为中尉,从击布,功侯,二千户。	以客从起沛,用兵从击破齐田解军,〔508〕以楚丞相坚守彭城,距布军,功侯,二千户。	以代顷王子侯。顷王,吴王濞父也;广,濞之弟也。
十二年十月壬寅,定侯灵常元年。	十二年十月己酉,庄侯冷耳元年。〔509〕	十二年十一月庚辰,哀侯刘广元年。
一	一	一
七	七	七
六		二
二 七年,共侯贺元年。	八	六 三年,顷侯通元年。
六 七年,哀侯胜元年。	二	
六 十二年,侯胜薨,无后,国除。	二十一 三年,侯慎元年。	二十三
	二	五
	三年三月,侯慎反,国除。	十一 六年,侯龁元年。
		二十七 元鼎四年,侯何元年。
		一 元鼎五年,侯何坐酎金,国除。
百十九	八十五	百二十七

高陵〔511〕	期思〔514〕	縠陵〔515〕
以骑司马汉王元年从起废丘,以都尉破田横、龙且,追籍至东城,〔512〕以将军击布,九百户。	淮南王布中大夫,有郄,上书告布反,侯,二千户。布尽杀其宗族。	以卒从,前二年起柘,〔516〕击籍,定代,为将军,功侯。
十二年十二月丁亥,圉侯王周元年。〔513〕	十二年十二月癸卯,康侯贲赫元年。	十二年正月乙丑,定侯冯谿元年。
一	一	一
七	七	七
二		
六 三年,惠侯并弓元年。	八	八
十二	十三	六
十一 十三年,侯行元年。	十四年,赫薨,无后,国除。	十七 七年,共侯熊元年。
二		二
		二 三年,隐侯卬元年。
三年,反,国除。		十二 五年,献侯解元年。
		三
		建元四年,侯偃元年。
九十二	百三十二	百五

戚[517]	壮[521]	成阳[524]
以都尉汉二年初起栎阳,[518]攻废丘,破之,因击项籍,别属韩信破齐军,攻臧荼,迁为将军,击信,侯,千户。	以楚将汉王三年降,起临济,[522]以郎中击籍、陈豨,功侯,六百户。	以魏郎汉王二年从起阳武,击籍,属魏豹,豹反,属相国彭越,以太原尉定代,[525]侯,六百户。
十二年十二月癸卯,圉侯季必元年。 一	十二年正月乙丑,敬侯许倩元年。[523] 一	十二年正月乙酉,定侯意元年。[526] 一
七	七	七
八	八	八
三 二十　四年,齐侯班元年。[519]	二十三	十 十三　十一年,侯信元年。
十六	一 十五　二年,共侯恢元年。	十六
二　建元三年,侯信成元年。 二十　元狩五年,侯信成坐为太常,纵丞相侵神道墙,[520]不敬,国除。	一　建元二年,殇侯则元年。 九　元光五年,侯广宗元年。 十五　元鼎元年,侯广宗坐酎金,国除。	建元元年,侯信罪鬼薪,[527]国除。
九十	百十二	百一十

桃〔528〕	高梁〔530〕
以客从汉王二年从起定陶,以大谒者击布,〔529〕侯,千户。为淮阴守。项氏亲也,赐姓。	食其,〔531〕兵起以客从击破秦,以列侯入汉,还定诸侯,常使约和诸侯列卒兵聚,侯,功比平侯嘉;以死事,子疥袭食其功侯,九百户。
十二年三月丁巳,安侯刘襄元年。	十二年三月丙寅,共侯郦疥元年。
一	一
七	七
一 夺,绝。	
七 二年,复封襄。	八
九	
十四 十年,哀侯舍元年。	二十三
景帝时,为丞相。	
十六	十六
十三 建元元年,厉侯申元年。	八 元光三年,侯勃元年。
十五 元朔二年,侯自为元年。元鼎五年,侯自为坐酎金,国除。	十 元狩元年,坐诈诏衡山王取金,〔532〕当死,病死,国除。
百三十五	六十六

纪〔533〕	甘泉〔534〕	煮枣〔538〕
以中涓从起丰,以骑将入汉,以将军击籍,后攻卢绾,侯,七百户。	以车司马汉王元年初从起高陵,属刘贾,〔535〕以都尉从军,侯。	以越连敖从起丰,别以郎将入汉,击诸侯,以都尉侯,九百户。
十二年六月壬辰,匡侯陈仓元年。 一	十二年六月壬辰,侯王竟元年。 一	十二年六月壬辰,靖侯赤元年。 一
    七	六 一　七年,戴侯莫摇元年。〔536〕	 七
二 六　三年,夷侯开元年。	 八	 八
十七 六　后二年,侯阳元年。	十 十三　十一年,侯嫖元年。〔537〕	一 二十二　二年,赤子康侯武元年。
二 三年,阳反,国除。	九 十年,侯嫖有罪,国除。	八　中二年,侯昌元年。 二　中四年,有罪,国除。
八十	百六	七十五

张	鄢陵〔541〕	菌〔543〕
以中涓骑从起丰,以郎将入汉,从击诸侯,七百户。	以卒从起丰,入汉,以都尉击籍、荼,侯,七百户。〔542〕	以中涓前元年从起单父,〔544〕不入关,以击籍、布、燕王绾,得南阳,〔545〕侯,二千七百户。
十二年六月壬辰,节侯毛泽元年。〔539〕	十二年中,庄侯朱濞元年。	十二年,庄侯张平元年。
一	一	一
七	七	七
	三	四
八	五　四年,恭侯庆元年。	四　五年,侯胜元年。
十二　十一年,夷侯庆元年。〔540〕 十一　十三年,侯舜元年。	六 七年,恭侯庆薨,无后,国除。	三 四年,侯胜有罪,国除。
十二 中六年,侯舜有罪,国除。		
七十九	五十二	四十八

【注释】〔1〕"侯功"，此格所载内容为功臣封侯者的功劳状况。司马迁所载当本于高后二年（公元前一八六年）陈平所录侯籍。〔2〕"高祖十二"，汉高祖在皇帝位共十二年，时值公元前二〇六年至前一九五年。〔3〕"孝惠七"，孝惠帝在位七年，时值公元前一九四年至前一八八年。〔4〕"高后八"，高后临朝称制八年，时值公元前一八七年至前一八〇年。〔5〕"孝文二十三"，孝文帝在位二十三年，时值公元前一七九年至前一五七年。〔6〕"孝景十六"，孝景帝在位十六年，时值公元前一五六年至前一四一年。〔7〕"建元"，汉武帝年号，共六年，公元前一四〇年至前一三五年。"元封"，亦汉武帝年号，共六年，公元前一一〇年至前一〇五年。"三十六"，是说从建元元年至元封六年共三十六年。〔8〕"太初"，汉武帝年号，共四年，元年为公元前一〇四年。"后元"，亦为汉武帝年号，共二年。"后元二年"，即公元前八七年。"十八"，是说从太初元年至后元二年共十八年。〔9〕"侯第"，各侯的位次。位次的先后，是高后二年命陈平根据诸侯的功劳大小排定的。〔10〕"平阳"，县名，故地在今山西临汾市西南。〔11〕"中涓"，负责宫中清洁扫除的人。《汉书·高惠高后文功臣表》颜师古注云："中涓，亲近之臣，若谒者、舍人之类也。涓，洁也，主居中扫洁也。""涓"，音 juān。"从起沛"，跟随刘邦起兵于沛。沛故地在今江苏沛县。刘邦、曹参皆为沛人。〔12〕"霸上"，亦作"灞上"，为古代军事要地，因地处霸水西高原上而得名，在今陕西西安市东，接蓝田县界。据本书《高祖本纪》，汉元年（公元前二〇六年）十月刘邦引军至霸上，秦王子婴投降，秦亡。〔13〕"侯"，秦亡，汉王刘邦始封曹参为建成侯，见本书《曹相国世家》。〔14〕"左丞相"，丞相是全国最高行政长官，辅佐皇帝处理全国政务。秦时分置左右，刘邦为汉王时，承袭秦制，丞相亦分左右。为皇帝后，只设一丞相。"出征齐、魏"。汉高祖二年（公元前二〇五年），曹参拜为假左丞相，屯兵关中。月余，魏王豹反，曹参与韩信东攻魏将孙遬于东张（故地在今山西永济县西北东张）。又攻安邑（故地在今山西夏县西北），俘获魏将王襄。遂进击魏王豹于曲阳（故地在今河北曲阳县），追至武垣（故地在今河北河间县西南），生擒魏王豹，平定了魏地。此后，曹参以右丞相属韩信，平定齐地七十余县，俘虏齐王田广相田光等人。〔15〕"万六百户"，本书《曹相国世家》云汉高祖六年，曹参赐爵列侯，食邑平阳万六百三十户。〔16〕"懿"，是曹参的谥号。如下文"靖侯窋"之"靖"，"简侯奇"之"简"，"夷侯时"之"夷"，"恭侯襄"之"恭"，皆为各侯

谥号。〔17〕"相国"，即丞相。也有人认为汉代相国与丞相是两官，两官性质相同，但相国的地位高于丞相，权力也大于丞相。〔18〕"元光"，汉武帝年号。"五年"，为公元前一三〇年。〔19〕"元鼎"，汉武帝年号。"三年"，为公元前一一四年。〔20〕"今侯宗"，当今的诸侯曹宗。司马迁称曹宗"今侯"，可见此表成于元鼎年间或稍后的时间。〔21〕"二"，曹参侯位第二。侯位第一的是萧何。此表列曹参于首位，而萧何在后，是因为此表是按封侯时间先后排列的，曹参之封早于萧何。〔22〕"信武"，今地不详。〔23〕"宛朐"，故地在今山东菏泽县西南。"朐"，音 qú。〔24〕"骑都尉"，武职官名，其地位低于将军。"三秦"，秦亡后，项羽分封诸侯，秦降将章邯为雍王，领有今陕西中部咸阳以西和甘肃东部地区；司马欣为塞王，领有今陕西咸阳以东地区；董翳为翟王，领有今陕西北部地区。因为这些地区是秦国故地，所以合称三秦。〔25〕"江陵"，县名，故地在今湖北江陵县。在楚汉相争中，靳歙平定江陵，生获江陵王共尉，迫使江陵柱国、大司马以下八人投降。这是靳歙较为显赫的战功。〔26〕"车骑将军"，为汉代将军之一。本书《靳歙列传》云："以骑都尉从击代，攻韩信平城下，还军东垣。有功，迁为车骑将军，并将梁、赵、齐、燕、楚车骑。"是靳歙为车骑将军时，统领车骑。"黥布"，即英布，以协助刘邦灭项羽之功，被封为淮南王。汉高祖十一年（公元前一九六年）起兵反汉，身亡国灭。靳歙攻黥布，当在汉高祖十一年。"陈豨"，宛朐人，汉高祖七年（公元前二〇〇年），以赵相国监赵、代边兵。十年九月，叛汉，自立为代王。本书《陈豨列传》云："十一年冬，汉兵击斩陈豨将侯敞、王黄于曲逆下。"又《靳歙列传》云："击陈豨丞相敞，破之，因降曲逆。"是靳歙攻陈豨在高祖十一年冬。"豨"，音 xī。〔27〕"坐"，坐法，坐罪。"事"，役使。"国人"，此指信武侯国中的民众。"过律"，违反法律规定。〔28〕"清阳"，县名，故地在今河北清河县东南。〔29〕"丰"，秦时为乡，属沛县。因是刘邦故乡，所以汉代改置为县，故地在今江苏丰县。〔30〕"骑郎将"，是一种地位较低的武官。〔31〕"三千一百户"，《汉书·高惠高后文功臣表》记载为二千二百户。〔32〕"汝阴"，县名，故地在今安徽阜阳市。〔33〕"令史"，此指县令史，为县令下的主要属吏之一。"以令史从沛"，谓夏侯婴以县令史的身份跟随刘邦降服了沛县。〔34〕"太仆"，汉代九卿之一，掌管皇帝的车马，亲自为皇帝驾车，又主管马政。刘邦初起，降服沛县，以夏侯婴为太仆。这时的太仆之职，主要是负责刘邦的车

马，为刘邦御车。 〔35〕"奉车"，指为刘邦驾御车乘。 〔36〕"滕公"，据《汉书·夏侯婴传》，婴击秦军雒阳东，以功赐爵封，转为滕令，常以滕令奉车，故号滕公。"滕"，县名，故地在今山东滕县西南。 〔37〕"汉中"，秦郡，在今陕西秦岭以南及湖北西北部，治所在南郑（今陕西南郑县）。项羽杀死秦王子婴，自立为西楚霸王，分封天下，刘邦被立为汉王，领有巴（今四川东部）、蜀（今四川西部）、汉中地。"入汉中"，即指夏侯婴随从汉王刘邦进入封国巴、蜀、汉中地。本书《夏侯婴列传》云："沛公为汉王，赐婴爵列侯，号昭平侯，复为太仆，从入蜀、汉。" 〔38〕"全孝惠、鲁元"，刘邦与吕后生一男一女，男名盈，刘邦卒后，立为皇帝，是为孝惠帝。"孝惠"为谥号。女即鲁元公主，为孝惠之姊，嫁给了张耳之子张敖，生子张偃，封鲁王。汉王二年（公元前二〇五年），刘邦、项羽战于彭城，汉军大败。刘邦欲过沛，带走家室。楚军使人追到沛地，也想掠取刘邦家室。刘邦家中人都逃散了，在路上遇到孝惠、鲁元，就把他们载于车上。楚兵追击刘邦，刘邦打算丢弃孝惠、鲁元，轻车逃遁。当时夏侯婴御车，在他的保护下，得以脱险，后来把他们送到了丰地。"全孝惠、鲁元"即指此。 〔39〕"常为太仆"，夏侯婴在刘邦时期即为太仆，后来又以太仆之职奉事孝惠帝、吕后和孝文帝。 〔40〕"尚"，匹配，多用于匹配皇家女儿。"公主"，据《汉书·夏侯婴传》，婴曾孙颇尚平阳公主。 〔41〕"阳陵"，县名，故地在今陕西高陵县西南。按汉冯翊有弋阳，景帝四年（公元前一五三年）更名阳陵，次年作景帝陵阳陵。是傅宽封侯时尚无阳陵县。司马贞《索隐》云："《楚汉春秋》作阴陵。"可能是正确的。阴陵故地在今安徽定远县西北。 〔42〕"舍人"，战国、秦和汉初王公贵官都有舍人，为左右亲近的人，后来为私属官称。"横阳"，邑名，故地在今河南商丘县境。 〔43〕"淮阴"，淮阴侯韩信，事详见《史记》本传。 〔44〕"为齐丞相"，汉代制度，所封王国也置有丞相。当时傅宽为齐王韩信右丞相。 〔45〕"元狩"，汉武帝年号。"元狩元年"，为公元前一二二年。 〔46〕"淮南王"，指刘安。文帝十六年（公元前一六四年），封淮南王刘长子安为淮南王。武帝元狩元年，淮南王刘安谋反，事败自杀。当时受牵连的列侯、二千石、豪杰数千人，傅偃亦为其中之一。事详见本书《淮南王列传》。 〔47〕"广严"，《汉书·高惠高后文功臣表》云广严侯召欧。召欧封于广，故地在今山东益都县西南。谥庄，或作"壮"，避讳改作"严"。此当为国名，不应有"严"字，"严"字恐是后人所增。 〔48〕"连敖"，接待宾客的官员，春秋战国时为楚官。

〔49〕"广平"，县名，故地在今河北鸡泽县东南。 〔50〕"郎中"，官名，负责侍卫和扈从，无固定员额。 〔51〕"钟离眜"，姓钟离，名眜，为项羽部将，项羽败死后，逃归故友韩信。刘邦下令捕眜，被迫自杀。据本书《项羽本纪》、《高祖本纪》，汉四年（公元前二〇三年），楚汉交战，汉军曾围困钟离眜于荥阳（今河南荥阳县）东。薛欧击钟离眜或在此时。"眜"，音 mò。 〔52〕"平棘"，县名，故地在今河北赵县东南。此列平棘，意思是说孝景帝中五年（公元前一四五年）薛泽改封平棘。 〔53〕"元朔"，汉武帝年号。"元朔四年"，为公元前一二五年。 〔54〕"谩罪"，欺谩之罪。汉代律条有谩罪，官吏王侯多有因谩罪被处治者。沈家本《历代刑法考·汉律摭遗》卷四云："张斐《注律表》：'违忠欺上谓之谩。'……欺谩与诈伪义颇相通，以张斐之言分别之，则欺谩者，事之对于君上者也；诈伪者，事之对于人民者也。" 〔55〕"博阳"，县名，故地在今河南商水县东南。 〔56〕"砀"，县名，故地在今河南永城县东北。秦二世二年（公元前二〇八年），秦兵进入楚地，至砀，刘邦引兵攻砀，三日取砀，因收砀兵得五六千人。陈濞"以舍人从起砀"，当在此时。 〔57〕"都尉"，秦于郡置尉，协助郡守掌管军事。都尉的地位低于将军，大体相当于郡尉。"击项羽荥阳"，汉三年、四年间，楚汉相持于荥阳，陈濞击项羽荥阳，应在此时。 〔58〕"甬道"，两旁筑有墙垣的通道，以便运送粮食等军需物资，不被敌人劫夺。汉三年，汉屯兵荥阳南，曾筑甬道，与河（即黄河）连接，以便取食于当时的粮仓敖仓（在荥阳西北敖山上）。 〔59〕"塞"，疑在平棘境内，《后汉书·郡国志》载，常山国平棘有塞。司马贞《索隐》认为塞即桃林塞，在今河南灵宝县阌乡以西，接陕西潼关界。 〔60〕"曲逆"，县名，得名于曲逆水，秦、汉时为大县，故地在今河北完县东南。 〔61〕"故楚都尉"，项羽略地至河上，陈平归楚。项羽称王彭城（今江苏徐州市）后，因击降殷王司马卬之功，拜为都尉。 〔62〕"修武"，县名，故地在今河南获嘉县。 〔63〕"护军中尉"，陈平归附刘邦后，先拜都尉，使为骖乘，监护诸将。后来拜为护军中尉。中尉本是负责徼循京师之官，后来改称执金吾，为九卿之一。陈平所拜护军中尉，当是临时特设之官，专门负责监护诸将。 〔64〕"略"，强取。"略人妻"，汉代法律规定，略取他人妻为犯罪行为。 〔65〕"弃市"，在街市上当众处死，是汉代死刑中的一种。 〔66〕"堂邑"，县名，故地在今江苏六合县西北。 〔67〕"东阳"，县名，故地在今安徽天长县西北。 〔68〕"项梁"，项羽的叔叔，继陈胜起义后，起兵反秦。在定陶（今山东定陶

县西北)被秦将章邯击败身亡。事详本书《项羽本纪》。 〔69〕"柱国",即上柱国。战国时楚官名,地位尊宠,相当于后世的相国。秦末起于楚地的义军沿袭楚制,设置此官。 〔70〕"豫章",郡名,辖境大体相当于今江西省地,治所在南昌(今江西南昌市)。"浙江",水名,指今浙江杭州市以下的钱塘江。"浙",地名,当在浙水流域。"壮息",人姓名,在豫章、浙江一带自立为王。"定豫章、浙江都浙自立为王壮息",意思是说陈婴平定了占据豫章、浙江一带,建都于浙,自立为王的壮息。 〔71〕"楚元王",刘邦弟刘交。汉高祖六年(公元前二○一年),刘交被封为楚王,在位二十三年,卒谥元。事见本书《楚元王世家》。 〔72〕"长公主",汉制,皇帝女儿为公主,仪制与列侯相同;姊妹为长公主,仪制与诸王相同。 〔73〕"未除服奸",古代亲人去世,穿丧服的时间有一定规定。到时间才能除去丧服,谓之"除服"。在未除服时期,如有男女奸事,是礼制与法制所不允许的。 〔74〕"周吕",吕泽的封号,并非地名。梁玉绳《史记志疑》卷一一认为:"吕为姜姓,姜之先封于吕,子孙从其封姓,至周益显。意谓吕泽佐汉定天下,犹周有吕尚,故曰周吕。其后改封吕王,亦以此。"也有人认为周与吕皆为国名。 〔75〕"汉王之解彭城,往从之",汉二年,项羽北上击齐,汉王刘邦劫得五诸侯王的军队,占领了项羽的都城彭城。项羽回军,与汉军大战彭城东睢水上,汉军大败。丢弃彭城。当时周吕侯吕泽带领汉兵屯于下邑(今安徽砀山县),汉王刘邦往从之。事见本书《高祖本纪》。 〔76〕"令武",谥号。有人认为令是县名,武是谥号。 〔77〕"郾侯",封于郾县,故地在今河南南阳市西北。 〔78〕"建成",西汉县名建成者有三,一为勃海郡之建成,二为豫章郡之建成,三为沛郡之建成。此为沛郡之建成,故地在今河南永城县东南。 〔79〕"吕宣王",即吕公,吕后之父。卒谥宣王。"太上皇",刘邦之父。 〔80〕"胡陵",县名,故地在今山东鱼台县东南。 〔81〕"大中大夫",官名,职掌论议,无固定员额。 〔82〕"留",县名,故地在今江苏沛县东南。早期张良在留会过刘邦,汉高祖六年封侯时,依张良之愿封于留。 〔83〕"厩",音 jiù,马房。"厩将",管理军马的官吏。"下邳",县名,故地在今江苏邳县南。 〔84〕"以韩申徒下韩国",项梁为了扶植反秦势力,采纳张良的计谋,把韩国后裔韩成立为韩王,使张良为韩申徒。张良先与韩王略取韩地数城,后来又与刘邦下韩十余城。事详本书《留侯世家》。"申徒",即司徒,为韩王的最高执政官。"下",攻下,降服。 〔85〕"言上张旗志,秦王恐,降",秦二世被赵高杀死后,刘邦西入武关(在今陕西丹凤县东南,为秦之南关),打算攻打峣关(又称蓝田关,在今陕西蓝田县东南)的秦军。张良劝说刘邦,不要立刻攻打兵力尚强的秦军,应该派人用重利去引诱秦将,另在各处山上虚置旗帜,广设疑兵。刘邦听从了张良的计谋,秦将果然叛秦,想要与刘邦联合西袭秦都咸阳(今陕西咸阳市东北)。张良又对刘邦说:"这只是秦将想叛离,恐怕士卒不答应。士卒不答应,事情就危险了,不如乘敌人懈怠之际进击。"于是刘邦大破秦军,不久攻下咸阳,秦王子婴投降。详见本书《留侯世家》、《高祖本纪》。"志",与"帜"字通。 〔86〕"解上与项羽之郤",刘邦攻下咸阳后,旋即还军霸上。项羽至鸿门(在今陕西临潼县东北),欲进击刘邦。经张良策划,刘邦到鸿门去见项羽,缓解了项羽对汉军的攻势。事详见本书《项羽本纪》。"郤",嫌隙。 〔87〕"为汉王请汉中地",项羽自立为西楚霸王,分封天下,刘邦被封为汉王,领有巴、蜀。刘邦又通过张良贿赂项羽的叔叔项伯,向项羽请得了汉中地。 〔88〕"门大夫",侯的属官。"内史",王的属官,负责治理王国的民政。 〔89〕"赎",汉代法律允许以金钱赎罪。"城旦",服役四年的一种刑罚。服此役的罪犯,被输送到边地修筑长城,警戒敌人。 〔90〕"射阳",县名,故地在今江苏宝应县东北射阳镇。 〔91〕"左令尹",楚国令尹有时分置左右。本书《项羽本纪》又称"左尹",有人解为令尹之佐,是不正确的。 〔92〕"项伯缠",名缠,字伯。项羽的叔叔。素与张良相善,刘邦破咸阳,屯兵霸上,项羽驻鸿门,欲击刘邦。项伯夜间驰告张良,并在刘邦、项羽之间斡旋。在刘、项鸿门宴上,保护刘邦,免遭杀害。事详见本书《项羽本纪》。 〔93〕"酂",县名,西汉沛郡、南阳郡皆有酂县,萧何所封乃沛郡之酂县,故地在今河南永城县西北酂城镇。 〔94〕"备守蜀及关中",刘邦为汉王,据有巴、蜀、汉中,引兵东定三秦时,丞相萧何留守巴、蜀,供给前方军粮。汉二年,刘邦与诸侯并力击楚,萧何又留守关中,输送军粮。事详见本书《萧相国世家》。"关中",所指范围大小不一,一般指函谷关以西,散关以东。秦统一六国前,长期占有关中一带,因此通称故秦地为关中。 〔95〕"筑阳",县名,故地在今湖北谷城县北。 〔96〕"武阳",据《汉书·地理志》,东郡有东武阳,泰山郡有南武阳,东海郡有武阳,犍为郡亦有武阳。东海郡武阳下《志》云为侯国,此当是萧嘉封地所在,故地在今山东剡城县。《汉书·萧何传》记载,景帝二年(公元前一五五年)下诏,"以武阳县户二千封何孙嘉为列侯"。 〔97〕"不敬",汉律有不敬之罪。不敬的法律内容繁苛,如有奉诏不敬,出使不敬,失大臣礼不敬,事宗庙不敬,等等。《晋书·刑法志》引张斐《律表》云:"亏礼废节,谓之不敬。"〔98〕"酂",地属南阳郡,有别于沛郡酂县,故地在今湖北光化县西北。〔99〕"太常",秦时置设,名奉常,汉景帝中六年(公元前一四四年)改名太常,为九卿之一,掌宗庙礼仪,兼管选试博士。〔100〕"牺牲",古代祭祀所用牲畜。毛色纯一者为"牺",祭祀用牲体全者为"牲"。"不如令",不符合法令。汉制,太常奉祀及所用牲都有定制,如果祠事有阙或牺牲违制就要被治罪。〔101〕"曲周",县名,故地在今河北曲周县东北。〔102〕"岐",确切地点不详。本书《郦商列传》云:"沛公略地至陈留,六月余,商以将卒四千人属沛公于岐,从攻长社。"是岐应在陈留、长社一带。陈留在今河南开封市东南陈留城,长社在今河南长葛县东。〔103〕"四千八百户",《汉书·高惠高后文功臣表》同。据本书《郦商列传》,商先封涿侯,食封五千户,后来因功改封曲周侯,食封五千一百户。不可能因功劳加多而封曲周侯时,食封反倒少于为涿侯时。此四千八百户不可信,当以《郦商列传》为是。〔104〕"缪",其地不详。〔105〕"咒诅",指咒骂皇帝。汉代法律规定,咒诅皇帝要处以死刑。如广陵厉王刘胥、郫侯刘舟、彭侯刘屈氂、埤山侯其仁、戴侯秘蒙、按道侯韩兴等皆因咒诅处死。〔106〕"绛",县名,故地在今山西侯马市东北。〔107〕"食邑",据本书《绛侯周勃世家》记载,周勃随刘邦从巴、蜀、汉中还定三秦,赐食邑怀德(今陕西富平县西南)。〔108〕"陇西",郡名,辖有今甘肃东南部,治所在狄道,即今甘肃临洮县。周勃随刘邦平定三秦后,率军攻漆(今陕西彬县),西定汧(今陕西陇县南),还下郿(今陕西眉县东北),频阳(今陕西富平县东北),破西(今甘肃天水市西),攻上邽(今甘肃天水市),东守崤关,击项羽。其中西县、上邽皆属陇西。〔109〕"定泗水、东海",本书《绛侯周勃世家》记载,项羽死后,周勃东定楚地泗水郡、东海郡,凡得二十二县。泗水郡为秦所置,辖有今安徽、江苏淮河以北,宿迁、泗洪以西,萧县、涡阳、凤台以东地区,治所在沛县,汉初更名沛郡。东海郡,秦置,楚汉之际也称郯郡,治所在郯(今山东郯城北),西汉时辖有今山东费县、临沂、江苏赣榆以南,山东枣庄市、江苏邳县以东,江苏宿迁、灌南以北地区。〔110〕"八千一百户",本书《绛侯周勃世家》云食封八千一百八十户,此取其整数言之。〔111〕"太尉",本为秦官,汉代沿置,汉武帝建元二年省,元狩四年改称大司马。为全国最高军政首脑,与丞相、御史大夫并称三公。〔112〕"条",故

地在今河北景县南。〔113〕"平曲",县名,故地在今江苏东海县东南。〔114〕"酎金",汉代制度,皇帝祭祀宗庙,诸侯要随同酎酒奉献黄金助祭,谓之酎金。所献助祭黄金如果成色不足,或者数量短缺,或者不依时送到都城长安,都要治罪,王者削县,侯者削除封爵,取消封国。汉代诸侯因此获罪的颇多,尤其是武帝时为甚。"酎",音 zhòu。〔115〕"舞阳",县名,故地在今河南舞阳县西北。〔116〕"从破燕",臧荼封于燕,为燕王。项羽分封时,封臧荼于燕,为燕王,都蓟(今北京市西南)。刘邦即帝位后,臧荼仍为燕王。汉高祖五年十月,臧荼反,樊哙随刘邦平定燕地,俘获臧荼。〔117〕"执韩信",汉高祖六年十月,有人上书揭发楚王韩信谋反,刘邦用陈平之计,伪游云梦(泽薮名,在南郡华容县南。华容县在今潜江县西南),会诸侯于陈(今河南淮阳县)。樊哙随从刘邦至陈。韩信往陈,遂被樊哙所执。〔118〕"五千户",本书《樊哙列传》载,哙定食舞阳五千四百户。〔119〕"吕须",吕后之妹,樊哙之妻。吕后卒,大臣诛诸吕,吕须被鞭笞致死。吕须曾封临光侯,为中国历史上妇人封侯之始。"须",或作"媭"。〔120〕"侯他广非市人子,国除",据《樊哙列传》记载,樊他广为侯六年,侯家舍人上书揭发说,荒侯市人无生育能力,令其夫人与其弟乱而生他广,他广非市人子,不当嗣为侯。景帝中六年(公元前一四四年),他广被夺去侯爵,废为庶人,取消侯国。〔121〕"颍阴",县名,今河南许昌市。〔122〕"昌文君",此前灌婴又号宣陵君,皆为赐予的美号,并无爵土之封。〔123〕"食邑",本书《灌婴列传》云:汉三年,"以列侯食邑杜平乡"。〔124〕"车骑将军",是汉代列将军中地位比较高的将军之一。"属淮阴",归属淮阴侯韩信统辖。本书《灌婴列传》记载:灌婴"以御史大夫受诏将郎中骑兵东属相国韩信",先后平定了齐地和淮南一带。〔125〕"下邑",县名,故地在今安徽砀山县。〔126〕"临汝",乡名,在今河南临汝县境内。〔127〕"行赇",进行贿赂。"赇",音 qiú。〔128〕"汾阴",县名,故地在今山西万荣县西庙前村北古城。因在汾水之南而得名。〔129〕"职",主管。"志",通"职",旗帜。"职志",掌旗帜之官。〔130〕"内史",汉代中央有内史,掌治京师。地方王国亦有内史,掌治国中民政。周昌为内史坚守荥阳西北敖山上大粮库敖仓时,正值楚汉争战之际,汉内史当是临时设置,未为定制。周昌所为内史,应属中央之职。〔131〕"御史大夫",秦时为中央最高监察官。入汉,佐丞相,其职主要是负责执法、纠察,可以劾奏不法大臣,奉诏收缚或审讯有罪大吏。

〔132〕"比清阳侯",谓周昌功绩高下与清阳侯王吸相比类。 〔133〕"建平",县名,故地在今河南夏邑县西南。 〔134〕"安阳",县名,据《汉书·地理志》,汝南郡、汉中郡皆有安阳,汝南安阳曾为侯国。五原郡又有西安阳,代郡又有东安阳。梁玉绳《史记志疑》认为战国魏宁新中邑,秦改名安阳,周左车所封即此地。宁新中故地在今河南安阳市西南。 〔135〕"梁邹",县名,故地在今山东邹平县东北。 〔136〕"谒者",为国君负责传达事务的官员,始设于春秋、战国时期,秦、汉沿置。 〔137〕"柎",音fū。 〔138〕"成",《汉书·地理志》涿郡有成县,云为"侯国",董渫所封当即此。故地在今河北中部永定河、子牙河之间一带。古人有的认为董渫所封是郕邑,故地在今山东宁阳县东北。 〔139〕"厌次侯",即元延,本表略载其事迹。 〔140〕"渫",音xiè。 〔141〕"节氏",司马贞《索隐》云是县名,其地理位置已不能确考。 〔142〕"济南",郡名,辖有今山东济南市、历城县、章丘县、邹平县、济阳县一带。治所在东平陵(今章丘县西)。"太守",管辖一郡的最高官吏,郡中民政、财政、司法、选举、教育等权皆集于一身,又兼掌兵权。 〔143〕"成阳王",即城阳王。元狩三年为城阳王者是刘延,为城阳王刘章之孙。刘延为王始立于景帝后元年,终于元狩五年,共在位二十六年。"通",通奸。汉律规定,与王女通奸是违法行为。 〔144〕"蓼",音liǎo,县名,故地在今河南固始县东北。 〔145〕"执盾",左右亲近的护卫武士。 〔146〕"左司马",司马为武职官员,执掌军政,有时分置左右。 〔147〕"为将军,三以都尉击项羽",本书《高祖本纪》记载,汉五年,刘邦与诸侯兵共击楚军,与项羽决战垓下(聚落名,在今安徽灵璧县东南沱河北岸)。淮阳侯韩信统兵三十万与楚军正面相抗,孔将军统兵居左,费将军统兵在右,刘邦殿后。此表所载蓼侯孔藂,当即垓下击项羽之孔将军。 〔148〕"南陵",汉文帝母薄太后之陵,陵在今陕西西安市西。 〔149〕"衣冠车不得度,国除",孔臧为太常,太常是负责宗庙礼仪之官,皇家寝庙园陵如有破坏,祭祀社稷、宗庙和朝会、丧葬等方面有失礼仪,都要治罪。所以南陵的桥梁损坏了,举行礼仪时衣冠车子不符合制度,孔臧被剥夺了封国。因太常所职是皇家宗庙和典礼,稍有不慎,便会得咎。自汉武帝至西汉末,太常因过失而被免官或取消封国的多达二十余人,孔臧即为其中的一人。 〔150〕"费",县名,故地在今山东费县西北。 〔151〕"会稽",郡名,辖境在今江苏东南部和浙江东北部,治所在吴县(今江苏苏州市)。"湖阳",县名,故地在今河南唐河县西南湖阳镇。

〔152〕"陈贺",即与韩信、孔将军一起与项羽决战垓下之费将军。 〔153〕"巢",乡邑名,故地在今安徽巢县东北。 〔154〕"薨",音hōng。按封建等级制度,天子死曰"崩",诸侯死曰"薨"。 〔155〕"无后",没有后嗣。 〔156〕据《汉书·高惠高后文功臣表》,陈贺侯第为三十一,《史记》各种版本此格皆脱"三十一",当补入。 〔157〕"阳夏",县名,在今河南太康县。"夏",音jiǎ。 〔158〕"特将",率军独当一面的特殊将领。 〔159〕"游击将军",为汉代杂号将军之一。"代",郡名,辖境在今山西北部、河北西北部一带。 〔160〕"已破臧荼",燕王臧荼于汉高祖五年十月反汉,同年即被俘。 〔161〕"灵丘",县名,在今山西灵丘县。 〔162〕"隆虑",县名,在今河南林县。 〔163〕"长铍都尉",武职官员,其地位当与骑都尉相类。"铍",音pī,长矛。《汉书·高惠高后文功臣表》"铍"作"钘",颜师古注认为钘是长刃兵器,为刀而剑形。又认为铍也是一种刀器。 〔164〕"阳都",县名,故地在今山东沂南县南。 〔165〕"邺",县名,故地在今河北临漳县西南。 〔166〕"楼烦",中国的少数部族之一,善骑射,分布在今陕西北部及内蒙古自治区南部。秦末被匈奴征服,移居河南地,即今鄂尔多斯草原。 〔167〕"翟王",即董翳,项羽分封诸侯时所封。汉二年,归降于汉。"别降翟王",是丁复另又参加了使翟王董翳降汉的斗争。 〔168〕"悼武王",即吕后长兄吕泽,为汉将,本封周吕侯,汉高祖八年卒,谥令武。后追谥悼武王。 〔169〕"杀龙且",汉四年十一月,韩信与灌婴击破楚军,杀楚将龙且。"且",音jū。 〔170〕"叶",县名,故地在今河南叶县南。 〔171〕"趮",古"躁"字。 〔172〕"新阳",县名,故地在今安徽界首县北尹城子。 〔173〕"东武",县名,故地在今山东诸城县。 〔174〕"户卫",地位低下的武职人员。据裴骃《集解》引徐广说一本作"户从"。"薛",县名,故地在今山东滕县南。 〔175〕"破秦军杠里",秦二世三年,楚怀王遣刘邦西略地,至成阳,与杠里秦军交战,打败了秦军。郭蒙参加了此役。杠里在成阳西,成阳为秦县,故地在今山东鄄城县东南。 〔176〕"杨熊军曲遇",此承上言郭蒙又破杨熊军于曲遇。此役发生在秦二世三年刘邦与秦军杠里之战后。"杨熊",秦将。"曲遇",聚邑名,故地在今河南中牟县东。 〔177〕"越将军",是一种杂号将军。《汉书·高惠高后文功臣表》云"为城将",颜师古认为是统率筑城之兵的将领。 〔178〕"二千户",《汉书·高惠高后文功臣表》云"三千户" 〔179〕"汁方",或作"什方"、"汁防",县名,故地在今四川什邡县。 〔180〕"平定侯",齐受,吕后

元年封,事详见本书《惠景间侯者年表》。〔181〕"豪",豪杰。〔182〕"棘蒲",古今学者多数认为今地无考。《左传》哀公元年载,齐、卫等联合伐晋,取棘蒲。本书《赵世家》载敬侯六年,借兵于楚伐魏,取棘蒲。本书《靳歙列传》载歙攻安阳以东,至棘蒲。由这些记载看来,棘蒲当在汉代魏郡(包有今河北南部和河南北部,以及山东与河北东南部接壤的少数地区,治所在邺县,即今河北临漳县西南)境内。本书《赵世家》张守节《正义》云:"今赵州平棘县,古棘蒲邑。"平棘在今河北赵县,今天的学者有的相信《正义》的见解,其实是不对的。平棘与棘蒲是两个地方,不能混而为一。〔183〕"起薛",秦、汉战乱之际,薛为兵家往来之地,战祸频仍,所以在薛地起兵者颇多,仅本表所载,拔起薛地者就有郭蒙、陈武、戎赐、陈胥、华寄、秦同等人。〔184〕"别救东阿",秦二世二年,齐将田荣曾被秦将章邯围困在东阿,反秦军队救东阿,打败了秦军。陈武救东阿,即指此役。"东阿",县名,故地在今山东阳谷县东北。〔185〕"击齐历下军田既",汉三年,齐王田广、齐相田横为了防备汉韩信军东进攻齐,屯重兵于历下。刘邦派郦食其说服了田广、田横,与汉和好。齐乃解除了历下的守备。十月,韩信乘机袭破了齐历下军。陈武"击齐历下军",即指此役。田既为齐历下军将领。"历下",邑名,因城在历山北,故名。旧地在今山东济南市西。事详见本书《田儋列传》、《资治通鉴》高帝三年。〔186〕"嗣子奇反",淮南王刘长谋反,陈奇预谋此事。〔187〕"都昌",县名,故地在今山东昌邑县西。〔188〕"骑队率",率领骑兵的将领。〔189〕"武彊",乡邑名,故地在今河南郑州市东北。〔190〕"丞相宁",当时丞相名宁者,仅此一见。梁玉绳《史记志疑》卷一一认为:"是时丞相无名宁者,疑误。"〔191〕"侯青翟坐为丞相与长史朱买臣等逮御史大夫汤不直",汉武帝时庄青翟为丞相,张汤为御史大夫,会有人盗发孝文帝园陵中埋在土中的送给死者的钱币。庄青翟与张汤约定到武帝面前请罪。届时,庄青翟如约请罪,张汤并未请罪。武帝令御史调查此事,张汤打算乘机加害庄青翟。庄青翟很忧虑。这时他的属官长史朱买臣等以它罪上告张汤,武帝亲自责问,张汤不服,自杀。张汤死后,发现他的家中十分清贫,葬事极简。武帝得知此事,处死了朱买臣等,庄青翟自杀。事详见本书《酷吏列传》。"长史",丞相的属官,辅佐丞相署理诸曹之职,有时甚至可以代表丞相参与丞相府以外的事务。〔192〕"贳",音shì,县名,故地在今河北束鹿县西南。〔193〕"千六百户",《汉书·高惠高后文功臣表》作"六百户"。

〔194〕"台侯",即戴野,汉高祖六年八月封,见本表。〔195〕"吕",司马贞《索隐》云"齐侯吕博国",可见贳齐侯姓吕,名博国,本表脱"博国"二字。〔196〕"海阳",县名,故地在今河北滦县西南。〔197〕"越队将",统率越人军队的下级武官。〔198〕"千八百户",《汉书·高惠高后文功臣表》作"千七百户"。〔199〕"南安",县名,故地在今四川乐山市。〔200〕"河南将军",是一种权宜设置的杂号将军。"晋阳",县名,故地在今山西太原市西南晋源镇。〔201〕"亚将",犹云副将,地位仅次于主将。《汉书·高惠高后文功臣表》作"重将",为主管辎重的将领。"破臧荼",汉高祖五年十月,燕王臧荼反,汉高祖亲自率军俘臧荼,南安侯宣虎参加了这次战争。〔202〕"肥如",县名,故地在今河北卢龙县北。〔203〕"魏太仆",魏王咎或魏王豹太仆。〔204〕"车骑都尉",《汉书·高惠高后文功臣表》作"车骑将军"。"破龙且",时在汉四年十一月。〔205〕"曲城",县名,故地在今山东掖县东北。〔206〕"执珪",本为楚爵名。人臣有功,以珪赏赐,谓之"执珪"。本书《夏侯婴列传》载,婴从刘邦,初赐爵七大夫,后以军功赐爵五大夫,再以军功赐爵执帛,又以军功爵位升至执珪。〔207〕"二队将",两支部队的将领。〔208〕"陈",县名,故地在今河南淮阳县。〔209〕"击燕、代",指汉高祖五年击燕王臧荼事,详见本书《高祖本纪》。〔210〕"垣",县名,故地在今山西垣曲县东北。〔211〕"汝南",郡名,辖有今河南颍河、淮河之间,安徽茨河、西淝河以西、淮河以北地区。治所在上蔡(今河南上蔡县西南)。"太守",一郡的最高行政长官,并握有兵权。"赤侧钱",汉武帝时,郡国铸钱,民间往往违法私铸,杂以铅锡,谋取暴利。武帝元鼎二年,令京师官铸赤侧五铢钱,制作比较精工,法定价值规定为一赤侧钱当五个普通五铢钱。充赋及给官用皆令用此钱。皋柔为汝南太守,知道百姓不用赤侧钱纳赋而未予纠正,是违犯法律的行为。"赤侧钱",或作"赤仄钱",又称"子绀钱",以赤铜为其郭。〔212〕"河阳",县名,故地在今河南孟县西。〔213〕"身得郎将处",《汉书·高惠高后文功臣表》云"得梁郎将处"。〔214〕"丞相",陈涓未为汉丞相,此指某王国丞相。〔215〕"责",与"债"字通。〔216〕"淮阴",县名,故地在今江苏淮阴市西南甘罗城。〔217〕"至咸阳,亡从归汉",谓项羽军至秦都咸阳时,韩信逃亡归附于汉。本书《淮阴侯列传》记载,"汉王之入蜀,信亡楚归汉"。〔218〕"连敖典客",谓韩信为连敖之官,负责接待宾客。此"典客"是说韩信所掌,不是官称。《汉书·高惠高后文功臣表》

作"连敖票客"。梁玉绳《史记志疑》认为"典"字乃是"粟"字之误,韩信"入汉为连敖,继为治粟都尉,则连敖是司庾之官,而粟客是治粟内史之异名也"。可备一说。　〔219〕"别定魏、齐",分别平定了魏地、齐地。韩信俘虏魏王豹,平定魏地,置河东、太原、上党三郡,事在汉三年。同年,韩信又袭破齐,汉四年,完全平定了齐地。可参阅本书《高祖本纪》《淮阴侯列传》。　〔220〕"为王",韩信平定了齐地,派人对刘邦说:"齐地靠近楚地,如果我权力小,不暂且让我为王,恐怕不能安定齐地。"刘邦为了利用韩信,听从张良的建议,立韩信为齐王。　〔221〕"徙楚",汉高祖五年十二月灭项羽,正月,即把齐王韩信徙为楚王。　〔222〕"坐擅发兵",汉代法律规定,发兵要有皇帝的命令,以虎符为验。未得虎符而发兵,常常要处以死罪。　〔223〕"夷三族",处死三族。三族指父母、兄弟、妻子。汉初萧何制定法律,承袭秦制,有夷三族的法律规定。这是一种最严酷的律条。　〔224〕"芒",县名,故地在今河南永城县东北。　〔225〕"门尉",一种地位比较低下的武官。　〔226〕"昭",裴骃《集解》引徐广说"一作起"。据《汉书·高惠高后文功臣表》芒侯姓昭,名䣄。昭乃䣄之子。昭,音 ér。䣄,音 zhí。　〔227〕"张",县名,故地在今河北邢台市东北。据本表,汉高祖十二年以此张县封毛泽,景帝中六年(公元前一四四年)国除。景帝三年(公元前一五四年)封䣄昭者必别为一张。今地已不能确考。《史记志疑》卷二六据《读史方舆纪要》认为是山东寿张县南的张城。　〔228〕"亚夫",周亚夫,绛侯周勃之子,封条侯,事详见本书《绛侯周勃世家》。"击吴楚",汉景帝三年,以吴王濞为主谋,发动反对汉中央政权的吴楚七国之乱。吴王濞之外,参加这次武装叛乱的有楚王戊、赵王遂、济南王辟光、淄川王贤、胶西王卬、胶东王雄渠。景帝派太尉周亚夫率三十六将军击吴楚,仅经过三个月的时间,即平定了吴楚七国之乱,吴王濞被人杀死,楚王戊兵败自杀。〔229〕"南宫公主",汉景帝女,王夫人生。王夫人长女号平阳公主,次为南宫公主,次为林虑公主。南宫公主,初南宫侯张坐尚之,后来张侯䣄申尚之。〔230〕"故市",县名,故地在今河南荥阳县东北。〔231〕"河上",郡名,秦时为内史,汉二年更名河上,九年罢,复为内史,武帝建元六年分为左内史,太初元年更名左冯翊,地处今陕西中部,为汉京畿地区的一部分。"守",郡太守。　〔232〕"假相",代理丞相。此"相"当指某王国之相。　〔233〕"柳丘",今地不详。司马贞《索隐》云:"县名,属渤海。"渤海郡有柳县,为侯国,并非柳丘。〔234〕"千户",《汉书·高

惠高后文功臣表》作"八千户"。　〔235〕"魏其",县名,故地在今山东临沂县东南。　〔236〕"破籍东城",汉五年,楚汉决战垓下,项籍军败走,汉骑将灌婴追杀项籍东城,斩首八万,略定楚地。魏其侯周定破项籍东城,即指此次战役。"东城",县名,故地在今安徽定远县东南。　〔237〕"祁",县名,故地在今山西祁县东南。　〔238〕"子",汝,你。　〔239〕"从射擅罢",随从皇帝大射而擅自罢去。大射为古代躬礼之一,其仪可参阅《仪礼·大射》。　〔240〕"平",县名,故地在今河南孟津县东。〔241〕"洛阳",县名,故地在今河南洛阳市东。秦三川郡,汉高祖更名河南郡,洛阳为其郡治。　〔242〕"鲁",县名,故地在今山东曲阜县。封鲁侯者,本表姓与名皆失载,据《汉书·高惠高后文功臣表》知姓名为奚涓。　〔243〕"母代侯",汉代妇人封侯者寥寥,奚涓母封鲁侯,是汉代妇女封侯先例之一。　〔244〕"疵",《汉书·高惠高后文功臣表》作"底",并载底封地改为重平(今河北吴桥县南)。　〔245〕"故城",此误,当从《汉书·高惠高后文功臣表》作"城父",秦时为聚落,汉置以为县,故地在今安徽亳县东南城父集。"父",音 fǔ。　〔246〕"右丞相",从下文"备守淮阳功"来看,尹恢为淮阳王右丞相。"淮阳",王国名,汉高祖十一年置,惠帝时改为郡,辖有今河南淮阳、扶沟、太康、柘城、鹿邑等县地。治所在陈县(今河南淮阳县)。　〔247〕"关内侯",汉代爵位分二十等,第十九级为关内侯,仅次于最高的爵位彻侯。〔248〕"任",县名,故地在今河北任县东。　〔249〕"东垣",县名,秦时称东垣,汉高祖十一年改称真定,故地在今河北石家庄市东。　〔250〕"属雍齿",为雍齿的部下。雍齿封汁方侯,见本表前。〔251〕"匿死罪",藏匿犯有死罪的人。这是汉代法律所不容许的。　〔252〕"庶人",秦汉时泛指没有官爵的平民百姓。　〔253〕"棘丘",今地不详。《水经注》载颍水径上棘城,在阳翟县(今河南禹县)西,或许棘丘即上棘,是一乡邑。　〔254〕"治粟内史",秦官,西汉沿置,为主管全国财政经济的官员,钱谷的收取和财政支出都由治粟内史负责。　〔255〕"上郡",郡名,辖有今陕西北部和内蒙古自治区黄河河套以南一带。治所在肤施,即今陕西榆林县东南。"西魏地",谓魏王豹故地。项羽分封诸侯,封魏豹为西魏王,领有河东(郡名,在今山西西南部黄河以东),都平阳(今山西临汾县西南)。　〔256〕"襄",为棘丘侯之名,姓失载。　〔257〕"士伍",无爵的成年男子。　〔258〕"阿陵",县名,故地在今河北任丘县东南。　〔259〕"单父",音 shàn fǔ,县名,故地在今山东单县。　〔260〕"塞疏",当作"塞路",《汉书

·高惠高后文功臣表》作"塞路",据裴骃《集解》引徐广之说,《史记》旧本亦有作"塞路"的。意谓负责堵塞要路。　〔261〕"南",《汉书·地理志》《后汉书·郡国志》皆无南县。《三国志·孔融传》裴松之注引《九州春秋》载融在徐州,"转至南县"。是南县在徐州境内。《吕布传》裴松之注引《英雄记》又载丁原"为南县吏"。　〔262〕"昌武",今地不详。疑在今山东平度县、莱西县一带。　〔263〕"九百八十户",《汉书·高惠高后文功臣表》作"九百户"。　〔264〕"魏其侯",谓周定,见本表前。　〔265〕"弃市",死刑的一种。把罪犯在街市处死,暴尸街头。　〔266〕"高苑",即高宛,县名,故地在今山东邹平县东北苑城镇。〔267〕"千六百户",《汉书·高惠高后文功臣表》作"千六百五户"。　〔268〕"斥丘侯",谓唐厉,见本表后。　〔269〕"出入属车间",擅自出入于随从皇帝的车马卫队之间。这不但失礼,而且也是一种违律行为。　〔270〕"宣曲",今地不详。　〔271〕"破籍军荥阳",汉三年、四年间,楚汉围绕荥阳一带进行了持久的大规模的军事对抗,它关系到双方的成败。详见本书《项羽本纪》、《高祖本纪》。宣曲侯丁义即参加了此役。　〔272〕"固陵",聚落名,属阳夏县,故地在今河南太康县南。　〔273〕"发娄",今地不详。　〔274〕"绛阳",《汉书·地理志》无此县。《汉书·高惠高后文功臣表》列"终陵齐侯华毋害","终陵"疑当作"於陵",华无害所封即此,故地在今山东邹平县东南。　〔275〕"从攻马邑",汉高祖十年,赵相国陈豨反代地,高祖亲自率军击破陈豨。十一年,陈豨残余势力尚存。太尉周勃从太原进军,平定代地。至马邑,马邑不降,即进兵摧破了马邑。华无害"从攻马邑",当即此役。"马邑",县名,故地在今山东朔县。"布",黥布。　〔276〕"勃齐",《汉书·高惠高后文功臣表》名勃。勃齐父华无害谥齐,勃齐不当以"齐"为名。　〔277〕"坐出界",汉律规定,诸侯不许私自越出封国界域,官员也不得擅离部署,随意逾越自己的管辖区域。因出界触律受到法律制裁的,颇多其例。　〔278〕"东茅",其地不详。司马贞《索隐》云:"一作'柔'也。"柔在琅邪郡,《汉书·地理志》云为侯国,其地在今山东蒙阴、胶南之间。　〔279〕"斥丘",县名,故地在今河北成安县东南。　〔280〕"东郡",郡名,辖有今河南延津县、濮阳县、南乐县以东,山东聊城县、东阿县以南,郓城县、成武县以西,山东定陶县、河南封丘县以北。治所在濮阳,即今河南濮阳县西南。　〔281〕"武城",以此为名者有三,一在平阳西,一在郧县南,一在战国赵东境,即今山东武城县西北。此处武城,疑即后者。《汉书·高惠高后文功臣表》云:"破籍,侯成

武。"与这里的记载不同。　〔282〕"中尉",秦官,西汉沿置,负责巡察京城,防备盗贼,武帝改名执金吾。　〔283〕"台",故地在今山东历城县东北。〔284〕"临江",地域大体相当于南郡,即今襄樊市以南的湖北地区。　〔285〕"贾",刘贾,汉王元年即为将军,以功封荆王,王淮东五十二城。汉高祖十一年淮南王黥布反,贾为布军所杀。事详见本书《荆燕世家》)。　〔286〕"安国",县名,故地在今河北安国县东南。　〔287〕"南阳",郡名,辖有今河南西南部和湖北北部,在秦为大郡,治宛县,即今河南南阳市。　〔288〕"睢水",即濉河,自河南杞县流经河南东部、安徽西北部,到江苏宿迁县西,注入泗水,今多淤断。"睢",音suī。　〔289〕"雍侯",封食于雍。"雍",县名,故地在今陕西凤翔县南。　〔290〕"五千户",安国侯王陵功状各处记载不同,本书《陈丞相世家》云:"高祖起沛,入至咸阳,陵亦自聚党数千人,居南阳,不肯从沛公。及汉王之还攻项籍,陵乃以兵属汉。……陵卒从汉王定天下。以善雍齿,雍齿,高帝之仇,而陵本无意从高帝,以故晚封,为安国侯。"《汉书·高惠高后文功臣表》云:王陵"以自聚党定南阳,汉王还击项籍,以兵属,从定天下,侯,五千户"。　〔291〕"乐成",县名,西汉有两乐成,一为河间国之王都,故地在今河北献县东南。一在南阳郡,故地在今河南邓县西南。丁礼所封,当在今邓县地。　〔292〕"五利侯",即栾大,为武帝时有名的方士。经乐成侯丁义上书推荐,得到武帝信任,拜为五利将军,后因其方不验被诛。事详见本书《封禅书》。本书《孝武本纪》裴骃《集解》引徐广云:丁义"后与栾大俱诛也"。丁义,《汉书·郊祀志》作"丁登"。　〔293〕"辟阳",县名,故地在今河北冀县东南。　〔294〕"三岁十月",审食其与刘邦同为沛人,刘邦初起,审食其侍从吕后、孝惠在沛二岁十月。此云"三岁"有误。"食其",音yì jī。　〔295〕"吕后入楚",汉王二年,刘邦被项羽大败于彭城西,刘邦父太公、吕后被项羽楚军俘获。审食其又以舍人侍从吕后一岁。　〔296〕"安平",县名,故地在今河北安平县。　〔297〕"淮南王",指刘安,本书与《汉书》有传。"陵",性聪慧有口才,淮南王刘安爱之,多予金钱,在长安侦察朝廷消息,培植私党。与淮南王刘安后荼、太子迁专擅淮南王国大权,夺民田宅,囚系民众。　〔298〕"蒯成",当从《汉书·高惠高后文功臣表》作"鄌成",乡邑名,故地在今陕西宝鸡市西。"鄌",音péi。　〔299〕"池阳",乡邑名,惠帝四年置县,故地在今陕西泾阳县西北。　〔300〕"平阴",县名,故地在今河南孟津县东北,境内有平阴津,为黄河渡口。　〔301〕"襄国",即秦信都县,项

羽分封诸侯,改名襄国,为常山王张耳国都,故地在今河北邢台市。 〔302〕"楚汉约分鸿沟",汉王四年,刘邦夺回军事要地成皋(故地在今河南荥阳县汜水镇),获得了楚的物资财富,屯军广武(故址在今河南荥阳县东北广武山上)。楚军乏食。韩信进攻齐地,项羽派大将龙且率兵二十万救齐,被汉军击败,齐地尽归汉所有。刘邦立韩信为齐王,团结他一同攻楚。又立黥布为淮南王,使黥布在梁地往来游击,断绝楚军给养。楚军困乏,项羽乃与刘邦相约,以鸿沟为界,中分天下,鸿沟以西归汉,以东归楚。鸿沟原是战国魏惠王时开通的运河,故道从现在的河南荥阳县北引黄河水,东经中牟县北,至开封市南流,经通许县东、太康县西,由淮阳县东南注入颍水。 〔303〕"郸",县名,故地在今安徽涡阳县东北。 〔304〕"中",读作"仲"。《汉书·高惠高后文功臣表》作"仲"。 〔305〕"居坐为太常有罪",《汉书·高惠高后文功臣表》记载:"元鼎三年,坐为太常收赤侧钱不收,完为城旦。"赤侧钱是汉武帝元鼎二年令京师所铸,施行二年,民间盗铸严重,于是下令废止。 〔306〕"北平",县名,故地在今河北满城县北。 〔307〕"阳武",县名,故地在今河南原阳县东南。 〔308〕"为常山守",公元前二〇六年,项羽分封诸侯,张耳为常山王。明年,陈余袭常山,张耳败走归汉,刘邦乃以张仓("仓"字或作"苍")为常山守。事见本书《张丞相列传》。 〔309〕"得陈余,为代相",汉王三年,遣韩信、张耳击赵,于井陉(故地在今河北井陉县西北)大破赵军,斩陈余,追杀赵王歇。当时张苍随韩信击赵,得陈余首,以功为代相,防守边境。 〔310〕"徙赵相",当时张耳为赵王,张苍徙为赵王张耳之相。 〔311〕"计相",中央主管天下郡国计簿和计吏的长官。张苍在秦时曾为柱下史,熟悉天下图书计籍,又擅长律历计算,所以用张苍为计相。据本书《汉兴以来将相名臣年表》,汉高帝六年,张苍为计相,九年迁为相国。 〔312〕"淮南相",当时淮南王是刘邦少子刘长,张苍为刘长之相。 〔313〕"千三百户",据本书《张丞相列传》、《汉书·张苍传》《高惠高后文功臣表》,当作"千二百户"。 〔314〕"其四为丞相,五岁罢",梁玉绳《史记志疑》卷一一云:"'四'下缺'年'字,'五'上缺'十'字。孝文四年张苍为丞相,凡十五年而免也。" 〔315〕"预",本书《张丞相列传》、《汉书·张苍传》《高惠高后文功臣表》皆作"类"。 〔316〕"高胡",《汉书·高惠高后文功臣表》阳河齐侯其石功状云:"功比高湖侯。"是高胡即高湖。其地不可确考。 〔317〕"以都尉定燕",《汉书·高惠高后文功臣表》云:"以都尉击籍,将军定燕。"这是正确的。击项羽时为都

尉,后来击燕时当升为将军。如以都尉定燕,"都尉"二字不当重出,重出则文繁。 〔318〕"殇侯",《汉书·高惠高后文功臣表》作"炀侯"。 〔319〕"厌次",县名,故地在今山东惠民县东桑落墅。也有人认为在今山东陵县神头镇。 〔320〕"慎将",《汉书·高惠高后文功臣表》颜师古注云:"以谨慎为将也。"有的学者认为"慎"是地名,"慎将"即慎地的将领。可备一说。慎地未详。 〔321〕"元顷",《汉书·高惠高后文功臣表》作"爰类"。 〔322〕"平皋",县名,故地在今河南温县东北。 〔323〕"砀郡长",主管砀郡最高政务官员。砀郡本为秦郡,辖有今河南开封市、通许县以东,永城县以北,山东曹县、嘉祥县以南和安徽砀山县、亳县等地区,治所在砀县。 〔324〕"功比戴侯彭祖",《汉书·高惠高后文功臣表》云:"功比轪侯。" 〔325〕"复阳",县名,故地在今河北故城县西南。 〔326〕"阳河",当作"阳阿",县名,故地在今山西阳城县西北阿陵。 〔327〕"中谒者",君主的亲近之臣,在宫中负责为君主传达事务。本书《曹相国世家》《集解》引《汉书音义》谓"中涓如中谒者"。其实中谒者职位高于中涓。灌婴初从刘邦,官中涓。刘邦为汉王,拜婴为郎中,不久,又升为中谒者。 〔328〕"七年十月甲子",《汉书·高惠高后文功臣表》记载封侯月份为十一月。 〔329〕"齐哀侯",《索隐》云"阳河齐侯卞诉",是阳河侯姓卞,名诉,谥齐,"哀"字衍文。但《汉书·高惠高后文功臣表》记载为"阳河齐侯其石",其为姓,石为名。 〔330〕"坤山",其地不详。 〔331〕"祝诅",即咒诅。 〔332〕"朝阳",故地在今山东邹平县西北。也有人认为在今河南邓县东南,因在朝水之北,故名。 〔333〕"棘阳",县名,因在棘水之北,故名。故地在今河南南阳市南。 〔334〕"千户",《汉书·高惠高后文功臣表》作"二千户"。 〔335〕"涅阳",县名,因位于涅水之阳而得名。故地在今河南邓县东北。"涅",音niè。 〔336〕"关",指函谷关,在今河南灵宝县东北,汉武帝元鼎三年,移至今新安县东,与故关相距三百里。汉王二年初,刘邦出关至陕,安抚关外父老。涅阳侯吕胜从汉王出关,当在此时。 〔337〕"以郎将击斩项羽",项羽兵败自刎乌江,王翳取其头,杨喜、吕马童、杨武、吕胜各得其一体。 〔338〕"庄侯",即"壮侯",因斩项羽而被封之五侯,皆谥壮侯。 〔339〕"亢父",音gāng fǔ,县名,故地在今山东济宁市南。秦二世二年,刘邦的军队杀死秦泗川守壮后,曾还军亢父。平棘侯执从起亢父当在此时。 〔340〕"执",《汉书·高惠高后文功臣表》作"林挚"。 〔341〕"鬼薪",服役三年的刑徒。东汉应劭认为,"取薪给宗庙为鬼薪"。 〔342〕"羹

颉"，爵号，不是县邑名。刘邦兄弟四人，长兄伯，伯早死。刘邦寒微时，常与宾客到大嫂家吃饭。大嫂讨厌他。一次大嫂假装羹尽，用杓子刮着锅底作响。宾客以为羹尽，就都走了。刘邦一看锅里还有羹，由此怨恨大嫂。待刘邦为帝分封兄弟时，独不封伯子。刘邦的父亲太上皇出来替伯子说话，刘邦说："我不是忘了封伯的儿子，只是因为他的母亲不配做一个年辈大的人。"于是就封伯子信为羹颉侯。事见本书《楚元王世家》。也有人认为羹颉是地名，在今安徽舒城县西。还有人认为是山名，在今河北怀来县东南。 〔343〕"深泽"，县名，故地在今河北深泽县。 〔344〕"城平"，县名，故地在今山西大同市东北。 〔345〕"赵将夜"，《汉书·高惠高后文功臣表》作"赵将夕"。 〔346〕"循"，《汉书·高惠高后文功臣表》作"修"。 〔347〕"更"，《汉书·高惠高后文功臣表》作"史"。梁玉绳《史记志疑》卷一一认为"更"误，并疑史即颛史，在泰山南武阳"。南武阳即今山东平邑县。 〔348〕"柏至"，其地不详。 〔349〕"骈怜"，《汉书·高惠高后文功臣表》作"骈邻"，颜师古注认为："二马曰骈。骈邻，谓并两骑为军翼也。"《索隐》引姚氏说云："怜、邻声相近。骈邻犹比邻也。"二说均可备参考。由于缺乏佐证，很难弄清楚哪一种说法是正确的。"昌邑"，县名，故地在今山东金乡县西北。秦二世三年，刘邦与彭越军遇于昌邑，联合进攻秦军。柏至侯许温从起昌邑当在此时。 〔350〕"说卫"，军队止宿时负责防卫者。"说"，读作"税"，舍止的意思。 〔351〕"许温"，《汉书·高惠高后文功臣表》作"许盎"。 〔352〕"中水"，县名，故地在今河北献县西北。 〔353〕"郎中骑将"，又称郎中骑，隶属郎中令，下统一定数量的郎中。当时为郎中骑将者颇多。"好畤"，县名，故地在今陕西乾县东。"畤"，音 zhì。 〔354〕"司马"，军队中的中级武官，其地位低于将军、校尉。"龙且"，项羽的骁将，曾为司马，故又称司马龙且。汉王四年，韩信定河北之地，项羽派龙且将兵往击韩信，韩信、灌婴大败龙且军，击杀龙且。中水侯吕马童击龙且当在此时。"且"，音 jū。 〔355〕"假"，《汉书·高惠高后文功臣表》作"瑕"。 〔356〕"青肩"，《汉书·高惠高后文功臣表》作"青眉"。 〔357〕"宜成"，《汉书·高惠高后文功臣表》作"宜城"。 〔358〕"二十三"，宜成在位年数，依本表计算方法，从元光元年(公元前一三四年)至元鼎五年(公元前一一二年)为二十二年。此作"二十三"，多计一年。 〔359〕"杜衍"，县名，故地在今河南南阳市西南。 〔360〕"赤泉"，其地不详。或云在今河南鲁山县。 〔361〕"杜"，县名，故地在今陕西西安市东南。

〔362〕"殷"，《汉书·高惠高后文功臣表》作"敷"。 〔363〕"枸"，县名，故地在今陕西旬邑县东北。 〔364〕"曹咎"，项梁、项羽起义反秦前，曾为蕲县(在今安徽宿县南)负责刑狱的官吏，有德于项梁。后为项羽军大司马，封海春侯。汉王四年守成皋时兵败自杀。枸侯温疥从曹咎军，即在汉王四年曹咎守成皋时。 〔365〕"卢奴"，县名，故地在今河北定县。 〔366〕"河"，《汉书·高惠高后文功臣表》作"何"。 〔367〕"武原"，县名，故地在今江苏邳县西北泇口镇。 〔368〕"磨"，此字误，当从《汉书·高惠高后文功臣表》作"历"，县名，故地在今河南景县西南。下文宋子侯许瘛"功比磨侯"之"磨"亦当作"历"。 〔369〕"橐"，当作"橐"，县名，故地在今山东邹县西南。 〔370〕"陈错"，《汉书·高惠高后文功臣表》作"陈锴"。 〔371〕"宋子"，县名，故地在今河北赵县东北宋城村。 〔372〕"羽林将"，统领宿卫士卒的将领。 〔373〕"五百四十户"，《汉书·高惠高后文功臣表》作"五百三十六户"。 〔374〕"十二月"，《汉书·高惠高后文功臣表》作"二月"。 〔375〕"瘛"，音 chì。 〔376〕"不疑"，《汉书·高惠高后文功臣表》作"留"。 〔377〕"猗氏"，县名，故地在今山西临猗县南。 〔378〕"二千四百户"，《汉书·高惠高后文功臣表》作"千一百户"。 〔379〕"遫"，音 sù。 〔380〕"清"，县名，故地在今山东聊城县西。 〔381〕"弩"，音 nǔ，使用机栝发箭的弓。"弩将"，统率使用弓弩的军卒的将领。 〔382〕"代"，此语意不清楚，似当云"定代"。下文彊侯留胜、彭侯秦同所述侯功"击项羽、代"，似皆当云"击项羽，定代"。 〔383〕"空中"，《集解》引徐广说古本有作"室中"者。《索隐》云"清简侯空中同"。又云："空，作'室'。"《汉书·高惠高后文功臣表》作"室中同"。按当作"室中同"，"室中"，复姓，"同"，名。此处姓有误字，名又脱去。 〔384〕"彊"，其地不详。 〔385〕"彭侯"，即下文彭简侯秦同。 〔386〕"留胜"，《汉书·高惠高后文功臣表》作"留肹"。 〔387〕"服"，《汉书·高惠高后文功臣表》作"章服"。 〔388〕"彭"，今地不详。《索隐》认为在汉东海郡，可是《汉书·地理志》东海郡未载彭地。 〔389〕"吴房"，本书《项羽本纪》作"吴防"，县名，故地在今河南遂平县。 〔390〕"下邽"，县名，故地在今陕西渭南县东北。"邽"，音 guī。 〔391〕"宁"，即汉河内郡所属修武县，故地在今河南获嘉县。 〔392〕"选"，本书《汉兴以来将相名臣年表》、《汉书·高惠高后文功臣表》皆作"遫"。 〔393〕"昌"，县名，故地在今山东诸城县北。 〔394〕"无盐"，县名，故地在今山东东平县东。 〔395〕"共"，县名，故地在今河南辉县。 〔396〕"商"，《汉

书·高惠高后文功臣表》作"高"。 〔397〕"阏氏",即乌氏,县名,故地在今宁夏固原县东南。 〔398〕"代",秦郡,战国时为赵地,故地在今山西北部、河北西北部一带。阏氏侯冯解敢为代太尉,当时王代者是陈余。"太尉",当依《汉书·高惠高后文功臣表》作"大与",是王国主管爵禄的官员。 〔399〕"雁门",郡名,辖有今山西北部和与此相连的内蒙古自治区黄旗海、岱海以南地带。 〔400〕"冯解敢",《汉书·高惠高后文功臣表》作"冯解散"。 〔401〕"安丘",县名,故地在今山东安丘县西南。 〔402〕"从起方与",秦二世二年,刘邦引兵攻胡陵、方与,安丘侯张说追随刘邦当在此时。方与为县名,故地在今山东鱼台县北。 〔403〕"魏豹",魏公子宁陵君咎之弟。陈胜攻占魏地,立咎为魏王,后咎被秦章邯打败自杀。豹又再起,收复魏地,继立为魏王。项羽分封诸侯,想占有魏地,便徙封豹为西魏王,建都平阳。魏豹怨恨项羽,遂背楚归汉。事详见本书与《汉书·魏豹传》。 〔404〕"铍",音 pī,长矛。"执铍",左右亲近的护卫武士。《汉书·高惠高后文功臣表》作"执盾"。 〔405〕"三千户",《汉书·高惠高后文功臣表》作"二千户"。 〔406〕"上林",秦王朝营建的营苑,汉初一度荒废。武帝时重新营建,造苑宫、观、馆数十处,苑内放养禽兽,供皇帝游猎。其地在今陕西西安西及周至县、户县境内。秦代法律即规定不得盗取国家苑圃中的兽类。汉承袭秦律,盗窃上林苑及其他国有苑圃放养的禽兽属犯罪行为。 〔407〕"合阳",县名,故地在今陕西合阳县东南。 〔408〕"太公",汉高祖刘邦的父亲。 〔409〕"襄平",县名,故地在今辽宁辽阳市。 〔410〕"龙",乡邑名,故地在今山东泰安县东南。 〔411〕"繁",县名,故地在今四川彭县西北。 〔412〕"庄侯彊瞻",《汉书·高惠高后文功臣表》作"严侯张瞻师"。 〔413〕"侯昫独",据《集解》,古本有作"侯惸"的,《汉书·高惠高后文功臣表》也作"侯惸"。是"昫"乃"惸"之误。"惸",音 qióng。无兄弟曰惸,无子孙曰独。"惸独"之名十分怪异。 〔414〕"陆梁",据《索隐》,古本有作"陆量"的,《汉书·高惠高后文功臣表》作"陆量",其地不详。 〔415〕"高京",据《集解》,古本有作"高景"的,本书《周昌传》、《汉书·高惠高后文功臣表》《周昌传》皆作"高景"。"京"乃"景"之讹,其地不详。 〔416〕"坚守荥阳",汉王三年四月,楚围刘邦于荥阳。五月,刘邦与数十骑遁去,令周苛等守荥阳。六月,项羽引兵攻拔荥阳,俘获周苛,欲令周苛为楚将,遭到拒绝。项羽遂烹杀周苛。 〔417〕"绳",其地不详。 〔418〕"离",其地不详。 〔419〕"失此侯始所起及所绝",《汉书·高惠高后文功臣表》于汉高祖行记载:"四月戊寅封。《楚汉春秋》亦阙。成帝时,光禄大夫滑湛日旁占验曰:'邓弱以长沙得兵侯。'"有关离侯邓弱事,史书仅记载了这些。 〔420〕"义陵",县名,故地在今湖南溆浦县南。 〔421〕"吴程",《汉书·高惠高后文功臣表》作"吴郢"。 〔422〕"宣平",其地不详。有人认为是封号,与后汉宋弘所封宣平侯同例。 〔423〕"张耳",大梁(今河南开封市)人,早年投奔陈胜起义军。陈胜部将武臣自立为赵王,以张耳为右丞相。项羽分封诸侯,立张耳为常山王。后归汉,与韩信平分赵地,被封为赵王。事详见本书与《汉书·张耳传》。"诛",讨伐。 〔424〕"合诸侯兵巨鹿",秦二世二年闰九月,秦将章邯军攻占邯郸,赵王歇和张耳退守巨鹿,章邯部将王离围之。章邯军巨鹿南,支援王离。陈余军巨鹿北,兵少,不敢进击秦军。各路起义军为了救赵,皆会巨鹿。项羽率先引兵击秦,其他义军配合,大败秦军。此为有名的巨鹿之战。巨鹿在今河北平乡县西南。 〔425〕"贯高不善",贯高为赵王张敖之相。汉高祖七年,刘邦从平城路过赵国,张敖以礼相待,而刘邦慢易无礼,贯高大怒。八年,刘邦又路经赵地,贯高派人埋伏,准备击杀刘邦。九年,贯高怨家上告,逮捕了张敖、贯高等。贯高自杀,张敖由赵王改封宣平侯。事详见本书与《汉书·张耳传》。 〔426〕"信平",即新平,县名,故地在今河南睢阳县东北。 〔427〕"南宫",县名,故地在今河北南宫县西北。 〔428〕"生",《汉书·张耳传》同,《汉书·高惠高后文功臣表》作"壬"。 〔429〕"睢阳",地属梁国,为梁王国都,故地在今河南商丘县南,偃孙广绝无食封睢阳之理。《汉书·高惠高后文功臣表》《百官公卿表》《张耳传》"睢阳"皆作"睢陵",这是正确的。睢陵,县名,故地在今江苏泗洪县东南。 〔430〕"广",《汉书·高惠高后文功臣表》《百官公卿表》《张耳传》皆作"广国"。 〔431〕"中大夫",郎中令属官,无固定员额,掌议论,武帝元年改名光禄大夫,秩比二千石。 〔432〕"河间",郡名,郡治在乐成,即今河北献县东南。 〔433〕"开封",县名,故地在今河南开封县西南。 〔434〕"中尉",汉中央和诸侯王国皆设此官,负责都城的治安。 〔435〕"慎阳",县名,故地在今河南正阳县北。 〔436〕"栾说",《汉书·高惠高后文功臣表》作"乐说"。 〔437〕"白金",银与锡合金制成,用来作为货币的材料。武帝元狩四年,为了应付日增的财政支出,又铸行三铢钱,并造皮币和白金币。白金币分为三种,一种是圆形龙币,名为"白撰",重八两,值三千钱。一种为方形马币,重六两,值五百钱。一种是椭圆形龟币,重四两,值三百钱。规定盗铸白金币者处以死刑。但由于白金币作价过高,犯法盗铸者不可胜数。慎阳侯栾买之即因盗铸而被弃市。 〔438〕"禾成",即和城,"禾"乃"和"之残,"成"、"城"二字《史记》中多通写。故地在今河北宁晋县东北。 〔439〕"公孙耳",《汉书·高惠高后文功臣表》作"公孙昔"。〔440〕"堂阳",县名,故地在今河北新河县西北。〔441〕"惠",当为封地,今地已不可考。 〔442〕"上党",郡名,辖境在今山西和顺县、榆次县以南,沁水流域以东。郡治在长子,即今山西长子县。〔443〕"祝阿",县名,故地在今山东历城县西南。〔444〕"蘖桑",邑名,故地在今江苏沛县西南。"蘖",音niè。 〔445〕"上队将",当作"二队将"。 〔446〕"定魏太原",汉王二年,魏王魏豹叛汉归楚。八月,韩信击豹,九月俘虏豹,平定魏地,置河东、上党、太原三郡。祝阿侯高邑定魏太原即在此时。太原辖境在今山西霍县以北,句注山以南。〔447〕"破井陉",汉三年十月,韩信、张耳将兵数万击赵王赵歇,歇与陈余聚兵井陉,韩信用计大破赵军,斩陈余,俘获赵王歇。祝阿侯高邑破井陉即在此时。详见本书《淮阴侯列传》。井陉为县名,故地在今河北井陉县西北。境内井陉山上有井陉关,为古代军事要地。 〔448〕"瓿",音fǒu,陶制容器,腹部粗圆,底与口略小。 〔449〕"八百户",《汉书·高惠高后文功臣表》作"千八百户"。〔450〕"长修",县名,故地在今山西新绛县西北。 〔451〕"御史",在君主左右掌管文书档案记录等事,又负责监察执法,讨奸治狱。 〔452〕"廷尉",中央掌管司法刑狱的长官,秩中二千石。 〔453〕"喜",《汉书·高惠高后文功臣表》作"意"。 〔454〕"阳平",县名,故地在今山东莘县。 〔455〕"元封四年",据《汉书·高惠高后文功臣表》《百官公卿表》,杜相于元封三年免,与此相差一年。 〔456〕"与",选择。"乐令",即大乐令,为太常属官,掌管国家祭祀大典所用的音乐。"无可",文字有误,《汉书·高惠高后文功臣表》作"中可"是正确的。过去治《史记》者多认为"无可"、"中可"是人名,不可信。"郑舞",郑国女子之舞。又楚怀王幸姬郑袖善歌巧舞,其舞名郑舞。郑舞是被当作不严肃的舞蹈来看待的,与庄重肃穆的庙堂祭祀之舞不同。"侯相夫坐为太常与乐令无可当郑舞人擅繇不如令",意谓侯相夫犯了罪,为太常而选择大乐令所属人员中能为郑舞的人擅加役使,使为郑舞,违反了法令。《汉书·百官公卿表》记载:"阳平侯杜相(下脱"夫"字)为太常,五年坐擅繇大乐令论。"颜师古注:"擅役使人也。"文字虽简略,但意思比较明白。 〔457〕"阑出函谷关",谓私自出函谷关。汉代在大多数时间里规定出入关要有符传,无符传便谓之"阑"。 〔458〕"江邑",其地不详。〔459〕"用奇计徙御史大夫周昌为赵相而代之",汉高祖宠姬戚姬子如意为赵王,年十岁,高祖担心他死后如意保全不了自己。赵尧年少,为符玺御史。赵人方与公对御史大夫周昌说:"您的属吏赵尧是个奇才,您一定要另眼相待。他将要替代您的职位。"周昌不相信。过了不久,高祖闷闷不乐,赵尧问:"陛下所以不高兴,是不是因为赵王年少而戚夫人与吕后有矛盾呢? 怕您万岁之后赵王不能保全自己?"高祖说:"是的。"于是,赵尧向高祖献计,让坚忍质直的周昌为赵王相。高祖采纳了赵尧的建议,遂徙周昌为赵相。过了很久,赵尧为御史大夫,取得了周昌原来的职位。事详见本书《周昌列传》。〔460〕"营陵",县名,故地在今山东昌乐县东南。〔461〕"卫尉",秦官,汉代沿置,负责统辖卫士,警卫宫廷门户。 〔462〕"万二千户",《汉书·高惠高后文功臣表》作"万一千户"。 〔463〕"土军",县名,故地在今山西石楼县。 〔464〕"中地",汉王二年,汉军打败雍王章邯,章邯自杀于都城废丘(今陕西兴平县东南)。汉占有其地,置河上、渭南、中地、陇西、上郡五郡。中地即后来的三辅之一右扶风,治所在长安(今陕西西安市西北)。 〔465〕"千二百户",《汉书·高惠高后文功臣表》作"一千一百户"。〔466〕"广阿",县名,故地在今河北隆尧县东。〔467〕"须昌",县名,故地在今山东东平县西北。〔468〕"雍军塞陈",此句与下句"谒上",《汉书·高惠高后文功臣表》作"雍军塞渭上",是"谒"乃"渭"字之误。谓雍王章邯的军队列阵渭上,遮塞汉军通道。也有人另主他说。本书《高祖本纪》记载:汉元年"八月,汉王用韩信之计,从故道还,袭雍王章邯。邯迎击汉陈仓,雍兵败,还走。"有人据此认为"雍军塞陈"即汉元年八月事,"陈"下脱"仓"字。陈仓地属章邯。〔469〕"己酉",《汉书·高惠高后文功臣表》作"己丑",比己酉早二十日。 〔470〕"临辕",今地不详。 〔471〕"蕲",音qí,县名,故地在今安徽宿县南。 〔472〕"二月乙酉",汉高祖十一年二月丙戌朔,不应有乙酉,可能与前须昌侯同于己酉日封。 〔473〕"汲",县名,故地在今河南汲县西南。〔474〕"太傅",汉制,中央有皇太子太傅,辅翼教诲皇太子;王国亦有皇帝任命的太傅,负责匡辅诸侯王。王国太傅不豫国政。如果诸侯王触犯法纪,太傅应谏诤或向朝廷举奏。有时王为非法,太傅要连坐。 〔475〕"二月己巳",此月丙戌朔,无己巳日,所记封侯日期有误。 〔476〕"公上不害",姓公上,名不害。 〔477〕"宁陵",县名,故地在今河南宁陵县东南。〔478〕"郎",侍卫帝王、给事宫禁的官员的通称。汉初郎官分为中郎、郎中、外郎三大系统,各有不固定员额的郎官。〔479〕"随",与"追"字同。"为上解随马",为刘邦解除了追赶他的敌骑。〔480〕"汾阳",县名,故地在今山西静乐县西。〔481〕"前二年",当作"汉二年"。〔482〕"江邹",其地不详。《汉书·高惠高后文功臣表》亦作"江邹",但《百官公卿表》云"江都侯靳石","江邹"乃"江都"之误。江都故地在今江苏扬州市西南。〔483〕"啬夫",汉代县令、长之下的各官之长和乡的主管官员往往称啬夫。在中央官署中,太常、光禄勋、少府、太仆、将作大匠等中二千石、二千石属下的各官之长,品秩与县令、长相当,其下辖的各官之长,有的称为啬夫。此处啬夫属于太仆系统。〔484〕"戴",故地在今河南民权县东北。〔485〕"中厩令",中央官署中掌管舆马的长官。〔486〕"彭祖",据司马贞《索隐》,古本《史记》作"秋彭祖"。《汉书·高惠高后文功臣表》作"秘彭祖"。〔487〕"衍",邑名,故地在今河南封丘县西南。〔488〕"燕",县名,故地在今河南延津县东北。〔489〕"挟诏书",利用诏书来威胁他人。〔490〕"平州",邑名,故地在今山东泰安县东南。〔491〕"昭涉掉尾",姓昭涉,名掉尾。〔492〕"行驰道中更呵驰去",车马在驰道中行驶,经过呵斥而驰去。驰道是供皇帝专用的,臣民不得在上面驾驶车马。〔493〕"中牟",县名,故地在今河南中牟县东。〔494〕"单父圣",司马贞《索隐》引《汉表》作"单父左车"。"单父"是姓,"圣"是名,"左车"是字。今本《汉书·高惠高后文功臣表》作"单右军",误。〔495〕"邔",音 jī,县名,故地在今湖北宜城县北。〔496〕"临江",项羽分封诸侯,以共敖为临江王。汉王三年,共敖卒,子尉嗣立。〔497〕"庆侯荣盛",《汉书·高惠高后文功臣表》作"夷侯荣成","庆"、"夷"为荣盛的谥号,可能有二谥。"盛"、"成"二字古通。〔498〕"遂坐卖宅县官故贵",《汉书·高惠高后文功臣表》云遂"坐掩搏夺公主马",与此不同。"县官",官府。〔499〕"博阳",当作"傅阳",县名,故地在今山东枣庄市南。〔500〕"队卒",《汉书·高惠高后文功臣表》作"队率"。〔501〕"吴郡",楚、汉之际分割会稽郡设置,治所在吴县,即今江苏苏州市。〔502〕"中五年",《汉书·高惠高后文功臣表》云"孝景元年"。〔503〕"阳义",《汉书·高惠高后文功臣表》作"阳羡","义"是"羡"字之讹。"阳羡",县名,故地在今江苏宜兴县南。〔504〕"荆",楚国的别称。"令尹",楚官名,为执政首相。〔505〕"陈公利几",利几为楚将,曾官陈县(故地在

今河南淮阳县)令。县令可以称"公"。项羽败亡,利几降汉,侯之颍川(郡名,治所在阳翟,辖地在今河南中部)。汉高祖五年,征召诸侯,利几因旧为楚将,很恐惧,遂反叛。〔506〕"大夫",《汉书·高惠高后文功臣表》作"中大夫"。汉制,七大夫、公乘以上皆为高爵,大夫是一种较低的爵位。《汉书·高帝纪》载:汉高祖五年诏曰:"军吏卒会赦,其亡罪而亡爵及不满大夫者,皆赐爵为大夫。"颜师古注:"大夫,第五爵也。"阳羡侯灵常所为不应是大夫,当是中大夫。中大夫为郎中令属官,无固定员额。〔507〕"下相",县名,故地在今江苏宿迁县西南。因地处相水下流,故名。〔508〕"田解",齐王田广将。汉王三年,齐王田广派华无伤、田解屯兵历下以拒汉,汉王使郦生说服了齐王田广,叛离项羽,与汉联合。韩信平定赵、燕后,乘机袭破齐历下军,进入齐都临淄旧临淄。下相侯冷耳从击田解军,当在此时。〔509〕"冷耳",《汉书·高惠高后文功臣表》作"泠耳"。"泠"字是,音 líng。〔510〕"德",乡邑名,据《汉书·王子侯表》,德在泰山郡。《汉书·景武昭宣元成功臣表》有德侯景建,据表所载,德在济南郡,今地已不可确考。〔511〕"高陵",地属琅邪君,今地已不可确考。〔512〕"东城",县名,故地在今安徽定远县东南。汉五年,刘邦与项羽决战垓下(在今安徽灵璧县东南沱河北岸),项羽大败,逃至阴陵(在今安徽定远县西北),转赴东城,相随者仅二十八骑。南陵侯王周追项羽至东城,即在此时。〔513〕"王周",《汉书·高惠高后文功臣表》作"王虞人"。〔514〕"期思",县名,故地在今河南淮滨县南期思集。〔515〕"谷陵",当作"谷阳",故地在今安徽固镇县西北。〔516〕"柘",音 zhè,县名,故地在今河南柘城北。其地有柘沟,故名。〔517〕"戚",县名,故地在今山东微山县。〔518〕"栎阳",县名,故地在今陕西临潼县东北。"栎",音 yuè。〔519〕"齐侯班",《汉书·高惠高后文功臣表》作"躁侯瑕"。〔520〕"壖",音 ruán,余地,空隙地。〔521〕"壮",聚邑名,故地在今山东陵县界。〔522〕"临济",聚邑名,故地在今河南封丘县东。因地临济水而得名。〔523〕"倩",古本《史记》有作"猜"者。《汉书·高惠高后文功臣表》亦作"猜"。〔524〕"成阳",县名,故地在今河南信阳市西北。〔525〕"尉",郡尉,协助郡守掌管一郡甲卒。〔526〕"意",据《汉书·高惠高后文功臣表》,意姓奚。〔527〕"鬼薪",徒刑的一种。《汉书·惠帝纪》颜师古注引应劭云:"取薪给宗庙为鬼薪。"《汉旧仪》云:"鬼薪者,男当为祠祀鬼神伐山之蒸薪也。"这是对鬼薪名称来源和早期服役情况的传统解释。秦汉时代,鬼

薪从事的劳役是多方面的。 〔528〕"桃",县名,故地在今河北冀县西北。 〔529〕"大谒者",谒者之长。谒者掌宾赞受事。 〔530〕"高梁",乡邑名,故地在今山西洪洞县东南。 〔531〕"食其",姓郦,高阳(在今河南杞县西)人,家贫,好读书,年六十余见刘邦,为刘邦说客,常奉命出使诸侯。事详见本书与《汉书》本传。 〔532〕"衡山王",即刘赐,本书与《汉书》有传。 〔533〕"纪",今地不可考。 〔534〕"甘泉",今地不可考。裴骃《集解》引徐广说古本有作"景"者,《汉书·高惠高后文功臣表》作"景"。疑"景"字是,"景"字上下裂分为二,讹误成"甘泉"。"景",即景城,故地在今河北交河县东北。 〔535〕"刘贾",汉王初年为将军,汉高祖六年,封荆王,王有淮东。十一年,淮南王黥布反,贾为布军所杀。事详见本书《荆燕世家》。 〔536〕"莫摇",《汉书·高惠高后文功臣表》作"真粘"。 〔537〕"嫖",音 piào。《汉书·高惠高后文功臣表》作"嬹",音 xīng。 〔538〕"煮枣",聚邑名,故地在今山东曹县西北。 〔539〕"毛泽",司马贞《索隐》作"毛泽之",又云亦作"毛释之",与《汉书·高惠高后文功臣表》相合,是今本"泽"下脱"之"字。"泽"、"释"二字古通。 〔540〕"庆",《汉书·高惠高后文功臣表》作"鹿"。 〔541〕"鄢陵",县名,故地在今河南鄢陵县西北。 〔542〕"七百户",《汉书·高惠高后文功臣表》作"二千七百户"。 〔543〕"菌",当作"卤",据裴骃《集解》,古本有作"卤"者。今地不可确考,大体在今甘肃东部、宁夏南部一带。 〔544〕"中涓",《汉书·高惠高后文功臣表》作"中尉"。 〔545〕"南阳",秦汉时大郡之一,治宛县,即今河南南阳市。

史记卷十九

惠景间侯者年表第七

太史公读列封至便侯,[1]曰:有以也夫! 长沙王者,[2]著令甲,[3]称其忠焉。昔高祖定天下,功臣非同姓疆土而王者八国。[4]至孝惠时,唯独长沙全,禅五世[5]以无嗣绝,竟无过,[6]为藩守职,[7]信矣。故其泽流枝庶,[8]毋功而侯者数人。[9]及孝惠讫孝景间五十载,追修高祖时遗功臣,[10]及从代来,[11]吴楚之劳,[12]诸侯子弟若肺腑,[13]外国归义,[14]封者九十有余。咸表始终,当世仁义成功之著者也。

【注释】〔1〕"列封",此指有关列侯封爵的档案材料。"便侯",指吴浅。吴浅于惠帝元年(公元前一九四年)以长沙王吴芮之子的身份受封为便侯。"便",音 biān,县名,故治在今湖南永兴城关镇。〔2〕"长沙王",姓吴名芮,秦末为番阳令,颇得民心,后举兵反秦,从项羽入关,被封为衡山王,归汉后,改封长沙王,卒于高祖五年(公元前二○二年)。"长沙",诸侯王国名,汉初辖境约当今湖南安乡、益阳、新化、隆回以东地区,广西、广东、江西三省区及贵州东部、越南北部地区。都临湘,即今湖南长沙市。〔3〕"令甲",当时法令以甲、乙、丙、丁为序,"令甲"即法令编次中的第一篇。据《汉书·吴芮传》,高祖曾制诰御史:"长沙王忠,其定著令。"〔4〕"疆土",此用作动词,谓分疆裂土,划分出一定的地域。"王",音 wàng,用作动词,为王、称王。"八国",指汉初八个异姓诸侯王的封国:齐王韩信、韩王韩信、燕王卢绾、梁王彭越、赵王张耳、淮南王英布、临江王共敖、长沙王吴芮。〔5〕"禅",传。"五世",据本书《诸侯王表》,长沙国共传五世:吴芮、吴成、吴回、吴右、吴差。吴差卒于文帝后七年(公元前一五七年),无子,绝封。〔6〕"竟",自始至终,

最终。〔7〕"藩守","藩"原指篱笆,是房舍的外蔽。分封在外的诸侯国有屏蔽、捍卫中央皇朝的义务,又称藩国、外藩。此"藩守"即指作为朝廷屏藩,有守土之责的诸侯王。〔8〕"泽",恩泽、恩德。"枝庶",古代宗法制度以嫡长子以外的诸子为庶子,庶子及其子孙被认为是宗族中有别于嫡系的旁出的支派,称为"枝庶"。〔9〕"毋",通"无"。〔10〕"追修",清理前事。〔11〕"代",诸侯王国名,汉初辖境约当今河北蔚县、怀安、康保、阳原、尚义以西,内蒙古化德以南,察哈尔右翼中旗、卓资、凉城以东,以及山西北部、中部地区,都晋阳,故治在今山西太原市南晋源镇。按,汉文帝刘恒原封代王,吕后死后,汉将相周勃、陈平等诛灭吕氏,迎立刘恒为帝,"从代来",即指追随刘恒从代国来到长安的旧臣。〔12〕"吴",诸侯王国名,汉初辖境约当今江苏睢宁、宿迁、涟水、阜宁以南,上海西部,浙江北部,安徽长江以南及嘉山等地,都广陵,即今江苏扬州市。"楚",诸侯王国名,汉初辖境约当今山东大汶河下游、费县、临沂、临沭及江苏赣榆以南,山东曲阜、滕县及江苏徐州以东,江苏灌南、沭阳、骆马湖以北及安徽濉溪东部、灵璧北部部分地区,都彭城,即今徐州市。按,高祖封弟刘交为楚王,封兄子刘濞(音 bì)为吴王。刘交传子郢(一作郢客),郢传子戊。汉初同姓诸侯王封国地域较大,并且自置官吏,拥有军队,形成割据势力,威胁中央皇朝的统治。为了改变尾大不掉的局面,加强中央集权,景帝在即位之初就接纳晁错的建议,削减诸侯王封地。刘濞、刘戊竭力反抗,联结胶西王刘卬、赵王刘遂、济南王刘辟光、菑川王刘贤、胶东王刘雄渠于景帝前三年(公元前一五四年)举兵叛乱,史称吴楚七国之乱。这次叛乱旋即被汉将周亚夫等平定。"吴楚之劳",即指平定吴楚七国之乱的功劳。〔13〕"诸侯",指诸侯王。"肺腑",这里用以比喻帝王的

骨肉至亲。 〔14〕"归义",投顺归化。

【译文】太史公读有关列侯分封的档案资料，读到便侯时，说道：真是事出有因啊！长沙王被封为诸侯王，著录在法令的第一篇，他的忠诚受到称赞。当初高祖平定天下，功臣之中不是皇室同姓宗亲而分疆裂土受封为诸侯王的共有八国。到孝惠帝时，只剩下长沙王能够保全自己的封国，接连传承五世，最后因为没有后嗣才绝封，自始至终没有犯什么过错，作为国家的藩守，尽心尽职，事情果真就是这样。所以他的德业能使旁系子孙也沾受恩惠，未立功勋而受封为列侯的就有数人。从孝惠帝之初以至孝景帝之末，其间五十多年，追录高祖时遗漏未封的功臣，以及追随孝文帝从代国入继大统的旧臣，孝景帝时在平定吴楚七国之乱的战事中功劳卓著的将相官员，身为皇室骨肉至亲的诸侯王子弟，前来投顺归化的外邦异族的首领等等，先后受封为列侯的有九十多人。现把他们受封传承等情况列表记载如下，这些都是当代有仁义、成大功的人物中比较突出的。

中华典籍　➤➤　史　记

国名	便	軑[10]	平都[18]	
侯功	长沙王子,侯,二千户。	长沙相,[11]侯,七百户。	以齐将,[19]高祖三年隆,[20]定齐,侯,千户。	<div style="writing-mode:vertical-rl">右孝惠时三</div>
孝惠七[1]	元年九月,顷侯吴浅元年。[7] 七	二　二年四月庚子,侯利仓元年。[12] 六	五年六月乙亥,孝侯刘到元年。[21] 三	
高后八[2]	八	三年,侯豨元年。 六	八	
孝文二十三[3]	二十二　后七年,恭侯信元年。 一	十五　十六年,侯彭祖元年。 八	二　三年,侯成元年。 二十一	
孝景十六[4]	五　前六年,侯广志元年。 十一	十六	十四　后二年,侯成有罪,国除。	
建元至元封六年三十六[5]	二十八　元鼎五年,[8]侯千秋坐酎[9]金,国除。	三十　元封元年,侯秩为东海太守,[14]行过,[15]不请,[16]擅发卒兵为卫,当斩,[17]会赦,国除。		
太初已后				

776

扶柳[22]	郊[25]	南宫[21]	梧[33]
高后姊长姁子,侯。[23]	吕后兄悼武王身佐高祖定天下,[26]吕氏佐高祖治天下,天下大安,封武王少子产为郊侯。[27]	以父越人为高祖骑将,从军,以大中大夫侯。[33]	以军匠从起郯,[34]入汉,[35]后为少府,[36]作长乐、未央宫,[37]筑长安城,[38]先就,功侯,五百户。
七 元年四月庚寅,侯吕平元年。 八年,侯平坐吕氏事诛,[24]国除。	五 元年四月辛卯,侯吕产元年。 六年七月壬辰,[28]产为吕王,[29]国除。 八年九月,产以吕王为汉相,[30]谋为不善。大臣诛产,遂灭诸吕。	七 元年四月丙寅,侯张买元年。 八年,侯买坐吕氏事诛,国除。	六 元年四月乙酉,齐侯阳成延元年。[39] 七年,敬侯去疾元年。[40] 二
			二十三
			九 中三年,靖侯偃元年。[41] 七
			八 元光三年,[42]侯戎奴元年。 元狩五年,[43]侯戎奴坐谋杀季父弃市,[44]国除。 十四

平定〔45〕	博成〔54〕	沛〔59〕
以卒从高祖起留,〔46〕以家车吏入汉,〔47〕以枭骑都尉击项籍,〔48〕得楼烦将功,〔49〕奉用齐丞相侯。〔50〕一云项涓。〔51〕	以悼武王郎中,〔55〕兵初起,从高祖起丰,〔56〕攻雍丘,〔57〕击项籍,力战,奉卫悼武王出荥阳,〔58〕功侯。	吕后兄康侯少子,〔60〕侯,奉吕宣王寝园。〔61〕
元年四月乙酉,敬侯齐受元年。〔52〕 八	三 元年四月乙酉,敬侯冯无择元年。 四 四年,侯代元年。 八年,侯代坐吕氏事诛,国除。	七 元年四月乙酉,侯吕种元年。 一 为不其侯。 八年,侯种坐吕氏事诛,国除。
一 四 二年,齐侯市人元年。 十八 六年,恭侯应元年。 十六		
七 元光二年,康侯延居元年。〔53〕 十八 元鼎二年,侯昌元年。 二 元鼎四年,侯昌有罪,国除。		

襄成[63]	轪[65]	壶关[67]	沅陵[69]	上邳[74]	朱虚[77]
孝惠子，侯。	孝惠子，侯。	孝惠子，侯。	长沙嗣成王子，[70]侯	楚元王子，[75]侯。	齐悼惠王子，[78]侯。
一 元年四月，辛卯，侯义元年。 　二年，侯义为常山王，[64]国除。	三 元年四月辛卯，侯朝元年。 　四年，侯朝为常山王，[66]国除。	四 元年四月辛卯，侯武元年。 　五年，侯武为淮阳王，[68]国除。	元年十一月壬申，顷侯吴阳元年。 　八	二年五月丙申，侯刘郢客元年。[76] 　七	二年五月丙申，侯刘章元年。 　七
			十七　后二年，顷侯福元年。[71] 　六	一　二年，侯郢客为楚王，国除。	一　二年，侯章为城阳王，[79]国除。
			十一　中五年，哀侯周元年。[72] 四　后三年侯周薨，[73]无后，国除。		

昌平[80]	赘其[83]	中邑[85]	乐平[88]	山都[95]
孝惠子，侯。	吕后昆弟子，[84]用淮阳丞相侯。	以执矛从高祖入汉，以中尉破曹咎，[86]用吕相侯，六百户。	以队卒从高祖起沛，[89]属皇䜣，[90]以郎击陈狶，[91]用卫尉侯，[92]六百户。	高祖五年为郎中柱下令，[96]以卫将军击陈狶，[97]用梁相侯。
三　四年二月癸未，侯太元年。[81] 七年，太为吕王，[82]国除。	四　四年四月丙申，侯吕胜元年。 八年，侯胜坐吕氏事诛，国除。	四年四月丙申，贞侯朱通元年。[87] 五	二　四年四月丙申，简侯卫无择元年。[93] 六年，恭侯胜元年。 三	四年四月丙申，贞侯主恬开元年。[95] 五
		十七　后二年，侯悼元年。 六		三　四年，惠侯中黄元年。[100] 二十
		十五　后三年，侯悼有罪，国除。	十五　后三年，侯侈元年。 一	三　四年，敬侯触龙元年。 十三
			五　建元六年，侯侈坐以买田宅不法，又请求吏罪，[94]国除。	二十二　元狩五年，侯当元年。 元封元年，侯当坐与奴阑入上林苑，[101]国除。 八

松兹[102]	成陶[106]	俞[110]	滕[114]
兵初起,以舍人从起沛,[103]以郎(吏)〔中〕入汉,还,得雍王邯家属功,[104]用常山丞相侯。	以卒从高祖起单父,[107]为吕氏舍人,度吕(氏)〔后〕淮之功,[108]用河南守侯,五百户。	以连敖从高祖破秦,[111]入汉以都尉定诸侯,功比朝阳侯。[112]婴死,子它袭功,[113]用太中大夫侯。	以舍人、郎中十二岁,以都尉屯田霸上,[115]用楚相侯。
四年四月丙申,夷侯徐厉元年。[105]	四年四月丙申,夷侯周信元年。	四 四年四月丙申,侯吕它元年。 八年,侯它坐吕氏事诛,国除。	四 四年四月丙申,侯吕更始元年。 八年,侯更始坐吕氏事诛,国除。
五	五		
六 七年,康侯悼元年。 十七	十一 十二年,孝侯勃元年。 十五年,侯勃有罪,国除。 三		
十二 中六年,侯偃元年。 四			
五 建元六年,侯偃有罪,国除。			

醴陵[116]	吕成[230]	东牟[121]	锤[123]	信都[126]
以卒从,汉王二年初起栎阳,[217]以卒吏击项籍,[218]为河内都尉,[219][用]长沙相侯,六百户。	吕后昆弟子,侯。	齐悼惠王子,侯。	吕肃王子,[124]侯。	以张敖、鲁元太后子侯。[127]
四年四月丙申,侯越元年。	四　四年四月丙申,侯吕忿元年。 　八年,侯忿坐吕氏事诛,国除。	六年四月丁酉,侯刘兴居元年。	二　六年四月丁酉,侯吕通元年。 　八年,侯通为燕王,[125]坐吕氏事,国除。	八年四月丁酉,侯张侈元年。
五		三		一
三　四年,侯越有罪,国除。		一　二年,侯兴居为济北王,[122]国除。		元年,侯侈有罪,[128]国除。

乐昌〔129〕	祝兹〔131〕	建陵〔132〕	东平〔137〕	右高后时三十一	阳信〔139〕
以张敖、鲁元太后子侯。	吕后昆弟子,侯。	以大谒者侯,〔133〕宦者,〔134〕多奇计。	以燕王吕通弟侯。		高祖十二年为郎。以典客夺赵王吕禄印,〔140〕关殿门拒吕产等入,共尊立孝文,侯,二千户。
八年四月丁酉,侯张受元年。〔130〕	八年四月丁酉,侯吕荣元年。坐吕氏事诛,国除。	八年四月丁酉,侯张泽元年。〔135〕九月,夺侯,〔136〕国除。	八年五月丙辰,侯吕庄元年。〔138〕坐吕氏事诛,国除。		
一					
元年,侯受有罪,国除。					十四　元年三月辛丑,侯刘揭元年。 十五年,侯中意元年。 九
					六年,侯中意有罪,国除。

轵	壮武[143]	清都[148]	周阳[151]
高祖十年为郎,从军,十七岁为太中大夫,迎孝文代,用车骑将军迎太后,[141]侯,万户。薄太后弟。	以家吏从高祖起山东,[144]以都尉从(之)〔守〕荥阳,食邑。以代中尉劝代王入,[145]骖乘至代邸,[146]王卒为帝,[147]功侯,千四百户。	以齐哀王舅父侯。[149]	以淮南厉王舅父侯。[152]
十　元年四月乙巳,侯薄昭元年。 　十一年,易侯戎奴元年。[142] 十三	元年四月辛亥,侯宋昌元年。 二十三	五　元年四月辛未,侯驷钧元年。 　前六年,钧有罪,[150]国除。	五　元年四月辛未,侯赵兼元年。 　前六年,兼有罪,国除。
十六	十一　中四年,侯昌夺侯,国除。		
一　建元二年,侯梁元年。			

樊〔153〕	管〔158〕	瓜丘〔160〕	营〔161〕
以睢阳令〔从〕高祖初起阿,〔154〕以韩家子还定北地,〔155〕用常山相侯,千二百户。	齐悼惠王子,侯。	齐悼惠王子。	齐悼惠王子,侯。
十四 元年六月丙寅,侯蔡兼元年。 十五年,康侯客元年。 九	二 四年五月甲寅,恭侯刘罢军元年。 六年,侯戎奴元年。〔159〕 十八	十一 四年五月甲寅,侯刘宁国元年。 十五年,侯偃元年。 九	十 四年五月甲寅,平侯刘信都元年。〔162〕 十四年,侯广元年。 十
九 中三年,恭侯平元年。 七	二 三年,侯戎奴反,国除。	二 三年,侯偃反,国除。	二 三年,侯广反,国除。
十三 元朔二年,〔156〕侯辟方元年。 元鼎四年,侯辟方有罪,〔157〕国除。 十四			

杨虚[163]	朸[167]	安都[169]	平昌[171]
齐悼惠王子,侯。	齐悼惠王子,侯。	齐悼惠王子,侯。	齐悼惠王子,侯。
十二　四年五月甲寅,恭侯刘将庐元年。[164]　十六年,侯将庐为齐王,[165]有罪,国除。[166]	十二　四年五月甲寅,侯刘辟光元年。　十六年,侯辟光为济南王,[168]国除。	十二　四年五月甲寅,侯刘志元年。　十六年,侯志为济北王,[170]国除。	十二　四年五月甲寅,侯刘卬元年。[172]　十六年,侯卬为胶西王,[173]国除。

武城〔174〕	白石〔176〕	波陵〔178〕
齐悼惠王子,侯。	齐悼惠王子,侯。	以阳陵君侯。〔179〕
十二　四年五月甲寅,侯刘贤元年。 　　十六年,侯贤为菑川王,〔175〕国除。	十二　四年五月甲寅,侯刘雄渠元年。 　　十六年,侯雄渠为胶东王,〔177〕国除。	五　七年三月甲寅,康侯魏驷元年。 　　十二年,康侯魏驷薨,无后,国除。

南郊〔180〕	阜陵〔185〕	安阳〔187〕	阳周〔189〕
以信平君侯。〔181〕	以淮南厉王子侯。	以淮南厉王子侯。	以淮南厉王子侯。
一 七年三月丙寅,侯起元年。〔182〕 孝文时坐后父故夺爵级,〔183〕关内侯。〔184〕	八 八年五月丙午,侯刘安元年。〔186〕 十六年,安为淮南王,国除。	八 八年五月丙午,侯勃元年。 十六年,侯勃为衡山王,〔188〕国除。	八 八年五月丙午,侯刘赐元年。 十六年,侯赐为庐江王,〔190〕国除。

东城〔191〕	犂〔192〕	軿(píng)〔196〕	弓高〔198〕	襄成〔202〕
以淮南厉王子侯。	以齐相召平子侯，〔193〕千四百一十户。	以北地都尉孙卬，匈奴入北地，〔197〕力战死事，子侯。	以匈奴相国降，故韩王信孽子，〔199〕侯，千二百三十七户。	以匈奴相国降侯，故韩王信太子之子，侯，千四百三十二户。
七 八年五月丙午，哀侯刘良元年。 十五年，侯良薨，无后，国除。	十一 十年四月癸丑，顷侯召奴元年。 后五年，侯泽元年。〔194〕 三	十四年三月丁巳，侯孙单元年。 十	十六年六月丙子，庄侯韩颓当元年。〔200〕 八	七 十六年六月丙子，哀侯韩婴元年。 后七年，侯泽之元年。 一
	十六	二 前三年，侯单谋反，国除。 十六	前元年，侯则元年。〔201〕 十六	十六
	十六 元朔五年，侯延元年。 元封六年，侯延坐不出持马，〔195〕斩，国除。 十九		十六 元朔五年，侯则薨，无后，国除。	十五 元狩四年，侯泽之坐诈病不从，〔203〕不敬，国除。

故安[204]	章武[211]	南皮[216]	右孝文时二十九
孝文元年,举淮阳守从高祖入汉功侯,[205]食邑五百户,用丞相侯,一千七百一十二户。	以孝文后弟侯,[212]万一千八百六十九户。	以孝文后兄窦长君子侯,[217]六千四百六十户。	
后三年四月丁巳,节侯申屠嘉元年。[206] 五	后七年六月乙卯,景侯窦广国元年。[213] 一	后七年六月乙卯,侯窦彭祖元年。 一	
二　前三年,恭侯蒉元年。[207] 十四	六　前七年,恭侯完元年。[214] 十	 十六	
十九　元狩二年,清安侯臾元年。[208]　元鼎元年,臾坐为九江太守有罪,[209]国除。[210] 五	八　元光三年,侯常坐元年。[215]　元狩元年,侯常坐谋杀人未杀罪,国除。 十	五　建元六年,夷侯良元年。 五　元光五年,侯桑林元年。 十八　元鼎五年,侯桑林坐酎金罪,国除。	

平陆[218]	休[220]	沈犹[226]
楚元王子,侯,三千二百六十七户。	楚元王子,侯。	楚元王子,侯,千三百八十户。
二 元年四月乙巳,侯刘礼元年。 三年,侯礼为楚王,[219]国除。	二 元年四月乙巳,侯富元年。 三年,侯富以兄子戊为楚王反,[221]富与家属至长安北关自归,[222]不能相教,上印绶。[223]诏复王。[224]后以平陆侯为楚王,更封富为红侯。[225]	十六 元年四月乙巳,夷侯刘秽元年。[227]
		四 建元五年,侯受元年。 元狩五年,侯受坐故为宗正听谒不具宗室,[228]不敬,国除。 十八

红	宛朐〔232〕	魏其〔235〕
楚元王子,侯,千七百五十户。	楚元王子,侯。	以大将军屯荥阳,〔236〕扞吴楚七国,〔237〕侯,三千三百五十户。
四　三年四月乙巳,庄侯富元年。〔229〕 一　前七年,悼侯澄元年。〔230〕 　中元年,敬侯发元年。〔231〕 九	二　元年四月乙巳,侯刘执元年。〔233〕 　三年,侯执反,〔234〕国除。	十四　三年六月乙巳,侯窦婴元年。〔238〕
十五　元朔四年,侯章元年。 　元朔五年,侯章薨,无后,国除。 一		九　建元元年为丞相,二岁免。 　元光四年,侯婴坐争灌夫事上书称为先帝诏,〔239〕矫制害,〔240〕弃市,国除。

棘乐[241]	俞[243]	建陵[251]
楚元王子,侯,户千二百一十三。	以将军吴楚反时击齐有功。[244]布故彭越舍人,[245]越反时布使齐,还已枭越,[246]布祭哭之,当亨,[247]出忠言,高祖舍之。[248]黥布反,[249]布为都尉,侯,户千八百。	以将军击吴楚功,用中尉侯,户一千三百一十。
三年八月壬子,敬侯刘调元年。 十四	六 六年四月丁卯,侯栾布元年。 中五年,侯布薨。	六年四月丁卯,敬侯卫绾元年。[252] 十一
一 建元二年,[242]恭侯应元年。 十一 元朔元年,侯庆元年。 十六 元鼎五年,侯庆坐酎金,国除。	十 元狩六年,侯贲坐为太常庙牺牲不如令,[250]有罪,国除。	十 元光五年,侯信元年。 元鼎五年,侯信坐酎金,国除。 十八

建平〔253〕	平曲〔256〕	江阳〔260〕
以将军击吴楚功,用江都相侯,〔254〕户三千一百五十。	以将军击吴楚功,用陇西太守侯,〔257〕户三千二百二十。	以将军击吴楚功,用赵相侯,户二千五百四十一。
六年四月丁卯,哀侯程嘉元年。〔255〕 十一	五　六年四月己巳,侯公孙昆邪元年。〔258〕 　中四年,侯昆邪有罪,国除。太仆贺父。〔259〕	四　六年四月壬申,康侯苏嘉元年。〔261〕 　中三年,懿侯卢元年。〔262〕 七
七　元光二年,节侯横元年。 一　元光三年,侯回元年。 一　元光四年,侯回薨,无后,国除。		二　建元三年,侯明元年。〔263〕 十六　元朔六年,侯雕元年。 十一　元鼎五年,侯雕坐酎金,国除。

遽[264]	新市[267]	商陵[271]	山阳[274]
以赵相建德,[265]王遂反,[266]建德不听,死事,子侯,户千九百七十。	以赵内史王慎,[268]王遂反,慎不听,死事,子侯,户一千十四。	以楚太傅赵夷吾,王戊反,不听,死事,子侯,千四十五户。	以楚相张尚,王戊反,尚不听,死事,子侯,户千一百一十四。
六　中二年四月乙巳,侯横元年。　后二年,侯横有罪,国除。	五　中二年四月乙巳,侯王康元年。[269]　后元年,殇侯始昌元年。三	中二年四月乙巳,侯赵周元年。[272] 八	中二年四月乙巳;侯张当居元年。 八
	九　元光四年,殇侯始昌为人所杀,[270]国除。	二十九　元鼎五年,侯周坐为丞相知列侯酎金轻,下廷尉,[273]自杀,国除。	十六　元朔五年,侯当居坐为太常程博士弟子故不以实罪,[275]国除。

安陵〔276〕	垣〔278〕	遒〔279〕
以匈奴王降侯,户一千五百一十七。	以匈奴王降侯。	以匈奴王降侯,户五千五百六十九。〔280〕
中三年十一月庚子,侯子军元年。〔277〕 七	三　中三年十二月丁丑,侯赐元年。 　　六年,赐死,不得及嗣。	中三年十二月丁丑,侯隆彊元年。〔281〕不得隆彊嗣。〔282〕
五　建元六年,侯子军薨,无后,国除。		
		后元年四月甲辰,〔283〕侯则坐使巫齐少君祠祝诅,〔284〕大逆无道,国除。

容成[285]	易[290]	范阳[292]	翕[294]
以匈奴王降侯,七百户。	以匈奴王降侯。	以匈奴王降侯,户千一百九十七。	以匈奴王降侯。
中三年十二月丁丑,侯唯徐卢元年。[286] 七	六　中三年十二月丁丑,侯仆黥元年[291] 　后二年,侯仆黥薨,无嗣。	中三年十二月丁丑,端侯代元年。[293] 七	中三年十二月丁丑,侯邯郸元年。 七
十四　建元元年,康侯绰元年。[287] 　元朔三年,侯光元年。 二十二		七　元光二年,怀侯德元年。 　元光四年,侯德薨,无后,国除。 二	九　元光四年,侯邯郸坐行来不请长信,[255]不敬,国除。
十八　后二年三月壬辰,[288]侯光坐祠祝诅,[289]国除。			

亚谷[296]	隆虑[303]	乘氏[309]
以匈奴东胡王降,[297]故燕王卢绾子侯,[298]千五百户。	以长公主嫖子侯,[304]户四千一百二十六。	以梁孝王子侯。[310]
二　中五年四月丁巳,简侯它父元年。[299] 　后元年,安侯种元年。 三	中五年五月丁丑,[305]侯蟜元年。[306] 　五	中五年五月丁卯,侯买元年。 　中六年,侯买嗣为梁王,国除。
十一　建元元年,康侯偏元年。[300] 　元光六年,侯贺元年。 二十五	二十四　元鼎元年,侯蟜坐母长公主薨未除服,[307]奸,禽兽行,[308]当死,自杀,国除。	
十五　征和二年七月辛巳,[301]侯贺坐太子事,[302]国除。		

桓邑[311]	盖[313]	塞[316]
以梁孝王子侯。	以孝景后兄侯,[314]户二千八百九十。	以御史大夫前将兵击吴楚功侯,[317]户千四十六。
一 中五年五月丁卯,侯明元年。 中六年,为济川王,[312]国除。	中五年五月甲戌,靖侯王信元年。 五	后元年八月,侯直不疑元年。[318] 三
	二十 元狩三年,侯偃元年。[315] 元鼎五年,侯偃坐酎金,国除。 八	三 建元四年,侯相如元年。 十二 元朔四年,侯坚元年。[319] 元鼎五年,坚坐酎金,国除。 十三

武安[320]	周阳
以孝景后同母弟侯,[321]户八千二百一十四。	以孝景后同母弟侯,户六千二十六。
后三年三月,侯田蚡元年。[322]	后三年三月,懿侯田胜元年。
一	一
九 元光四年,侯梧元年。[323] 元朔三年,侯梧坐衣襜褕入宫廷中,[324]不敬,国除。 五	十一 元光六年,侯彭祖元年。[325] 元狩二年,[326]侯彭祖坐当归与章侯宅不与罪,[327]国除。 八

【注释】〔1〕"孝惠七",指汉惠帝在位的七年,公元前一九四年——前一八八年。汉代标榜以孝治天下,自惠帝起,每个皇帝的谥号前都加"孝"字。〔2〕"高后八",指吕后执政的八年,公元前一八七年——前一八〇年。〔3〕"孝文二十三",指汉文帝在位的二十三年,公元前一七九年——前一五七年,其中前元十六年,后元七年。〔4〕"孝景十六",指汉景帝在位的十六年,公元前一五六年——前一四一年,其中前元七年,中元六年,后元三年。〔5〕"建元",汉武帝年号,共六年,公元前一四〇年——前一三五年。"元封",汉武帝年号,共六年,公元前一一〇年——前一〇五年。建元、元封之间尚有元光、元朔、元狩、元鼎等年号,自建元元年至元封六年共三十六年。〔6〕"太初",汉武帝年号,共四年,公元前一〇四年——前一〇一年。"太初已后"谓太初元年以后。"已"通"以"。〔7〕"顷",谥号。〔8〕"元鼎",汉武帝年号,共六年,公元前一一六年——前一一一年。〔9〕"坐",触犯某条刑律,因为某种因由而获罪。"酎金",汉代制度规定,皇帝祭祀宗庙,诸侯要献金助祭,称为酎金。如果所献之金成色不足,数量不够,或不按时送到长安,就要削除爵位,取消封国。"酎",音 zhòu。按,吴千秋嗣位之年史籍缺载。〔10〕"轵",音 dài,县名,故治在今河南息县南。〔11〕"相",官名,诸侯王国的相统率王国众官,辅佐诸侯王掌管政务,其职权和地位与郡守(太守)相当。〔12〕"利仓",《汉书·高惠高后文功臣表》作"黎朱苍"。〔13〕"豨",音 xī。〔14〕"秩",《汉书·高惠高后文功臣表》作"扶",并谓彭祖于文帝前十六年(公元前一六四年)嗣位,在位二十四年,则侯扶(秩)当于武帝建元元年(公元前一四〇年)嗣位。"东海",郡名,辖境约当今山东费县、临沂、江苏赣榆以南,山东枣庄市、江苏邳县以东和江苏宿迁、灌南以北地区,治郯县,故地在今山东郯城北。"太守",官名,是一郡的最高行政长官,本称郡守,景帝中二年(公元前一四八年)改名太守。〔15〕"行过",谓皇帝出行车驾经过。按,元封元年春,武帝曾东巡海上。〔16〕"不请",未经请示。〔17〕"当",判罪。〔18〕"平都",县名,故治在今陕西安塞东,或以为在河北武强东平都村。〔19〕"齐",此指秦汉之间由战国田齐旧贵族建立的齐国,当时齐王田广及其相田横拥兵自保,既抗楚,亦拒汉。〔20〕"高祖三年",公元前二〇四年。〔21〕"孝",谥号。〔22〕"扶柳",县名,故治在今河北冀县西北。〔23〕"姁",音 xū。〔24〕"吕氏事",吕后执政期间,重用自己的弟侄,吕氏集团密谋全面夺取政权,并篡夺皇位。吕后死

后,忠于刘氏的汉将相断然采取行动,用武力消灭了吕氏集团。吕平即在这次政变中自杀,所以说他"坐吕氏事诛"。〔25〕"郊",当作"洨",县名,故治在今安徽固镇东。"洨",音 xiáo。《汉书·外戚恩泽侯表》作"汶",当系形近致误。〔26〕"悼武王",指吕后长兄吕泽。吕泽从刘邦起兵,为汉将有功,高祖六年(公元前二〇一年)封周吕侯,高祖八年卒,谥"令武"。高后二年(公元前一八六年)被执政的吕后追尊为王,改谥"悼武"。〔27〕"武王",即"悼武王"。〔28〕"七月",本书《吕太后本纪》作"十月"。"壬辰",本书《汉兴以来诸侯王年表》作"丙辰"。〔29〕"吕",当时为吕氏封王专设的诸侯王国,所辖即济南郡地,约当今山东章丘、济阳、邹平及济南市等地,都东平陵,故治在今章丘西。〔30〕"产以吕王为汉相",按,吕产前此于高后七年(公元前一八一年)被改封为梁王,吕后又改梁国为吕国,所以吕产仍称吕王。吕后死于高后八年七月,遗诏以吕产为相国。汉代统率百官、辅佐皇帝处理政务的最高级官员或称丞相,或称相国,为三公之一,相国位望较丞相稍尊。〔31〕"南宫",县名,故治在今河北南宫西。〔32〕"大中大夫",官名,即太中大夫,为郎中令属官,掌议论。《汉书·高惠高后文功臣表》作"中大夫"。〔33〕"梧",县名,故治在今安徽萧县南。〔34〕"军匠",一种军职,负责管理军中匠人。"郏",音 jiá,县名,故治即今河南郏县城关镇。〔35〕"汉",秦亡后,项羽分封诸侯,以刘邦为汉王,领有今四川东部、中部、陕西南部和湖北西北一小部分地。此"汉"即指刘邦当时的封国。〔36〕"少府",官名,九卿之一,掌管山海地泽的税收,供皇帝私用。〔37〕"长乐、未央宫",汉代长安的两座主要宫殿。长乐宫故址在汉长安故城东南隅,未央宫故址在汉长安故城西南隅。高祖时皇帝在长乐宫视朝,惠帝末,皇帝移至未央宫视朝,长乐宫改为太后居处。〔38〕"长安",汉长安故城在今陕西西安市西北。长安城墙在惠帝元年至五年(公元前一九四年——前一九〇年)分五次筑成。〔39〕"齐",谥号。"阳成",複姓。〔40〕"敬",谥号。〔41〕"靖",谥号。〔42〕"元光",汉武帝年号,共六年,公元前一三四年——前一二九年。〔43〕"元狩",汉武帝年号,共六年,公元前一二二年——前一一七年。〔44〕"季父",父亲的幼弟,最小的叔父。"弃市",古代在闹市区执行死刑,并陈尸示众,表示与众共弃,称为弃市。〔45〕"平定",乡邑名,确切地点今不可考。〔46〕"留",县名,故治在今江苏沛县东南。〔47〕"家车吏",王侯家吏的一种,专管王侯私家用车。〔48〕

"枭骑都尉",武官名。"枭",音 xiāo。"枭骑",意谓勇猛的骑兵。〔49〕"得",生擒活捉。"楼烦",族名,当时游牧于今内蒙古南部、陕西北部,精于骑射。此"楼烦将"当指项羽军中的楼烦将领。〔50〕"用",因。"齐",诸侯王国名。刘邦于高祖六年(公元前二○一年)封庶长子刘肥为齐王,汉初,齐国辖境约当今山东北部及山东半岛地区,都临菑,故地在今淄博市东临淄镇。"丞相",诸侯王国的相本称丞相,景帝中五年(公元前一四五年)后才改称相。〔51〕"一云项涓",意谓另一种说法认为齐受的军功不是"得楼烦将",而是生俘了项涓。项涓当系项羽族人。〔52〕"齐受",本书《吕太后本纪》谓其人名"寿"。〔53〕"康",谥号。〔54〕"博成",县名,即博县,故治在今山东泰安市东南。〔55〕"郎中",官名,为帝王或高级贵族的侍从,内充侍卫,外从作战。〔56〕"丰",邑名,属沛县,故地在今江苏丰县城关镇,刘邦即丰邑人。〔57〕"雍丘",县名,故治即今河南杞县城关镇。秦二世二年(公元前二○八年),刘邦、项羽曾合兵大破秦军于此。〔58〕"荥阳",县名,故治在今河南荥阳东北。楚汉战争时,项羽、刘邦二军曾在此相持。"荥",音 xíng。〔59〕"沛",县名,故治在今江苏沛县沛城镇。〔60〕"康侯",指吕后次兄吕释之。吕释之于高祖六年(公元前二○一年)封建成侯,惠帝二年(公元前一九三年)卒,谥"康"。〔61〕"吕宣王",指吕后父吕公。吕公史失其名,于汉王元年(公元前二○六年)封临泗侯,汉王四年卒。高后元年(公元前一八七年)被吕后追尊为吕宣王。"宣",谥号。"寝园",陵园。皇帝、诸侯王陵墓设有寝殿,作为祭祀之所,故名。吕公被吕后追封为王,其墓园即称寝园,视同诸侯王。按,"奉吕宣王寝园",《汉书·外戚恩泽侯表》作"奉吕宣王国"。〔62〕"不其",县名,故治在今山东崂山西北。"其",音 jī。〔63〕"襄成",县名,故治在今河南襄城城关镇。〔64〕"常山",诸侯王国名,汉初辖境约当今河北保定市、安国、栾成、赵县以西,高邑、赞皇以北,满城、阜平以南地。都真定,故地在今石家庄市东。按,"常山"本作"恒山",后因避文帝刘恒之讳改"恒"为"常"。据本书《吕太后本纪》,吕后以外孙女张氏(张敖及鲁元公主之女)为惠帝后,张后无子,冒后宫美人所生之子为子而鸩杀其母。惠帝死后,吕后即以此子继位,作为名义上的皇帝,自己临朝称制。又封惠帝后宫所生之子彊、不疑、山、朝、武、太等为诸侯王、列侯。初封常(恒)山王的是不疑,不疑封不久即死。又改封襄成侯山为常(恒)山王。山改名为义。后所立少帝知自己并非张后所生,颇出怨言,吕后恐他长大后为变,于高后四年(公元前一八四年)藉口少帝久病不瘳,心智昏乱,废其位,幽杀宫中,另立常(恒)山王义为帝,改其名为弘。吕后死后,汉将相诛灭吕氏,迎立代王刘恒为帝,并称少帝弘及其弟朝、武、太等其实是吕氏之子,并非惠帝亲生,把他们全部杀死。〔65〕"轵",音 zhǐ,县名,故治在今河南济源市。〔66〕"侯朝为常山王",吕后既立常(恒)山王义为帝,改立其弟轵侯朝为常(恒)山王。〔67〕"壶关"县名,故治在今山西潞城西。〔68〕"淮阳",诸侯王国名,辖境约当今河南淮阳、鹿邑、太康、柘城、扶沟及项城、郸城部份地区,都淮阳,故治即今淮阳城关回族镇。按,吕后初封惠帝前宫子彊为淮阳王,彊死,又以其弟壶关侯武为淮阳王。〔69〕"沅陵",县名,故治在今湖南沅陵南沅江东岸。〔70〕"长沙嗣成王",长沙文王吴芮之子,名臣,高祖六年(公元前二○一年)嗣位,在位八年,惠帝元年(公元前一九四年)卒,谥"成"。〔71〕"顷侯福",按,此记吴福与其父吴阳同谥"顷",必有一误。〔72〕"哀",谥号。〔73〕"薨",音 hōng,汉代诸侯王、列侯死称薨。〔74〕"上邳",邑名,属薛县,故地在今山东微山西北。本名"邳",因与下邳(今江苏邳县东南)为别,改称上邳。"邳",音 péi,一音 pī。〔75〕"楚元王",指汉高祖幼弟刘交。刘交于高祖六年(公元前二○一年)受封为楚王,在位二十三年,卒于文帝前元年(公元前一七九年),谥"元"。其事迹详见本书《楚元王世家》。〔76〕"刘郢客",本书《楚元王世家》及《汉兴以来诸侯王年表》记其人名"郢"。郢客在位四年,文帝前五年(公元前一七五年)卒,谥"夷"。〔77〕"朱虚",县名,故治在今山东临朐东南。〔78〕"齐悼惠王",指汉高祖庶长子刘肥,刘肥于高祖六年(公元前二○一年)受封为齐王,在位十三年,惠帝六年(公元前一八九年)卒。谥"悼惠"。其事迹详见本书《齐悼惠王世家》。〔79〕"城阳",诸侯王国名,辖境约当今山东莒县、沂南和蒙阴东部地,都莒县,故治即今莒县城阳镇。按,刘章为朱虚侯时宿卫长安,娶吕禄(吕后弟释之子,后封赵王,与吕产同为吕氏集团核心人物)女为妻。吕氏死后,吕氏集团策划夺取政权,刘章知其阴谋,与汉将相周勃、陈平等尽诛诸吕,立有大功,文帝继位后,先益封二千户,后又封城阳王。在位二年,文帝前三年(公元前一七七年)卒,谥"景"。其事迹详见本书《齐悼惠王世家》。〔80〕"昌平",县名,故治在今北京昌平东南。〔81〕"太",《汉书·异姓诸侯王表》及《外戚恩泽侯表》记其人名"大"。〔82〕"为吕王",吕后本以吕产为吕王,后改封吕产为梁王,立刘太为吕王,随即又改梁国为吕国,吕国为济川国,刘太改为济川王。 〔83〕"赘其",县名,故治在今江苏盱眙西南。 〔84〕"昆弟",兄弟。 〔85〕"中邑",县名,故治在今河北沧州市东南。 〔86〕"中尉",官名,负责都城治安。此当为以汉中尉的身份率军出战。"曹咎",项羽部下大将,官大司马,封海春侯。汉三年(公元前二〇四年)项羽攻克汉军重要据点成皋(今河南荥阳汜水镇),九月引兵东下,命曹咎坚守,曹咎轻易出战,兵败自杀,汉军复取成皋。 〔87〕"贞",谥号。"朱通",《汉书·高惠高后文功臣表》记其人名"进"。 〔88〕"乐平",乡邑名,属清县,故地在今山东聊城西。 〔89〕"队卒",《汉书·高惠高后文功臣表》作"队率",即队长,一种低级军职。 〔90〕"皇䜣",本书《高帝本纪》作"皇欣",魏王豹部将,秦二世二年(公元前二〇七年)十二月,刘邦(时称沛公)曾与皇䜣合兵攻破秦军。"䜣",音 xīn。 〔91〕"郎",官名,负责禁卫宫廷门户,帝王出行则扈从护卫。"陈余",大梁(今河南开封市西北)人,秦末名士,与张耳一起参加陈胜起义军,受陈胜之命北略赵地。武臣自立为赵王,以陈余为大将军,张耳为右丞相。武臣死于内乱,陈余、张耳又立赵歇为赵王,后陈、张二人不和,项羽分封诸侯,分赵地立张耳为恒山王,徙赵王歇为代王。陈余攻逐张耳,复迎赵歇为赵王,自为代王,并任赵相。张耳归汉。汉三年(公元前二〇四年)汉将张耳、韩信攻赵,陈余兵败被杀。其事迹详见本书《张耳陈余列传》。 〔92〕"卫尉",官名,为九卿之一,掌管宫廷禁卫。 〔93〕"简",谥号。 〔94〕"求",通"赇",贿赂。 〔95〕"山都",县名,故治在今湖北襄阳西北。 〔96〕"郎中柱下令",谓以郎中任柱下令。"柱下令",官名,即柱下史,掌管文书并记事,因其经常侍立于殿柱之下,故名。 〔97〕"卫将军"。将军名号之一,所设不止一人。"陈豨",宛朐(今山东菏泽西南)人,从刘邦起兵,以功封阳夏侯,官钜鹿郡守,后为赵相国,统率赵、代边兵,结客养士,为朝廷所疑,高祖十年(公元前一九七年)九月反,勾结匈奴,自立为代王。高祖十二年冬兵败自杀。其事迹详见本书《韩信卢绾列传》。 〔98〕"梁",诸侯王国名,汉初辖境约当今河南开封、通许以东,永城以北,山东曹县、嘉祥以南和安徽砀山、亳县等地,都睢阳,故治在今河南商丘南。 〔99〕"王恬开",其人本名王恬启,司马迁为避景帝刘启之讳,改"启"为"开"。 〔100〕"惠",谥号,《汉书·高惠高后文功臣表》作"宪"。 〔101〕"阑入",擅自闯入。汉制,宫殿禁苑皆有门籍,一一登录可以进入的人的姓名、官爵、年龄、容貌等,著于门籍的人随身带有符验,由门卫验明无误,方能进入。如无符擅入,即为阑入。"上林苑",秦汉时的皇家苑囿,故地在今陕西长安、周至(盩厔)、户县(鄠县)一带,占地广大,内有宫殿,并畜禽兽,供皇帝游览行猎。 〔102〕"松兹",县名,故治在今安徽宿松东北。《汉书·高惠高后文功臣表》作"祝兹",似误。 〔103〕"舍人",王侯贵官侍从宾客的通称。 〔104〕"雍王邯",即章邯,秦二世时官少府,曾统率秦军镇压反秦武装,先后攻破周章、陈胜、项梁、魏咎等部,后兵败归于项羽,秦亡后被项羽封为雍王,领有今陕西中部咸阳以西及甘肃东部地区。刘邦自汉中东出争天下,章邯为项羽阻遏汉军,兵败自杀。其事迹可参见本书《项羽本纪》、《高祖本纪》有关记载。 〔105〕"夷",谥号。 〔106〕"成陶",《汉书·高惠高后文功臣表》作"成阴",疑为乡邑名,今不可考。 〔107〕"单父",县名,故治在今山东单县南。"单",音 shàn。 〔108〕"度",通"渡"。"度吕后淮",当指在危急时保护吕后渡过淮水,摆脱了追兵。 〔109〕"河南",郡名,辖境约当今河南黄河以南洛水、伊水下游,双洎河、贾鲁河上游地区以及黄河以北的原阳县,治雒阳,故址在今洛阳市东北。"守",即郡守。 〔110〕"俞",或作"鄃",音 shū 县名,故治在今山东平原西南。 〔111〕"连敖",本春秋战国时楚国官名,相当于司马,掌管军政军赋,一说为典客之官。刘邦、项羽皆楚人,故其军中沿用楚国官名。 〔112〕"朝阳侯",指华寄,华寄以舍人从刘邦,以连敖入汉,又以都尉击项羽,攻韩王信,于高祖七年(公元前二〇〇年)被封为朝阳侯。"朝阳",县名,故治在今河南邓县东南。"朝",音 zhāo。 〔113〕"它",或作"他",音 tuó。 〔114〕"滕",县名,故治在今山东滕县西南。 〔115〕"屯田",谓组织军队在屯驻之地开垦耕种土地,以取得给养。"霸上",一作"灞上",因地处霸水西高原上得名,为长安附近的军事要地,故址在今陕西西安市东。 〔116〕"醴陵",县名,故治在今湖南醴陵城区。 〔117〕"栎阳",县名,故治在今陕西临潼北渭水北岸。自汉王二年(公元前二〇五年)十一月至五年五月,刘邦曾都于此。"栎",音 yuè。 〔118〕"卒吏",即"卒史",高级官员的属吏。 〔119〕"河内",郡名,辖境约当今河南黄河以北,京汉铁路(包括汲县)以西地区,治怀县,故地在今武陟西南。"都尉",此指郡都尉,是辅佐郡守主管一郡军事的官员。 〔120〕"吕成",或作"吕城",县名,即吕县,故治在今江苏徐州市东南。 〔121〕"东牟",县名,故治即今山东牟平宁海镇。 〔122〕"济北",诸侯王国名,辖境约当今山东茌平、平阴、长清、肥城等地,都卢县,故治在今长清南。按，刘兴居以助大臣诛诸吕及迎立文帝功于文帝前二年(公元前一七八年)封济北王，封国仅数县，自以为功大封小，心怀不满，文帝前四年乘匈奴入寇之机举兵反，旋即被汉将柴武击败自杀。其事可参见本书《齐悼惠王世家》。 〔123〕"锤"，当从《汉书·外戚恩泽侯表》作"腄"，音 chuí，一音 zhuì，县名，故治在今山东烟台市西南。 〔124〕"吕肃王"，指吕后长兄吕泽之子吕台。吕台本封郦侯，高后元年(公元前一八六年)被吕后封为吕王，高后二年卒。"肃"，谥号。 〔125〕"燕"，诸侯王国名，汉初辖境约当今河北北部、北京市、辽宁大部及内蒙古赤峰市以南一小部分地区，都蓟，故址在今北京城区西南。 〔126〕"信都"，县名，故治在今河北冀县城关镇。 〔127〕"张敖"，赵王张耳之子，高祖五年(公元前二〇二年)嗣位，并娶高祖及吕后之女鲁元公主为后。汉高祖九年，因其臣属谋杀高祖未遂，废王位，降封宣平侯。敖死于高后六年(公元前一八二年)，谥"武"。"鲁元太后"，汉高祖及吕后之女，因其食邑于鲁，且为长女(元有长义)，号鲁元公主。嫁张敖，为赵后。惠帝时吕后专政，齐悼惠王为避祸，献城阳郡为鲁元公主汤沐邑，尊鲁元公主为太后，所以又号鲁元太后。后死于高后元年(公元前一八七年)。按，张偃为张敖前妻(一说是后宫美人)之子，并非鲁元公主亲生，吕后封鲁元公主之子张偃为鲁王，怜其年少孤弱，所以又封其同父异母的兄弟侈、受(寿)二人为侯。 〔128〕"侯侈有罪"，据《汉书·高惠高后文功臣表》，信都侯张侈在文帝即位之初"以非正免"，就是说免爵的原因是他既非鲁元公主所生，当初就不当封侯。 〔129〕"乐昌"，县名，故治在今河南南乐西北。 〔130〕"张受"，本书《吕太后本纪》及《张耳陈余列传》记其人名"寿"。按，张受(寿)亦非鲁元公主亲生，后即因此与信都侯张侈同于文帝初被削爵。 〔131〕"祝兹"，县名，故治在今山东临沂市东南。 〔132〕"建陵"，县名，故治在今江苏新沂南。 〔133〕"大谒者"，官名，掌接待宾客，引见赞礼。按，《汉书·外戚恩泽侯表》记张释(泽)封侯的原因是"劝王诸吕"。 〔134〕"宦者"，即宦官、寺人。宫廷中供使役的阉人。张释(泽)后任宦者令，成为宦官的首领。 〔135〕"张泽"，本书《吕太后本纪》及《汉书·外戚恩泽侯表》记其人名"释"，《汉书·高后纪》记其人名"释卿"。 〔136〕"夺侯"，按，张释(泽)本吕后亲信，吕氏被诛灭后，他也就失势免爵。 〔137〕"东平"，县名，故治在今山东汶上北。 〔138〕"吕庄"，《汉书·外戚恩泽侯表》记其人名"庀"。"庀"，音 pǐ。 〔139〕"阳信"，县名，故治在今山东无棣东北。

〔140〕"典客"，官名，掌管接待少数民族首领及诸侯来朝事务，后改称大行令、大鸿胪，为九卿之一。"赵王吕禄"，吕后次兄吕释之子，高后元年(公元前一八七年)封汉阳侯(一作胡陵侯)，八年，封赵王，又为上将军，统率北军，与吕产同为吕氏集团的核心人物，吕后死后在汉将相诛灭吕氏的事变中被杀。"赵"，诸侯王国名，汉初辖境约当今河北中部、南部，山东高唐、德州市以西，临清以北地区，及河南内黄、浚县(濬县)、滑县等地，都邯郸，故治在今河北邯郸市城区。 〔141〕"车骑将军"，汉代将军名号，是一种高级武职。"太后"，指汉文帝生母薄氏，薄氏本是魏王豹宫人，后入汉王刘邦宫，生子刘恒。刘恒被封为代王，薄氏从子居代，为代王太后。代王被汉大臣迎入长安为帝，薄氏后亦至长安，改号皇太后，死于景帝前二年(公元前一五五年)。其事迹详见本书《外戚世家》。 〔142〕"易"，谥号。按，薄昭于文帝前十年(公元前一七〇年)因杀死皇帝使者，畏罪自杀。文帝因是外家至亲，未绝其封，命其子戎奴嗣位。 〔143〕"壮武"，县名，故治在今山东胶县东北。 〔144〕"家吏"，汉代家吏是太子官属，但刘邦初起，为汉王之前不置太子，此家吏当是泛指王侯贵官私家所用的管事人员。"山东"，战国秦汉时期对崤山(今河南洛宁北)或华山(今陕西华阴南)以东广大地区的习惯称呼。 〔145〕"代中尉"，王国中尉掌管国中军事，职权与郡都尉相当。 〔146〕"骖乘"，古代乘车尊者居左，御者居中，另有一人居车右，以免倾侧。骖乘即乘车时在车右陪乘。"骖"，音 cān。"邸"，音 dǐ，王侯府第。汉制诸侯王皆在长安置邸，以供入朝时居住。 〔147〕"卒"，终于。 〔148〕"清都"，《汉书·文帝纪》作"清郭"，本书《孝文本纪》作"靖郭"，乡邑名，其地今不可考。又《汉书·外戚恩泽侯表》记驷钧封"邬侯"，邬为县名，故治在今山西介休东北。 〔149〕"齐哀王"，齐悼惠王刘肥之子，名襄，惠帝七年(公元前一八八年)至文帝前元年(公元前一七九年)在位，谥"哀"。其事迹详见本书《齐悼惠王世家》。 〔150〕"钧有罪"，据《汉书·外戚恩泽侯表》，驷钧获罪是因为在济北王刘兴居举兵反叛时，没有采取必要的行动救援被叛军攻击的郡县。 〔151〕"周阳"，县名，故治在今山西绛县西南。 〔152〕"淮南厉王"，指汉高祖刘邦幼子刘长，刘长于高祖十一年(公元前一九六年)封淮南王。文帝前六年(公元前一七四年)因骄恣不法，并与棘蒲侯柴武太子奇谋反，擅杀无辜等罪名被废，流放蜀郡严道邛邮(今四川荥经西)，途中不食而死。谥"厉"。其事迹详见本书《淮南衡山列传》。"淮南"，诸侯王国名，汉初

辖境约当今河南信阳市,湖北红安、黄冈以东,安徽淮河以南,长江以北地及河南固始、商城等县和江西全省,都寿春,故治即今安徽寿县城关镇。〔153〕"樊",县名,故治在今山东济宁市东。〔154〕"睢阳",县名,故治在今河南商丘市城区。〔155〕"韩家子",谓战国时韩国贵族旧家之子。"北地",郡名,辖境约当今宁夏贺兰山、青铜峡、山水河以东及甘肃环江、马莲河流域,治义渠,故地在今甘肃宁县西北。〔156〕"元朔",汉武帝年号,共六年,公元前一二八年——前一二三年。〔157〕"侯辟方有罪",据《汉书·高惠高后文功臣表》,蔡辟方"坐搏撠,完为城旦",也就是因搏击他人并夺取财物而判剃去鬓毛,服筑城四年的徒刑。〔158〕"管",邑名,属故市县,故治在今河南郑州市城区。王先谦认为"管"为"营"之误。营,县名,故治在今山东济阳东。〔159〕"侯戎奴反",当是参加吴楚七国发动的叛乱。下"侯偃反"、"侯广反",皆指此事。〔160〕"瓜丘",《汉书·王子侯表》作"氏丘",似皆误,当从司马贞《索隐》作"斥丘"。斥丘,县名,故治在今河北魏县西北。〔161〕"营",故地在今山东淄博市临淄北营丘山下。一说在今山东昌乐东南,后置县,名"营陵"。〔162〕"平",谥号。〔163〕"杨虚",县名,故治在今山东茌平东北。〔164〕"恭侯刘将庐",本书《齐悼惠王世家》、《汉书·诸侯王表》、《王子侯表》及《高五王传》皆记其人名"将间"。将间后为齐王,死后谥"孝",此记其谥"恭侯",显然有误。按,据《汉书·王子侯表》,齐悼惠王子另有名安者封杨丘侯,谥"共"。"共"与"恭"通。《史记》本表无此人,而把他的谥号及"有罪国除"之事记在杨虚侯将庐名下,似有脱误。"杨丘"即"阳丘",亦县名,故治在今山东章丘西北。〔165〕"侯将庐为齐王",当时文帝分齐地封齐悼惠王子六人为王,齐王仅领一郡之地,辖境约当今山东淄博市和益都、广饶、临朐等县地,较汉初大为缩小。〔166〕"有罪国除",按刘将间为齐王,共在位十一年,景帝前三年(公元前一五四年)吴楚七国之乱时,齐国没有参加叛乱,胶西、菑川、济南三国以兵围齐,情势危急,刘将间不得不与三国通谋,尚未定约,汉将栾布、曹寄击破三国兵,将移兵伐齐,刘将间畏罪自杀。景帝认为他曾同叛军对抗,与三国通谋是迫不得已,并非本意,非但没有追究罪名,而且予以谥号,立其太子寿为齐王。文帝前十六年"有罪国除"之说不确。据《汉书·王子侯表》,杨丘侯刘安之子偃嗣位后因罪削爵,《史记》此表可能把杨丘侯之事误放在杨虚侯名下。〔167〕"杓",或作"扚",音 h,县名,故治在今山东商河东北。〔168〕

"济南",诸侯王国名,辖境约当今山东邹平、章丘、济阳及济南市地,都东平陵,故治在今章丘西。济南王刘辟光为吴楚七国之乱的发动者之一,于景帝前三年(公元前一五四年)兵败自杀。〔169〕"安都",县名,故治在今河北高阳西南。〔170〕"侯志为济北王",济北王刘志后亦参与发动吴楚七国之乱,兵败自杀。〔171〕"平昌",县名,故治在今山东商河西北。〔172〕"印",音 áng。〔173〕"胶西",诸侯王国名,辖境约当今山东胶河以西高密县及其附近地区,都高密,在今高密西南。胶西王刘印后亦参与发动吴楚七国之乱,兵败自杀。〔174〕"武城",邑名,即春秋鲁之南武城,汉于其地置南城县,故地在今山东费县西南。〔175〕"菑川",诸侯王国名,辖境约当今山东淄博市及寿光、益都等县部分地区,都剧县,故治在今寿光南。菑川王刘贤后亦参与发动吴楚七国之乱,兵败自杀。〔176〕"白石",邑名,属安德县,故地在今山东陵县南。〔177〕"胶东",诸侯王国名,辖境约当今山东平度、莱阳、莱西等县及即墨、胶县北部地区,都即墨,故治在今平度东南。胶东王刘雄渠后亦参与发动吴楚七国之乱,兵败自杀。〔178〕"波陵",《汉书·高惠高后文功臣表》作"泳陵",古地名,疑在今湖北保康、南漳、宜城一带泳水所经地区,确切地点今不可考。"泳",音 yí。〔179〕"阳陵君",魏驹何以封阳陵君,今不可考。"阳陵",当系地名,但非汉景帝所葬之阳陵,确切地点亦不可考。〔180〕"南郯",地名,今不可考。"郯",音 zhēn。〔181〕"信平",地名,今不可考。〔182〕"侯起",此人史失其姓,亦不知原先因何得封信平君。〔183〕"后",用作动词,居后。"后父"谓侯起在朝会之时不顾朝廷按爵秩排列先后的规定,而居于没有爵位的父亲之后,违反了礼仪。"夺爵级",《汉书·高惠高后文功臣表》作"削爵一级"。汉承秦制,定爵位为二十级,列侯(彻侯)是最高一级,削爵一级则为关内侯。〔184〕"关内侯",秦汉时二十等爵中的第十九级,仅低于列侯(彻侯),受封这种爵位可以在京畿地区食邑若干户,但不象列侯那样有自己的封国。〔185〕"阜陵",县名,故治在今安徽和县西。〔186〕"安为淮南王",依文例,"安"上当有"侯"字。刘安封淮南王,封国仅九江一郡,辖境约当今安徽淮河以南,瓦埠湖流域以东,巢湖以北地区,较汉初大为缩小。刘安后于武帝元狩元年(公元前一二二年)因谋反被人告发,畏罪自杀。其事迹详见本书《淮南衡山列传》。〔187〕"安阳",县名,故治在今河南正阳南。〔188〕"衡山",诸侯王国名,分淮南国之衡山郡置,辖境约当今河南信阳市、湖北红安、黄冈以东,安徽霍山、怀宁以西,南至长江、北至淮河地区,都邾县,故治在今湖北黄冈西北。衡山王刘勃后于景帝前四年(公元前一五三年)徙封济北王,卒于景帝前五年,谥"贞"。其事迹详见本书《淮南衡山列传》。 〔189〕"阳周",乡名,属莒县,故地在今山东莒县一带。 〔190〕"庐江",诸侯王国名,分淮南国之庐江郡置,辖境约当今安徽巢县、舒城、霍山以南,长江以北,湖北英山、黄梅、广济及河南商城等地,都舒县,故治在今安徽庐江西南。庐江王刘赐后于景帝前四年(公元前一五三年)徙封衡山王,至武帝元狩元年(公元前一二二年)因谋反被人告发,畏罪自杀。其事迹详见本书《淮南衡山列传》。 〔191〕"东城",县名,故治在今安徽定远东南。 〔192〕"犁",或作"黎",县名,故治在今山东郓城西。 〔193〕"召平",广陵(今江苏扬州市)人,吕后时任右相。吕后死,齐哀王刘襄欲发兵争夺帝位,召平力阻不成,自杀。文帝封其子为侯,当与此有关。 〔194〕"泽",《汉书·高惠高后文功臣表》记其人名"溃"。 〔195〕"不出持马","持",当作"特","特马"谓牡马,亦即公马。据《汉书·食货志》,武帝时因与匈奴作战需要大量马匹,曾颁布法令,规定自列侯封君以下至三百石以上的官吏都要依不同的等级向国家提供不同数量的公马。"不出特马",即把应按规定提供军用的公马匿藏起来,不肯献出。 〔196〕"缾",音píng,县名,故治在今山东临朐东南。 〔197〕"匈奴",我国古代少数民族名,散居大漠南北,以游牧为生,精于骑射。汉初,势力强盛,屡屡入侵边地,对汉王朝形成重大威胁。匈奴入北地,孙卬战死,事在文帝前十四年(公元前一六六年)冬。汉初以十月为岁首,冬在春前,其子三月封侯,事在同年而时间为后。 〔198〕"弓高",县名,故治在今河北景县西北。 〔199〕"韩王信",姓韩名信,战国时韩襄王的庶孙,秦末参加反秦武装,曾从刘邦入关中,又鼓动刘邦出汉中与项羽争天下,汉二年(公元前二〇四年)被刘邦封为韩王,略定韩国故地。后一度降于项羽,旋又归汉。汉六年,刘邦已定天下,因其封国为军事战略重地,徙韩王信王太原以北地,防御匈奴,匈奴势力强盛,韩王信遣使求和,受到朝廷责问,害怕因此被诛,与匈奴约共攻汉,公开反叛,屡次带领匈奴骑兵袭击边地。高祖十一年(公元前一九六年)被汉将柴奇击斩于参合(今山西阳高南)。其事迹详见本书《韩信卢绾列传》。"孽子",庶子,非正妻所生之子。 〔200〕"庄",谥号。"韩颓当",《高惠高后文功臣表》记其人名"隤当"。 〔201〕"侯则元年",本书《韩信卢绾列传》记韩颓当"传子至孙,孙无子,失侯",《汉书·

高惠高后文功臣表》亦记韩颓当死后"不得子嗣侯者年名",韩则为韩颓当之孙,于元朔五年嗣位,同年薨,无后。疑此表有误,景帝前元年嗣韩颓当侯位的当是韩则之父,而非韩则。 〔202〕"襄成",县名,故治在今河南襄城城关镇。 〔203〕"诈病不从",汉制皇帝出巡,列侯当扈从。韩释之假称有病,不去扈从,是对皇帝的不敬。 〔204〕"故安",县名,故治在今河北易县东南。按,故安侯申屠嘉本梁人,早年曾从刘邦击项羽、黥布,为都尉,惠帝时任淮阳郡守,文帝前四年(公元前一七六年)任御史大夫,后二年(公元前一六二年)任丞相,封故安侯。景帝前二年(公元前一五五年)因与晁错不和,愤激呕血而死。其事迹详见本书《张丞相列传》。 〔205〕"举淮阳守从高祖入汉功侯",此"侯"指关内侯。文帝前元年六月,曾封当时二千石以上官员中曾从刘邦入汉者三十人为关内侯,申屠嘉受封食邑五百户。 〔206〕"节",谥号。"申屠",複姓。 〔207〕"恭侯蔑",《汉书·高惠高后文功臣表》记其人名"共"。 〔208〕"清安",地名,今不可考。申屠臾改封清安侯,《汉书·高惠高后文功臣表》记在元狩三年。按本书《张丞相列传》记共侯蔑嗣位三年即卒,子去病嗣,三十一年卒,子臾嗣。此表无去病一代,与之异。 〔209〕"九江",郡名,元狩初淮南王刘安因谋反事发自杀,汉废淮南国,即以其地复置九江郡。"太守",官名,即郡守,景帝中二年(公元前一四八年)改郡守之名为太守,职权不变。 〔210〕"国除",据本书《张丞相列传》,申屠臾是因为"受故官送",亦即接受了前任官员赠送的财物而获罪削爵。 〔211〕"章武",县名,故治在今河北黄骅西南。 〔212〕"孝文后",姓窦,清河观津(今河北武邑东南)人,吕后时入宫,被赐给代王刘恒,深受宠幸,生一女二男,长男即景帝刘启,后代王入继帝位,即汉文帝,其后已先死,乃立窦氏为后。至景帝时被尊为皇太后,武帝建元六年(公元前一三五年)去世,从夫谥称孝文皇后。其事迹详见本书《外戚世家》。 〔213〕"景",谥号。"窦广国",字少君,幼时曾被人掠卖为奴,后至长安与窦后认亲。其事详见本书《外戚世家》。 〔214〕"恭侯完",《汉书·外戚恩泽侯表》记其人名"定"。 〔215〕"侯常坐",《汉书·外戚恩泽侯表》记其人名"常生"。 〔216〕"南皮",县名,故治在今河北南皮西。 〔217〕"窦长君",长君为字,其人名建。 〔218〕"平陆",县名,故治在今山东汶上北。一说为乡名,属尉氏县,故地在今河南尉氏境。 〔219〕"侯礼为楚王",刘礼曾任汉宗正,立为楚王后在位三年,景帝前六年(公元前一五一年)卒,谥"文"。按,刘礼为楚王,楚国的辖境约当今山东微山、江苏徐州市、铜山、沛县东南部、邳县西北部及安徽濉溪东部，较汉初大为缩小。〔220〕"休"，乡名，或以为故地在今山东滕县境。〔221〕"兄子戊"，指楚夷王刘郢（郢客）之子刘戊。刘戊于文帝前六年（公元前一七四年）嗣位为楚王，景帝前三年（公元前一五四年）参加发动吴楚七国之乱，兵败自杀。〔222〕"北阙"，指未央宫北面的门楼，是官员等候朝见或奏事的地方。汉制并允许臣民赴北阙向皇帝上书言事。"自归"，自行归罪，请求处分。〔223〕"印绶"，汉制不同等级的官员和封君用不同的印玺、印纽，上系有不同的绶带。列侯印用白玉，绶为紫色。"上印绶"，是表示要求削除自己的爵位。〔224〕"诏复王"，谓不绝楚国之封，复立楚元王他子为楚王，奉元王宗庙。〔225〕"红"，乡名，今不可考。一说"红"通"虹"，虹为县名，故治在今安徽五河西北。〔226〕"沈犹"，乡名，属高苑县，故地在今山东博兴境。〔227〕"刘秽"，《汉书·王子侯表》记其人名"岁"。〔228〕"宗正"，官名，为九卿之一，掌宗室（皇室宗亲）事务。"听谒不具宗室"，谓接受别人的私下请求以至没有办好照顾宗室的事宜。〔229〕"庄侯富"，《汉书·王子侯表》记刘富谥"夷"。〔230〕"悼侯澄"，《汉书·王子侯表》作"怀侯登"。"悼"、"怀"，皆谥号。〔231〕"敬侯发"，《汉书·王子侯表》记其人名"嘉"。〔232〕"宛朐"，又作"冤句"，县名，故治在今山东曹县北。"朐"，音qú。〔233〕"埶"，音yì。〔234〕"反"，指参与吴楚七国发动的叛乱。〔235〕"魏其"，县名，故治在今山东临沂市东南。"其"，音jī。〔236〕"大将军"，官名，为最高军职，一军统帅。〔237〕"扞"，音hàn，通"捍"，抵御。〔238〕"窦婴"，窦皇后从兄之子，文帝时曾为吴相，景帝时官詹事，又以大将军主持平定吴楚七国之乱的军事，封魏其侯。后官太子傅，武帝建元元年（公元前一四〇年）任丞相，二年后罢相家居，因同武帝母王太后之弟丞相田蚡争势失和，于元光四年（公元前一三一年）被陷害处死。其事迹详见本书《魏其武安侯列传》。〔239〕"灌夫"，颍阴（今河南许昌市）人，曾在平定吴楚七国之乱的战争中立功扬名，为中郎将，又任代相，武帝时先后官淮阳太守、太仆、燕相，因事免官，家居长安，为人刚直，与魏其侯窦婴交好。窦婴与丞相田蚡失和，元光三年（公元前一三二年）夏，灌夫在田蚡的婚宴上醉酒骂座，被田蚡逮捕，窦婴为救灌夫，上书自称曾受景帝遗诏可以随时求见皇帝言事，但宫中档案并无景帝有遗诏赐窦婴的记载。窦婴因矫诏弃市，灌夫亦同时于元光四年十二月被处死。其事迹详见本书《魏其武安侯列传》。

列传》。〔240〕"矫制"，诈称皇帝的诏书。"害"，谓已造成严重后果。〔241〕"棘乐"，乡邑名，今不可考，或以为即棘亭，故地在今河南永城附近。〔242〕"建元二年"，《汉书·王子侯表》作"建元三年"。〔243〕"俞"，或作"郰"，音shū，县名，故治在今山东平原西南。〔244〕"击齐"，当时齐未反，栾布所击当是胶西等国围齐之兵。〔245〕"布"，俞侯栾布。本梁（今河南南部）人，早年与彭越交好，曾流落齐地为酒保，又被人掠卖至燕为奴。后为燕王臧荼部将，臧荼反汉，栾布被汉军俘获，时彭越为梁王，出金赎之为梁大夫。高祖十年（公元前一九六年）奉彭越命出使齐国，未还，彭越因谋反嫌疑在雒阳（今河南洛阳市）被杀，枭首示众。栾布至雒阳哭祭彭越，并为彭越鸣冤，感动了刘邦，得以免死，被任为都尉。文帝时为燕相，在平定吴楚七国之乱的战事中以功封俞侯，卒于景帝中五年（公元前一四五年）。其事迹详见本书《季布栾布列传》。"彭越"，字仲，昌邑（今山东金乡西北）人，秦末起兵，初无所属，汉王二年（公元前二〇五年）率三万余人归汉，刘邦任以为魏相，奉命略定梁地。在楚汉战争中助汉攻楚，最终会同汉军击灭项羽，因功于高祖五年（公元前二〇二年）封梁王。后被人告发谋反，于高祖十一年遭灭族之祸。其事迹详见本书《魏豹彭越列传》。〔246〕"枭"，音xiāo，斩头而悬于木上示众。〔247〕"亨"，通"烹"，古代的一种酷刑，即把人活活煮死。〔248〕"舍"，赦免。〔249〕"黥布"，本姓英，名布，六（音lù，今安徽六安北）人，秦时曾受黥（音qíng，用刀在人面额上刺刻然后涂墨）刑，因又称黥布。秦末率骊山刑徒起义，后为项羽部将，以作战勇猛著称，常为诸军前锋。秦亡后受项羽之封为九江王。在楚汉战争中又归汉，于汉王四年（公元前二〇三年）被刘邦封为淮南王，在击破项羽的斗争中起了很大的作用。高祖十一年（公元前一九六年）见功臣韩信、彭越等先后被杀，心中恐惧，举兵反汉，次年兵败被杀。其事迹详见本书《黥布列传》。〔250〕"太常"，官名，为九卿之一，掌管宗庙礼乐祭祀之事。"庙"，《汉书·景武昭宣元成功臣表》作"雍"。雍，县名，故治在今陕西凤翔南。汉时其地有鄜畤、密畤、吴阳上畤、吴阳下畤、北畤等五畤，分别祭祀白帝、青帝、黄帝、赤帝、黑帝。"畤"，音zhì，祭祀天地神灵之处。"牺牲"，用于祭祀的牛、马、羊、豕等牲口，纯色为牺，全体为牲。〔251〕"建陵"，县名，故治在今山东新沂南。〔252〕"卫绾"，代国大陵（今山西文水西北）人，文帝时曾任中郎将，景帝初为河间王太傅，受命率河间兵击吴楚叛军，以功拜中尉，封建陵侯。又先后任太子太傅、御史大夫,景帝后元年(公元前一四三年)为丞相,武帝建元元年(公元前一四〇年)免相,元光四年(公元前一三一年)卒于家,谥"敬"。其事迹详见本书《万石张叔列传》。 〔253〕"建平",县名,故治在今河南虞城东南。 〔254〕"江都",诸侯王国名,辖境约当今江苏长江以北,射阳湖西南、仪征以东地区,都广陵,即今扬州市。 〔255〕"哀侯",《汉书·景武昭宣成功臣表》记程嘉谥"敬"。 〔256〕"平曲",县名,故治在今江苏东海东南。 〔257〕"陇西",郡名,辖境约当今甘肃东乡以东的洮河中游、武山以西的渭河上游、礼县以西的西汉水上游及天水市东部地区,治狄道,故地在今甘肃临洮南。 〔258〕"公孙昆邪",昆,音 hùn,《汉书·景武昭宣元成功臣表》作"公孙浑邪"。其人本义渠(今甘肃西峰市境)胡种。 〔259〕"太仆",官名,为九卿之一,掌管皇帝的舆服车马和牧畜之事。"贺",指公孙昆邪之子公孙贺。贺,字子叔,武帝时曾任太仆,又先后以轻车将军、骑将军出击匈奴,因功于元朔五年(公元前一二四年)封南奅侯(奅,音 pào),五年后坐酎金失侯。至太初二年(公元前一〇三年)又以太仆为丞相,封葛绎侯。征和元年(公元前九二年)因子敬声有罪,下狱死。其事迹详见《汉书·公孙贺传》。《汉书·公孙贺传》记公孙浑邪为贺祖父,与此异。 〔260〕"江阳",县名,司马贞《索隐》谓属东海,当在今江苏北部、山东南部一带,确切地点今不可考。本书《孝景本纪》作"江陵",亦县名,故治即今湖北江陵荆州镇。 〔261〕"苏嘉",《汉书·景武昭宣元成功臣表》记其人名"息"。一说其人姓"籍"。 〔262〕"懿",谥号。 〔263〕"侯明",《汉书·景武昭宣元成功臣表》记其人名"朋"。 〔264〕"邌",乡名,今不可考。或以为在今河北曲阳、赵县、内丘以西一带。 〔265〕"建德",史失其姓。 〔266〕"王遂",赵幽王刘友(高祖子)之子,文帝前元年(公元前一七九年)受封为赵王,景帝前五年(公元前一五四年)参与发动吴楚七国之乱,兵败自杀。 〔267〕"新市",县名,故治在今河北正定东南新城铺。 〔268〕"内史",官名,王国内史掌管治理国民。"王慎",《汉书·景武昭宣元成功臣表》及《高五王传》记其人名"悍"。 〔269〕"王康",《汉书·景武昭宣元成功臣表》记其人名"弃之"。或以为"康"为谥号,"弃之"为名,《史记》《汉书》两表俱有脱误。 〔270〕"殇",音 shāng,谥号。 〔271〕"商陵",当依本书《张丞相列传》及《汉兴以来将相名臣年表》作"高陵"。高陵,县名,故治在今陕西高陵鹿苑镇。 〔272〕"赵周",据本书《汉兴以来将相名臣年表》,其人武帝时曾任太子太傅,于元鼎二年(公元前一一

五年)为丞相,元鼎五年获罪自杀。 〔273〕"廷尉",官名,为九卿之一,掌管刑狱之事。 〔274〕"山阳",县名,故治在今河南焦作市东。 〔275〕"程",按照规章进行选择。"博士弟子",汉武帝罢黜百家,独尊儒术,于元朔五年(公元前一二四年)采纳丞相公孙弘的意见,置博士弟子五十人,由博士官向他们传授儒家经典。选择博士弟子是太常的职责。 〔276〕"安陵",乡名,属召陵,故地在今河南郾城境。一说属偃陵,故地在今河南鄢陵境。 〔277〕"子军",《汉书·景武昭宣元成功臣表》记其人名"于军"。 〔278〕"垣",《汉书·景武昭宣元成功臣表》作"桓",故治在今山西垣曲东南,一说当即武垣,故治在今河北肃宁东南。 〔279〕"遒",音 qiú,或作"逎",县名,故治在今河北涞水北。 〔280〕"户五千五百六十九",隆彊食邑不当如此之多,《汉书·景武昭宣元成功臣表》作"千五百七十户",疑此"千"上"五"字系误衍。 〔281〕"隆彊",司马贞《索隐》作"李隆彊",《汉书·景武昭宣元成功臣表》作"陆彊"。 〔282〕"不得隆彊嗣",谓不知隆彊死于何年以及其子嗣位者之名。 〔283〕"后元年",武帝后元元年,即公元前八八年。 〔284〕"侯则",此名则者当是第三代或第四代逎侯。"巫",所谓能与鬼神交通的人。"祝诅",向鬼神祭祀祈祷,请求降祸于某人。侯则祝诅的对象是汉武帝。"大逆无道",罪大恶极,多指针对皇帝的犯上作乱。 〔285〕"容成",县名,故治即今河北容城城关镇。 〔286〕"唯徐卢",《汉书·景武昭宣元成功臣表》作"徐卢"。 〔287〕"康侯绰",《汉书·景武昭宣元成功臣表》记其人名"缠"。 〔288〕"后二年",武帝后元二年,即公元前八七年。 〔289〕"侯光坐祠祝诅",据《汉书·百官公卿表》,其人时任太常。 〔290〕"易",县名,故治在今河北雄县西北。 〔291〕"仆黯",《汉书·景武昭宣元成功臣表》作"仆朋"。黯,音 dá。 〔292〕"范阳",县名,故治在今河北定兴南固城镇。 〔293〕"端",谥号。 〔294〕"翕",音 xī,乡邑名,属内黄县,故地在今河南内黄西。 〔295〕"请",谒见。汉制诸侯要定期到长安朝见皇帝,春朝曰朝,秋朝曰请。"长信",宫殿名,为太后所居。此即用以代称太后。当时的太后是武帝母王娡(音 zhì)。"行来不请太后",谓来长安入朝,不去长信宫谒见太后。 〔296〕"亚谷",城邑名,本名浑泥,属容城县,故地在今河北容城南。一说属河内郡,在今河南西北部的黄河以北地区。"亚",音 è,或作"恶"。 〔297〕"东胡王",东胡本族名,战国时散居在今西辽河上游一带,居匈奴之东,汉初被匈奴击破,匈奴即于其地置王统辖降众。

〔298〕"卢绾"，丰邑（今江苏丰县）人，刘邦同乡，两人自幼相交。后从刘邦起兵，先后任将军、太尉，封长安侯，是刘邦的亲信。高祖五年（公元前二〇二年）被立为燕王。高祖十二年因受刘邦怀疑，惧罪逃入匈奴，为匈奴东胡王，一年多后死于匈奴。其事迹详见本书《韩信卢绾列传》。按，据本书《韩信卢绾列传》及《汉书·卢绾传》，卢它之（它父）是卢绾之孙，此记为卢绾之子，似误。　〔299〕"它父"，本书《韩信卢绾列传》作《他之》，《汉书·景武昭宣元成功臣表》及《卢绾传》作"它之"。"它"、"他"字通。〔300〕"康侯偏"，《汉书·景武昭宣元成功臣表》记其人名"漏"。〔301〕"征和"，汉武帝年号，共四年，公元前九二年——前八九年。　〔302〕"太子"，指汉武帝长子刘据。据生于元朔元年（公元前一二八年），母卫子夫，元狩元年（公元前一二二年）被立为太子。武帝晚年多病，怀疑是有人埋蛊（音 gǔ。把代表怨家仇人的木偶埋在地下，用符咒之术使之受灾）诅咒的缘故，命亲信江充查办此事。江充与太子不和，于征和二年（公元前九一年）诬称在太子宫中掘得巫蛊用的桐木人，太子惊惧愤怒，把江充杀死，武帝以为太子造反，派丞相刘屈氂（音 lí）领兵攻打太子，太子率领部分军队抵抗，兵败后外逃躲藏，被地方官发觉，自杀身亡。在这次变乱中丧生的有几万人。亚谷侯卢贺因接受太子发兵的符节被拷掠致死。　〔303〕"隆虑"，县名，故治即今河南林县城关镇。〔304〕"长公主"，皇帝的女儿称公主，皇帝的姊妹称长公主，皇帝的姑母称大长公主。"嫖"，音 piāo，汉文帝及窦后之女，景帝之姊，封馆陶长公主，嫁堂邑侯陈午，又称堂邑大长公主。〔305〕"中五年"，本书《孝景本纪》记为前五年，此作"中五年"似误。　〔306〕"骄"，音 jiǎo，其人姓陈。〔307〕"服"，丧服。古代丧礼规定人死后其居丧的亲属要按血缘的亲疏穿不同的丧服，居丧时间也有不同。"未除服"，指陈骄尚在居母丧的期限之内。〔308〕"禽兽行"，违背人伦的行为。　〔309〕"乘氏"，县名，故治在今山东巨野西南。"乘"，音 shèng。　〔310〕"梁孝王"，指汉文帝之子刘武，景帝同母弟，于文帝前二年（公元前一七八年）初封王，文帝前四年徙封淮阳王，文帝前十二年又徙封梁王。景帝时，窦太后想让景帝立刘武为皇位继承人，遭到朝臣袁盎等反对，景帝亦不欲传弟，其事未成。刘武心中怨恨，派人到长安刺杀袁盎等人。事发，幸赖窦太后救援，得以免罪，后卒于景帝中六年（公元前一四四年），谥"孝"。其事迹详见本书《梁孝王世家》。　〔311〕"桓邑"，一作"垣邑"，地名，或

以为即陈留长垣县，故治在今河南长垣东北。〔312〕"济川"，诸侯王国名，分梁国地置，辖境约当今河南民权、宁陵以西，开封、尉氏以东，延津、长垣以南，杞县、睢县以北地，都陈留，故治在今开封东南。　〔313〕"盖"，音 gě，县名，故治在今山东沂水西北。　〔314〕"孝景后"，指汉景帝后王娡，为武帝生母。本槐里（今陕西兴平东南）人，父王仲，母臧儿。初嫁金王孙，生一女。景帝为太子时，王娡被臧儿从金家夺走送入太子后宫，大受宠幸，生三女一男。太子继位为帝，王娡于景帝前七年（公元前一五〇年）被立为皇后，武帝时被尊为皇太后，卒于元朔四年（公元前一二五年）。其事迹详见本书《外戚世家》。　〔315〕"侯偃"，《汉书·外戚恩泽侯表》记第一代盖侯名"充"，嗣位之年是元光三年，亦非元狩三年，充之后又有名"受"者嗣位，至元鼎五年坐酎金免。与此表大异。　〔316〕"塞"，地名，本古塞国，约在今河南灵宝以西，陕西潼关以东地区。〔317〕"御史大夫"，官名，为三公之一，职责为协助丞相处理政务，掌监察弹劾之事，并管理国家图籍。"前将军"，汉代将军名号。　〔318〕"直不疑"，南阳（今河南南阳市一带）人，文帝时由郎官累官太中大夫，景帝初为前将军，击吴楚军有功，后拜御史大夫，封塞侯。为人忠厚，人称长者。武帝建元元年（公元前一四〇年）免官，以侯家居，卒于元朔四年（公元前一二五年），谥"信"。其事迹详见本书《万石张叔列传》。　〔319〕"侯坚"，本书《万石张叔列传》记其人名"望"，《汉书·直不疑传》作"彭祖"。〔320〕"武安"，县名，故治在今河北武安西南。〔321〕"孝景后同母弟"，景帝后王娡母臧儿初嫁王仲，生子王信及女王娡、王儿姁，后改嫁田氏，又生子田蚡、田胜。田蚡、田胜是王娡同母异父之弟。〔322〕"田蚡"，景帝后王娡同母弟。景帝末官太中大夫，武帝即位之初封武安侯，官太尉，建元六年（公元前一三五年）为丞相，骄恣弄权，后于元光四年（公元前一三一年）病故。其事迹详见本书《魏其武安侯列传》。"蚡"，音 fén。　〔323〕"侯梧"，本书《魏其武安侯列传》及《汉书·田蚡传》、《外戚恩泽侯表》皆记其人名"恬"。恬，音 tián。　〔324〕"襜褕"，音 chān yú，短衣，不是正式的朝服。　〔325〕"侯彭祖"，《汉书·外戚恩泽侯表》记其人名"祖"。〔326〕"元狩二年"，《汉书·外戚恩泽侯表》作"元狩三年"。　〔327〕"归与"，归还。"章侯"，时无封章侯者，当从《汉书·外戚恩泽侯表》作"轵侯"。王符《潜夫论·断讼》言及此事亦称"轵侯"。当时的轵侯是文帝母薄太后弟薄昭之孙薄梁。

史记卷二十

建元以来侯者年表第八[1]

太史公曰：匈奴绝和亲，[2]攻当路塞；[3]闽越擅伐，东瓯请降。[4]二夷交侵，当盛汉之隆，以此知功臣受封侔于祖考矣。[5]何者？自《诗》《书》称三代"戎狄是膺，荆荼是征"，[6]齐桓越燕伐山戎，[7]武灵王以区区赵服单于，[8]秦缪用百里霸西戎，[9]吴楚之君以诸侯役百越。[10]况乃以中国一统，明天子在上，兼文武，席卷四海，[11]内辑亿万之众，[12]岂以晏然不为边境征伐哉？[13]自是后，遂出师北讨强胡，[14]南诛劲越[15]，将卒以次封矣。

【注释】[1]"建元"，汉武帝第一个年号，共六年，自公元前一四〇年至前一三五年。此言"建元以来"，意即指武帝即位次年改元以后直至司马迁撰此表之时。 [2]"匈奴"，古代我国北方少数民族之一，散居大漠南北，以游牧为生，精于骑射，汉初势力强盛，对中原地区构成巨大威胁。"和亲"，多指中原王朝的统治者出于政治目的的嫁女给边地少数民族首领，通过建立姻亲关系，以求和好。汉七年（公元前二〇〇年），韩王信反，勾结匈奴谋内侵，汉高祖刘邦亲自率军出击匈奴，在平城白登山（今山西大同市东北）中伏，被围七昼夜。脱险后，不得已采纳刘敬的建议，对匈奴和亲，把宗室女冒称长公主嫁给匈奴冒顿单于（冒顿音 mò dú），后吕后、文帝、景帝继续对匈奴采取和亲政策，但匈奴仍不时寇掠边郡。武帝元光二年（公元前一三三年），汉使马邑人聂翁壹诱匈奴入侵马邑，而伏兵三十万于旁，欲全歼其精锐。谋泄，匈奴退兵，从此绝和亲，滋扰益甚。详见本书《匈奴列传》。 [3]"当路塞"，正当要道的边塞。 [4]"闽越擅伐，东瓯请降"，秦汉时居于今浙江、福建一带的越人称为东越，相传是春秋末越国遗民的后裔。汉初分为二部，一为闽越，一为东瓯。武帝建元三年（公元前一三八年）闽越王率军围东瓯，武帝命中大夫庄助持节发会稽郡兵浮海往救，未至，闽越兵退回。东瓯自请举国内徙，武帝把其众安置在江、淮之间。详见本书《东越列传》。 [5]"祖考"，祖先，先世。此指高祖开国之时。 [6]"《诗》"，我国最早的一部诗歌总集，分《风》《小雅》《大雅》《颂》四部分，共辑录自西周初期至春秋中期的诗歌三百零五篇，其中既有民间歌谣，也有朝会宴飨祭祀时用的配乐歌诗，内容相当丰富。据说曾经孔子删订，为儒家经典之一，又称《诗经》。"《书》"，即《尚书》，我国最早的一部典章文献汇编，其中保存了商周时期的一些重要历史文件和原始资料。据说曾经孔子删订，为儒家经典之一，又称《书经》。原有百篇，秦始皇焚书以后大多佚亡。"三代"，指夏、商、周三个朝代。"戎狄是膺，荆荼是征"，这是《诗·鲁颂》中的两句。"戎狄"，古代对西部及北部地区少数民族的泛称。"膺"，抵御。"荆"，国名，因建国于荆山（今湖北南漳西）一带，故名，即春秋楚国的古称。"荼"，音 shū，通"舒"，春秋国名，分舒鸠、舒庸、舒蓼等部，故地在今安徽舒城、庐江一带。"荆舒"在中原地区以南，当时被看作蛮夷之邦。"征"，通"惩"，惩罚。"荆荼是征"句今传本《毛诗》作"荆舒是惩"，司马迁所引或系《鲁诗》。 [7]"齐桓"，指齐桓公，春秋时齐国的国君，僖公子，襄公弟，名小白，公元前六八五年即位。他任管仲为相，发展工商业，实行富国强兵政策，以"尊王攘夷"为号召，联合中原各诸侯国，遏制楚国势力向北扩张，又击败山戎，多次主持诸侯会盟，成为春秋时期的第一个霸主。管仲死后，他信用佞人，怠于政事，至公元前六四四年去世。"燕"，诸侯国名，西周初武王封召公奭于燕，春秋时燕国领有今河北北部及辽宁西端地。"山戎"，即北戎，古代北方民族名，春秋时居于今河北东部地。齐桓公二十三年(公元前六六三年)山戎伐燕,燕向齐告急求援,齐桓公率军救燕,败山戎,进军追击,至孤竹(今河北卢龙南)而还。〔8〕"武灵王",指赵武灵王,战国时赵国的国君,肃侯子,名雍,公元前三二五年即位。他不顾保守势力的反对,提倡胡服,以便骑射,训练骑兵作战,使赵国国势迅速强盛起来。公元前二九九年传位其子,自称"主父",后于公元前二九五年在内乱中被围饿死。"区区",小,少。"赵",国名,战国七雄之一。春秋末,韩、赵、魏三卿瓜分晋国,至公元前四〇三年得到周威烈王的承认,列为诸侯。赵国建都晋阳(今山西太原市西南),后迁都邯郸(今河北邯郸市),领有今山西中部、河北西南部及陕西东北角处。"单于",匈奴最高官长的称号。"单",音 chán。〔9〕"秦缪",指秦穆公,春秋时秦国的国君,德公子,成公弟,名任好,公元前六五九年至前六二一年在位。"缪",通"穆"。"百里",指百里傒,本是虞国大夫,虞亡被晋所掳。后晋献公嫁女于秦,以百里傒为陪嫁的奴隶。百里傒逃亡至宛(今河南南阳市,当时属楚国),被楚人所执。秦穆公听说他是个贤人,以五羖(gǔ,黑色公羊)羊皮赎归,授以国政,号"五羖大夫"。"霸西戎",成为西戎各部族的霸主。据本书《秦本纪》记载,秦穆公任用百里傒、蹇叔以及从戎地来降的由余等人,国势强盛,"三十七年(公元前六二三年),用由余谋伐戎王,益国十二,开地千里,遂霸西戎"。〔10〕"吴",诸侯国名,周太王子太伯所建,春秋末领有今江苏、上海市大部及浙江北部、安徽东南地区,曾败楚灭越,并北向攻齐,与晋争霸,称强一时。"楚",诸侯国名,西周初立国于荆山,后把疆土扩大到长江中游,春秋时不断兼并周围小国,与中原大国齐、晋争霸,是著名的强国。春秋末领有今长江中下游及淮河流域部分地,战国时在七雄中地最广,人最多。"百越",亦作"百粤",古代越人散居长江中下游及其以南今江苏、浙江、福建、湖南、广东、广西等地,部落众多,统称"百越"。〔11〕"四海",古代以为中国之地四周有海环绕,因以四海指边疆,以四海之内代指全国各地。

〔12〕"辑",和协。这里是使动用法,谓使之和协。〔13〕"晏然",安逸平静的样子。 〔14〕"胡",古代对北方边地少数民族的称呼,此处专指匈奴。从元光五年(公元前一三〇年)开始,汉军屡屡出塞讨伐匈奴,多获大胜,后匈奴被迫远遁,汉南无王庭。〔15〕"越",此处兼指南越、闽越。秦末南海龙川(今广东龙川西)令赵佗兼并桂林、南海、象三郡地(约相当于今广东、广西及越南北部地),自立为南越武王。汉初南越虽对汉称臣,实为一割据政权。赵佗死后,三传至其五世孙赵兴为王,汉武帝想直接统治南越地区,于元鼎四年(公元前一一三年)派遣使者安国少季、终军等去招抚赵及其母王太后樛氏入朝。南越王赵兴及王太后都同意归附内属,但丞相吕嘉坚决反对,起兵杀死了南越王、王太后和汉使。武帝于元鼎五年秋发兵十万攻南越,于次年冬俘获吕嘉,平定南越全境。又,武帝曾封闽越贵族余善为东越王,南越吕嘉反叛,余善曾与通谋,元鼎六年秋,又起兵杀汉三校尉,于是汉兵往讨,至元封元年(公元前一一〇年),东越贵族杀余善请降,事平。

【译文】太史公说:匈奴断绝和亲,攻击我正当要道的边塞,闽越凭借武力,擅自攻伐东瓯,致使东瓯请求内迁,受我保护。这两支外夷一起侵扰边境,正在我大汉最昌盛的时候,由此可以推知功臣受封之多,当与高祖开国时相等。为什么会这样呢?自从《诗经》、《书经》记称夏、商、周三代"抵御抗击北方的戎狄,讨伐惩罚南方的荆舒"以来,齐桓公曾越过燕国攻打山戎,赵武灵王以小小的赵国使匈奴的单于降服,秦穆公依靠百里奚称霸西戎,吴、楚两国的国君以诸侯的身份而能役使百越。何况以实现了大一统的中国,圣明的天子在位,兼有文武之才,志在平定四方,使国内亿万民众都和睦相处,安居乐业,怎么会面对外夷的侵扰安然无事,不去经营边疆进行讨伐呢?从此以后,我大汉就出兵北方,征讨凶悍的匈奴,又出兵南方,消灭强劲的南越,建立军功的将士们也都依次受封了。

国名	翕[7]	持装[10]
侯功	匈奴相降,侯,元朔二年,属车骑将军,[8]击匈奴有功,益封。	匈奴都尉降,[11]侯。
元光[1]	四年七月壬午,侯赵信元年。 三	六年后九月丙寅,侯乐元年。[12]
元朔[2]	五 六年,侯信为前将军击匈奴,[9]遇单于兵,败,信降匈奴,国除。	六
元狩[3]		六
元鼎[4]		元年,侯乐死,无后,国除。
元封[5]		
太初已后[6]		

亲阳〔13〕	若阳〔16〕	长平〔17〕
匈奴相降,侯。	匈奴相降,侯。	以元朔二年再以车骑将军击匈奴,取朔方、河南功侯。〔18〕元朔五年,以大将军击匈奴,〔19〕破右贤王,〔20〕益封三千户。
三 二年十月癸巳,侯月氏元年。〔14〕 五年,侯月氏坐亡斩,〔15〕国除。	三 二年十月癸巳,侯猛元年。 五年,侯猛坐亡斩,国除。	二年三月丙辰,烈侯卫青元年。〔21〕 五
		六
		六
		六
		太初元年,今侯伉元年。〔22〕

平陵[23]	岸头[28]	平津[30]
以都尉从车骑将军青击匈奴功侯。以元朔五年,用游击将军从大将军,[24]益封。	以都尉从车骑将军青击匈奴功侯。元朔六年,从大将军,益封。	以丞相诏所襃侯。
二年三月丙辰,侯苏建元年。 五	二年六月壬辰,侯张次公元年。 五	五年十一月乙丑,献侯公孙弘元年。[31] 四
  六	元年,次公坐与淮南王女奸,[29]及受财物罪,国除。	二 三年,侯庆元年。[32] 四
六年,侯建为右将军,[25]翕侯信俱败,独身脱来归,当斩,[26]赎,[27]国除。 六		 六
		三 四年,侯庆坐为山阳太守有罪,[33]国除。

涉安[34]	昌武[35]	襄城[40]	南㟃[45]
以匈奴单于太子降侯。	以匈奴王降侯。以昌武侯从骠骑将军击左贤王功,[36]益封。	以匈奴相国降侯。[41]	以骑将军从大将军青击匈奴得王功侯。[46]太初二年,以丞相封为葛绎侯。[47]
一 三年四月丙子,侯於单元年。 五月,卒,无后,国除。	四年十月庚申,坚侯赵安稽元年。[37] 三	四年十月庚申,[42]侯无龙元年。 三	五年四月丁未,侯公孙贺元年。[48] 二
	六	六	六
			四 五年,贺坐酎金,[49]国除,绝,七岁。
	六	六	
	一 二年,侯充国元年。		
	五	六	
	太初元年,侯充国薨,[28]亡后,[29]国除。	一 太初二年,无龙从浞野侯战死,[43] 三年,侯病已元年。[44] 二	太初二年三月丁卯,封葛绎侯。征和二年,[50]贺子敬声有罪,[51]国除。 十三

合骑[52]	乐安[59]	龙额[63]
以护军都尉三从大将军击匈奴,[53]至右贤王庭,[54]得王功侯。元朔六年益封。	以轻车将军再从大将军青击匈奴得王功侯。[60]	以都尉从大将军青击匈奴得王功侯。元鼎六年,以横海将军击东越功,[64]为案道侯。[65]
五年四月丁未,侯公孙敖元年。[55] 二	五年四月丁未,侯李蔡元年。[61] 二	五年四月丁未,侯韩说元年。[66] 二
一 二年,侯敖将兵击匈奴,[56]与骠骑将军期,[57]后,畏懦,当斩,赎为庶人,[58]国除。	四 五年,侯蔡以丞相盗孝景园神道堧地罪,[62]自杀,国除。 六	四 五年,侯说坐酎金,国绝。二岁复侯。
		元年五月丁卯,案道侯说元年。 六
		十三 征和二年,子长代,[67]有罪,绝。子曾复封为龙额侯。[68]

随成[69]	从平[74]	涉轵[77]
以校尉三从大将军青击匈奴,攻农吾,[70]先登石累,[71]得王功侯。	以校尉三从大将军青击匈奴,至右贤王庭,数为雁行上石山先登功侯。[75]	以校尉三从大将军击匈奴,至右贤王庭,得王,虏阏氏功侯。[78]
五年四月乙卯,侯赵不虞元年。二	五年四月乙卯,公孙戎奴元年。二	五年四月丁未,侯李朔元年。二
三三年,侯不虞坐为定襄都尉,[72]匈奴败太守,以闻非实,谩,[73]国除。	一二年,侯戎奴坐为上郡太守发兵击匈奴,[76]不以闻,谩,国除。	元年,侯朔有罪,国除。

宜春〔79〕	阴安〔81〕	发干〔82〕	博望〔83〕
以父大将军青破右贤王功侯。	以父大将军青破右贤王功侯。	以父大将军青破右贤王功侯。	以校尉从大将军六年击匈奴,知水道,及前使绝域大夏功侯。〔84〕
五年四月丁未,侯卫伉元年。 二	五年四月丁未,侯卫不疑元年。 二	五年四月丁未,侯卫登元年。 二	六年三月甲辰,侯张骞元年。〔85〕 一
			一 二年,侯骞坐以将军击匈奴畏懦,当斩,赎,国除。
六	六	六	
元年,侯伉坐矫制不害,〔80〕国除。	四 五年,侯不疑坐酎金,国除。	四 五年,侯登坐酎金,国除。	

冠军[86]	众利[92]
以嫖姚校尉再从大将军,[87]六年从大将军击匈奴,斩相国功侯。元狩二年,以骠骑将军击匈奴,至祁连,[88]益封;迎浑邪王,[89]益封;击左右贤王,益封。	以上谷太守四从大将军,[93]六年击匈奴,首虏千级以上功侯。[94]
六年四月壬申,景桓侯霍去病元年。[90] 一	六年五月壬辰,侯郝贤元年。 一
六	一 二年,侯贤坐为上谷太守入戍卒财物上计谩罪,[95]国除。
元年,哀侯嬗元年。[91] 六	
元年,哀侯嬗薨,无后,国除。	

潦[96]	宜冠[99]	煇渠[101]
以匈奴赵王降,[97]侯。	以校尉从骠骑将军二年再出击匈奴功侯。故匈奴归义。[100]	以校尉从骠骑将军二年再出击匈奴,得王功侯。以校尉从骠骑将军二年虏五王功,益封。故匈奴归义。
一 元年七月壬午,悼侯赵王媷訾元年。[98] 二年,媷訾死,无后,国除。	二 二年正月乙亥,侯高不识元年。 四年,不识击匈奴,战军功增首不以实,当斩,赎罪,国除。	二年二月乙丑,忠侯仆多元年。[102] 五
		三 四年,侯电元年。[103] 三
		六
		四

从骠[104]	下麾[110]
以司马再从骠骑将军数深入匈奴,[105]得两王子骑将功侯。以匈河将军元封三年击楼兰功,[106]复侯。	以匈奴王降侯。
二年五月丁丑,侯赵破奴元年。[107]	二年六月乙亥,侯呼毒尼元年。
五	五
四 五年,侯破奴坐酎金,国除。	四 五年,炀侯伊即轩元年。[111] 二
三年,侯破奴元年。 涅野[108]　四	 六
一 二年,侯破奴以浚稽将军击匈奴,[109]失军,为虏所得,国除。	 四

漯阴〔112〕	煇渠〔115〕	河綦〔117〕	常乐〔119〕
以匈奴浑邪王将众十万降侯,万户。	以匈奴王降侯。	以匈奴右王与浑邪降侯。	以匈奴大当户与浑邪降侯。〔120〕
二年七月壬午,定侯浑邪元年。〔113〕 四	三年七月壬午,悼侯扁訾元年。〔116〕 四	三年七月壬午,康侯乌犁元年。〔118〕 四	三年七月壬午,肥侯稠雕元年。〔121〕 四
元 年,魏 侯 苏 元 年。〔114〕 六	一 二年,侯扁訾死,无后,国除。	二 三年,余利鞮元年。 四	六
五 五年,魏 侯 苏 薨,无后,国除。		六	六
		二 太初三年,今侯广汉元年。 四	二 太初三年,今侯广汉元年。

符离〔122〕	壮〔136〕
以右北平太守从骠骑将军四年击右王,〔123〕将重会期,首虏二千七百人功侯。	以匈奴归义因淳王从骠骑将军四年击左王,〔127〕以少破多,捕虏二千一百人功侯。
四年六月丁卯,侯路博德元年。〔125〕	四年六月丁卯,侯复陆支元年。
三	三
六	二三年,今侯偃元年。 四
六	六
太初元年,侯路博德有罪,国除。	四

众利	湘成〔131〕	义阳〔133〕
以匈奴归义楼刭王从骠骑将军四年击右王,〔128〕手自剑合功侯。〔129〕	以匈奴符离王降侯。〔132〕	以北地都尉从骠骑将军四年击左王,〔134〕得王功侯。
四年六月丁卯,质侯伊即轩元年。〔130〕 三	四年六月丁卯,侯敞屠洛元年。 三	四年六月丁卯,侯卫山元年。〔135〕 三
六	四 五年,侯敞屠洛坐酎金,国除。 	六
五 六年,今侯当时元年。 一		六
四		四

散[136]	臧马[138]	周子南君[140]	乐通[142]
以匈奴都尉降侯。	以匈奴王降侯。	以周后绍封。[141]	以方术侯。[143]
四年六月丁卯,侯董荼吾元年。[137]　三	一　四年六月丁卯,康侯延年元年。[139]　五年,侯延年死,不得置后,国除。		
六		四年十一月丁卯,侯姬嘉元年。　三	一　四年四月乙巳,侯五利将军栾大元年。[144]　五年,侯大有罪,斩,国除。
六		三　四年,君买元年。　三	
二　太初三年,今侯安汉元年。　二		四	

瞭〔145〕	术阳〔146〕	龙亢〔149〕
以匈奴归义王降侯。	以南越王兄越高昌侯。〔147〕	以校尉掺乐击南越死事,〔150〕子侯。
一 四年六月丙午,侯次公元年。 五年,侯次公坐酎金,国除。	一 四年,侯建德元年。 五年,侯建德有罪,〔148〕国除。	五年三月壬午,侯广德元年。 二
		六年,侯广德有罪诛,〔151〕国除。 六

成安[152]	昆[155]	骐[157]	梁期[159]
以校尉韩千秋击南越死事，[153]子侯。	以属国大且渠击匈奴功侯。[156]	以属国骑击匈奴，[158]捕单于兄功侯。	以属国都尉五年间出击匈奴，得复累缔缦等功侯。[160]
五年三月壬子，侯延年元年。　　二	五年五月戊戌，侯渠复累元年。　　二	五年六月壬子，侯驹几元年。　　二	五年七月辛巳，侯任破胡元年。　　二
六年，侯延年有罪，[154]国除。　　六	六	六	六
	四	四	四

牧丘[161]	瞭	将梁[164]	安道[168]
以丞相及先人万石积德谨行侯。[162]	以越南将降侯。	以楼船将军击越南,[165]椎锋却敌侯。[166]	以南越揭阳令闻汉兵至自定降侯。[169]
五年九月丁丑,恬侯石庆元年。[163]	六年三月乙酉,侯毕取元年。	六年三月乙酉,侯杨仆元年。[167]	六年三月乙酉,侯揭阳令史定元年。
二	一	一	一
		三 四年,侯仆有罪,国除。	
六	六		六
二 三年,侯德元年。			
二	四		四

随桃[170]	湘成	海常[174]	北石[179]
以南越苍梧王闻汉兵至降侯。[171]	以南越桂林监闻汉兵破番禺,[173]谕瓯骆兵四十余万降侯。[172]	以伏波司马捕得南越王建德功侯。	以故东越衍侯佐繇王斩余善功侯。[177]
六年四月癸亥,侯赵光元年。	六年五月壬申,侯监居翁元年。	六年七月乙酉,庄侯苏弘元年。[175]	
一	一	一	
			元年正月壬午,侯吴阳元年。
六	六	六	六
		太初元年,侯弘死,无后,国除。	三 太初四年,今侯首元年。[178]
四	四		

下邳〔179〕	缭嫈〔181〕	繚儿〔183〕	开陵〔186〕
以故瓯骆左将斩西于王功侯。〔180〕	以故校尉从横海将军说击东越功侯。	以军卒斩东越徇北将军功侯。〔184〕	以故东越建成侯与繇王共斩东越王余善功侯。〔187〕
元年四月丁酉,侯左将黄同元年。 六	一 元年五月己卯,侯刘福元年。〔182〕 二年,侯福有罪,国除。	元年闰月癸卯,庄侯辕终古元年。〔185〕 六	元年闰月癸卯,侯建成元年。 六
		太初元年,终古死,无后,国除。	
四			

临蔡〔188〕	东成〔192〕	无锡〔194〕	涉都〔195〕
以故南越郎闻汉兵破番禺,〔189〕为伏波得南越相吕嘉功侯。〔190〕	以故东越繇王斩东越王余善功侯,万户。	以东越将军汉兵至弃军降侯。	以父弃故南海守,〔196〕汉兵至以城邑降,子侯。
元年闰月癸卯,侯孙都元年。〔191〕 六	元年闰月癸卯,侯居服元年。〔193〕 六	元年,侯多军元年。 六	元年中,侯嘉元年。〔197〕 六
			二 太初二年,侯嘉薨,无后,国除。

平州〔198〕	获苴〔201〕	澅清〔203〕	骐兹〔206〕
以朝鲜将汉兵至降侯。〔199〕	以朝鲜相汉兵至围之降侯。	以朝鲜尼谿相使人杀其王右渠来降侯。〔204〕	以小月氏若苴王将众降侯。〔207〕
一 三年四月丁卯,侯唊元年。〔200〕 四年,侯唊薨,无后,国除。	三年四月,侯朝鲜相韩阴元年。〔202〕 四	三年六月丙辰,侯朝鲜尼谿相参元年。〔205〕 四	四年十一月丁卯侯稽谷姑元年。 三
			太初元年,侯稽谷姑薨,无后,国除。

浩[208]	瓡讘[211]	几[213]	涅阳[215]
以故中郎将将兵捕得车师王功侯。[209]	以小月氏王将众千骑降侯。	以朝鲜王子汉兵围朝鲜降侯。	以朝鲜相路人,汉兵至,首先降,道死,其子侯。
一 四年正月甲申,侯王恢元年。 四年四月,侯恢坐使酒泉矫制害,[210]当死,赎,国除。封凡三月。	二 四年正月乙酉,侯扜者元年。[212] 六年,侯胜元年。 一	二 四年三月癸未,侯张陷归义元年。[214] 六年,侯张陷使朝鲜,谋反,死,国除。	四年三月壬寅,康侯子最元年。[216] 三
	四		二 太初二年,侯最死,无后,国除。

右太史公本表	
当涂[217]	魏不害,以圉守尉捕淮阳反者公孙勇等侯。[218]
蒲[219]	苏昌,以圉尉史捕淮阳反者公孙勇等侯。[220]
潦阳[221]	江德,[222]以园厩啬夫共捕淮阳反者公孙勇等侯。[223]
富民[224]	田千秋,[225]家在长陵。[226]以故高庙寝郎上书谏孝武曰:[227]"子弄父兵,罪当笞。[228]父子之怒,自古有之。蚩尤畔父,[229]黄帝涉江。"[230]上书至意,[231]拜为大鸿胪。[232]征和四年为丞相,封三千户。[233]至昭帝时病死,子顺代立,为虎牙将军,[234]击匈奴,不至质,[235]诛死,国除。[236]
右孝武封国名	

【注释】〔1〕"元光"，汉武帝年号，共六年，公元前一三四年至前一二九年。〔2〕"元朔"，汉武帝年号，共六年，公元前一二八年至前一二三年。〔3〕"元狩"，汉武帝年号，共六年，公元前一二二年至前一一七年。〔4〕"元鼎"，汉武帝年号，共六年，公元前一一六年至前一一一年。〔5〕"元封"，汉武帝年号，共六年，公元前一一〇年至前一〇五年。〔6〕"太初"，汉武帝年号，共四年，公元前一〇四年至前一〇一年。"已"通"以"。〔7〕"翕"，音 xī，乡邑名，故地在今河南内黄西。翕侯赵信事迹附见本书《卫将军骠骑列传》。〔8〕"车骑将军"，汉代将军名号，此指卫青。〔9〕"前将军"，汉代将军名号。〔10〕"持装"，《汉书·景武昭宣元成功臣表》作"特辕"，乡邑名，《汉书·景武昭宣元成功臣表》谓属南阳郡，当在今河南鲁山、叶县以南，湖北襄樊市、随州市以北，应山、桐柏以西，十堰市以东一带，确切地点已不可考。〔11〕"都尉"，官名，负责一郡的军事，此当指匈奴的一级将官。〔12〕"乐"，音 yuè。〔13〕"亲阳"，乡邑名，故地在今河南社旗东汝河北岸。〔14〕"月氏"，"氏"，音 zhī。〔15〕"坐"，触犯某一条刑律，为某种因由而获罪。"亡"，逃亡，指谋反叛奔匈奴。〔16〕"若阳"，乡邑名，故地在今河南桐柏西北。〔17〕"长平"，县名，故地在今河南西华东北。〔18〕"朔方"，元朔二年（公元前一二七年），卫青以车骑将军的身份第二次（上一次在元光五年）率军出击匈奴，大获全胜，略取今内蒙古河套以南地区，汉即以其地置朔方郡，治朔方，故址在今杭锦旗北。"河南"，秦汉时对今内蒙古河套以南地区的习惯称呼。〔19〕"大将军"，汉代将军名号，是当时的最高军职。〔20〕"右贤王"，匈奴王号。〔21〕"烈"，谥号。"卫青"，字仲卿，平阳（今山西临汾西南）人，汉武帝皇后卫子夫的同母弟，在与匈奴的战争中作为汉军的重要将领和主帅，屡建战功，封长平侯，死于元封五年（公元前一〇六年），谥烈侯。其事迹详见本书《卫将军骠骑列传》。〔22〕"伉"，卫青长子，初封宜春侯，后因罪削爵，卫青死后，于太初元年（公元前一〇四年）袭爵为长平侯，五年后又触犯法禁，丢失爵位，沦为刑徒。〔23〕"平陵"，乡邑名，故地在今湖北均县西北。平陵侯苏建事迹附见本书《卫将军骠骑列传》。〔24〕"游击将军"，汉代将军名号。〔25〕"右将军"，汉代将军名号。〔26〕"当"，判罪。〔27〕"赎"，指以金赎罪。按，苏建赎为庶人，后一度又任代郡太守。〔28〕"岸头"，乡邑名，故地在今山西河津西，岸头侯张次公事迹附见本书《卫将军骠骑列传》。〔29〕"淮南王"，即刘安。安为高祖子淮南王刘长之子，文帝十六年（公元前一六四年）嗣位。景帝时广纳宾客，多蓄攻战兵械，积极谋反，武帝元狩元年（公元前一二二年）事败自杀。〔30〕"平建"，乡邑名，故地在今河北盐山南。〔31〕"献"，谥号。"公孙弘"，字季，淄川薛（今山东滕县南）人，生于高祖七年（公元前二〇〇年），少时曾为狱吏，后学《春秋》杂说，元光五年（公元前一三〇年）以文学征，对策第一，拜博士。元朔五年（公元前一二四年）由御史大夫升任丞相，封平津侯。元狩二年（公元前一二一年）病故，谥献侯。其事迹详见本书《平津侯主父列传》。〔32〕"庆"，本书《平津侯主父列传》和《汉书·外戚恩泽侯表》均作"度"。〔33〕"山阳"，郡名，辖境约当今山东独山湖以西，郓城以南，成武、曹县以东，单县以北地区和湖东邹县、兖州的一部，治昌邑，故址在今金乡西北。"太守"，官名，是一郡的行政长官，本名郡守，景帝中二年（公元前一四八年）起改称太守。〔34〕"涉安"，乡邑名，确切地点今不可考。〔35〕"昌武"，乡邑名，故地约在今河南舞阳境。〔36〕"骠骑将军"，汉代将军名号。"骠"，音 piào。此指霍去病。霍去病于元狩二年（公元前一二一年）受命任骠骑将军，屡次率军出塞攻打匈奴，每战必胜。在元狩四年横越沙漠追击匈奴的战役中，昌武侯赵安稽跟随霍去病作战有功，益封三百户。事见本书《卫将军骠骑列传》。〔37〕"坚"，谥号。〔38〕"太初元年，侯充国薨"，《汉书·景武昭宣元成功臣表》记赵安稽在侯位二十一年，子充国于太初元年（公元前一〇四年）嗣位，四年后去世，与此处不同。"薨"，音 hōng，诸侯死称薨。〔39〕"亡"，音 wú，通"无"。〔40〕"襄城"，县名，故治即今河南襄城城关镇。一说在今山西襄垣境。〔41〕"相国"，即丞相。〔42〕"无龙"，《汉书·景武昭宣元成功臣表》作"桀龙"。〔43〕"浞野侯"，即赵破奴，见下注。〔44〕"病已"，无龙子，在侯位十一年，后因罪下狱瘐死。〔45〕"南積"，本书《卫将军骠骑列传》作"南窌"，乡邑名，确切地点今不可考。積，音 pào。〔46〕"骑将军"，汉代将军名号。"得"，俘获。〔47〕"丞相"，辅助国君处理一切政务的最高级官员，秦汉时为三公之一。"葛绎"，乡邑名，确切地点今不可考。〔48〕"公孙贺"，义渠（今甘肃庆阳东南）人，其先胡种，曾先后七次任将军出击匈奴，虽无大功，而两次封侯，又任丞相。其事迹附见本书《卫将军骠骑列传》。〔49〕"酎金"，汉代制度规定，皇帝祭祀宗庙，诸侯要献金助祭，称为酎金。如果所献之金成色不足，数量不够，或不按时送到长安，就要削除爵位，取消封国。"酎"，音 zhòu。

〔50〕"征和"，汉武帝年号，共四年(公元前九二年至前八九年)。 〔51〕"贺子敬声有罪"，据本书《卫将军骠骑列传》和《汉书·公孙贺传》记载，公孙敬声时官太仆，因与武帝女阳石公主私通，并且行巫蛊诅咒之事，被人告发，公孙贺亦被株连，父子俱死狱中，遭灭族之祸。 〔52〕"合骑"，乡邑名，故地在今河北盐山北。 〔53〕"护军校尉"，汉代校尉名号。校尉是位次于将军的武职。 〔54〕"王庭"，匈奴单于或拥有王号的大贵族帐幕所在之地。 〔55〕"公孙敖"，义渠(今甘肃庆阳)人，先后任骑将军、护军都尉，随卫青出击匈奴，以功封合骑侯，因罪失爵。后于天汉三年(公元前九八年)以因杆将军再出击匈奴，失亡士卒过多，当斩，诈死匿居民间五六年，终于被发觉，又因其妻为巫蛊，全家都被处死。其事迹附见本书《卫将军骠骑列传》。 〔56〕"将"，音jiàng，统率。 〔57〕"期"，约期，此指约定时间在某地会师。 〔58〕"庶人"，没有官职爵位的平民百姓。 〔59〕"乐安"，县名，故治在今山东博兴东北。 〔60〕"轻车将军"，汉代将军名号。 〔61〕"李蔡"，成纪(今甘肃秦安北)人，李广从弟，文帝时为郎，景帝时官二千石，武帝初官代相，后以轻车将军随卫青击匈奴，以功封乐安侯。元狩二年(公元前一二一年)代公孙弘为丞相，元狩五年因罪自杀。其事迹附见本书《卫将军骠骑列传》和《李将军列传》。 〔62〕"孝景园"，汉景帝陵园。汉代标榜以孝治天下，皇帝死后谥号都带一"孝"字。景帝陵名阳陵，在今陕西高陵西南。"神道"，墓道。"壖"，音yuán，空地。据《汉书·李广传》，当时武帝下诏把阳陵附近的二十亩地赐给李蔡作墓地，李蔡却非法占地三顷，卖得四十多万钱，又盗取神道外空地一亩作为葬地，事发下狱，自杀。 〔63〕"龙頟"，一作"龙雒"，县名，故治在今山东齐河西北。"頟"，音é。 〔64〕"横海将军"，汉代将军名号。 〔65〕"案道"，乡邑名，《汉书·景武昭宣元成功臣表》谓属齐郡，当在今山东淄博市、益都、广饶、临朐一带，确切地点已不可考。"案"，本书《卫将军骠骑列传》和《汉书·高惠高后文功臣表》作"按"。 〔66〕"韩说"，韩王信的曾孙，弓高侯韩颓当庶孙，先以击匈奴功封龙頟侯，因罪削爵，后又以击东越功封案道侯。征和二年(公元前九一年)为光禄勋，同江充一起去太子刘据宫中搜蛊，被太子所杀，谥愍侯。"说"，音yuè。 〔67〕"长"，《汉书·高惠高后文功臣表》及《韩王信传》作"兴"。其人于征和四年(公元前八九年)因巫蛊祝诅被腰斩。 〔68〕"曾"，《汉书·韩王信传》作"增"。 〔69〕"随成"，《汉书·景武昭宣元成功臣表》作"随城"，乡邑名，故地在今山东高青境。

〔70〕"农吾"，《汉书·景武昭宣元成功臣表》作"辰吾"，颜师古注为水名，当在匈奴地，时匈奴驻军于此。 〔71〕"石累"，《汉书·景武昭宣元成功臣表》作"石壘"，当是匈奴军据守的一个要塞。 〔72〕"定襄"，郡名，辖境约相当今内蒙古长城以北的卓资、和林格尔、清水河一带地区，治成乐，故址在今和林格尔西北的土城子。 〔73〕"谩"，音mán，欺骗。 〔74〕"从平"，乡邑名，故地在今河南南乐境。 〔75〕"数"，音shuò，屡次。"雁行"，前行，前列。 〔76〕"上郡"，郡名，辖境约相当今陕西北部和内蒙古乌审旗等地，治肤施，故址在今陕西榆林东南。 〔77〕"涉轵"，《汉书·景武昭宣元成功臣表》作"轵"，乡邑名，故地在今山东桓台境。 〔78〕"阏氏"，音yān zhī，匈奴单于嫡妻的称号。 〔79〕"宜春"，县名，故治在今河南确山东。 〔80〕"矫制"，假称奉皇帝的命令行事。"不害"，无害，此谓没有造成比较严重的后果，否则其罪当不仅仅削爵而已。 〔81〕"阴安"，县名，故治在今河南清丰北。 〔82〕"发干"，县名，故治在今山东冠县东。 〔83〕"博望"，县名，故治在今河南方城西南。 〔84〕"绝域"，极远的地域。"大夏"，西域国名，故地在今阿富汗北部一带。 〔85〕"张骞"，汉中成固(今陕西城固)人，建元二年(公元前一三九年)应募出使西域，联结大月氏合击匈奴，途中被匈奴截获，留居十余年，乘间得脱，持汉节至大月氏、大夏，归汉后以使绝域功拜大中大夫，元朔六年(公元前一二三年)以击匈奴功封博望侯，后二年以罪失爵。元鼎二年(公元前一一五年)以中郎将出使乌孙，分遣副使至大月氏、大夏、康居、大宛等国，进一步加强了汉与西域各国的联系，沟通了文化交流。后官大行，于元鼎三年去世。其事迹详见本书《大宛列传》和《汉书·张骞传》。"骞"，音qiān。 〔86〕"冠军"，县名，故治在今河南邓县西北。武帝因霍去病战功为诸军之冠，封他为冠军侯，并特置冠军县作为他的封邑。 〔87〕"嫖姚校尉"，汉校尉名号，校尉为位次于将军的一种武官。嫖姚意为强劲敏捷。"嫖"，音piào。 〔88〕"祁连"，山名。在今甘肃西部与青海交界处。祁连山一带当时是匈奴的重要牧区，霍去病于元狩二年(公元前一二一年)攻占祁连山，给匈奴以沉重打击。 〔89〕"浑邪王"，匈奴王号。匈奴浑邪王与伊稚斜单于不和，率众降汉，事亦在元狩二年。 〔90〕"景桓"，谥号。"霍去病"，汉武帝皇后卫子夫的外甥，年十八为嫖姚校尉，从卫青击匈奴，以功封冠军侯，后为骠骑将军，成为独当一面的大将，屡败匈奴，功最高。元狩六年(公元前一一七年)病故，年仅二十四岁。其事迹详见本书《卫将

军骠骑列传》。〔91〕"哀",谥号。"嬗",霍去病子。〔92〕"众利",乡邑名,故地在今山东诸城境。《汉书·卫青霍去病传》作"终利"。〔93〕"上谷",郡名,辖境约相当于今河北张家口、小五台山以东、赤城、北京延庆以西,及内长城以北地。治沮阳,故址在今河北怀来东南。〔94〕"首虏",所获敌人的首级。〔95〕"上计",战国、秦、汉时规定地方官每年年终要由本人或派属吏带着有关簿籍,把本地全年户口、赋役、钱粮收支、盗贼刑狱等情况向朝廷报告,称为上计。〔96〕"潦",乡邑名,故地在今河南舞阳境。〔97〕"赵王",匈奴王号。〔98〕"悼",谥号。"煖訾",《汉书·景武昭宣元成功臣表》作"援訾"。〔99〕"宜冠",乡邑名,故地在今山东诸城境。〔100〕"归义",此指投诚归顺的敌国之臣。〔101〕"煇渠",乡邑名,故地约在今河南鲁山境。〔102〕"忠",谥号。"仆多",《汉书·景武昭宣元成功臣表》作"仆朋"。〔103〕"电",《汉书·景武昭宣元成功臣表》作"雷电"。〔104〕"从骠",因其从骠骑将军出战而得封,故名。〔105〕"司马",军中掌管军政、兵员的武官。〔106〕"匈河将军",汉代将军名号,因往攻匈河得名。匈河即匈奴河,在今蒙古人民共和国杭爱山南麓。"楼兰",西域国名,在今新疆罗布泊西。〔107〕"赵破奴",九原(今内蒙古包头市西)人,为骠骑将军司马,以战功封从骠侯,后因罪失爵,又以击楼兰功封浞野侯。太初二年(公元前一〇三年)与匈奴左贤王战,兵败被俘,天汉元年(公元前一〇〇年)脱身归汉,后因巫蛊灭族。其事迹附见本书《卫将军骠骑列传》。〔108〕"浞野",地名,今不可确考。〔109〕"浚稽将军",汉代将军名号,因往攻浚稽山得名。浚稽山在今蒙古人民共和国南部。〔110〕"下摩",《汉书·景武昭宣元成功臣表》作"下摩",乡邑名,故地在今山西临猗境。〔111〕"炀",谥号。〔112〕"漯阴",县名,故治在今山东禹城东。〔113〕"定",谥号。〔114〕"魏",谥号。〔115〕"煇渠",按,仆朋亦封煇渠侯,此当是一邑分封二人。〔116〕"悼",谥号。《汉书·景武昭宣元成功臣表》作"慎"。"应疕",《汉书·景武昭宣元成功臣表》作"扁訾"。"疕",音bǐ。〔117〕"河綦",乡邑名,《汉书·景武昭宣元成功臣表》谓属济南郡,当在今山东济南、济阳、章丘、邹平一带,确切地点已不可考。〔118〕"康",谥号。"乌犁",《汉书·卫青霍去病传》作"禽犁"。〔119〕"常乐",乡邑名,《汉书·景武昭宣元成功臣表》谓属济南郡,当在今山东济南、济阳、章丘、邹平一带,确切地点已不可考。〔120〕"大当户",匈奴官名。〔121〕"肥",谥号。"稠雕",《汉书·卫青霍去病传》作"调虽",一本又作"雕离"。〔122〕"符离",县名,故治在今安徽宿州市东北。〔123〕"右北平",郡名,辖境约相当今辽宁建平、建昌以西,内蒙古赤峰、围场一带长城以南,河北承德、天津蓟县以东(河北迁西至山海关内长城以南除外)地区,治平刚,故址在今辽宁凌源西南。〔124〕"将重",携带辎重。〔125〕"路博德",西河平州(今山西汾阳)人,曾任右北平太守,从霍去病击匈奴有功,封符离侯,又以卫尉任伏波将军伐破南越益封。太初元年(公元前一〇四年)因其子犯罪而失爵。后又任强弩都尉,病卒。其事迹附见本书《卫将军骠骑列传》。〔126〕"壮",乡邑名,约在今山东宁津、乐陵一带。《汉书·景武昭宣元成功臣表》作"杜"。〔127〕"因淳王",匈奴王号。〔128〕"楼剸王",匈奴王号。"剸",音zhuān。〔129〕"手自剑合",谓亲手用剑刺杀右贤王而合战。〔130〕"质",谥号。"伊即轩",《汉书·卫青霍去病传》作"伊即軒"。"軒",音jiān。〔131〕"湘成",乡邑名,故地约在今河南登封境或商水境,确切地点已不可考。〔132〕"符离王",匈奴王号。〔133〕"义阳",乡邑名,故地约在今河南桐柏境。〔134〕"北地",郡名,辖境约当今宁夏贺兰山、青铜峡、山水河以东及甘肃环江、马莲河流域,治马岭,故址在今甘肃庆阳西南。〔135〕"卫山",其人后于太初四年(公元前一〇一年)因诬告利侯当时下狱病死。〔136〕"散",乡邑名,故地约在今河南登封境或商水境,确切地点已不可考。〔137〕"荼",音yú,不读tú。〔138〕"臧马",乡邑名,故地约在今山东临朐境。〔139〕"康",谥号。"延年",《汉书·景武昭宣元成功臣表》作"雕延年"。〔140〕"子南",乡邑名,故地约在今河南长葛境,一说在今河南临汝东北。因周王室后裔得封,以奉周祀,所以称周子南君。汉元帝初元五年(公元前四四年)起改封为周承休侯。〔141〕"绍",承继。〔142〕"乐通",乡邑名,故地约在今江苏泗洪境。〔143〕"方术",医、卜、星、相之术。此指所谓能通鬼神、致长生的法术。〔144〕"栾大",本胶东王刘寄家臣,武帝好神仙之术,元鼎四年(公元前一一三年)栾大由栾成侯丁义介绍得见武帝,自称"黄金可成,河决可塞,不死之药可得,仙人可致",武帝信以为真,封他为五利将军,又封为乐通侯,并把长女卫长公主嫁给他。第二年武帝发觉受骗,把他腰斩处死。〔145〕"瞭",乡邑名,故地约在今河南舞阳境。《汉书·景武昭宣元成功臣表》作"膫"。〔146〕"术阳",乡邑名,故地约在今江苏睢宁境。〔147〕"以南越王兄越高昌侯",高昌疑当作"高昌侯",《汉书·景武昭宣元成功臣表》即作"以越南王兄越高昌侯侯"。"越",南越明王赵婴齐长子,南越王兴之兄。〔148〕"建德",南越王赵兴兄越之子,南越相吕嘉杀南越王兴,立建德为王抗汉。后建德兵败被俘投降,汉封之为术阳侯。〔149〕"龙亢",乡邑名,故地即今安徽怀远西北龙亢集。《汉书·景武昭宣元成功臣表》作"龙",龙亦邑名,故址在今山东泰安市东南。〔150〕"摎乐",邯郸(今河北邯郸市)人,其姐为南越明王赵婴齐后,婴齐死,摎氏所生子赵兴嗣立,母子难以控制国内局势,求归汉内属。武帝派遣韩千秋及摎乐率二千人入南越,被南越相吕嘉发兵击杀。"摎",音líu。〔151〕"有罪诛",《汉书·景武昭宣元成功臣表》作"坐蘦金兔"。〔152〕"成安",县名,故治在今河南临汝东南。〔153〕"韩千秋",郏(今河南郏县)人,曾任济北相。元鼎五年(公元前一一二年)自请入南越迎南越王及太后入朝并擒杀反封归汉的南越相吕嘉。武帝命其与摎乐率二千人往,入南越境,数破小邑,后在番禺(今广州)城外四十里处被南越兵围攻击杀。〔154〕"侯延年有罪",元封六年(公元前一〇五年)韩延年以太常代理大行令职务,因滞留外国文书一月不发而获罪。〔155〕"昆",乡邑名,故地约在今河北平乡境。〔156〕"属国",汉代在一些边郡设置属国以管理归顺的少数民族,各依其本俗而属于汉,由属国都尉统辖。"大且渠",西北边地少数民族首领名号。《汉书·景武昭宣元成功臣表》作"大首渠"。〔157〕"骐",乡邑名,故地在今山西乡宁东南。〔158〕"骑",音jī,骑兵。〔159〕"梁期",县名,故治在今河北邯郸市南。〔160〕"复累缔缨",匈奴大将。〔161〕"牧丘",乡邑名,故地约在今山东平原境。〔162〕"先人",此谓父亲。"万石",指石奋。奋本赵人,后徙居于温(今河南温县),曾为小吏侍奉汉高祖,其姊又为高祖美人。文帝时官大中大夫、太子太傅,以恭谨著称。景帝时奋与四子官皆至二千石,号称"万石君",后以老退居,于元朔五年(公元前一二四年)去世。其事迹详见本书《万石张叔列传》。〔163〕"恪",谥号。本书《万石张叔列传》及《汉书·外戚恩泽侯表》作"恬"。"石庆",石奋幼子,曾任内史、太仆、齐相、太子太傅、御史大夫,元鼎五年(公元前一一二年)继赵周为丞相,太初二年(公元前一〇三年)去世。〔164〕"将梁",乡邑名,故地约在今河北清苑境。〔165〕"楼船将军",汉代将军名号。楼船指有叠层的大型战船,攻伐南越需动用水军,故设楼船将军以统率之。〔166〕"椎锋",击破敌军的精锐部队。〔167〕"杨仆",宜阳(今河南宜阳)人,曾任御史、主爵都尉,治事严酷。元鼎五年(公元前一一二年)拜楼船将军,与伏波将军路博德同击南越,以功封将梁侯。元封四年(公元前一〇七年)击朝鲜,因擅自先战,失亡过多,获罪失爵。其事迹详见本书《酷吏列传》。〔168〕"安道",乡邑名,《汉书·景武昭宣元成功臣表》谓属南阳郡,当在今河南南阳盆地一带,确切地点已不可考。〔169〕"揭阳",县名,故治即今广东揭阳榕城镇。〔170〕"随挑",乡邑名,《汉书·景武昭宣元成功臣表》谓属南阳郡,当在今河南南阳盆地一带,确切地点已不可考。〔171〕"苍梧王",南越秦王赵光封于苍梧(今广西梧州市一带),又称苍梧王。〔172〕"桂林",即今广西桂林市。"监",官名,掌监察之事。"番禺",南越国都,即今广东广州市。"番",音pān。〔173〕"瓯骆",部族名,越人的一支。〔174〕"海常",乡邑名,《汉书·景武昭宣元成功臣表》谓属琅邪郡,当在今山东东南部一带,确切地点已不可考。〔175〕"庄",谥号。〔176〕"北石",《汉书·景武昭宣元成功臣表》作"外石",乡邑名,《汉书·景武昭宣元成功臣表》谓属济南郡,当在今山东章丘及其附近地区,确切地点已不可考。〔177〕"衍侯",东越贵族名号。"繇王",时东越东越王、繇王二王并处。东越王余善反汉,汉兵至,繇王居股联结部分东越贵族杀余善降。〔178〕"首",吴阳子,其人后因祝诅罪被腰斩。〔179〕"下郦",乡邑名,故地在今河南南阳市西北。〔180〕"西于王",东越王号。〔181〕"缭嫈",乡邑名,确切地点今不可考。"嫈",音yíng。〔182〕"刘福",高祖曾孙城阳共王刘喜之子,曾以王子封海常侯,因罪失爵,从征东越,虽无军功,因是宗室,亦得封侯。〔183〕"蘲儿",乡邑名,亦作"语儿",故地在今浙江嘉兴市东南,"蘲",音yǔ。〔184〕"徇北将军",东越王余善所立将军名号。〔185〕"庄",谥号。"辕终古",钱唐(今浙江杭州市)人,本楼船将军杨仆部下军卒。〔186〕"开陵",乡邑名,《汉书·景武昭宣元成功臣表》谓属临淮郡,当在今江苏北部古淮水下游一带,确切地点已不可考。〔187〕"建成侯",东越贵族名号。〔188〕"临蔡",乡邑名,《汉书·景武昭宣元成功臣表》谓属河内郡,当在今河南黄河以北沁水下游一带,确切地点已不可考。〔189〕"郎",汉时郎、郎中、议郎、侍郎等官,统称郎官,为皇帝的侍从人员。出则扈从,入则禁卫。南越王身边亦有这类官员。〔190〕"吕嘉",其人先后相南越文王、明王和王兴,宗族强盛,颇得民心,因反对王兴和太后谋内属归汉,起兵反,攻杀王兴,太后及汉使者终军等。后汉兵大至,兵败被俘。〔191〕"孙都",本书《南越列传》作"都稽"。〔192〕"东成"，《汉书·景武昭宣元成功臣表》作"东城"，县名，故址在今安徽定远东南。 〔193〕"居服"，本书《东越列传》及《汉书·景武昭宣元成功臣表》皆作"居股"。 〔194〕"无锡"，县名，故治即今江苏无锡市。 〔195〕"涉都"，乡名，故地在今湖北均县西南。 〔196〕"南海"，南越郡名，后汉即以其地置南海郡，辖境约当今广东滃江、大罗山以南，珠江三角洲及绥江流域以东地区，治番禺，即今广州市。 〔197〕"嘉"，《汉书·景武昭宣元成功臣表》作"喜"。 〔198〕"平州"，乡邑名，故地约在今山东泰安、新泰之间。 〔199〕"朝鲜"，当时朝鲜半岛北部在卫氏王朝统治之下，朝鲜王右渠诱汉亡人，阻隔朝鲜半岛南部各部族通汉的道路，元封二年（公元前一〇九年）汉武帝派遣涉河出使，不得要领，涉河贪功，杀死朝鲜伴送使，被朝鲜发兵攻杀。武帝即命楼船将军杨仆、左将军荀彘讨伐右渠，至元封三年夏，朝鲜贵族杀右渠降汉，朝鲜平。汉于其地置真番、乐浪、临屯、玄菟四郡。 〔200〕"唊"，本书《朝鲜列传》及《汉书·景武昭宣元成功臣表》皆作"王唊"。"唊"，音jiá。 〔201〕"荻苴"，乡邑名，《汉书·景武昭宣元成功臣表》谓属勃海郡，当在今河北沧州市及其以东一带，确切地点已不可考。"苴"，音qū。 〔202〕"韩阴"，《汉书·景武昭宣元成功臣表》及《西南夷两粤朝鲜传》皆作"韩陶"。 〔203〕"澅清"，乡邑名，《汉书·景武昭宣元成功臣表》谓属齐郡，当在今山东广饶北古澅水一带，确切地点今不可考。"澅"，音huà。 〔204〕"尼谿相"，朝鲜官名。 〔205〕"参"，其人后于天汉二年（公元前九九年）因匿藏朝鲜亡虏下狱病死。 〔206〕"骡兹"，乡邑名，《汉书·景武昭宣元成功臣表》谓属琅邪郡，当在今山东东南部，确切地点已不可考。 〔207〕"小月氏"，月支为古部族名，本游牧于敦煌、祁连间，汉文帝时被匈奴攻破，大部西迁，占据塞种故地，称大月氏，小部未迁的入祁连山与羌人杂居，称小月氏。"氏"，音zhī。"若苴王"，小月氏王号。《汉书·景武昭宣元成功臣表》"右苴王"。"苴"，音jū。 〔208〕"浩"，乡邑名，确切地点今不可考。 〔209〕"中郎将"，官名，为九卿之一，负责统率郎官，扈从皇帝，禁卫宫殿。武帝太初元年（公元前一〇二年）起改称光禄勋。"车师"，西域国名，分前国、后国，车师前国故地在今新疆吐鲁番，车师后国故地在今新疆吉木萨尔。 〔210〕"酒泉"，郡名，辖境约相当于今甘肃疏勒河以东，高台以西地区，治所在禄福，即今酒泉。"害"，此指造成较严重的后果。 〔211〕"瓡讘"，音hú zhé，县名，故治在今山西永和东南。 〔212〕"扞者"，《汉书·景武昭宣元成功臣表》作"杅

者"。"扞"，音wū。 〔213〕"几"，音jī，乡邑名，《汉书·景武昭宣元成功臣表》谓属河东郡，当在今山西西南部一带，确切地点已不可考。 〔214〕"张咯"，本书《朝鲜列传》作"长降"。"咯"，音gè。 〔215〕"涅阳"，县名，故治在今河南邓县西北。本书《朝鲜列传》作"温阳"，《汉书·西南夷两粤朝鲜传》作"沮阳"。 〔216〕"康"，谥号。"子最"，当连读，康侯即子最，最名前加"子"，表示他是路人之子。 〔217〕"当涂"，县名，故治在今安徽怀远东南。按，此下为褚少孙所补，非司马迁原文。 〔218〕"圉"，音yǔ，县名，故治在今河南通许东南。"守尉"，官名，汉时县设尉，掌缉捕盗贼，维持一县治安。守尉，当指负城守之责的县尉。"淮阳"，郡名，辖境约相当于今河南淮阳、鹿邑、太康、柘城、扶沟等县地，治陈，即今淮阳。圉当时正是淮阳郡属县。"公孙勇"，据《资治通鉴》，其人曾任城父（今安徽亳县东南）县令，征和三年（公元前九〇年）与门客胡倩等谋反，胡倩冒称光禄大夫，自言奉命督捕盗贼，至淮阳，被淮阳太守田广明发觉捕斩。公孙勇冒充绣衣直指使者，至圉，被魏不害捕斩。《汉书·景武昭宣元成功臣表》则云魏不害系"捕反者淮阳胡倩侯"。 〔219〕"蒲"，乡邑名，《汉书·景武昭宣元成功臣表》谓属琅邪郡，当在今山东东南部，确切地点已不可考。 〔220〕"尉史"，县尉属吏，《汉书·景武昭宣元成功臣表》言苏昌系"捕反者故越王子邹起侯"。 〔221〕"潦阳"，乡邑名，《汉书·景武昭宣元成功臣表》谓属清河郡，当在今河北清河、故城、威县，山东临清、武城、夏津、高唐一带，确切地点已不可考。 〔222〕"江德"，《汉书·景武昭宣元成功臣表》作"江喜"。 〔223〕"啬夫"，汉时乡一级基层政权设有啬夫，负责处理一般诉讼、收取赋税。《汉书·景武昭宣元成功臣表》言江喜系"捕反者故城父令公孙勇侯"。 〔224〕"富民"，乡邑名，故地约在今安徽宿县境。一说富民意为思富养民，非地名。 〔225〕"田千秋"，后姓车氏，其事迹详见《汉书》本传。 〔226〕"长陵"，汉制于帝陵所在地置县，汉高祖的陵墓称长陵，治所在今陕西咸阳市东北。 〔227〕"高庙寝郎"，长陵汉高祖庙，称高庙。"寝"，帝王陵墓上的正殿。寝郎即守卫寝殿的郎官。 〔228〕"笞"，音chī，用鞭子、竹板等抽打。"子弄父兵，罪当笞"，谓儿子玩弄父亲的兵器，算不得大罪过，只要责打一顿就行了。这话是委婉地批评武帝对卫太子事件处理失当，武帝晚年多病迷信，以为是有人用巫蛊（音gǔ，把代表怨家仇人的木偶埋在地下，用符咒之术使之受灾）诅咒的缘故，命亲信江充查办此事。江充与太子刘据不和，诬称在太子宫

中掘得巫蛊用的桐木人。太子惊惧愤怒，把江充杀了。丞相刘屈氂以为太子造反，领兵攻太子，太子逃到湖县(今河南灵宝东)躲藏，后被地方官发觉，自杀。太子为武帝后卫子夫所生，因其有罪遭祸而死，从母姓称之为卫太子。卫太子并非有意谋反，所以田千秋用"子弄父兵"作比喻。〔229〕"蚩尤"，远古时期东方九黎族部落联盟的首领，相传发明用金属制作兵器，势力强盛，后与黄帝战于涿鹿(今河北涿鹿东南)，兵败被杀。"畔"，通"叛"。"蚩尤畔父"，未详。〔230〕"黄帝"，远古时期中原地区最大的部落联盟的首领，号有熊氏、轩辕氏，姓公孙，曾先后击败炎帝和蚩尤，被后世华夏族尊为共同的祖先。"江"，即今之长江。据本书《五帝本纪》，黄帝曾"南至于江"，传说黄帝为少典之子，所谓因父子之怒而涉江一事，今不详。〔231〕"至意"，极其深厚的真情实意。按，武帝事后觉察到卫太子的冤屈，心中痛悔，所以田千秋这番话能深深打动他。〔232〕"大鸿胪"，官名，九卿之一。掌管朝觐礼仪和接待宾客，原称典客，太初元年(公元前一〇四年)起改称大鸿胪。田千秋上书并拜大鸿胪，事在征和三年(公元前九〇年)。〔233〕"封三千户"，《汉书·外戚恩泽侯表》作"八百户"。〔234〕"虎牙将军"，汉代将军名号。〔235〕"质"，必须按期到达的地点。《汉书·外戚恩泽侯表》记田顺获罪缘由是"诈增虏获"。〔236〕"诛死，国除"，事在宣帝本始三年(公元前七一年)。

后进好事儒者褚先生曰：〔1〕太史公记事尽于孝武之事，故复修记孝昭以来功臣侯者，编于左方，令后好事者得览观成败长短绝世之适，〔2〕得以自戒焉。当世之君子，行权合变，〔3〕度时施宜，〔4〕希世用事，〔5〕以建功有土封侯，立名当世，岂不盛哉！观其持满守成之道，〔6〕皆不谦让，骄蹇争权，〔7〕喜扬声誉，知进不知退，终以杀身灭国。以三得之，〔8〕及身失之，〔9〕不能传功于后世，令恩德流子孙，岂不悲哉！夫龙雒侯曾为前将军，〔10〕世俗顺善，厚重谨信，不与政事，〔11〕退让爱人。其先起于晋六卿之世。〔12〕有土君国以来，为王侯，子孙相承不绝，历年经世，以至于今，凡百余岁，岂可与功臣及身失

之者同日而语之哉？悲夫，后世其诫之！

【注释】〔1〕"褚先生"，名少孙，是汉代元帝、成帝间的一个博士，《史记》中的部分内容是他补写的。〔2〕"适"，适然，此谓当然之理。〔3〕"权"，变通，不守常规而随机应变。〔4〕"度"，音 duó，揣测，估计。〔5〕"希世"，迎合世俗。〔6〕"持满"，义同持盈，谓谨慎地保守住兴旺的家业。"守成"，保守住已经取得的成就。〔7〕"骄蹇"，傲慢不顺。"蹇"，音 jiǎn。〔8〕"以三得之"，"三"指上文"行权合变，度时施宜，希世用事"三种建立功业的途径。〔9〕"及身"，当自身在世之时。〔10〕"龙雒侯"，即前表所见的龙额侯韩说。此作"龙雒"，与前异。〔11〕"与"，音 yù，参预。〔12〕"晋六卿"，春秋时晋国有中行氏、范氏、知氏、赵氏、魏氏、韩氏六家大贵族，世代都为晋卿，称为六卿。后中行氏、范氏、知氏在六卿争权斗争中失败灭亡，赵、魏、韩三家列为诸侯，瓜分晋国。韩说的祖先是战国时韩国王族，亦即春秋时晋卿韩氏的后裔。

【译文】后进好事的儒者褚先生说：太史公记事到孝武帝之世为止，所以我又撰记孝昭帝以后功臣封侯的情况，编于左方，目的在于使后世的好事者能从中看到功臣们功业成败、享国长短，侯位有的传世有的绝封的必然之理，吸取教训，引以为戒。当世的君子或者能不守常规而随机应变，或者能审察时世的变化而采取适宜的措施，或者能迎合世俗得到重用，从而建立功业，受封官爵，拥有封地，难道不是十分兴旺，令人羡慕吗？然而看他们用来保全功业的举动，又都不谦虚谨慎，全是骄傲自满，争权夺利，喜欢招摇扬名，只知前进，不知应该留有退路，终于都犯罪被杀，封国随之灭绝。依靠上述三种途径得到的侯位，在自己这一辈子就失掉了，不能把功业传给后代，使子孙们也能享受恩德，这难道不是十分可悲的吗？那龙雒侯曾经担任前将军这一官职，他能够顺应世俗，行善积德，为人忠厚诚信，不干预政事，遇事退让，处处爱护他人。他的祖先本是春秋时晋国的六卿之一。自从拥有国土成为诸侯以来，为王为侯，子孙代代相传，从未断绝，经历了许多年岁和世代，直至如今，算起来已有一百多年了，这又哪里能与自身在世之时就失去爵位的功臣们同日而语呢？真是可悲啊，后世的人们要引以为戒啊！

博陆[1]	霍光,[2]家在平阳。[3]以兄骠骑将军故贵。前事武帝,觉捕得侍中谋反者马何罗等功侯,[4]三千户。中辅幼主昭帝,为大将军。谨信,用事擅治,尊为大司马,[5]益封邑万户。后事宣帝。历事三主,天下信乡之,[6]益封二万户。子禹代立,谋反,族灭,国除。[7]
秺[8]	金翁叔名日磾,[9]以匈奴休屠王太子从浑邪王将众五万降汉归义,[10]侍中,事武帝,觉捕侍中谋反者马何罗等功侯,三千户。中事昭帝,谨厚,益封三千户。子弘代立,[11]为奉车都尉,[12]事宣帝。
安阳[13]	上官桀,家在陇西。[14]以善骑射从军。稍贵,事武帝,为左将军。觉捕斩侍中谋反者马何罗弟重合侯通功侯,[15]三千户。中事昭帝,与大将军霍光争权,因以谋反,族灭,国除。[16]

桑乐[17]	上官安。以父桀为将军故贵,侍中,事昭帝。安女为昭帝夫人,立为皇后故侯,三千户。骄蹇,与大将军霍光争权,因以父子谋反,族灭,国除。
富平[18]	张安世,[19]家在杜陵。[20]以故御史大夫张汤子武帝时给事尚书,[21]为尚书令。事昭帝,谨厚习事,为光禄勋右将军。[22]辅政十三年,无適过,[23]三千户。及事宣帝,代霍光为大司马,用事,益封万六千户。子延寿代立,为太仆,[24]侍中。
义阳[25]	傅介子,[26]家在北地。以从军为郎,为平乐监。[27]昭帝时,刺杀外国王,[28]天子下诏书曰:"平乐监傅介子使外国,杀楼兰王,以直报怨,不烦师,有功,其以邑千三百户封介子为义阳侯。"[29]子厉代立,[30]争财相告,有罪,国除。
商利[31]	王山,[32]齐人也[33]。故为丞相史,[34]会骑将军上官安谋反[35],山说安与俱入丞相,[36]斩安。山以军功为侯,三千户。上书愿治民,为代太守。[37]为人所上书言,系狱当死,[38]会赦,出为庶人,国除。
建平[39]	杜延年。[40]以故御史大夫杜周子给事大将军幕府,[41]发觉谋反者骑将军上官安等罪,封为侯,邑二千七百户,拜为太仆。元年,出为西河太守。[42]五凤三年,[43]入为御史大夫。[44]
弋阳[45]	任宫。以故上林尉捕格谋反者左将军上官桀,[46]杀之便门,封为侯,二千户。后为太常,[47]及行卫尉事。[48]节俭谨信,以寿终,传于子孙。

宜城[49]	燕仓。以故大将军幕府军吏发谋反者骑将军上官安罪有功,[50]封侯,邑二千户。为汝南太守,[51]有能名。
宜春	王诉,[52]家在齐。[53]本小吏佐史,[54]稍迁至右辅都尉。[55]武帝数幸扶风郡,[56]诉共置办,[57]拜为右扶风。至孝昭时,代桑弘羊为御史大夫。[58]元凤三年,[59]代田千秋为丞相,封二千户。立二年,为人所上书言暴,自杀,不殊。[60]子代立,[61]为属国都尉。
安平[62]	杨敞,[63]家在华阴。[64]故给事大将军幕府,稍迁至大司农,[65]为御史大夫。元凤六年,代王诉为丞相,封二千户。立二年,病死。子贲代立,[66]十三年病死。子翁君代立,[67]为典属国。[68]三岁,以季父恽故出恶言,[69]系狱当死,得免,为庶人,国除。[70]

右孝昭时所封国名

阳平[71]	蔡义,[72]家在温。[73]故师受《韩诗》,[74]为博士,[75]给事大将军幕府,为杜城门候。[76]入侍中,授昭帝《韩诗》,为御史大夫。是时年八十,衰老,常两人扶持乃能行。然公卿大臣议,以为为人主师,当以为相。以元平元年代杨敞为丞相,[77]封二千户。病死,[78]绝无后,国除。
扶阳[79]	韦贤,[80]家在鲁。[81]通《诗》、《礼》、《尚书》,[82]为博士,授鲁大儒,入侍中,为昭帝师,迁为光禄大夫,[83]大鸿胪,长信少府。[84]以为人主师,本始三年代蔡义为丞相,[85]封扶阳侯,千八百户。为丞相五岁,多恩,不习吏事,免相就第,病死。子玄成代立,[86]为太常。坐祠庙骑,夺爵,为关内侯。[87]

平陵[88]	范明友,家在陇西。以家世习外国事,使护西羌。[89]事昭帝,拜为度辽将军,[90]击乌桓功侯,[91]二千户。取霍光女为妻。地节四年,[92]与诸霍子禹等谋反,族灭,国除。
营平[93]	赵充国。[94]以陇西骑士从军得官,侍中,事武帝。数将兵击匈奴有功,为护军都尉,侍中,事昭帝。昭帝崩,议立宣帝,决疑定策,以安宗庙功侯,[95]封二千五百户。
阳成[96]	田延年。[97]以军吏事昭帝;发觉上官桀谋反事,后留迟不得封,[98]为大司农。本造废昌邑王议立宣帝,[99]决疑定策,以安宗庙功侯,二千七百户。逢昭帝崩,[100]方上事并急,[101]因以盗都内钱三千万。[102]发觉,自杀,国除。
平丘[103]	王迁,家在卫。[104]为尚书郎,习刀笔之文。侍中,事昭帝。帝崩,立宣帝,决疑定策,以安宗庙功侯,二千户。为光禄大夫,秩中二千石。[105]坐受诸侯王金钱财,[106]漏泄中事,诛死,[107]国除。[108]
乐成[109]	霍山。山者,大将军光兄子也。[110]光未死时上书曰:"臣兄骠骑将军去病从军有功,病死,赐谥景桓侯,绝无后,臣光愿以所封东武阳邑三千五百户分与山。"[111]天子许之,拜山为侯。后坐谋反,族灭,国除。
冠军	霍云。以大将军兄骠骑将军適孙为侯。[112]地节三年,天子下诏书曰:"骠骑将军去病击匈奴有功,封为冠军侯。薨卒,子侯代立,病死无后。《春秋》之义,[113]善善及子孙,[114]其以邑三千户封云为冠军侯。"后坐谋反,族灭,国除。
平恩[115]	许广汉,[116]家昌邑。坐事下蚕室,[117]独有一女,嫁之。[118]宣帝未立时,素与广汉出入相通,卜相者言当大贵,以故广汉施恩甚厚。地节三年,封为侯,邑三千户。病死无后,国除。

昌水[119]	田广明。故郎,为司马,稍迁至南郡都尉、[120]淮阳太守、鸿胪、左冯翊。[121]昭帝崩,议废昌邑王,立宣帝,决疑定策,以安宗庙。本始三年,封为侯,邑二千三百户。为御史大夫。后为祁连将军,击匈奴,军不至质,当死,自杀,国除。[122]
高平[123]	魏相,[124]家在济阴。[125]少学《易》,[126]为府卒史,[127]以贤良举为茂陵令,[128]迁河南太守。[129]坐贼杀不辜,[130]系狱,当死,会赦,免为庶人。有诏守茂陵令,[131]为杨州刺史,[132]入为谏议大夫,[133]复为河南太守,迁为大司农、御史大夫。地节三年,潜毁韦贤,[134]代为丞相,封千五百户。病死,[135]长子宾代立,[136]坐祠庙失侯。[137]
博望	许中翁。[138]以平恩侯许广汉弟封为侯,邑二千户。亦故有私恩,[139]为长乐卫尉。[140]死,[141]子延年代立。[142]
乐平[143]	许翁孙。[144]以平恩侯许广汉少弟故为侯,封二千户。拜为强弩将军,[145]击破西羌,还,更拜为大司马、光禄勋。亦故有私恩,故得封。嗜酒好色,以早病死。[146]子汤代立。
将陵[147]	史子回。[148]以宣帝大母家封为侯,[149]二千六百户,与平台侯昆弟行也。子回妻宜君,故成王孙,[150]嫉妒,绞杀侍婢四十余人,盗断妇人初产子臂膝以为媚道[151]为人所上书言,论弃市。[152]子回以外家故,[153]不失侯。

平台[154]	史子叔。[155]以宣帝大母家封为侯,二千五百户。卫太子时,[156]史氏内一女于太子,[157]嫁一女鲁王,[158]今见鲁王亦史氏外孙也。[159]外家有亲,以故贵,数得赏赐。
乐陵[160]	史子长。[161]以宣帝大母家贵,侍中,重厚忠信。以发觉霍氏谋反事,封三千五百户。
博成[162]	张章,父故颍川人,[163]为长安亭长。[164]失官,之北阙上书,[165]寄宿霍氏第舍,卧马枥间,[166]夜闻养马奴相与语,言诸霍氏子孙欲谋反状,因上书告反,为侯,封三千户。
都成[167]	金安上,[168]先故匈奴。以发觉故大将军霍光子禹等谋反事有功,封侯,二千八百户。安上者,奉车都尉秺侯从群子。[169]行谨善,退让以自持,欲传功德于子孙。
平通[170]	杨恽,[171]家在华阴,故丞相杨敞少子,任为郎。好士,自喜知人,居众人中常与人颜色,[172]以故高昌侯董忠引与屏语,[173]言霍氏谋反状,共发觉告侯,二千户,为光禄勋。到五凤四年,作为妖言,[174]大逆罪腰斩,国除。
高昌[175]	董忠,父故颍川阳翟人,[176]以习书诣长安。忠有材力,[177]能骑射,用短兵,给事期门。[178]与张章相习知,章告语忠霍禹谋反状,忠以语常侍骑郎杨恽,共发觉告反侯,二千户。今为枭骑都尉,[179]侍中。坐祠宗庙乘小车,夺百户。[180]
爰戚[181]	赵成。[182]用发觉楚国事侯,[183]二千三百户。地节元年,楚王与广陵王谋反,[184]成发觉反状,天子推恩广德义,下诏书曰"无治广陵王",[185]广陵不变更。后复坐祝诅灭国,自杀,国除。[186]今帝复立子为广陵王。[187]

酇[188]	地节三年,天子下诏书曰:"朕闻汉之兴,[189]相国萧何功第一,[190]今绝无后,朕甚怜之,其以邑三千户封萧何玄孙建世为酇侯。"[191]
平昌[192]	王长君,[193]家在赵国,[194]常山广望邑人也。[195]卫太子时,嫁太子家,[196]为太子男史皇孙为配,[197]生子男,绝不闻声问,行且四十余岁,至今元康元年中,[198]诏征立以为侯,封五千户。宣帝舅父也。
乐昌[199]	王稚君,[200]家在赵国,常山广望邑人也。以宣帝舅父外家封为侯,邑五千户。平昌侯王长君弟也。
邛成[201]	王奉光,家在房陵。[202]以女立为宣帝皇后,故封千五百户。言奉光初生时,夜见光其上,传闻者以为当贵云。后果以女故为侯。
安远[203]	郑吉,[204]家在会稽。[205]以卒伍起从军为郎,使护将弛刑士田渠梨。[206]会匈奴单于死,[207]国乱,相攻,日逐王将众来降汉,[208]先使语吉,[209]吉将吏卒数百人往迎之。众颇有欲还者,斩杀其渠率,[210]遂与俱入汉。以军功侯,二千户。
博阳[211]	邴吉,[212]家在鲁。本以治狱为御史属,给事大将军幕府。[213]常施旧恩宣帝,[214]迁为御史大夫,封侯,二千户。神爵二年,[215]代魏相为丞相。立五岁,病死。子翁孟代立,[216]为将军,侍中。甘露元年,[217]坐祠宗庙不乘大车而骑至庙门,有罪,夺爵,为关内侯。
建成[218]	黄霸,[219]家在阳夏,[220]以役使徙云阳。[221]以廉吏为河内守丞,[222]迁为廷尉监,[223]行丞相长史事。坐见知夏侯胜非诏书大不敬罪,[224]久系狱三岁,从胜学《尚书》。会赦,以贤良举为扬州刺史,颍川太守。善化,[225]男女异路,耕者让畔,[226]赐黄金百斤,[227]秩中二千石。居颍川,入为太子太傅,[228]迁御史大夫。五凤三年,代邴吉为丞相。封千八百户。

西平[229]	于定国,[230]家在东海。[231]本以治狱给事为廷尉史,[232]稍迁御史中丞。[233]上书谏昌邑王,迁为光禄大夫,为廷尉。乃师受《春秋》,变道行化,谨厚爱人。迁为御史大夫,代黄霸为丞相。[234]
右孝宣时所封	
阳平	王稚君,[235]家在魏郡。[236]故丞相史。女为太子妃,[237]太子立为帝,女为皇后,故侯,千二百户。初元以来,[238]方盛贵用事,游宦求官于京师者多得其力,未闻其有知略广宣于国家也。[239]

【注释】〔1〕"博陆",乡邑名,故地在今北京密云东南。〔2〕"霍光",字子孟,霍去病弟,其事迹详见《汉书》本传。〔3〕"平阳",县名,故治在今山西临汾南。〔4〕"侍中",加官名,加侍中官名可以出入宫禁,侍从皇帝左右。"马何罗",其人与江充相善,在卫太子事件中,同其弟马通力战攻败太子,立功受封。后武帝发觉卫太子冤屈,诛灭江充宗族,马何罗时为侍中仆射,疑惧不安,于后元元年(公元前八八年)企图刺杀武帝,被金日磾捕获。马通矫制发兵,亦被霍光、上官桀擒斩。此言霍光"觉捕得侍中谋反者马何罗等功侯",是笼统的说法。〔5〕"大司马",官名,是大将军的加衔,有了这个加衔,就可以辅朝政。〔6〕"信乡",信服归向。"乡",通"向"。〔7〕"族灭,国除",霍光死于宣帝地节二年(公元前六八年),子禹嗣立。后霍禹谋反失败,霍氏族灭,事在地节四年。〔8〕"秺",音 dù,县名,故治在今山东成武西北。〔9〕"日磾",音 mìtī。金日磾事迹详见《汉书》本传。〔10〕"休屠王",匈奴王号。按,武帝元狩二年(公元前一二一年)匈奴浑邪王杀休屠王降汉,金日磾及其母、弟皆没入汉廷,此言从浑邪王降汉归义,实为饰词。〔11〕"子弘代立",按,金日磾死于昭帝始元元年(公元前八六年)。"弘",《汉书·金日磾传》及《景武昭宣元成功臣表》皆作"赏"。〔12〕"奉车都尉",官名,掌管皇帝乘用的各种车辆。〔13〕"安阳",县名,故治在今河南正阳南。〔14〕"陇西",郡名,辖境约当今甘肃东乡以东的洮河中游,武山以西的渭河上游,礼县以北的西汉水上游及天水市东部地区,治狄道,故址在今临洮南。〔15〕"重合",县名,故治在今山东乐陵西。〔16〕"族灭,国除",上官桀父子与霍光争权,联结燕王刘旦和盖长公主谋反,事败被诛,事在昭帝元凤元年(公元前八〇年)。〔17〕"桑乐",乡邑名,故地约在今山东高青境。〔18〕"富平",县名,故治在今山东阳信东南。〔19〕"张安世",张汤之子,其事迹附见《汉书·张汤传》。〔20〕"杜陵",县名,本名杜,宣帝陵墓所在,元康元年(公元前六五年)起改称杜陵,故治在今陕西西安市东南。〔21〕"御史大夫",官名,为三公之一,协助丞相处理政务,并掌纠察、弹劾之事,管理国家图籍。"张汤",武帝时先后任茂陵尉、丞相史、侍尉史、廷尉、御史大夫,以善于治狱著称,又建议由国家垄断盐铁之利,改革币制,压制富商大贾,以解决财政困难,深得武帝宠信。元鼎二年(公元前一一五年)被丞相庄青翟及丞相长史朱买臣等陷害,自杀。其事迹详见本书《酷吏列传》及《汉书》本传。"给事",供职。"给",音 jǐ。"尚书",即尚书

省,官署名,属少府管辖,设在宫中,负责收管章奏文书,长官称尚书令。〔22〕"光禄勋",官名,为九卿之一,负责统率郎官,扈从皇帝,禁卫宫殿,本名郎中令,武帝太初元年(公元前一〇四年)改称光禄勋。〔23〕"適过",因过失而受谴责。"適",音zhé,通"谪"。〔24〕"太仆",官名,为九卿之一,掌管皇帝的舆马和牧畜之事。按,张安世死、张延寿嗣位皆宣帝元康四年(公元前六二年)事。〔25〕"义阳",乡邑名,故地约在今河南桐柏境。〔26〕"傅介子",其事迹详见《汉书》本传。〔27〕"平乐",指平乐厩,当时的一个皇家马厩,在京畿一带,确切地点今不可考。"监",厩监,管理皇家马厩的官员。〔28〕"外国王",指楼兰王安归。安归亲匈奴,曾杀汉使者三人,昭帝元凤四年(公元前七七年)傅介子自请出使楼兰,以计刺杀安归,立其弟尉屠耆为王,改楼兰国名为鄯善。〔29〕"千三百户",《汉书·傅介子传》作"七百户",《景武昭宣元成功臣表》作"七百五十九户"。按褚少孙补表所记列侯封邑户数往往与《汉书》不同,非此一端。〔30〕"子历代立",《汉书·傅介子传》作"子敞有罪不得嗣"。〔31〕"商利",乡邑名,故地约在今江苏泗洪境。〔32〕"王山",《汉书·景武昭宣元成功臣表》作"王山寿"。〔33〕"齐",郡名,辖境约当今山东淄博市及益都、广饶、临朐等地,治临淄,故址在今淄博市东。〔34〕"丞相史",丞相署中的办事人员。当时的丞相是田千秋。〔35〕"骑将军",据《汉书·昭帝纪》,上官安时官骠骑将军,《景武昭宣元成功臣表》则作车骑将军。〔36〕"说",音shuì,劝说别人听从自己的意见。"人",入见。〔37〕"代",郡名,辖境约当今河北怀安、蔚县以西,山西阳高、浑源以东的内、外长城间地,和长城外的东洋河流域,治代,故址在今蔚县西南。〔38〕"为人所上书言,系狱当死",据《汉书·景武昭宣元成功臣表》,王山寿因"故劾十人罪不直"而获罪。〔39〕"建平",县名,故治在今河南夏邑西南。〔40〕"杜延年",字幼公,杜周少子,其事迹附见《汉书·杜周传》。〔41〕"杜周",南阳杜衍(今河南南阳市西南)人,武帝时先后任廷尉史、御史、御史中丞、廷尉、执金吾、御史大夫,为人严苛残暴,是著名的酷吏,其事迹详见本书《酷吏列传》及《汉书·杜周传》。"大将军",指霍光。"幕府",将帅手下的参谋办事机构。〔42〕"西河",郡名,辖境约当今内蒙古伊克昭盟东部、山西吕梁山、芦芽山以西,石楼以北及陕西宜川以北黄河沿岸地区,治平定,故址在今内蒙古东胜境。〔43〕"五凤",汉宣帝年号,共四年,公元前五七年至前五四年。〔44〕"入为御史大

夫",后杜延年死于宣帝甘露二年(公元前五二年)。〔45〕"弋阳",县名,故治在今河南潢州西北。〔46〕"上林",秦汉时的皇家苑囿,故地在今陕西长安、周至(盩厔)、户县(鄠县)一带,占地广大,内有宫殿,并畜禽兽,供皇帝行猎。"上林尉",负责上林地区治安的官员。《汉书·景武昭宣元成功臣表》谓任宫的身份是"故丞相征事",与此异。〔47〕"太常",官名,为九卿之一,掌管宗庙礼仪祭祀之事。〔48〕"行",代理。"卫尉",官名,为九卿之一,掌管统率皇家卫队,守卫宫门。〔49〕"宜城",县名,故治在今山东商河南。〔50〕"故大将军幕府军吏",《汉书·景武昭宣元成功臣表》作"假稻田使者"。〔51〕"汝南",郡名,辖境约当今河南颍河、淮河之间京广铁路西侧一线以东,安徽茨河、西淝河以西,淮河以北地区,治上蔡,故地在今河南上蔡西南。〔52〕"王䜣",其事迹详见《汉书》本传。"䜣",音xīn。〔53〕"齐",据《汉书》本传,王䜣为济南人,济南旧属齐国。〔54〕"佐史",级别最低的吏员。〔55〕"迁",徙官升职。"右辅",右扶风的别称。汉长安及其附近的京畿之地,自武帝太初元年(公元前一〇四年)起分属京兆尹、左冯翊(冯音píng)和右扶风三个郡级行政单位,合称三辅,右扶风辖境约当今陕西秦岭以北,户县(鄠县)、咸阳、旬邑(郇邑)以西地,治所在长安城内,其行政长官亦称右扶风。〔56〕"幸",封建时代称皇帝亲临某地为"幸",认为这是对该地的恩宠。〔57〕"共",音gōng,通"供"。〔58〕"桑弘羊",公元前一五二年至前八〇年,洛阳人,出身于商人家庭,武帝时任治粟都尉,领大司农,主张重农抑商,制订并推行盐、铁、酒国家专卖政策,控制全国的商品和物价,增加了政府的财政收入。武帝末任御史大夫,受命与霍光等共同辅佐昭帝,后与上官桀父子合谋夺霍光权,废昭帝而立燕王旦,事败被杀。〔59〕"元凤",汉昭帝年号,共六年,公元前八〇年至前七五年。〔60〕"殊",死。〔61〕"子代立",王䜣后死于元凤六年(公元前七五年),子谭嗣侯位。〔62〕"安平",县名,故治即今河北安平城关镇。〔63〕"杨敞",其事迹详见《汉书》本传。〔64〕"华阴",县名,故治在今陕西华阴东。〔65〕"大司农",官名,为九卿之一,本名治粟内史,景帝后元年(公元前一四三年)改称大农令,武帝太初元年(公元前一〇四年)起又改称大司农,掌管租税钱谷盐铁等事,是最高财政官员。〔66〕"贾",《汉书·杨敞传》及《外戚恩泽侯表》皆作"忠"。〔67〕"翁君",此当为字,据《汉书·杨敞传》及《外戚恩泽侯表》,其人名谭。〔68〕"典属国",官名,为列卿之一,掌管国内少数民

族事务。〔69〕"季父",父亲的幼弟,最小的叔父。"惲",当系"恽"字之误。杨恽见后表及注。"恶言",此指怨恨不满的言论。〔70〕"国除",事在宣帝五凤四年(公元前五四年)。〔71〕"阳平",县名,故治在今山东莘县城关。〔72〕"蔡义",又作"蔡谊",其事迹详见《汉书》本传。〔73〕"温",县名,故治在今河南温县西南。〔74〕"《韩诗》",汉初传授《诗经》的有鲁、齐、韩、毛四家,燕人韩婴所传称《韩诗》。蔡义曾从韩婴弟子赵子学习《韩诗》。〔75〕"博士",官名,掌通古今备皇帝顾问。武帝建元五年(公元前一三六年)起儒家《易》、《尚书》、《诗》、《礼》、《春秋》五部经典列于学官,专设五经博士分别传授。〔76〕"杜",长安城门名。当时长安城共有十二座城门,杜门是北边靠东的第一座城门,又名利城门、客舍门、洛门。"城门侯",官名,掌管城门启闭,隶属于城门校尉。《汉书·蔡义传》言蔡义所任为"覆盎城门侯",覆盎亦长安城门名,是长安城南边靠东第一座城门。〔77〕"元平",汉昭帝年号,仅一年,为公元前七四年。〔78〕"病死",时在汉宣帝本始四年(公元前七〇年)。〔79〕"扶阳",县名,故治在今安徽萧县西南。〔80〕"韦贤",字长孺,其事迹详见《汉书》本传。〔81〕"家在鲁",据《汉书·韦贤传》,韦贤为鲁国邹人。邹,县名,故治在今山东邹县城关。〔82〕"《礼》",指古《礼经》,是对朝会宴飨、婚冠丧祭等礼仪制度的规定。据说是周初周公制订,为儒家经典之一,后世称之为《仪礼》。〔83〕"光禄大夫",官名,本名中大夫,武帝太初元年(公元前一〇四年)起称光禄大夫,为郎中令属官,没有具体职守,备皇帝顾问。〔84〕"长信少府",官名,汉自惠帝以后长乐宫为太后所居,宫中有长信殿,因设长信詹事以掌管宫中事务,景帝中六年(公元前一四四年)起改称长信少府。〔85〕"本始",汉宣帝年号,共四年,公元前七三年至前七〇年。〔86〕"病死,子玄成代立",事在宣帝神爵元年(公元前六一年)。韦玄成为韦贤幼子,字少翁,后亦官至丞相,其事迹附见《汉书·韦贤传》。〔87〕"关内侯",秦汉时的第十九级爵位,仅次于列侯,有侯号而无封国,居于京畿。韦玄成贬爵一级,从列侯降为关内侯,事在宣帝甘露二年(公元前五二年),至元帝永光二年(公元前四二年)又以丞相复封扶阳侯。〔88〕"平陵",乡邑名,故地约在今湖北均县境。〔89〕"西羌",羌为西方少数民族之一,又称西羌。秦及汉初居于今甘肃中西部、青海东部、四川西北部一带。景帝时开始东迁,武帝时又被逐至河湟以西,部分羌人与匈奴相通,合兵攻汉,汉遣军讨平,并置护羌校尉管理诸羌事务。宣帝时诸羌又一度起兵,被汉将赵充国击破,复又降汉。〔90〕"度辽将军",汉代将军名号,讨伐乌桓必须兵出辽东,因设度辽将军。〔91〕"乌桓",少数民族名,为东胡一种,秦末被匈奴攻破,余众避徙至乌桓山(今内蒙古阿鲁科尔沁旗西北)自保,因号乌桓。武帝时迁乌桓于东北诸郡塞外,并设护乌桓校尉管理乌桓事务。昭帝时乌桓逐渐强盛,与匈奴相攻。元凤三年(公元前七八年),汉遣范明友率军二万出辽东,时匈奴军已引去,汉军遂击乌桓,杀三王。〔92〕"地节",汉宣帝年号,共四年,公元前六九年至前六四年。〔93〕"营平",乡邑名,故地约在今山东济南市南。〔94〕"赵充国",字翁孙,陇西上邽(今甘肃天水市)人,昭、宣时名将,其事迹详见《汉书》本传。〔95〕"宗庙",帝王安置祖先牌位,进行祭祀的场所,往往被看作是皇朝统治的象征。〔96〕"阳成",《汉书·外戚恩泽侯表》作"阳城",县名,故治在今河南登封东南。一说为乡邑名,故地在今河南兰考东北。〔97〕"田延年",字子宾,阳陵(今陕西高平西南)人,其事迹详见《汉书·酷吏传》。〔98〕"留迟",因故延误。〔99〕"本造",最先倡议。"昌邑王",指昌邑哀王刘髆(髆音bó)之子刘贺,为武帝之孙,于昭帝始元元年(公元前八六年)嗣位为昌邑王。昭帝死,无子,大臣迎刘贺入长安继帝位,立二十七日,因淫乱失德,被霍光等以太后命废归故国,改立卫太子孙刘病已(后改名询)为帝,即宣帝。事详《汉书·霍光传》。"昌邑",诸侯王国名,武帝天汉四年(公元前九七年)改山阳郡置,辖境约当今山东独山湖以西,郓城以南,成武、曹县以东,单县以北,兼有独山湖东邹县、兖州的一部,都昌邑,故址在今金乡西北。〔100〕"崩",古代天子死称崩。〔101〕"方上",墓穴。此"方上事"谓为昭帝营建陵墓。〔102〕"都内",官署名,收藏、保管天子钱币,为大司农下属机构。〔103〕"平丘",县名,故治在今河南封丘东。一说为乡邑名,故地约在今山东肥城境。〔104〕"卫",指春秋战国卫国故地,约在今河南北部濮阳、安阳、淇县一带。一作"衙",为县名,故治在今陕西黄龙西南。〔105〕"中二千石",汉代官员秩禄等级之一,月得俸米一百八十斛。"中",音zhòng,义为满。当时九卿的秩禄是中二千石,光禄大夫秩禄为比二千石(月得俸米一百斛),王迁以光禄大夫而秩中二千石,是特殊的恩典。〔106〕"诸侯王",汉制皇子封王,并得世代相袭。汉代的王有自己的封国,相当于先秦的诸侯,所以称诸侯王。〔107〕"中事",朝廷的机密之事。按,《汉书·外戚恩泽侯表》记王迁获罪的缘由是"平尚书听请,受臧(赃)六百万"。〔108〕"诛死，国除"，事在宣帝地节二年（公元前六八年）。〔109〕"乐成"，县名，故治在今河南邓县西南。一说为乡邑名，约在今河南桐柏境。《汉书·外戚恩泽侯表》及《霍光传》皆作"乐平"。〔110〕"兄子"，《汉书·霍光传》及《外戚恩泽侯表》皆谓霍山为霍光兄孙。〔111〕"东武阳"，县名，故治在今山东莘县南。〔112〕"適"，音 dí，通"嫡"。〔113〕《春秋》，春秋时鲁国的一部编年体史书，记事起于鲁隐公元年（公元前七二二年），止于鲁哀公十四年（公元前四八一年），相传是孔子据鲁国史官所记删订而成，为儒家经典之一。〔114〕"善善及子孙"，语见《春秋公羊传》昭公二十年。〔115〕"平恩"，县名，故治在今河北曲周东南。〔116〕"许广汉"，其事迹详见《汉书·外戚传》。〔117〕"蚕室"，狱名，是犯人受宫刑的处所。受宫刑的人畏风，蚕室不通风，比较温暖，便于犯人受刑后保全生命。据《汉书·外戚传》，许广汉时为昌邑王郎，从武帝往甘泉宫，误把别人的马鞍放在自己的马上，被劾在侍从皇帝的情况下犯偷盗罪，依律当处死，当时死因愿入宫服役受宫刑者可免死，因下蚕室。〔118〕"嫁之"，疑其下脱"宣帝"二字。宣帝刘询本名病已，卫太子孙，太子自杀后，家属被株连，时病已尚在襁褓之中，也被收入狱中，幸受廷尉监邴吉等的照顾，得以不死，有诏养于掖庭，号皇曾孙。后许广汉为暴室啬夫，与皇曾孙同居掖庭官舍，经常照料扶持，并把女儿平君嫁给他。〔119〕"昌水"，乡邑名，故地约在今山东邹平境。〔120〕"南郡"，郡名，辖境约当今湖北粉青河及襄樊市以南，荆门、洪湖以西，长江和清江流域以北，西至四川巫山，治江陵，即今湖北江陵。〔121〕"左冯翊"，左冯翊是京畿地区的一个郡级行政单位，与京兆尹、右扶风合称三辅，武帝太初元年（公元前一〇四年）改左内史置，辖境约当今陕西渭河以北，泾河以东洛河中下游地区，治所在长安城内。其行政长官亦称左冯翊。"冯翊"，音 píng yì。〔122〕"自杀，国除"，事在宣帝地节二年（公元前六八年）。〔123〕"高平"，县名，故治在今江苏泗洪东南。〔124〕"魏相"，字弱翁，其事迹详见《汉书》本传。〔125〕"济阴"，郡名，辖境约当今山东菏泽附近南至定陶，北至濮城地区，治定陶，故址在今定陶西北。据《汉书·魏相传》，魏相为济阴定陶人。〔126〕《易》，指《周易》，古代的一部卜筮之书，主要内容西周时已形成，包含着丰富的哲学思想和原始史料，汉儒附会为周文王所作，尊为经典，亦称《易经》。〔127〕"卒史"，高级官员的一种属吏。九卿及三辅长官属下的卒史秩二百石，地方各郡太守属

下的卒史秩一百石。〔128〕"贤良"，即贤良文学，汉时选拔官吏的科目之一。"举"，推荐、选用。"茂陵"，汉武帝死后葬茂陵，因以其地置县，故治在今陕西兴平东北。"令"，县名。汉时万户以上的县行政长官称"令"，万户以下的县行政长官称"长"。〔129〕"河南"，郡名，辖境约当今河南黄河以南洛水伊水下游，双洎河、贾鲁河上游地区及黄河以北的原阳，治雒阳，故址在今洛阳市北。〔130〕"贼杀"，杀害。"不辜"，无罪的人。〔131〕"守"，署理，代理。〔132〕"杨州"，当作"扬州"，汉武帝所置十三刺史部之一，辖境约当今安徽淮河和江苏长江以南及江西、浙江、福建三省，湖北英山、黄梅、广济，河南固始、商城等县地。"刺史"，官名，汉武帝设置十三部（州）刺史，职掌监察郡国，检举不法，地位低于太守。〔133〕"谏议大夫"，官名，掌议论，隶属于郎中令。〔134〕"潛"，音 zèn，诬陷。〔135〕"病死"，时在宣帝神爵三年（公元前五九年）。〔136〕"宾"，《汉书·魏相传》及《外戚恩泽侯表》皆作"弘"。〔137〕"坐祠庙失侯"，时在宣帝甘露元年（公元前五三年），据《汉书·外戚恩泽侯表》，魏弘因在祭祀宗庙时在宗庙门外骑马，违反礼仪而失侯。〔138〕"许中翁"，中翁为字，其人名舜。〔139〕"故有私恩"，指宣帝在民间时，许舜待之有恩。〔140〕"长乐卫尉"，官名，负责统率禁卫长乐宫（太后所居）的皇家卫队。〔141〕"死"，时在宣帝神爵二年（公元前六〇年）。〔142〕"延年"，《汉书·外戚传》及《外戚恩泽侯表》皆作"敞"。〔143〕"乐平"，乡邑名，故地疑在今山东聊城西，东汉时置乐平县。《汉书·外戚传》及《外戚恩泽侯表》皆作"乐成"。〔144〕"许翁孙"，翁孙为字，其人名延寿。〔145〕"强弩将军"，汉代将军名号。〔146〕"以早病死"，时在宣帝甘露元年（公元前五三年）。〔147〕"将陵"，乡邑名，确切地点今不可考。〔148〕"史子回"，子回为字，其人名曾。〔149〕"大母"，祖母。宣帝祖母为史良娣。〔150〕"成王"，汉诸王无谥"成"者，"成"字疑误。〔151〕"媚道"，谓妇女以巫蛊诅咒之术加祸争宠的对象，迷惑家主。〔152〕"弃市"，古代在闹市执行死刑，并陈尸示众，表示与众共弃的意思，称为"弃市"。〔153〕"外家"，外祖父母家，舅家。〔154〕"平台"，县名，《汉书·景武昭宣成功臣表》谓属常山郡，当在今河北阜平、赞皇间太行山东麓一带，确切地点已不可考。〔155〕"史子叔"，子叔为字，其名为玄。〔156〕"卫太子"，指武帝长子刘据。刘据生于元朔元年（公元前一二八年），母卫子夫，于元狩元年（公元前一二二年）立为皇太子。后于征和二年（公元

前九一年）被迫自杀，见前注。后谥"戾"，称戾太子，史书或又从其母姓称"卫太子"。其事迹详见《汉书·武五子传》。〔157〕"内"，音 nà，通"纳"，送入。〔158〕"鲁王"，此指鲁安王刘光。〔159〕"今见鲁王"，指褚少孙补表时在位的鲁王，指鲁顷王刘封。"见"，音 xiàn，通"现"。〔160〕"乐陵"，县名，《汉书·景武昭宣元成功臣表》谓属临淮郡，当在今江苏北部古淮水下游一带，确切地点已不可考。一说在今山东乐陵一带。〔161〕"史子长"，子长为字，其人名高。其事迹详见《汉书·史丹传》。〔162〕"博成"，乡邑名，《汉书·景武昭宣元成功臣表》谓属临淮郡，当在今江苏北部古淮水下游一带，确切地点已不可考。一说属淮阳郡。〔163〕"颍川"，郡名，辖境约当今河南登封、宝丰以东，尉氏、鄢城以西，密县以南，叶县、舞阳以北地，治阳翟，故址在今禹县城关。〔164〕"长安"，汉长安故城在今陕西西安市西北。"亭长"，秦汉时最小的居民管理单位为里，十里为一亭，亭设亭长一人，掌管治安诉讼等事。十亭为一乡。〔165〕"北阙"，宫城北面的城楼。汉时大臣奏事，等候皇帝召见，皆在此阙，一般吏民亦许赴北阙上书言事。〔166〕"枥"，音 lì，马槽。〔167〕"都成"，地名，今不可确考。或以为是颍川郡属县。〔168〕"金安上"，字子侯，金日磾弟金伦之孙，其事迹附见《汉书·金日磾传》。〔169〕"奉车都尉秺侯"，指金日磾之子金赏，其人官奉车都尉，又袭爵为秺侯。"从群子"，侄辈。〔170〕"平通"，乡邑名，故地约在今河南商水境。〔171〕"杨恽"，字子幼，其事迹附见《汉书·杨敞传》。"恽"，音 yùn。〔172〕"与人颜色"，谓和颜悦色地予以称誉。〔173〕"屏语"，避人私语。"屏"，音 bǐng。〔174〕"妖言"，蛊惑人心的谣言。〔175〕"高昌"，县名，故治在今山东博兴西南。〔176〕"阳翟"，县名，故治在今河南禹城城关。"翟"，音 dí。〔177〕"材力"，勇力。〔178〕"期门"，汉武帝喜好易服私下游于民间，而与善于骑射的侍从武官期于殿门，因于建元三年（公元前一三八年）设置期门官号，职掌为执兵器出入护卫，不限员数。〔179〕"枭骑都尉"，汉代武官名号。"枭"，音 xiāo，有勇猛之意。〔180〕"夺百户"，《汉书·景武昭宣元成功臣表》作"削户千一百"。〔181〕"爰戚"，县名，故治在今山东嘉祥南。〔182〕"赵成"，《汉书·景武昭宣元成功臣表》及《楚元王传》皆作"赵长年"。〔183〕"用"，因。"楚国"，诸侯王国名，辖境约当今江苏徐州市及安徽淮北市、宿州市濉河以北地区，都彭城，即今徐州市。〔184〕"楚王"，当时的楚王是刘延寿，为高祖弟楚元王刘交五世孙。

"广陵王"，指武帝子刘胥，为宣帝叔祖父。"广陵"，诸侯王国名，辖境约当今江苏长江以北，射阳湖西南，仪征以东地区，都广陵，即今扬州市。按，赵长年为楚王刘延寿岳父，时任平陵大夫。刘延寿让自己的妻弟赵何齐娶刘胥之女，派遣赵何齐带密信去广陵国，鼓动刘胥谋反争位。赵长年出首告发，因而立功。〔185〕"治"，追究，惩办。〔186〕"自杀，国除"，时在宣帝五凤四年（公元前五四年）。〔187〕"今帝"，指汉元帝刘奭（奭音 shì）。元帝初元二年（公元前四七年）复立刘胥子霸为广陵王。〔188〕"酂"，音 cuō，一说音 zàn，县名，故治在今河南永城西。〔189〕"朕"，音 zhèn，皇帝自称。上古不论贵贱，皆可自称为朕，自秦始皇始，只有皇帝或临朝听政的皇太后才可称朕。〔190〕"萧何"，沛县丰邑（今江苏丰县）人，秦末为沛主吏，后随刘邦起兵反秦，是刘邦的重要谋臣。在楚汉战争中，萧何任丞相留守关中，以人力物力不断支持刘邦。天下皆定，论功第一，拜相国，封酂侯。汉代的律令典章，多其手定。后死于惠帝二年（公元前一九三年）。其事迹详见本书《萧相国世家》。〔191〕"玄孙"，曾孙之子。〔192〕"平昌"，县名，故治在今山东临邑东北。〔193〕"王长君"，长君为字，其人名无故。〔194〕"赵国"，诸侯王国，辖境约当今河北邯郸、邢台、沙河等市县及隆尧、永年二县西部地，都邯郸，故址在今邯郸市西南。〔195〕"常山"，郡名，原名恒山，避文帝讳改。辖境约当今河北唐河以南，京广铁路以西（新乐、正定、石家庄除外）内丘以北地，治元氏，故址在今元氏西北。"广望邑"，邑名，确切地点今不可考。按，王氏原籍常山广望邑，后迁居邯郸。〔196〕"嫁太子家"，嫁太子家者为王无故之妹翁须。〔197〕"史皇孙"，武帝孙卫太子子，名进，母史良娣。卫太子在湖县自杀，他同时被害，因无封号，史称史皇孙。他是宣帝之父，后追谥为悼皇考。〔198〕"元康"，汉宣帝年号，共四年，公元前六五年至前六二年。〔199〕"乐昌"，县名，故治在今河南南乐西北。〔200〕"王稚君"，稚君为字，其名为武。〔201〕"邛成"，乡邑名，汉时属济阴郡，当在今山东定陶附近，确切地点已不可考。"邛"，音 qióng。〔202〕"房陵"，县名，故治在今湖北房县城关。〔203〕"安远"，乡邑名，故地约在今安徽颍上境。〔204〕"郑吉"，其事迹详见《汉书》本传。〔205〕"会稽"，郡名，辖境约当今江苏长江以南、茅山以东，浙江大部（仅天目山、淳安县以西小部分除外）和福建全省，治吴，故址在今江苏苏州市。"会"，音 guì。〔206〕"弛刑士"，解除枷锁的犯罪军士。"田"，屯田，一边垦地种植，一边守卫戍地。"渠梨",西域国名,故地在今新疆轮台、尉犁之间。汉时曾在此设置都尉,进行屯田。〔207〕"匈奴单于",此指虚间权渠单于。 〔208〕"日逐王",匈奴王号,其时日逐王名先贤掸。〔209〕"语",音 yù,告诉。 〔210〕"渠率",首领。〔211〕"博阳",县名,故治在今河南商水东南。〔212〕"邴吉",字少卿,其事迹详见《汉书》本传。"邴",或作"丙"。 〔213〕"大将军",指霍光。昭帝时邴吉曾任大将军长史。〔214〕"常",通"尝",曾经。宣帝幼时系狱,赖邴吉保护,才得以生存。〔215〕"神爵",汉宣帝年号,共四年,公元前六一年至前五八年。 〔216〕"翁孟",此当为字,据《汉书·外戚恩泽侯表》和《丙吉传》,其人名显。〔217〕"甘露",汉宣帝年号,共四年,公元前五三年至前五〇年。 〔218〕"建成",县名,故治在今河南永城东南。〔219〕"黄霸",字次公,其事迹详见《汉书·循吏传》。〔220〕"阳夏",县名,故治在今河南太康城关。 〔221〕"役使",指役使乡里之人。当时富家强族往往在乡里欺压贫民。黄霸本阳夏豪杰,又任游徼,负责巡查缉捕盗贼,也在乡里称雄。而"豪杰役使"为法令所禁,所以他被勒令迁居云阳。"云阳",县名,故治在今陕西淳化西北。汉太初元年(公元前九六年)曾迁各地豪强于此。 〔222〕"丞",官名,汉各郡都置丞,为太守的副职。〔223〕"廷尉监",官名,是廷尉的助理。廷尉为九卿之一,主管全国刑狱。 〔224〕"见知",汉代法律规定,官吏知道他人犯罪而不检举,以故意放纵论处,称见知之法。"夏侯胜",字长公,东平(今山东东平一带)人,武帝时著名经学家夏侯始昌族子,深通《尚书》、礼服。昭帝时先后任博士、光禄大夫。昭

帝死,大将霍光命胜以尚书授太后(即昭帝上官皇后,霍光外孙女),迁长信少府。宣帝初即位,下诏命群臣议褒扬武帝功业,胜公开反对,认为武帝好大喜功,劳民伤财,无德泽于民。于是被劾诽谤先帝,非议诏书,下狱治罪。后遇赦,累官至太子太傅,年九十卒于官。其事迹详见《汉书》本传。〔225〕"化",教化。 〔226〕"畔",田界。 〔227〕"斤",汉代一斤约合今二百五十八克。〔228〕"太子太傅",官名,负责辅导太子。 〔229〕"西平",县名,故治在今河南西平西。一说汉时属临淮郡,当在今江苏北部古淮水下游一带。 〔230〕"于定国",字曼倩,其事迹详见《汉书》本传。 〔231〕"东海",郡名,辖境约当今山东费县、临沂、江苏赣榆以南,山东枣庄市、江苏邳县以东和江苏宿迁、灌南以北地区,治郯(郯音 tán),故地在今山东郯城北。据《汉书·于定国传》,于定国是东海郯人。 〔232〕"廷尉史",廷尉署中的低级办事人员。 〔233〕"御史中丞",官名,御史大夫的助理。掌管国家图籍档案,督察官吏。 〔234〕"代黄霸为丞相",时在宣帝甘露五年(公元前五一年)。 〔235〕"王稚君",稚君为字,其人名禁。 〔236〕"魏郡",郡名,辖境约当今河北大名、磁县、涉县、武安、临漳、肥乡、魏县、丘县、成安、广平、馆陶、河南滑县、浚县、内黄及山东冠县等地,治邺,故地在今河北临漳西南。按,王禁父翁须本东平陵(今山东章丘西北,济南郡治所)人,因避仇而迁居魏郡元城(今河北大名东)。〔237〕"女",指王禁次女王政君。"太子",即后来的汉元帝刘奭。 〔238〕"初元",汉元帝年号,共五年,公元前四八年至前四四年。 〔239〕"知",通"智"。